中国历史常识

典藏本

吴晗 主编

人民文学出版社

图书在版编目（CIP）数据

中国历史常识：典藏本／吴晗主编 . —— 北京：人民文学出版社，2024
ISBN 978-7-02-018482-8

Ⅰ . ①中… Ⅱ . ①吴… Ⅲ . ①中国历史－通俗读物 Ⅳ . ① K209

中国国家版本馆 CIP 数据核字 (2024) 第 025051 号

责任编辑　付如初　陈　莹
装帧设计　刘　远
责任印制　张　娜

出版发行　人民文学出版社
社　　址　北京市朝内大街166号
邮政编码　100705

印　　刷　河北新华第一印刷有限责任公司
经　　销　全国新华书店等

字　　数　450千字
开　　本　880毫米×1230毫米　1/32
印　　张　22.375　插页3
印　　数　1—5000
版　　次　2024年4月北京第1版
印　　次　2024年4月第1次印刷

书　　号　978-7-02-018482-8
定　　价　99.00元

如有印装质量问题，请与本社图书销售中心调换。电话：010-65233595

目 录

引　言

《霍光传》不可不读

人都是依据常识而生活的，包括文化常识。

"观乎人文，以化成天下。"文化常识是社会交往的共识，在人际交流中传递和流行。它看上去没有那么重要，多一点少一点似乎也不影响生活。但是看过张岱讲过的这个故事，大家可能就不会这么想了。

一个僧人和一个文士在夜航船中相遇。甫一登船，文士就开始高谈阔论，包括僧人在内的乘客都肃然起敬，僧人更是蜷足侧卧，不敢伸脚，害怕不小心挤到了这位学问了得的才子。不过，他听文士侃侃而谈了一阵子，插话问道："澹台灭明是一个人还是两个人？"

文士回答："两个人。"

僧人又问："尧舜是一个人还是两个人？"

文士回答："当然是一个人了。"

僧人笑了，说："那还是让小僧伸伸脚吧。"

尧舜是上古两位圣明君主唐尧和虞舜的并称，"孟子道性善，言必称尧舜"，可见尧舜是读书人极熟悉的典型；澹台灭明是孔子的一位著名弟子，复姓澹台，名灭明，字子羽。"以貌取人，失之子羽"，说的就是他。身为一名文士，居然不知道这些本应耳熟能详的家门常识，难怪会被人嘲笑了。

文化常识不仅是夜航船上的谈资，更是人们互动和交流的共识和准则，是社会文化习俗的一部分。有人比喻说：这类常识犹如眼镜，没有它，一片模糊；透过它，世界才变得清晰。平时我们不会去关注自己所戴的眼镜，而只聚焦于眼镜中所呈现的事实，殊不知，事实之所以成为事实，离不开作为眼镜的常识所构成的判断。就如瓦托夫斯基所说，它是"一种文化的共同财产，是有关每个人在日常生活的一般基本活动方面应当懂得的事情的一套可靠的指望"[1]。

在今天这个理论泛滥的时代，理论和范式层出不穷，信息传播的便利（或者说多样化），更加使那些没有太大价值但却能迎合

---

[1]　［美］瓦托夫斯基：《科学思想的概念基础——科学哲学导论》，范岱年等译，北京：求实出版社，1982年，第85页。

大众的新花样，获得空前的欢迎和普及。

然而正因如此，常识才更突显出它的重要性。只有常识，才能让我们辨别出哪些是迎合某种潮流而吹出的大泡泡，哪些是被现代名词精心包装出来的旧调调。没有一种真正有价值的理论不是根植于常识之中，并以常识为发展或质疑的基本材料。正如陈嘉映先生所说："理论所依的道理从哪里来？从常识来。除了包含在常识里的道理，还能从哪里找到道理？理论家在成为理论家之前先得是个常人，先得有常识，就像他在学会理论语言之前先得学会自然语言。"

人缺乏常识，哪怕是特定领域中的理论常识，他所谓的思考都不过是重新整理自己的偏见，都有可能陷入自我夸张和自我膨胀的幻觉，动辄宣称自己发现了终极真理，或者幻想自己是前无古人后无来者的先知或大师。他们不仅不知道自己缺乏常识，甚至还认为自己无所不知。这即使称不上是哈耶克（Hayek）所说的"致命的自负"（The fatal conceit），但哪怕是"非致命自负"，对其本人的影响已经是一场灾难。编者不幸认识这样一位"女学者"，放下其理论的原创性和文笔暂且不提，一开口就说自己是某学说的当代领军人物，不仅因妄自尊大而贻笑大方，更暴露出因缺乏常识而造成的病态幻觉之严重。

寇准当了宰相以后，曾经问大臣张咏："您有没有什么要指点我一下的？"张咏沉默半天说："《霍光传》不可不读也！"寇准听了丈二和尚摸不着头脑，回家找出《汉书》翻读《霍光传》，读到"然光不学无术，暗于大理"，苦笑说："这就是张先生要批评我的啊。"

可惜，张咏这样耿直的朋友可遇不可求，那位"女学者"没有寇准这样的好运气，恐怕要一直活在自娱自乐的幻觉中，直至伏惟尚飨了。

不知则为病矣

在上网极其便利和搜索引擎极其发达的今天，夜航船上的故事也许不会以那么可笑的形式重演。要了解澹台灭明或者尧舜，那还不简单？只要拿出手机轻轻点几下或者说出这几个字，尽管搜出来的词条可能粗制滥造，但至少应该不会再闹出把尧舜当一个人的笑话。如今的互联网，又有什么常识是搜索不到的呢？

从纯实用的角度来说，这话也不算错。不过，网络可以给你一个词条或者答案，却没办法让你的内心世界丰富和成熟起来，也没办法让你的情感和能力立体起来。在日常生活中，这些常识太过平凡，扪之而无形，扣之而无声，以至我们既不会拍案惊奇，也不会感激有加，但是它却如春风化雨，渗透、沉淀和内化到一个人最深沉的精神情意之中，对他的生活特别是精神生活产生巨大的影响。

奥地利小说家茨威格曾经描写过一个不识字的小伙子，用来形容其不幸的怜悯笔调，恰恰可以借用来表达缺乏常识者的可悲：

跟他提起歌德呀，但丁呀，雪莱呀，这些神圣的名字不会告诉他任何东西，只是些没有生气的音节，没有意义的声音，轻飘飘的。对一开卷顿时就会有扑面而来的无穷欢畅，像银色的月光透出死气沉沉的层云，这个精神穷人是根本想象不出来的。

即便不能说所有，多数的文化常识不仅是人交流的共识基础，不仅是迅速理解别人或者默契于心的钥匙，更是使人的精神生活更为富足的硬通货。先不说箪食瓢饮而不改的孔颜之乐，就是随时随地听到李白、苏东坡的名字，联想起来"疑是银河落九天"或"大江东去浪淘尽"，以及同时跳出来的种种故事，不是已经足以令你会心一笑了吗？步入洛阳的关林，看到那把大刀的时候，你所想到的恐怕也就不仅是试试它的重量，还有关羽温酒斩华雄以及大战吕布的生动画面，以及随之切入进来的桃园三结义、大意失荆州吧？

离开了附丽其上的诗词、画面和故事，李白、苏轼的名字或者关林这个地方，又能带给你什么乐趣呢？你跑到庐山看瀑布或者跑到赤壁看长江，也无非只会惊叹一句："好多的水！"

200亿人生活过或生活着的中国，有那么多的秦砖汉瓦、唐矢宋镞，但更有价值的是秦汉唐宋而不是砖瓦矢镞，秦汉唐宋并不属于看到砖瓦矢镞的人，而只会在掌握了文化常识的人眼前活跃起来、鲜明起来。站在某片园林里的古建筑前，或者里里外外地走上几圈，有人看到砖瓦，有人看到花纹和架构，有人看到树木苍翠，有人看到松柏下的碑刻；有人听到流水溅溅，有人却如闻管弦，这都是不同的角度。文化常识可以帮一些人脑补出绿野风烟、平泉草木或东山歌酒，想象出千百年前某人如何把这儿变成了一个有故事的地方。这些人在旅程中的收获，似乎应该比只看到砖瓦山林者多上那么一点儿。

只有掌握了文化常识，人才能视野开阔且联想丰富地去看、去听、去体验，才能保有"内心移民"的一片净土，也才能与天地精神往来而不傲睨于万物。没有文化常识的生活，被茨威格无比犀利地形容为"穴居人不见天日的生活"。

很多人对文化常识态度漠然，觉得就像一支铅笔、一张纸或者什么随手得到而又可以随手丢下的东西一样。但有见识的人从来不会这样认为。

梁启超一生著述1400多万字，融汇中西，出入经史，显示了"百科全书"式的渊博。然而他对于常识的重视却出人意料："盖今日所谓常识者，大率皆由中外古今无量数伟人哲士几经研究、几经阅历、几经失败，乃始发明此至简易、至确实之原理原则以贻我后人。""如中国历史、中国地理之稍涉详密者，其在外国人，实为专治支那学者之专门学识；在吾国人，则实为常识，不知则为病矣！"[1]

这几句话，他并非随口一说，而是有切实的思考和实践。近代以来，在推广常识教育方面最不遗余力的也正是他。从1910年2月创办《国风报》开始，"常识"即成为梁启超关注的一个中心议题。他在该报第二期刊载的《说常识》一文中，对自己的理念做了详细阐发，并构想组建"国民常识学会"来实施自己的设想，其于1916年编撰出版的《常识文范》也影响深远。中华书局创办人陆费逵先生在1915年《大中华》创刊号上说："梁任公先生学术文章，海内自有定评。窃谓吾国中上流人，稍有常识，固先生之功居多，而青年学子，作应用文字，其得力于先生者尤众。"[2]此言可谓为梁启超一生致力于培养"国民常识"的功绩盖棺论定。

从文化大师对于传统文化常识身体力行的重视，我们应可认识到其对我们每一个中国人的重要性。如梁启超所言，"不知则为病矣"。

专精同涉猎，两不可少

知识的学习有两种，一种为"任凭弱水三千，吾只取一瓢饮"，通过学习某种专业知识，获得相关文凭、职业资格证书；如果有进

1　沧江：《说常识》，《国风报》1910年第二期，1910年3月。
2　陆费逵：《宣言书》，《大中华》第一卷第一期，1915年1月。

一步研究的兴趣，则继续深造以求"登堂入室，窥其堂奥"。这属于专业学习。

但除此之外，我们还需要人格养成、独立思考，还需要有参与社会的能力，更需要传承历史文化。这些都是专业学习力所不能及的，只有对蕴含和继承了中国优秀思想文化的基本常识及文献典籍的学习和阅读，才能担当此任务。

梁启超指出："有了专门训练，还要讲点普通常识；单有常识，没有专长，不能深入显出；单有专长，常识不足，不能触类旁通。读书一事先辈最讲专精同涉猎，两不可少。有一专长，又有充分常识，最佳。"[1]

与专业学习促进学术发展和科技进步的追求相比，常识的学习不致力于培养专业技术人才，更无意于打造螺丝钉式的现代"工具"，而是着眼于立人，培养有胸怀气度及眼光识见的君子，也就是有独立思考能力和道德判断的人，营造普遍的人文氛围和社会公共生活，抵御知识的异化、人的异化和社会的异化，促进人的全面发展。

从形式上，专业化学习往往不满足于赐墙及肩，而致力于知识的精深；常识学习更着眼于知识的基本、根本与全面，不追求培养古代所谓的"通书千篇以上，万卷以下"的通儒硕学，而是允许

1　梁任公讲授、周传儒笔记：《历史研究法》（后改题《中国历史研究法补编》），《清华周刊》第385期，1926年10月。

曾经沧海式的学习，更追求对重要的基本常识的了解，尤其是涉及精神生活和公共生活的最基本相关常识的掌握。

现代社会的追求是日新月异地建设一个新世界，需要各种各样的专业人才，看似深奥宏大的理论层出不穷，对包含诸多常识在内的传统文化却越来越凉薄。然而，正如雅斯贝尔斯在《时代的精神状况》中所说：

> 个体自我的每一次伟大的提高，都源于同古典界的重新接触。当这个世界被遗忘的时候，野蛮状态总是重现。正像一艘船，一旦割去其系泊的缆绳就会在风浪中无目标地漂荡一样，我们一旦失去同古代的联系，情形也是如此。我们的原初基础尽管是可能发生变化的，但总是这个古典界……

一个人、一个社会、一个国家，文化常识的有无以及人文素养的高低，直接影响着其生活面貌，决定着其是否会在风浪中无所底止地漂荡。今天，传统文化所特有的丰富和细腻消散在碎银几两的忙碌中，特有的色泽也在声色摇曳的照射下黯淡，越是在这样的时候，绝大多数人就越需要从传统文化中汲取力量，解决形形色色的问题。然而典籍早已经被年轻人视若畏途，退而求其次的弥补，只能依靠文化常识的学习了。朱子在《近思录》的序中也提到这个问题，并介绍了自己的尝试。他说：

淳熙乙未（1175年）之夏，东莱吕伯恭（吕祖谦）来自东阳，过予寒泉精舍。留止旬日，相与读周子、程子、张子之书，叹其广大闳博，若无津涯，而惧夫初学者不知所入也，因共掇取其关于大体而切于日用者，以为此编。

直白地说就是：典籍广大闳博，浩如烟海，我和伯恭先生担心初学者不得其门而入，就一起缩编了这本既能反映典籍概要同时又能切近日用的通俗读本。作为一位博学多识的大学问家，朱子对初学者循循善诱的一片苦心，于此可见一斑。他所强调和为之努力的，实际上也是一种文化常识的学习。我们也相信，在今天这个内外剧变的时代，常识教育能够让读者更有力量。

站在巨人的肩膀上

常识类读本是传承文化的重要载体，可谓普通读者认知传统文化的一扇窗，它对于建构系统的知识体系，进而养成开放的胸怀以及多元的思考能力，加深对传统文化的理解，是一个很好的阿基米德支点。

本丛书是一套名家编著的经典读本，能够充分体现传统文化精华。吴晗、胡适、郑振铎、梁思成、林徽因等读书破万卷的"通儒"，在继承和思考历史文化精粹的基础上，合零为整、苦心孤诣地归纳整理而成是编。这既属于他们个人创造，更是一个时代对传统文化的继承。

历史分册的主编吴晗以明史研究的卓越成就而享誉学林。20世纪50年代以后，他以一个"横通"和"直通"兼而有之的历史学家身份，全身心投入历史常识普及工作中，形成了一套关于历史通俗化和普及的理论与方法，成为普及历史知识的积极倡导者。他对学习和普及历史知识的重要性有深刻的认识：

> （历史学）在提高的指导下普及，在普及的基础上提高，两者不可偏废的，必须两条腿走路。单有提高，没有普及，只是少数人提高了，大多数人还是一清二白，这是不符合现实要求的……

"中国历史小丛书"、"语文小丛书"、《中国历史常识》等几部大型通俗性书籍，发起者和主编就是吴晗。他凡事躬亲，一丝不苟。在《中国历史常识》编辑过程中，无论是编辑方案的制订、初稿的审阅和讨论还是编辑加工稿的审订等，他都一一过问和参加。在吴晗的精心布置和领导下，丛书取得了极大成功，发行量之高，读者面之广，罕有与之相媲美者。

哲学分册的作者胡适，与蔡元培、陈独秀都属兔，有北大"老兔、中兔、小兔"之雅称。他以一篇《文学改良刍议》高揭白话文的旗帜，成为新文化运动的主将之一，更以一部被蔡元培誉为"截断众流"的《中国哲学史大纲》奠定了在学术界的地位。本书从《胡适全集》中撷取了部分篇章，与其任教北大时出版的《中国哲学史大纲》合编为一册，弥补了胡著只有半卷的学术缺憾。由上古而中古，而近世，为读者提供一种研究中国哲学史的完整门径。

在胡适以前，研究普及中国哲学的人不计其数，其中不乏钱穆和冯友兰这样的大家，但胡适的不同之处是，他开创性地运用西方的治学方法和话语，来研究和解读中国哲学，这就不能不让人耳目一新。正因如此，蔡元培曾赞扬胡适《中国哲学史大纲》的长处是证明的方法、扼要的手段、平等的眼光及系统的研究，是一部新的哲学史。而同样出版过《中国哲学史》的冯友兰则多次表示，在中国哲学史研究的近代化工作中，胡适创始之功，不可埋没。此外，胡适为文通俗易懂，简洁平实，一点也没有晦涩难懂的感觉。比如当他提到庄子的"达观"思想时，这样解释：

有两个人争论，一个人说我比你高半寸，另一个人反过来说自己比对方高半寸，这时庄子走过来说：你们两位不用争了，我刚才从埃菲尔铁塔上看下来，觉得你们两位的高低实在没有分别。

譬喻之精准巧妙，语言之幽默诙谐，都让人不由得会心一笑。

文学分册的作者郑振铎，是中国现代杰出的文学家和翻译家，新文化和新文学运动的倡导者。在他眼中，文学乃是"最伟大的人类精神的花"。虽然他日后亦涉猎史学、艺术等领域，而文学研究实为其一生之志，"毕生精力所在"。

20世纪20年代起，他的研究重点逐渐地转到中国文学上来，陆续出版了《文学大纲》《插图本中国文学史》。他自觉地引入了西方的文学观念和治学理念，把中国文学放到世界文学的参照系中进行研究，不仅把小说、戏曲这类在传统上被视为不入流的文体纳入了叙述范围，还风趣地对比指出："《诗经》在孔子、孟子时代的前后，对于一般政治家、文人等等，即已有如《旧约》《新约》及荷马的两大史诗之对于基督教徒与希腊作家一样的莫大的威权。"

建筑分册的作者是梁思成和林徽因伉俪。梁思成是梁启超先生的长子，中国古代建筑学科的开拓者和奠基者；以作家和诗人名世的林徽因，也堪称中国第一位女建筑师。1932年至1937年7月，中国营造学社在梁思成、林徽因等人的主持下，于兵荒马乱中先后到沈阳、北平以及河北、山西、浙江、江苏、山东、河南、陕西等地的近40个县考察，对中国古建筑进行开创性的调查研究。很多古建筑如赵州石桥、应县木塔、五台山佛光寺东大殿等，通过他们的考察得到了全国以及国际的认识，从此得到保护。

1934年，他们编著《清式营造则例》一书，第一次将繁杂的中国古建筑构造和形制做了科学的整理和分析，用近代的建筑投影图绘制出清式建筑构架、门窗、装饰和彩画的详图。直至今天，这部著作仍然是初学中国古建筑的必读教材。1937年，他们批注

《大唐西域记》中数百处唐代建筑及地名，引起了世人对中国古建筑的关注。所著《中国建筑史》更使中国古建筑这一瑰宝拂去尘埃，重放异彩于世界文化之林。

他们在跋山涉水考察测绘古建筑和奔走呼号不让"古都坍塌"的同时，还用自己的健笔传播建筑文化，先后发表《论中国建筑之几个特征》《平郊建筑杂录》《中国建筑发展的历史阶段》《中国建筑与中国建筑师》《晋汾古建筑预查纪略》等，热情地介绍中国建筑传统。林徽因应《新观察》杂志之约，撰写了《中山堂》《北海公园》《天坛》《颐和园》《雍和宫》《故宫》等一组介绍中国古建筑的文章。梁思成在《人民日报》上开辟《拙匠随笔》专栏，写出了《建筑⊂（社会科学∪技术科学∪美术）》《建筑师是怎样工作的？》《千篇一律与千变万化》《从"燕用"—— 不祥的谶语说起》《从拖泥带水到干净利索》，对建筑知识和建筑文化进行公众普及。所有这些，都是梁林伉俪留下的重要建筑文化遗产。

本丛书注重完整的编排体系，前后知识相互联系、相互补充，进而不断深化。从中国的哲学、文学、历史、建筑等四个方面，对传统文化以及承载传统文化内涵的象征性符号、典型建筑等进行系统梳理，由浅入深，循序渐进地展开内容。为了更好地启发思考，我们通过相关内容延展串联相关知识网络，纲举目张地启发读者从不同的角度、不同的方面了解同一主题。

同时，由于文字的抽象性高，而图片可以更直观和形象地呈现内容，提高读者的阅读体验，本丛书紧密配合历史场景、人物形象、建筑结构、事物联系等内容，按照一定比例配备了相应图片，或对文字内容进行解释，或对文字内容进行补充。图片和内容相辅相成、相得益彰。

只有站在巨人的肩膀上，才能看得更远。而这个丛书，恰恰可以为大家更经济且更有效率地学习提供助力。当然，如果大家在读了这套常识丛书以后，能进一步打开并沉潜到各位作者的原典著作中，从容求索，深入体味，收获一定会更大。如果仅只满足于了解一些常识，得少为足，相信也是有违这套书的作者们的初衷的。

开明书店编辑部

序

我国历史时期这么长，历史文献这么多，要人人都学点历史、有点历史常识，真是像前人所说，一部二十四史，从何下手呢？何况历史文献都是在不同历史时期，用当时通行的古文编写的，今天的绝大多数青年还不能熟练掌握、运用古文，这个关过不了，要学，又从何学起呢？

当然，这些年，我们也编出了几套篇幅不等的通史，但是，一般地说，字数都比较多，而且对象都是在学的各级学校的学生，对广大青年来说，还是不大适合的。

广大青年都有强烈的学习历史的要求，但是缺乏可读的书，这个问题必须解决。

我们在各有关方面的支持下，编了这部《中国历史常识》，就是为了适应这个强烈的要求，帮助广大青年学习中国历史知识，并且从中受到民族主义和历史唯物主义的教育。

在编辑这本书的过程中，我们注意到以下一些特点：

第一是形式活泼。针对读者对象，为读者设想，这部书不能像历史教科书那样写法，要不，已经有了那么多套教科书了，何必重复？也不能写成历史故事，故事必然会有虚构、夸张成分，而这部书的目的是给读者以必需的历史常识，这个区别是必须弄清楚的。当然，更不能写成历史论文，因为只有少数人才能读懂。经过研究，采用类目形式，而且要求简短精练，每个类目一般只有一千多字，具体说明一两个问题。每个类目都有独立性，各个类目之间又有连贯性。读者随便抽出一点时间，就可以阅读一两个类目，从而获得知识。既可以随时看，也可以随时放下。把读过的东西连贯起来，则又可以比较系统地了解我国历史发展的基本面貌。

第二是取材广泛。由于形式比较活泼，不拘泥于一定格式，一般教科书中所不可能接触到的题材，在这部书里就有了用武之地了。除了比较系统地和全面地反映了我国历史发展的概况以外，本书还写了历史上的阶级斗争和生产进步，也写了某些重要的文化生活和历史人物；既阐明了历史上的光明面，也叙述了历史上的黑暗面。此外，如卧薪尝胆、完璧归赵、负荆请罪、毛遂自荐、班门弄斧、约法三章、破釜沉舟、四面楚歌、扁鹊再世、三顾茅庐、闻鸡起舞、风声鹤唳等成语，都通过具体史实，给以详尽的说明，这种叙述比一般辞书要详细一些，丰富一些，也更生动一些，使读者不但便于记忆，也可以从中汲取历史经验或教训，获得启发。

第三是文字通俗。为了使读者都能够读懂这部书，所有作者都在写作中力求通俗，尽量避免用生僻的字和词句，写法也力求流畅、明白易晓。有些专名如人名、地名、官名等，其中有些较生僻的字难以避免的，也用汉语拼音注音、用汉字注释，使读者省去翻查字典的麻烦。在讲述中还穿插了一些有关的故事情节，力求做到生动活泼，容易阅读。

此外，由于内容涉及方面多，篇幅也不免较多。本书第一到第五编是古代史部分：其中，第一编是先秦，第二编是秦汉到魏晋南北朝，第三编是隋唐至宋，第四编是元明清（1840年前），第五编是古代史专题的知识部分。近代史部分则是第六至第八编。

最后应该特别提出的是，这部书的编写是集体劳动的成果，是历史学界和其他有关方面广泛支持的成果。就单位来说，参加写作的有二十多个；就写作成员来说，一共有八十多人担任分题撰写。从最初商定选题到最后定稿，经过反复修改、审订，都是通过广泛的协作进行的。参加的人有青年人、中年人，也有老一辈的长者，充分体现了青老协作互助的团队精神，同时也发挥了学术工作者独立钻研的积极性。其中，参加制订选题计划、讨论编写要求的有（以姓氏笔画为序，下同）：丁名楠、白寿彝、何兹全、胡厚宣、郑天挺、谢承仁、戴逸等，其他大多数作者也提供了很多宝贵的意见。参加审改稿件的，第一编有何兹全、胡厚宣先生；第二编有何兹全先生；第三编有汪篯、陈乐素、邓广铭先生；第四编有翁独健、郑天挺先生；第五编有何兹全先生；审阅近代史的是戴逸先生。此外，谢承仁先生担负的任务最为繁重，他参加了古代史全部书稿的编辑工作，逐篇逐段地协同进行了审阅、修改和统一加工的工作。在此，谨向他们表示感谢。

　　附带声明两点。第一，这部书是通俗读物，为了避免在读者中引起对事物认识的混乱，所论述的只限于学术界已经论定的、有了一致意见的。至于学术界尚在争论、说法不一的问题，则尽量不涉及。有些必须涉及的问题，如春秋、战国的起讫年代，则把各家说法同时提出。第二，在编写中，我们主观上的要求是立论正确，要富有教育意义，但是因为时间匆促和水平的限制，在这方面还做得很不够，可能还是会有若干错误。同样，在文字表达方面，虽然力求通俗，但是也没有完全做到，离生动活泼、浅显明白的要求，还有一定距离。我们欢迎读者和各方面专家随时提出批评，使之不断提高，成为比较可读、易读的通俗读物。

吴晗

本编从中国猿人讲到战国末年，包括古老的神话传说，中华民族的形成，夏、商、周的更替，春秋战国争雄，诸子百家的兴起，这是中华文化的奠基和中华民族性格的形成时期。

第一编

先秦往事

中国猿人

从人的形体上讲，儿子总是像父亲的，不过又不完全像父亲；父亲总是像祖父的，不过又不完全像祖父。照此往上推，我们的远祖，以至人类的祖先，一定有些地方是和我们现代人相像的，也一定有很多地方是和我们现代人不相同的。那么，人类的祖先究竟是什么样子的呢?

1927年，我国考古工作者在北京西南五十公里的周口店龙骨山进行考古发掘，发现了大量的古代脊椎动物化石，其中有一种牙齿和下牙床化石，既像人的，也像猿的，到底是什么动物的呢?这不禁引起了科学家们的极大注意。后来经过研究才知道，原来这是一种"猿人"的化石。"猿人"是介于人和古猿之间的一种原始人类。考古学家们把在周口店发现的这种猿人称作"中国猿人北京种"，或者简称为"中国猿人"，俗名叫做"北京人"。1929年，我国考古工作者又在同一地区再次发掘，发现了一块比较完整的"北京人"头盖骨化石和一些牙齿、下颚骨、躯干骨化石，另外还有许多猿人制造和使用过的石器。中华人民共和国成立以后，继续发掘，新的发现也很多。这样，就为我们进一步研究"北京人"提供了不少宝贵的资料。

"北京人"生活的年代，离我们现在大约有五十万年（也有人推定为四十万年）。现在让我们看看，"北京人"和我们今天的人，在外貌上究竟有哪些地方相像，哪些地方不相像。

根据科学家们的研究，我们知道："中国猿人"的上肢骨和现代人的极其相似，下肢骨虽然也具备了现代人的某些特征，可是还保留了明显的原始性质。至于其头部保存的原始性质，则更为显著，像低平的前额，隆起的眉脊骨，高高的颧骨，上下齿喙向前突出，没有下颏（kē），脑壳比现代人厚一倍，脑髓的重量只有现代人的80%，等等。但是，从肢骨发达的情况来看，可以肯定，"中国猿人"已能够直立行走；同时，根据发现的石器还可以肯定，它们已能够制造工具。

直立行走，这是从猿转变到人的有决定意义的一步；能制造工具，这是人和一般动物的一个很重要的区别。使人从普通动物中区分出来的原因是什么？是劳动。猿人进化到脱离动物的范畴，进入人类的领域，首先就是从双手得到解放，成为劳动的器官，并创造工具这一点开始的。"北京人"的上肢骨和现代人的上肢骨极为相像，就是劳动的结果；下肢骨的进化比上肢骨落后，头部的进化相对比较缓慢，这正是说明下肢和脑部的发展是随着手足的分工而进化的。

四五十万年前，我国华北的气候要比今天温暖得多，那时周口店附近，林深草密、莽莽榛榛，到处是各种飞禽野兽出没的场所，也是"北京人"生活的地方。在这片原始的土地上，谁是真正的主人呢？毫无疑问，是"北京人"。

"北京人"成群地居住在龙骨山边的洞穴里，过着比野兽稍强的、极其简单的原始人群的生活。他们从离自己住处不远的河滩上，拣来各种大小不同的鹅卵石，打砸成各式各样的砍斫器、刮削器和尖状器，用它们来作为围捕野兽、采集植物果实和根茎的工具，或者作为防御猛兽袭击的武器。这种工具，只是经过初步加工，还相当粗糙，科学家们把它们叫作"旧石器"。所谓"旧石器"，是和此后人类进步了的石器——"新石器"比较，相对而言的。"北京人"不但能制造石器，而且还能利用吃剩下的兽骨，制成各种使用的骨器。考古学家们在他们居住过的洞穴里，还发现有用火烧过的石块、骨骼，还有木炭和深浅不同的灰烬堆积。由这些可以断定，"北京人"已经能够使用火，知道了用火烧熟食物，并且具备了一定的管制火的能力。火的使用，在人类生活上有着极重大的意义。由于用火，肉类可以熟食，这样便大大缩短了胃肠的消化过程，促进了人类体质的发展。由于用火，人类便增加了防御猛兽和征服自然的能力。

（桂琼英）

有巢氏　燧人氏　伏羲氏　神农氏

　　有巢氏、燧人氏、伏羲氏、神农氏这几个传说中的远古"帝王"，是古代人们根据对原始社会情景的推测而提出的一些假想人物。原始社会的情景实际上并无文字记载。

相传"有巢氏""构木为巢"。所谓"构木为巢"，是指原始人用树枝架着像鸟巢般的住所，在树上居住。早在五六十万年前，人类最早的祖先——"猿人"，刚从树上降落到地面来生活，初步学会直立行走，他们拿着自己制造的粗糙石器，在那遮天蔽日的森林里和鸟兽逼人的原野上，用集体的力量猎取虎、羊、熊、鹿等野兽，掘取、采集植物的根茎和果实，来维持自己简朴、艰苦的生活。最初，他们还保持着在树上居住的习惯——"构木为巢"；后来，由于地面的活动日益成为经常性的，在长期的生活实践中，他们又渐渐学会了利用野兽的洞穴，或者亲自在山岩边挖掘洞穴来作为防御野兽侵袭的藏身处所。北京西南周口店的"中国猿人"遗址，就是一个洞穴住址。

相传"燧（suì）人氏""钻木取火"。原始人不知道熟食，猎取到野兽后就连毛带血地生吃。经过长期观察，他们才慢慢发觉由于雷电或火山喷发所引起的森林大火不但可以取暖，而且可以吓跑野兽；同时还发觉被火烤焦的兽肉，吃起来比生肉更香、更有味，也更容易消化。于是，他们逐渐地学会了如何保存天然火种不让它熄灭，用火来烧熟食物、驱逐寒冷、围猎猛兽。由于有了火，过去许多不能生吃的东西可以熟食了，可食之物的范围扩大了；由于熟食，"猿人"的躯体有了新的发展，脑量有了增加，因而在形体上逐渐进化到了"古人阶段"——猿人和现代人之间的过渡阶段。此后又不知经历了多少年，通过长期的实践观察、观察实践，原始人发现进行燧石加工或久钻一块坚硬的木头时，往往由生热而迸出火光，根据这个道理，他们慢慢地学会了"钻木取火"。从此，用火便得到了保障。在我国"旧石器时代"遗址中，曾发现用火的痕迹，这说明远在四五十万年以前，居住在这里的人类，就已经知道熟食了。

相传"伏羲氏"（又称"庖牺氏"）教人结网捕兽、捕鱼，"养牺牲以供庖厨"，又说他"教民嫁娶"。这个传说所反映的时间，大致在人类社会进入"中石器时代"以后。这时，石器的制作比以前进步，石器的种类比以前增多，因而猎获野兽的效率也比以前提高了。特别是像弓箭、矛、渔叉等一类狩猎工具出现后，连空中的飞鸟、水中的游鱼，也都成了猎取的对象。猎获物多了，一时吃不完，饲养起来让它们繁殖，要吃时再宰掉，以后如果再遇到刮风下雨的日子无法出外围猎，或者围猎一无所获时，就不会再像以前那样闹饥荒了。牧畜的发明，使人类的生活相对安定下来。人类社会的发展，慢慢地由原始群居阶段进入了有组织的氏族社会阶段。氏族社会一开始是以妇女为中心的母系社会，妇女在生产上占有重要的地位。这时候，在婚姻方式上，已经摆脱了同族间"乱婚"的现象，而采取了氏族与氏族间兄弟姊妹对偶婚姻的形式，出现了"嫁娶"。由于氏族社会是以母系为中心，因此这时出嫁的不是女子，而是男子。

相传"神农氏"尝百草，发明医药，设立集市，又说他制造耒（lěi）、耜（sì）等农具，教人们种植五谷。这个传说所反映的人类社会发展阶段，大致相当于"新石器时代"。在这个时代，人类通过长期的劳动，逐渐积累了丰富的辨认和培植可食植物的经验；石器的制作又比以前更进了一步。石刀、石镰和木制耒、耜等农具的出现，说明农业已经开始。当然，这时候的农业还是极为原始的，人们只知道在砍倒烧光的林地上播种谷物，等待收获，还不知道施肥和进行田间管理。这种农业，后世称之为"锄耕农业"。这时饲养牲畜有了进一步发展，畜牧业与农业需要分别进行，因而开始了第一次社会大分工。由于社会的分工，促进了原始交换的萌芽；开始时，这种交换当然还只是偶然的，不过到后来便成为经常性的了。我国典型的"新石器时代"的"仰韶文化"遗址所发掘的器物，正好展示了古史传说中"神农氏"时代这一发展着的"锄耕农业"经济的某些社会图景。

（王贵民）

仰韶文化　龙山文化

考古学根据人类制造工具和武器所用的原料，将人类文化的进化过程，划分为"石器时代""青铜器时代"和"铁器时代"。"石器时代"又分"旧石器时代""新石器时代"等多个阶段。"仰韶文化"和"龙山文化"就是居住在黄河中下游的我们祖先所创造的两支"新石器时代"晚期的重要文化。

"仰韶文化"是由于它最早发现在河南省渑（miǎn）池县仰韶村而得名，距现在大约有四五千年。它的分布地区很广，在河南西部、北部以及山西、陕西、甘肃、青海等省发现的遗址，就不下一千处。遗址中发现的器物有石器、骨器、陶器等。由于这些陶器以表面是红色而又带有彩色花纹的为最多，而这种彩陶又具有很明显的特征，所以"仰韶文化"又称作"彩陶文化"。

根据对"仰韶文化"遗址和大量遗物的研究，我们知道当时的经济是以原始的"锄耕农业"为主，主要的农作物是粟；农具有石斧、石铲、石刀和谷物加工用的石磨盘、磨棒等。这时的畜牧和渔猎虽然已渐成为一种副业，但是在整个经济生活中还是占有一定地位的。家畜方面，已有猪、狗的饲养。手工业方面，制石、制骨、制陶、纺织、缝纫已很普遍。人们这时已经过着较为稳定的定居生活，因为在遗址中发现了许多方形或圆形的小屋子连接成的"村落"模样（在这种"村落"当中往往还有一所大房子，大概是这个氏族成员活动的公共场所）。另外，从对当时的墓葬和日用品的研究中可以看出，当时妇女在农业生产和日常生活中所占的地位远远高于男子，因此许多学者认为，"仰韶文化"正处于母系氏族公社的繁荣时期。

"龙山文化"是比"仰韶文化"更晚、更进步的一种"新石器时代"晚期的文化，距现在大约有三四千年。它的得名，是由于它的遗址最早被发现在山东济南附近龙山镇的缘故。"龙山文化"的陶器，具有表面漆黑光亮、陶壁薄而坚硬等特点，考古学家把这种文化叫作"黑陶文化"。"黑陶文化"的分布地区也很广，大体是在山东、河南、安徽、河北、山西、陕西、辽东半岛和浙江杭州附近。

在"龙山文化"遗址中发现的生产工具除了石斧、石刀之外，还有半月形的石镰、蚌镰和木耒等农具。这一时期饲养的家畜除了猪、狗之外，又出现了马、牛、羊、鸡。手工业制造品也更精致美观。根据对"龙山文化"遗址和遗物研究的结果，我们知道，"龙山文化"时期的经济，是以发达的"锄耕农业"为主，狩猎和捕鱼只是一种副业，与此同时，手工业也开始占据重要地位。这一时期，男子在生产中已起主要作用，氏族中贫富的差别也愈来愈明显。考古学家和历史学家认为，"龙山文化"是以男子为中心的父系氏族公社时期的文化。

（王占山）

黄帝 炎帝 蚩尤

黄帝、炎帝和蚩尤是我国远古时代的三个部族首领。

以黄帝为首的部族，最早生活在我国的西北方，过着迁徙不定的游牧生活，后来迁移到涿鹿地区（今河北涿鹿、怀来一带），才开始知道驯养家畜，种植植物。黄帝姓姬，号轩辕氏，也称有熊氏。

炎帝姓姜，是另外一个部族的首领。炎帝族最早也是生活在我国西北方的一个游牧部族，他们迁徙的路线是由西部向中部推进。他们向中部推进时，和最先进入中原地区的九黎族发生了冲突。长期斗争的结果是，九黎族胜利了，炎帝族被迫逃亡到了涿鹿地区。后来，炎帝族联合黄帝族共同对抗九黎族，双方进行了一场激烈的大械斗。在这场械斗中，九黎族的首领蚩尤被杀。这就是古书上所说的"涿鹿之战"。九黎族和炎、黄两族的斗争持续了很久，后来九黎族因敌不过炎、黄两族的联合势力，一部分被迫退到南方，一部分仍然留在北方，还有一些则渗入炎、黄族内，成为其中的一部分。自此以后，中原地区——主要是黄河中游两岸的地方，便成了炎、黄两族的活动场所。

炎族、黄族在共同击败九黎族后不久，他们之间又发生了大冲突，双方在阪泉（今河北怀来）接连发生三次恶斗。最后，炎帝被打败了。这就是古书上所说的"阪泉之战"。自此之后，炎、黄两族逐渐结合，并且在中原地区定居下来。

"涿鹿之战"和"阪泉之战"说明了定居中原地区的远古居民，是由黄帝族、炎帝族和部分九黎族组成的。他们互相融合的过程，当然绝不会这样简单，融合的途径必然是多方面的，后世之所以只提这两次冲突，那是因为年深月久，古书中仅给我们留下这样两个重大突出事件的痕迹。炎、黄两族和部分九黎族结成一体定居中原后，与东方的夷族以及部分南方的黎族和苗族，在经济、文化上互相影响，关系日益密切。他们共同开发了黄河中下游的两岸，使这个地区成为了我国古代文化的摇篮。

传说，进入阶级社会后的夏、商、周三代的祖先，都是黄帝的后裔。这些生活在中原一带的古老居民，春秋时自称"诸夏"或"华夏"，有时也单称"华"或"夏"，以区别于居住在长江、粤江（珠江）等流域的其他各族。华夏族就是汉族的前身，所以后世汉族人把黄帝奉为始祖，自称"炎黄世胄（后代）""黄帝子孙"。

中原地区因是华族文化的发祥地，古时人们认为中原居四方之中，故又把这个地区称为"中华"。后来，由于华族和其他各族不断地融合，华族活动的范围日益扩大，中原文化逐渐发展到全国各地，"中华"二字便成了代表整个中国的名称。这就是今天中华人民共和国国名里"中华"这个词的由来。

（梁群）

尧 舜 禹

公元前两千多年时，是我国原始社会彻底瓦解、奴隶社会完全确立的时代，也就是"禅让"制度被"传子"制度代替（部落联盟大首领推选制被王位世袭制所代替）的时代。

在远古时代，我国黄河流域中下游地区，曾经存在过以黄帝族为主体的黄、炎、黎三族的部落联盟。这一部落联盟所处的社会发展阶段，是原始社会的末期。部落联盟的大首领，在三族首领中推选。大首领有权祭天、各处视察、处罚有罪的首领、率众攻击敌对的部落。三族联盟的大首领——尧，年岁渐大的时候，要寻找继承人，炎帝族的"四岳"（管理四方事务的官名）推举舜为继位人。舜经受各种严格的考验，协助尧工作了二十八年。

尧死后，舜让位给尧的儿子丹朱，部落成员却表示拥护舜的领导，有纠纷的双方都愿意找舜做仲裁人而不愿去找丹朱，歌手们也不愿歌颂丹朱而愿歌颂舜，于是舜最后才接替了尧的职位。后来当舜的年岁渐大的时候，部落成员推举禹出来兼管政务。十七年后，舜死，人们都不拥戴舜的儿子商均，却愿拥戴禹为部落联盟的大首领。

及至禹死，情况便和过去有所不同。禹的儿子启直接继承禹位，并称王号，建立了夏朝。这时候，与启同姓的部落有扈氏不承认启的统治者地位，起兵反对他，说他破坏了"禅让"制度。启打败有扈氏，罚他做畜牧奴隶。经过这场斗争后，"禅让"制就被废除，"王位世袭"制开始正式登上了历史舞台。

相传古代洪水泛滥，尧命鲧（gǔn）治理洪水，鲧治水失败，尧便改命鲧的儿子禹继续治理。禹在外治水八年，为公忘私，三次经过自家门口都没有进去。后来禹治水收到了良好效果，建立起了变水患为水利的排灌系统——沟洫制度，大大有益于农业的发展，因此禹便为后世所歌颂并被描述为战胜洪水的神人。相传，禹的时代，曾用铜来做兵器和生产工具。根据这些传说，可以想见禹在位时，生产力一定有了迅速的增长。

另外，根据记载，禹曾同苗族进行过战争，获得大胜，苗族被迫退回南方。这一阶段，由于生产力的发展，生产有了剩余，战争中的俘虏不再像过去那样随便被杀掉，而是被当作奴隶来从事生产，生产出的产品绝大部分归奴隶主所有。

（应永深）

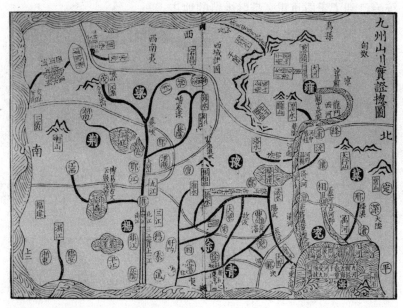

禹贡山川地理图·九州山川实证总图

夏 商 周

夏代是我国历史上第一个朝代，也是我国奴隶社会的开端。它大概建立在公元前21世纪，或者稍前一些，共经历了十七个王，十四代，四百多年。

夏代最后的一个王——桀，是一个有名的暴君。夏桀无视民力，把自己比作太阳，以为可以长久统治下去，可是人民却指着太阳咒骂他，说："你几时灭亡，我们宁愿跟你同归于尽！"桀的统治已到了矛盾重重、难以维持的地步。

商原来是夏朝东部的一个侯国，逐渐向西发展，直至河南商丘。商侯国的君主成汤励精图治，利用夏朝内部的矛盾，灭掉夏在东方的韦、顾两个属国，然后乘势攻夏。桀到鸣条（今河南陈留西北）迎战，士兵败散，他不敢回都城，便逃到南巢（今安徽巢湖），后来就死在那里。夏朝因而灭亡，商朝建立，奴隶制得到进一步发展。

商代（商王盘庚以后因为迁都于殷地，故又称殷，或称殷商，本名仍称为商）从成汤到纣王共经历了十七代，三十一个王，六百多年。

商代奴隶主贵族，为对被压迫阶级进行暴力统治，除拥有军队、监狱和一套官僚机构外，还迷信鬼神并利用它来作为巩固其统治的工具。受尽剥削和压迫的奴隶，经常成批地逃亡或不断地暴动。这种斗争，严重地动摇了商朝的政权。

商代从祖甲以后，几乎所有的君主都很荒暴。最后的一个国君——纣王，虽然在历史上对我国东南地区最初的开发有一定贡献，但是改变不了他是一个暴君的事实。他荒淫好色，喜欢饮酒作乐、打猎游玩，使耕地荒废成为狩猎场。为了满足自己的腐化生活，他不顾一切加重人民负担。他对东南地区的人方和孟方（族名）长期进行掠夺战争，尽管最后取得了胜利，可是却耗费了不少的人力、物力和财力。频繁的战争，引起了平民和奴隶的强烈反抗，社会动荡不安。另外，他又招引他人的奴隶且不任用自己的族人，使得商和其他小国之间以及本国统治集团内部之间矛盾重重。

周本是商朝西部的一个侯国，经过太王、季历、文王三代的苦心经营，国力已经很强大。文王时候，殷商北面和西面几个主要的属国都被周灭掉，周已经取得了当时所谓天下的三分之二，为灭商准备了良好条件。文王死后不久，他的儿子武王，率领兵车三百乘、士卒四万五千人、勇敢的冲锋兵三千人，大举伐纣。同他一起出征的还有许多友邦和南方的庸、蜀、羌、髳（máo）、微、卢、彭、濮（pú）八个小国。纣率领十七万（一说七十万）大兵迎战。在商的朝歌（今河南汤阴南，在那里有纣的离宫别馆）附近牧野（今河南卫辉一带）地方，两军相遇，纣兵阵前起义，倒戈向纣。纣王战败自杀，商被灭，周朝建立，这就是我国历史上第三个重要的朝代。

（双声）

殷墟　甲骨文

"殷墟"是指现在河南省安阳市西北五里小屯村北面洹（huán）河两岸以及附近一些地方。这里是三千多年前，商代后半期从商王盘庚迁都以后直到纣王灭亡二百七十三年间的国都所在地。商代灭亡后，这里就成为废墟，后来人们称它为"殷墟"。

"甲骨"是指乌龟的背甲和腹甲、牛的肩胛骨和肋骨。商王和贵族奴隶主是最迷信鬼神的，不论有什么疑难的事都要用甲或骨来占卜，占卜后就在上面刻写下占卜情况的文字。这种文字就是当时通用的文字，也是目前发现的我国最早的一种文字——研究这种文字的学者称它为"甲骨文"。甲骨文是1899年（清朝光绪二十五年）发现的。

根据殷墟的发掘和甲骨文的发现，再结合古书中有关商代历史的记载一并研究，我们更清楚地知道：商代是我国历史上的一个奴隶制文明大国，共有六百多年的历史，当中又以盘庚迁殷（小屯村）为分界，分为前后两期。这时的社会经济，是以农业生产为主，使用的农具大部分为木、石、蚌类制成，同时也开始使用青铜制成的工具；种植的农作物有黍、麦、稷、稻、粟等。畜牧业也很发达，猪、马、牛、羊、鸡、狗已成为驯养的家畜，并且还能够驯养大象。捕鱼、打猎的技术也有了进步，用镞、用弹丸、用网打渔，用车攻、火焚、箭射、陷阱等方法捕捉野兽。

在这一阶段，青铜的冶炼、铸造，陶、石、玉器的制作等手工业已脱离农业成为独立的生产部门，有了规模较大的作坊进行生产。尤其是青铜器，种类非常多，有日常生活用器，祭祀用的祭器，生产工具和兵器，器物形制很精巧，花纹清晰美观，达到了我国古代青铜工艺品制造的高峰。有名的司母戊大方鼎（祭器），重一千四百市斤[1]，就是这段时期的代表作，也是目前我国和世界上发现的最古、最大的青铜器之一。

我国古代早期城市的规模在商代后期也比较完整。具有民族形式特色的宫殿建筑遗址，在殷墟中也发现了。

商王和贵族奴隶主是商代的统治阶级。他们有一套完整的统治机构，有维护奴隶主政权的军队组织。他们过着剥削广大奴隶的寄生生活，吃的是酒肉，穿的是华丽的衣服，住的是宫殿和漂亮的房屋，整天歌舞淫乐。而广大奴隶们的生活是很悲惨的，吃的是猪狗吃的食物，住的是茅屋土炕，成天不停地在田里和作坊中劳动，有的在劳动时还要戴着锁链，而且连生命也得不到保障。从甲骨文中就可以明白地看出：商王和贵族奴隶主还把奴隶当作牲口屠杀来祭祀天帝和祖先。从发掘殷墟许多墓葬的结果可以看

1　司母戊大方鼎，又叫商后母戊鼎。这里的"市斤"是中国古代计量单位，1959年国务院统一规定1市斤等于10两，又等于0.5公斤。司母戊大方鼎是我国已有出土文物中最重的一件，现经研究者测定，实际重量为832.841公斤。——编注

出，杀殉奴隶是经常的事。有一次，在一个大奴隶主的墓葬里发现，被杀殉的奴隶就有一百多个。

（孟世凯）

周文王　姜子牙

很早的时候，至少从夏代末年开始，周族部落就住在现在陕西、甘肃一带。商朝后期，周族的首领古公亶（dǎn）父（太王），因为遭到戎族和狄族的侵扰，率领周族从岐山之北迁到岐山之南的一片叫作"周"的平原上居住。古公亶父改革风俗，建筑城郭室屋，开垦荒地，设立官吏。这样，就逐渐形成了一个初具规模的国家；周族的势力得到了迅速的发展。到古公亶父的儿子季历在位的时候，周族的力量渐强。商王文丁感到周国的威胁，竟将季历杀害了。

季历死后，他的儿子姬昌继位，就是周文王。周文王是个政治家。他征收贡赋有节制，周国的百姓都很拥戴他。

商纣王看见周的势力日渐强盛，感到恐惧，曾下令将文王囚禁在羑（yǒu）里（今河南汤阴西北）。后来周国向纣王奉献美女、名马和珍宝等物，并且买通商的大臣，向纣王求情，文王才被释放。文王见到纣王暴虐无道，决心把自己的国家治理好，一遇时机，便兴问罪之师，推翻商朝。

文王的臣僚中，虽然有不少人才，但是缺少一个极有才干、能文会武的大贤作为他的辅佐。他常常留心寻访这样的大贤，甚至在睡梦中也梦见大贤在向他微笑招手。

有一次，文王带着大队侍卫出去打猎，在渭水的支流——磻（pán）溪，遇见一个老人正安安静静地坐在那里钓鱼。文王同这老人谈话，向他请教了很多问题。从那老人滔滔不绝、见解卓越的回答中可以看出，他是一个才能出众、学识渊博的人。于是，文王很高兴地向他说："我的父亲以前常向我说：'将来一定会有一个贤能的人到我们这里来，帮助我们治理国家，我们周族将会因此昌盛起来。'您是个很贤能的人，我们想望您已经很久了。"说完，就请老人一同上车，回到京城。回去后，就封老人为"师"（武官名）。因为老人是太公（指文王的父亲）想望中的大贤，当时人们便称他为"太公望"（文王得到"太公望"的辅佐这是史实，但是否有访贤这一情节，历史记载中说法不一）。

太公望本姓姜，名尚，字牙，他的祖先助禹治水有功，封在吕地（今河南南阳西），故历史上又唤他为吕尚。后人则称他为姜子牙或姜太公。"子"是古代对男子的敬称，称他为姜子牙，是表示尊敬的意思。

周文王自从得了姜子牙这样的好助手，便更加励精图治。周国一天比一天富强。文王开疆拓土西至密（今甘肃灵台），东北至黎（今山西黎城），东至邘（yú，今河南沁阳附近），对商都朝歌采取进逼的形势。随后文王又进一步扩充势力到长江、汉水、汝水流域一带。文王晚年，周的土地，三分天下有其二，力量大大超过殷。但是，文王没有实现灭殷的大志便死去了，他的儿子姬发继位，就是周武王。武王经过积极准备后，兴兵伐纣，完成了他父亲的遗志，推翻了殷商，建立了统治全国的周朝。周把镐京（"镐"音 hào，在今陕西长安沣水之东）作为国都，历史上叫作"西周"。姜尚因辅助武王灭商有功，后来被封于齐（今山东省的中部和东部），为齐国始祖。

（王业猷）

周　公

　　周公是西周初年的大政治家，姓姬名旦，是周武王的弟弟。由于他的封地在周（今陕西凤翔），故历史上称他为周公。他辅助武王灭商，立有大功。武王灭商后二年病死，武王的儿子成王年幼，由周公代行国政。管叔、蔡叔、霍叔等贵族想争夺王位，散布谣言，攻击周公，并联络纣的儿子武庚等殷商的残余势力，发动叛乱，反对周朝的统治。周公亲率大军东征，用了两年的时间，平定了反叛。为了巩固周朝的统治，除去使用武力外，周公还在政治上采取了如下的措施：

一、加强分封诸侯的政策。周武王灭纣以后，就已开始分封诸侯。周公并不因武庚和三叔的叛周而改变原来的分封政策，相反更加大力贯彻。他把新征服的东方的土地和人民分封给同姓子弟和异姓功臣，建立属国，来拱卫周朝王室。据说周朝初年，武王、周公、成王时代，先后一共封了七十一国。灭掉多数小国，建立较大的侯国，结束商朝以来原始小邦林立的现象，这在历史上是一个进步。

二、营建洛邑。为了便于防止殷族的反抗和加强对东方的控制，周朝感到都城镐京的位置太偏西了，因此便由周公主持营建洛邑（今河南洛阳市），叫作东都。东都建成后，周公把殷的一部分遗民迁到洛邑，加以监管，并且派重兵驻守，以便镇压。周公自己也常驻在这里。这样，洛邑便成了当时周朝经营中原的一个重要据点。

三、制定典章制度。周公依据周国原有制度，参酌殷法，定出了一套设官分职用人的办法和区分君臣、父子、兄弟、夫妇、上下、亲疏、尊卑、贵贱的各种礼仪。这就是后世所说的周公制礼作乐。周公对商朝的文化，采取虚心学习的态度，他要周族贵族

周公辅成王（汉代画像砖拓片）

子弟学习商的文化和艺术，从而产生商、周两族混合的文化，这对以后中国文化的发展，是有很大影响的。

周公摄政七年，最后还政于成王。据历史所记，西周初年，从武王、周公，再到成王、康王，几十年间，天下太平，政治、经济、文化不断发展，西周的国力，这时最为强盛。

（王业猷）

春秋　战国

公元前771年，我国西部的一个部族——戎族，攻占了周的国都镐京，把周幽王杀死在骊（lí）山之下。周幽王的儿子——宜臼，依靠各国诸侯的援助，做了天子，就是周平王。周平王害怕戎族的进攻，不敢住在镐京，于是在公元前770年，把国都东迁到洛邑。历史上把迁都洛邑的周朝叫作"东周"。

从公元前770年到公元前403年这一时期，历史学家称它为"春秋时期"（另外也有些历史学家把春秋时期的范围定为公元前770年到公元前476年）。

这段时期，包括了我国最早的一部编年体史书——《春秋》（自古相传《春秋》为孔子所作，但也有人认为并非孔子所作）的起讫年代（公元前722—前481）在内，春秋时期的名称就是这样来的。

春秋时期，我国的冶铁技术已经逐渐进步，生产上也逐渐应用铁制工具，如锄头、斧头等。随着生产力的提高，各地经济有了更大的发展。有些诸侯的力量逐渐强大，超过了周王室。从这时起，周王只不过是名义上的最高领袖，实际上已没有力量控制诸侯了。

春秋后期，由于各大诸侯国之间彼此吞并，到公元前403年，主要只剩下了七个大的强国：秦、齐、楚、燕、韩、赵、魏。

在这七个大国中，齐、楚、燕、秦四国是从西周以来就存在的老国家，韩、赵、魏则是由晋国分裂而成的三个新国家。为夺取更多的土地和人口，七国之间的兼并战争，比以前更加剧烈而频繁，直到公元前221年秦始皇攻灭东方六国统一全国以前，各国相互攻伐一直没有停止。后世人因此把这个时期（公元前403—前221）称作"战国时期"（有的历史学家计算战国时期是从公元前475年开始，到公元前221年终止）。

战国时期，冶铁事业有了进一步的发展，各国都出现了冶铁业中心。铁制工具的广泛应用，又推动了各国水利事业和农业的发展。

（王业猷）

五霸　七雄

春秋时期，周天子的势力衰落，大国诸侯互相争夺霸权。历史上把先后称霸的五个诸侯叫作"五霸"。五霸一般是指齐桓公、宋襄公、晋文公、秦穆公、楚庄王。也有的说五霸应该是指齐桓公、晋文公、楚庄王、吴王阖闾（hé lú）及越王勾践。

齐桓公在位期间，在有名的大政治家管仲的辅佐下，齐国在经济、政治和军事上实行了一系列的改革，国家日益走向富强。这时周王已经衰弱到不能维持其天下"共主"威权的程度，齐桓公为了扩大自己的政治权力，争做霸主，就拿"尊王攘夷"作号召，企图来达到自己的目的。所谓"尊王"，意思是尊重周朝王室，承认周天子的共同领袖地位；所谓"攘夷"，意思是联合各诸侯共同抵御戎、蛮等部族对中原的侵袭。齐国是第一个建立霸业的国家，它曾经援助燕国打退山戎的入侵，联合诸侯国出兵卫国击退了侵入卫国的狄人，还曾经联合中原诸侯讨伐楚国。齐桓公屡次大会诸侯，和各国结成同盟，相互约定：如某国遭遇外患，各国共同出兵援救；在盟各国，互不侵犯，如有争端，由盟主公断。齐桓公称霸，阻止了戎狄的侵扰，保卫了华夏族的先进文化，在历史上起了积极的作用。

齐桓公死后，齐国的霸业衰落。宋国（在今河南省东部）的襄公想趁机争做霸主。正好这时郑国（在今河南省中部）依附楚国，宋襄公就领军讨伐郑国。楚国出兵救郑，攻打宋国。宋军被打得大败，宋襄公也受了重伤，第二年即病伤而死。实际上宋国称霸没有成功。

真正继齐桓公称霸的是晋文公。晋国在今山西省，和周是同姓国家。公元前632年，晋文公率晋、宋、齐、秦四国联军大败楚军于城濮（今河南濮阳南）。战后，晋国把在战场上俘虏的楚国战车和步卒，献给周天子。周天子赐给晋文公一百支赤色弓箭、一千支黑色弓箭，另外还有香酒、玉石等物。周天子赏赐弓矢，是表示允许其有权自由征伐的意思。从此以后，晋国便成了各诸侯的霸主。

在晋国称霸时，西邻的秦国也开始强大起来。秦穆公任命百里奚、蹇（jiǎn）叔为谋臣，曾打败晋国，俘获晋惠公。但是后来却在崤（xiáo，山名，在今河南洛宁北）地，遭受晋军袭击，被打得大败。秦没法向东发展，只好转而向西，攻灭十几国，在函谷关以西一带称霸。

楚在春秋时，陆续吞并了长江、汉水流域许多小国，势力逐渐伸展到淮水流域一带。到楚庄王时，楚出兵进攻陆浑戎（居住在今河南嵩县），并在东周洛邑的城郊耀武扬威，打听象征周朝天子权势的九鼎轻重，大有代周而取天下的意图。后来又在邲（bì，今河南郑州）与晋大战，打败晋军，终于成为霸主。

春秋末年，吴、越两国相继强大。吴王夫差曾在夫椒（在今江苏吴县西南太湖中）打败越兵，迫使越国屈服。之后又打败齐军，继而率领大军北上，在黄池（今河南封丘县西南）同诸侯会盟，与晋国争夺霸权。

越王勾践自被吴国打败后，卧薪尝胆、发愤图强，决心洗雪前耻。经过十年生聚、十年教训，终于转弱为强，灭了吴国。勾践北进王徐（今山东滕州），大会齐、晋等诸侯共尊周天子，成为春秋时期最后一个霸主。

"七雄"指的是战国时期的魏、韩、赵、秦、齐、楚、燕七国。秦在函谷关（今河南灵宝）以西；其他六国在函谷关以东，称为"山东六国"。

魏国大致包括今陕西北部、山西南部和河南北部一带。魏文侯时，任用西门豹、李悝（kuī）、乐羊等人才，改革恶俗，整顿财政，发展生产，奖励攻战，逐渐成为战国初期最富强的国家。

韩国主要在今河南省中部、南部和山西省东南部一带。韩昭侯任用申不害为相，实行严政，加强国君的专制统治，国治兵强。申不害死后，韩又常遭各国侵伐。韩是当时七国中最弱小的一国。

赵国的疆域主要包括今河北省中部、南部和山西省北部一片地方。赵烈侯时，节财俭用，举贤任能，国势日强。

秦国是一个大国，大致占有今陕西南部、甘肃东部及四川中部和西部广大地方。秦本来是一个文化落后的国家，秦孝公时任用大政治家商鞅进行变法，秦国才日益强盛起来，终至成为东方六国的劲敌。

齐国是春秋初期的强国。齐国的国君原本是姜尚的后裔，后来齐国的贵族田氏势力渐大，姜姓国君终被田氏取而代之。齐威王时，任用邹忌等革新政治，选拔人才，修订法律，奖励农耕，鼓励群臣及吏民批评朝政，故战国时期齐国仍然是强盛的大国。

楚国在春秋时已经是一个强国。楚悼王时，任用吴起变法。

楚威王时，派兵攻取越国今浙江以西的土地；又派将军庄蹻（qiāo）带兵入滇，扩地数千里。楚国是当时七国中土地最大的一个国家。

燕国占有今华北平原的北部直到辽东半岛一带，国都为蓟（jì，即今北京）。燕国本很弱小，常受山戎攻掠。燕昭王时，重用名将乐毅，大破齐国兵，才成为北方的强国。

"五霸""七雄"所代表的春秋、战国时期，是我国历史上一个重要的转变时期，这时，不论在经济、政治和思想文化上，都出现了前所未有的大变革。大量未垦殖的荒野被开辟出来，人口增加了很多，华族与其他各族的交往和融合不断地加强，这一切都为以后秦汉大一统局面的出现创造了有利条件。

（王业猷）

管　仲

管仲（又叫管夷吾），颍上（今安徽颍上）人，是春秋初期杰出的政治家。公元前689年，齐桓公任用管仲为相，改革内政。管仲治理齐国，总的目标是富国强兵、尊王攘夷，以成霸业。

在经济方面：主张依照土地的肥瘠，定赋税的轻重。对内开源节流，以减轻农民和小生产者的负担。兴修水利，开垦荒地，发展农业。提倡渔盐之利，鼓励鱼盐输出。设立盐官、铁官，管理盐铁的生产事业。重视通商和手工业。铸造货币，调剂物价的贵贱。根据年岁的丰歉和人民的需求，决定货物的集散。结果齐国国用充足、仓库充实，国家越来越富庶，人民生活逐渐提高，奠定了齐国称霸诸侯的经济基础。

在政治方面：分全国为士乡（农乡）与工商乡，不许士（上古时代介于卿大夫和庶民之间的阶层）农工商四民杂处。工商免服兵役，使成专业。优待甲士（带甲的兵，甲是古时战士的护身衣，用皮革或金属制成），有田不自耕，专练武艺。战争时，农夫当兵，士当甲士和小军官。这种促使社会加速分工的措施，对于当时生产的发展，起过一定作用。同时又提出"尊王攘夷"的口号，打着拥护周天子的旗号，领导各国诸侯合力抵抗戎狄部族的侵扰。这样做，对于保卫中原地区先进的经济和文化免受落后部族的掠夺与蹂躏，有着很大的好处。

齐国是春秋初期最强盛的国家之一，管仲的功绩是不可磨灭的。

（王业猷）

子 产

子产是春秋时期郑国著名的政治家。

郑国是一个小国，北面是晋国，南面是楚国，它处于两大霸国之间，从晋则楚要打它，从楚则晋也要打它，若要避免灭亡，就不得不讲求内政外交的善策。

从公元前543年到公元前522年，首尾二十一年，正是子产在郑国掌握国政的时期。在这期间，子产充分发挥了他的政治才能，依靠全国人民的力量，使弱小的郑国，在晋、楚两强之间，保持了应有的独立地位。

子产治国，能任用贤才，并且能接受批评、改正错误，这是他的最大长处。这里有个故事，可以看出他的政治家风度。他执政后不久，有人经常聚集在乡校中，批评国家的政治，有个叫然明的人，看不惯这种现象，向他建议说："把乡校封闭吧，你看怎样？"子产回答说："为什么要封闭乡校呢？让人们空闲的时候，常到这里走走，评论评论执政的得失，有什么不好？他们说这样做对，我就这样做；说那样做不对，我就改正缺点。这正是我的老师啊！"

子产从政二十多年，为郑国做了很多事情，其中最重要的有两件：一是"作丘赋"，一是"铸刑书"。

"丘赋"是怎么回事，我们现在已弄不清楚，有人说，就是一"丘"出一定数量的军赋。由"丘"中人各按所耕田数分摊。一"丘"的面积有多大，现在也弄不清了。据说"四邑为丘"。一邑四"井"，也就是说，"一丘，十六井"。既然"丘赋"系根据所耕田数分摊，那么"丘"内新垦土地愈多，则分摊之军赋必愈轻。这样，不仅使得负担平均合理，而且保证了国家军赋的来源。"丘赋"制初行时，遭到了贵族们强烈的反对，但是子产很坚定地说："不妨。只要对国家有利，我死也得做。"

郑国是一个商业发达的国家，然而贵族们往往利用随意轻重的刑罚来压迫商人，这对郑国来说很不利。子产把刑书（成文法）[1]铸在金属鼎上公布，使老百姓知道国家法令的内容和要求，有所遵循。从此，司法有了准绳，谁也不能光凭自己的好恶来滥施刑罚，这样做多少有些限制贵族权力的作用。刑书刚公布时，同样也遭到了守旧派的强烈反对。但是子产还是坚定地去做。

子产的新政，受到了郑国人民广泛的赞扬。

（王业猷）

卧薪尝胆

公元前494年，正是春秋末期。当时的诸侯之一 —— 吴王夫差，出兵侵伐越国，越国生产落后，国势很弱，加上越王勾践不听贤臣范蠡的忠告，以致越国的军队在夫椒地方被吴军打得惨败。

---

1 成文法，又称制定法，指国家机关依照一定的程序制定和颁布的，表现为条文形式的规范性法律文件。在子产铸刑书以前，统治者并不公开成文法典。—— 编注

越王勾践收拾残兵败将五千人退守会稽（今浙江绍兴市），又被吴军包围，形势很危急。勾践采纳了范蠡的建议，派大夫文种前去求和。夫差的谋臣伍子胥对夫差说："越王是个有深谋、肯耐劳苦的人，现在不过暂时屈服，一有机会，准会再起，不如趁此时刻一口气把越国灭掉！"夫差觉得伍子胥的话有道理，就没有答应越国的求和。

勾践听说吴王不肯允和，就想同吴国决一死战。文种对勾践说："吴国的大臣伯嚭（pǐ）是个贪财的人，我们可以设法拉拢他。"于是勾践派文种带着美女和珍宝去贿赂伯嚭。伯嚭在夫差面前极力替越国说情。最后夫差终于答应了越国的求和，把军队撤回了吴国。

吴国撤兵后，勾践被迫带着妻子和范蠡到吴国去，给吴王夫差当奴仆。但是他立志洗雪国耻，忍辱负重，丝毫不露声色。三年后，勾践被释放回国。

越王勾践回国后，怕安逸的生活会把自己报仇雪耻的雄心壮志消磨掉，因此特地为自己安排一个艰苦的环境，以便时刻警惕。晚上他就睡在柴草堆上（卧薪），用戈（一种兵器）当枕头，不敢睡舒适的床铺；平时屋里吊着一只苦胆，起身以后，或睡觉、吃饭之前，他都要尝一尝苦胆的滋味，表示不忘亡国的痛苦（史书最早的记载，只说越王尝胆，并没有说卧薪，卧薪之说是后来才有的）。他倚靠贤臣范蠡和文种，任用有才德的人，发展生产，奖励生育，营造战舰，练兵习武。

和越国相反，吴王夫差自战胜越国后，骄傲狂妄，不顾民生困苦，连年东征西讨，想成为凌驾各国之上的霸主，又听信了奸臣伯嚭的谗言，杀害了伍子胥。本来是弱国的越国，转化为强；本来是强国的吴国，表面上虽然还撑着一副空架子，实质上已经转化为弱。

公元前482年，吴王夫差在黄池大会各国诸侯，打算跟晋国争做霸主。越王勾践趁吴国国内空虚的机会，带领大军攻打吴国，包围了吴国的首都，杀死了吴国的太子，吴国人心大乱。夫差闻此，匆忙带兵回国。吴国军心涣散，无力作战，只好派人向越国求和。此后，吴国一天天衰弱下去。

公元前473年，越王勾践率领大军再一次进攻吴国，把夫差围困起来。夫差派人向勾践哀哀求和，勾践坚决不答应。夫差悔恨自己当年不听伍子胥的忠告，自杀而死。吴国灭亡。越王勾践灭吴以后，北进到徐，大会各国诸侯，做了春秋时期最末一个霸主。

（王业猷）

商鞅变法

秦国在战国初期，是一个比较落后的国家。公元前361年，秦孝公即位，下令求贤，希望对秦国的政治有所改革。

卫国人公孙鞅（后因有功于秦，被封于商，故号商鞅）应募到秦国，得到秦孝公的信任。公元前359年，秦孝公任命商鞅为"左庶长"（秦国官名），在秦国实行第一次变法。

据说，在变法的命令尚未公布以前，商鞅为了在人民中树立威信，派人把一根三丈长的木杆竖立在国都市区的南门，然后下令说："有人能把这木杆搬到北门去的，赏给他十金。"当时老百姓来看热闹的很多，都觉得奇怪，认为做这样简单的工作，绝不可能得到如此重赏，因此没有一个人出来试试。商鞅看见人们不相信，又再次郑重下令说："有能把这木杆搬去的，赏赐五十金。"这次下的命令，更加使人感到奇怪；不久，真有这么一个人鼓起勇气，不管有赏无赏，把这根木杆从南门搬到了北门。商鞅毫不失信，立即给了这人如数的奖赏。这件事情传扬开去，大家都知道商鞅是一个言出必行的人。从此，人们对于秦国的法令，谁也不敢等闲视之。

商鞅第一次变法的主要内容，有以下几点：

一、组织民户，实行"连坐法"。以五家为"伍"，十家为"什"，互相纠察；一家犯法，别家不告发，一同受重罚。

二、加强对劳动力的控制。户主如有两个儿子，到一定年龄必须分家，各立门户，不得过依赖生活；否则，加倍出赋税。

三、奖励生产。凡努力耕织生产粟帛超过一般人产量的，可以免除徭役；凡弃农经商或因好吃懒做以致穷困的，连同妻子儿女一同罚做奴隶。

四、奖励军功，禁止私斗。凡为国家立下战功，按功劳大小受赏。贵族没有军功，不得享受爵位；不论贵族市民，如有私斗，按犯罪轻重受刑。

新法实行十年，取得了很大的效果，秦国开始日益走向富强。公元前352年，秦孝公升商鞅为"大良造"（秦国官名），给了他更大的权力。公元前350年，商鞅又实行第二次变法。这次变法的主要内容是：在政治方面，普遍地推行县制。归并各乡村、城镇为大县。全国一共设立三十一个县（一说四十一个县）。每个县由中央政府派令和丞管理全县的事。在经济方面，开辟阡陌封疆（田间分疆界的土堆），扩大耕地面积；奖励开荒，承认各人新开垦的土地所有权，准许土地的自由买卖。另外，还统一了全国的度量衡制度，加强了国内的经济联系。

在第二次变法时，秦国把国都从雍（今陕西凤翔）迁到了咸阳。

商鞅在实行新法时，秦国的旧贵族纷纷起来反抗。可是商鞅的态度很坚决，丝毫没有妥协。公元前346年，太子带头反抗新法，商鞅下令把太子的两个老师施以黥（qíng）刑（面上刺字涂墨），以示惩罚。老百姓看到太子犯法还要受到处罚，谁还敢违抗新法？因此，新法能够在秦国雷厉风行地彻底贯彻。新法实行后，秦国很快由一个落后的国家成为当时最先进、最富强的国家。

商鞅变法，是中国历史上的一次重大事件。商鞅，是中国古代的一位杰出的政治家。公元前338年，秦孝公死后，太子继位，就是秦惠文王。旧贵族乘机报复，秦惠文王听信了他们的话，杀害了商鞅。商鞅虽然被害，但是他所推行的新法，却仍长期为秦国所奉行。

（王业猷）

赵武灵王胡服骑射

赵武灵王是战国时赵国的国君，也是一位军事家，公元前325年至前299年在位。赵国的东邻齐国，是一个强国，西方的秦国，经过变法图强，国势也蒸蒸日上，相形之下，赵国当时只算是个二三等国家。赵国的东北方是中山国，虽然是个小国，却也轻视赵国，常乘机侵犯它的边境。赵武灵王即位以后，国势仍然没有变化，曾被齐国打败过一次，又被秦国打败过好几次，好几座城池都被秦国侵夺去了。

赵武灵王是一位很有志气的君主，他很想进行一些改革，好使赵国变成强国。赵国的北部，大部分与胡人为邻。那时，胡人都是些强悍善战的游牧部族，他们穿着短装，行动灵便，上阵骑马，往来如飞，一边跑着一边射箭，生龙活虎。赵武灵王认为采用胡服骑射，对于加强军事战斗力量很有好处。他打算让全国的人都改变装束，一律穿短服，和胡人一个样子，并且练习像胡人那样骑马射箭。

有一天，赵武灵王对大臣肥义说："现在我想用胡人的衣服骑射，来教导老百姓，就恐怕世俗的人必定要议论我。"

肥义说："臣听说过：'做事情若有疑惑，必没有成功的希望。'大王如果要学习胡服骑射，就不必顾虑那些世俗议论。要改革就不妨学学。过去，舜的时候，有个落后的部族叫有苗，舞跳得很好，舜就向他们学跳舞。可见古人也有学习别地方风俗的。只要对赵国有好处，胡服骑射又有什么不可以学的呢？大王就照这样去做吧！"

赵武灵王听了肥义的话，下定了决心，在公元前302年，命令赵国人改穿胡服和学习骑射。他以身作则，带头先穿起胡人的服装来。

最初，赵武灵王的叔父——公子成反对改革。赵武灵王亲自同公子成辩论，用种种理由把顽固的公子成说服。最后，公子成也穿起胡服。众大臣及老百姓看见赵武灵王和公子成都穿上了胡服，便也都随着改变了装束。接着，赵武灵王亲自训练士兵，教他们如何像胡人那样骑马射箭。不到一年的工夫，赵国大队的新式骑兵就训练成了，赵国在军事上很快地就由一个弱国一跃而成了当时北方的一个强国。

（王业猷）

苏秦张仪

　　苏秦是战国时洛阳人。他年轻时，曾到东方的齐国求学。求学告一阶段后，他便到各国游历，想凭借自己雄辩的口才，游说各国诸侯，希望得到诸侯的重用，结果却遭到了失败，最后狼狈不堪地回到故乡。他重新发愤读书，用心研究当时各国政治形势和兼并斗争情况，一年以后，提出了"合纵"的主张。那时，西方的秦国是战国七雄中的强国，经常出兵攻打东方各国，各国诸侯都很害怕，感到无法抵抗。"合纵"政策，就是联合六国共同抗秦的一种具体办法。南北称为"纵"，从北往南，由燕国到齐、赵、魏、韩诸国，再到楚国，南北联盟，合力御秦，故称为"合纵"。苏秦先到赵国，宣传"合纵"的好处，赵相奉阳君不赞成，他只好转往燕国。过了一年多，终于见到燕文侯。燕文侯很支持他，还替他预备了车马盘缠，请他到各国去进行联络。苏秦第二次又到了赵国，恰巧这时奉阳君已死，少了一个阻挠的人，所以他能直接见到赵国的国君——赵肃侯。苏秦向赵肃侯说："臣就天下形势考察，觉得东方六国的土地比秦国要大五倍，各国的军队比秦国要多十倍，若六国能同心协力，西向攻秦，秦国必然会失败，为什么现在东方六国反而一个个都断送自己的土地去奉承秦国呢？……臣希望大王对这问题加以慎重考虑……依臣的计谋，目前最好约请各国诸侯到赵国洹水聚会，共商大事，设誓订盟。盟约规定：以后秦国如果攻打六国中任何一国，其他各国相互援助。诸侯中有不遵守盟约者，其他五国共同出兵讨伐。"

赵肃侯听了苏秦的建议，非常高兴，即刻为他准备了一百辆华丽的车子和许多黄金、白璧、锦绣等贵重的礼物，要他去游说各国诸侯。苏秦先后到了各国，向各诸侯详细说明了割地求和的害处和联合抗秦的好处。韩、魏、齐、楚四国都被他说服，一致赞同"合纵"的主张。赵、齐、楚、魏、韩、燕六国，大会于洹水，在共同抗秦的名义下，结成了联盟。苏秦被举为"纵约长"，挂六国相印。

但是，这种联盟是极不牢固的，因为六国统治者各有各的打算，根本不能真诚合作。后来秦国乘机暗用计谋，挑拨齐、魏两国攻赵，"合纵"的盟约很快便被破坏。

张仪是战国时魏国人，同苏秦是同学。他最初漫游各国到处游说，久不得志。有一次楚国相府举行宴会，主人丢失了一块美玉，府里的人听说他的名声不好，都疑心是他偷的，便将他捆起来打了几百板子，打得他浑身都是伤痕，结果他还是不承认，也只得算了。他回到家里，他的妻子知道这事后，悲叹着说："你要是不去到处游说，哪会给人家打成这样子！"张仪听了忙张开口对妻子说："你瞧我的舌头还在吗？"妻子笑道："当然舌头还在。"张仪道："那就好，只要舌头还在，我将来就有办法。"

果然，以后张仪到了秦国，仗着他的辩才，取得了秦王的信任，做了秦相，提出了"连横"的主张。东西称为"横"，使用威吓、利诱的手段，逼迫东方六国西向和秦结交，就叫作"连横"。

　　为了破坏六国的团结，张仪主张先争取与秦接壤而又畏秦最深的魏国。他向魏王宣传"连横"的道理，要魏和秦结交。魏王起初不答应，张仪便怂恿秦国攻打魏国。魏与秦战，魏国失败。第二年，秦国进攻韩国，大败韩国，斩首八万，诸国震恐。张仪再次游说魏王，魏王迫于秦威，答应和秦订交。进一步，秦国的目光转向了齐、楚两大强国。当时，齐楚订盟，声势很大。秦国想瓦解齐楚联盟，就派张仪到楚国，欺骗楚怀王说："大王如果信臣的话，和齐国绝交，臣可以劝秦国献出商、于（今河南淅川、内乡）地方六百里给大王，并且秦国愿意和楚国结为姻亲，永成兄弟之国。"楚怀王是个糊涂虫，听了张仪的话，信以为真，就派人到齐国去辱骂齐王，同齐国绝交。齐国气极了，反而同秦国联合，共同对付楚国。结果，张仪向楚国派来接受土地的使者说："我说的是六里地，不是六百里地，大概楚王听错了吧！"楚国使臣回去报告怀王，怀王大怒，即刻兴兵攻打秦国。这时秦国和齐国联合起来，两面夹攻楚国，楚军一连败了好几仗，败得很惨，反而被秦国夺去了大片土地。

　　就这样，秦国利用"连横"政策，对东方六国采取各个击破的办法，最后使"合纵"的盟约完全瓦解。

　　"合纵""连横"，反映了战国时期纵横捭（bǎi）阖（分化或拉拢）的政治局势，也反映了知识分子——"士"这一阶层的兴起，以及他们在政治上的活动与要求。

（王业猷）

火 牛 阵

田单是战国时齐国的军事家。齐湣（mǐn）王的时候，他在国都临淄（今山东临淄）做过小官，并不甚有名。但他办事很认真、很有条理，深受族人敬重。公元前284年，燕国派遣名将乐毅联合赵、韩、魏等国的兵力，打败了齐国；齐国的地方几乎全被燕军占领，只剩了莒和即墨两城没有被攻下。随着逃难的人群，田单率领一家老少也辗转逃入即墨城。他参加了即墨城的防守工作。即墨守城的长官同燕军交战，死在阵上，城里的人推选田单出来主持战事，因为大家都认为他有才干、有智谋。

田单做了首领，和部下同甘共苦，不分日夜亲自巡城，受到全城人民的热诚拥戴。

他一方面加强城守，另一方面还派人到燕国去侦探敌人内部的动静。他听说燕昭王死了，昭王的儿子惠王继位。惠王原和乐毅有矛盾，彼此很不和。于是他便趁机派间谍到燕国造谣说："齐国现在只有两个城未被燕攻下。乐毅之所以不赶快把这两城攻下，结束战事，是想以伐齐为名，慢慢收揽人心，企图在齐国称王。齐国人倒不怕乐毅，就怕燕国改派别的大将，这样，即墨城马上就要遭殃了。"燕惠王听信了这话，也不深思，就另派大将骑劫去代替乐毅。燕军将士听说乐毅遭了谗害，都愤愤不平。骑劫是一个无能的将领，燕军军心动摇，他根本指挥不灵。

田单用反间计除去乐毅后，便进一步做鼓舞士气的工作。他在军队里挑选了一个机灵的小兵，叫他假装"神师"，以后每逢下令，总说是出于天神的教导。齐军士兵看见有"天神"下凡帮助，都非常高兴；相反燕军听到这个消息，都非常害怕。

接着，田单放出一种消息，说："我们别的不怕，就怕燕国人俘虏了我们的士兵割去他们的鼻子，把他们放在队伍的前列，让即墨城里人看了害怕，这样人心就会涣散，即墨就再也守不住了。"骑劫听到后，不假思索，就完全按照田单说的话那样做。即墨人一见被俘的人都被割去鼻子，十分激愤，更加决心抵抗，坚守不降。

后来，田单又放出一个消息，说："我们别的不担心，就担心燕军挖掘我们城外祖先的坟墓。要是他们真挖掉了我们的祖坟，即墨城里的人一定会感到寒心，不愿死守。"骑劫听到后，仍然不假思索，又完全按照田单说的话那样做。即墨人看见燕军刨掉了自己的祖坟，烧毁了自己祖先的尸骨，都悲愤大哭，要求出城去和燕军拼命。

田单见到士气高涨，知道机会已到，就下令全城动员。他把自己的妻妾和亲人都编入队伍中，把自己的口粮也都拿出来分给部下。他命令精壮的士兵暂时隐伏，故意用老弱妇女在城头防守。他派人出城去假意投降。骑劫深信不疑，毫无警惕。燕军见齐军要投降，都高呼"万岁"，斗志迅速下降。随后田单又派人给燕军将领送去贵重的礼物，说："即墨很快就要投降了，希望大军进城以后，保全我们的家小。"燕军将领个个欢喜，满口答应。从此燕军将士，丝毫不做战斗准备，整天饮酒作乐，专等田单出来投降。

　　而这时在即墨城里，田单却在积极做着战斗的准备。他征集了一千多头牛，牛身上都披着五彩龙纹的红绸子，两只犄角上都绑上锋利的快刀，尾巴上都扎上浸透油脂的芦苇；并且预先在城墙根挖开几十个洞口，把牛藏在里面，预备冲锋。同时他又挑选了五千名勇敢的壮士，拿着武器跟在牛队的后头。一切都已准备妥当，到了这天夜晚，田单正式下令出战。牛尾巴上的芦苇烧着了，一千多头火牛怒吼着奔出洞口，直冲向燕军兵营。五千名壮士紧跟在牛后，奋勇击杀。城中人拼命地敲打着各种铜器，鼓噪助威。城外一片火光，喊杀声惊天动地。燕军从梦中惊醒，不知发生了什么大事，慌乱一团，纷纷夺路逃跑，自相践踏，死伤遍地。燕军大败，主将骑劫在混战中被杀死。田单乘胜反攻，齐国沦陷区的人民四处响应，配合田单拦击燕军。齐军大胜，最后终于把敌人完全驱逐出国境。田单率领部队，收复了七十多座城池。

（王业猷）

完璧归赵

赵惠文王在位时曾得到一块世上稀有的美玉 —— 楚国和氏璧。

秦昭王听到这个消息后，派人送信给赵王，表示愿意拿十五座城池来交换这件宝物。赵王同大臣们商量，感到很为难：若是答应，怕上秦国的当；若是不答应，又怕秦国以此为由发兵入侵。大家商议了半天，还是想不出一个好办法。

赵王心里十分焦急。这时，身边的一个宦官说："我家里有个客人，名叫蔺相如，是个挺能干的人。我认为，派他去秦国一定合适。"

蔺相如应召而来，向赵王建议说："如果大王实在没有人可派遣，我可以去走这一趟。假若秦国真愿意拿城来换，我就把璧给秦；否则，我就完璧归赵。"

赵王很高兴，便派他去办理这件事情。

蔺相如到了秦国，秦王在王宫召见他。蔺相如把璧捧上去，秦王接过来，左看右看，欣喜若狂，顺手把璧递给左右的侍从和文武大臣们传观。大家看了都称赞不已，齐声向秦王道贺，高呼"万岁"。

蔺相如站在一边等了许久，看到秦王根本不提换城的事情，他想：秦王果真存心霸占这块玉，便走上前对秦王说："这块玉上面还有一点小毛病，不容易瞧出，让我指给大王看。"秦王信以为真，把玉递给了蔺相如。

蔺相如接过玉，退到柱子边，向着秦王，义正词严地说："大王曾说要用十五座城交换这块和氏璧，赵王听闻此事，召集群臣商议，大家都主张不要答应。但是，赵王采纳了我的意见，不愿意和秦国伤和气，同意用这块玉和秦国交换十五座城。赵王为了表示郑重，恭恭敬敬斋戒了五天，才派我把玉送来。可是大王却随随便便把玉递给这个看，递给那个看，未免太不郑重了。我看大王并没有真心拿城交换的意思，故而我不得不把玉收回。假如大王存心威逼，那我就拼着头颅和这块玉一同碰碎在这根柱子上。"说完，真的举起玉，就要朝着柱子猛砸。

这一下可把秦王急坏了，他没办法，只好向蔺相如道歉，并且命人把地图拿来，指点给蔺相如看，说："从这儿到那儿，一共十五个城，全划给赵国。"

蔺相如心里很清楚，知道秦王只是逢场作戏，他不动声色地改换口气，对秦王说："和氏璧是天下闻名的宝物，价值连城。赵王为了送这块玉，斋戒了五天；现在大王要受这块玉，也应该郑重其事斋戒五天。"秦王知道不能强夺，只好忍气吞声答应下来。

蔺相如预料秦王终究会变卦，就在当天夜晚命他的随员化装成平民，抄小路把这件宝物偷偷地护送回赵国。

五天过后，秦国举行十分隆重的仪式，来接受这件天下无双的稀世之珍。一切都按照事先的安排进行，秦王坐在殿上，殿下文武林立，四周一片沉寂，气氛十分严肃。不一会儿，蔺相如空着手，不慌不忙地走上殿来。秦王一见，知道事情不妙，忙问道："和氏璧呢？"蔺相如回答说："秦国多年以来，一直不守信义，赵国吃的亏已经不少，我害怕这次又会上当，已经暗中派人把玉送归赵国去了。我欺骗了大王，很对不起，请大王治我的罪吧！"

秦王气得浑身发抖，大发雷霆地说："我依了你的话斋戒了五天，你竟把玉送回赵国去，这明明是你无理！"

蔺相如面不改色地辩白说："秦强赵弱，只要秦国先把十五座城交给赵国，赵国岂敢开罪大王不把宝物献出？"秦王听了这话，一时无言以对，最后想了想，实在没法，只好自认没趣，放蔺相如回去。后来，秦国并没有把十五座城给赵国，赵国也始终没有把璧给秦国。

"完璧归赵"的故事，千百年来，一直被传为美谈。至今，人们比喻某件物品的高贵，常说"价值连城"。向人借物，保证原物归还，常说"完璧归赵"。这两句成语，都是从这个故事中引申出来的。

（王业猷）

将 相 和

蔺相如完璧归赵以后，又过了好几年。在这几年中，秦国攻打过赵国两次，虽说得了些胜利，可是无法使赵国屈服。于是秦王派使者去见赵王，约赵王在渑池（今河南渑池县）见面。明里说是促进秦赵和好，实际上是打算对赵国进行要挟。赵王害怕被秦国暗算，很想拒绝不去。可是蔺相如和大将廉颇认为，要是推辞，等于表示胆怯。与其示弱于人，倒不如赴约前去。赵王接受了这个意见，决定动身去渑池。蔺相如跟着一道同去，廉颇则在边境上布置重兵，以防秦国侵袭。

公元前279年，秦王和赵王相会于渑池。在筵席上，秦王假装酒醉，故意戏弄赵王，说："寡人听说赵王喜欢弹瑟，请弹一曲听听。"赵王不敢不依，只得勉强弹了一曲。这时，秦国的史官赶紧上前把这件事记载下来，写道："某年某月某日，秦王与赵王会饮，令赵王鼓瑟。"蔺相如认为这是对赵国的莫大侮辱，十分气愤，立即上前对秦王说："赵王听说秦王擅长秦国乡土音乐，盆缶敲得很出色，就请大王敲敲盆缶助兴。"秦王大怒，厉色拒绝。蔺相如不管这些，仍捧着盆缶上前，跪献给秦王。秦王还是不肯敲。蔺相如恼火地说："大王如果一定不肯，在这五步之内，我愿意把自己的颈血溅到大王身上！"秦王左右的侍卫都拔出刀来，要杀蔺相如。蔺相如瞪着眼大声呵斥，吓得那些侍卫直向后退。秦王无可奈何，为了解除眼前的威胁，只得随便在瓦缶上敲了一敲。蔺相如也立刻叫赵国的史官把这事记下来，写道："某年某月某日，秦王为赵王击缶。"

秦国的大臣看到秦王没有占到便宜，有些不服气，有人便提议说："请赵国拿出十五座城来作为对秦王的献礼。"蔺相如也接着说："请秦国拿出国都咸阳来作为对赵王的献礼。"宴会间，双方展开了激烈的外交斗争，然而秦国始终没有占到上风。加上这时秦王得到密报，说赵国业已在边境上集结了大量军队，所以更不敢冒失地对赵王无礼。

秦国原想借渑池之会给赵国以屈辱，谁知相反，受屈辱的不是赵国，而是秦国自己。

渑池会后，赵王回到赵国，为了酬报蔺相如的功劳，就拜他为上卿，地位在廉颇之上。

廉颇因此很不高兴，逢人就说："我做赵国大将，攻城野战，出生入死，立了不少汗马功劳；蔺相如全仗着一张嘴，有什么了不起，如今居然地位反在我之上。我可不愿屈居他之下，哪天如果碰到了他，我一定要当面羞辱他一下。"

这些话传进蔺相如的耳朵以后，每次蔺相如出门，处处躲开廉颇，尽量设法避让他。有一次，蔺相如出外有事，远远望见廉颇来了，便赶紧命人把车子拉到僻静地方躲起来。这一下可把蔺相如的门客气坏了，大家都说："我们远离家乡，投奔到您门下，是因为仰慕您的为人。如今您的地位比廉颇高，反倒这么怕他，见了他，到处藏藏躲躲，连我们也感到屈辱。我们实在受不了，只好向您告辞了。"

蔺相如听了，说道："你们不要走。我问你们，你们看，廉将军和秦王比，哪个厉害呢？"

众人同声说："那还用说，当然是秦王威风！"

蔺相如道："对呀！天下诸侯个个怕秦王，可是我就敢在秦国的朝廷上大声责骂他。请想，我蔺相如再不中用，难道还会害怕廉将军吗？"

"那您为什么要处处躲避他呢？"

蔺相如解释说："强暴的秦国之所以不敢出兵侵略我国，那是因为我们能够同心协力，团结御侮的缘故。要是我同廉将军为了私人意气争斗起来，就好比二虎相斗，准是'两败俱伤'。秦国一定会乘机来侵犯赵国。我处处避让廉将军，不为别的，正是为了国家的前途着想。"

后来别人把蔺相如的话告诉廉颇，廉颇受到极大的感动。他觉得自己眼光短浅，气度狭窄，为了一时意气，险些误了国家大事。这位劳苦功高、为国忠诚的老将，心里感到十分惭愧。他立即袒开自己的衣服，背着荆条，登门向蔺相如请罪，说："我是个没见识的糊涂人，没想到您竟宽恕我到这样的地步，请您责打我吧！"

从此以后，他们两个互敬互让，成了极好的朋友。赵国由于将相和睦，内部团结紧密，在很长一段时期，秦国始终不敢出兵攻打赵国。

（王业猷）

毛遂自荐

"毛遂自荐"的典故，说的是战国时期赵国的事情。赵国的平原君赵胜，是赵惠文王的弟弟。他喜欢招收能人勇士做门客，毛遂就是其中的一个。

公元前258年，秦国围困了赵国的都城——邯郸。赵国派平原君到楚国去请求援兵，打算同楚签订联合抗秦的盟约。

平原君想带二十个文武全才的人同他一起到楚国去。他虽有三千多门客，可是挑来挑去，只有十九个人合格，还差一个，难以足数。这时，忽然有个坐在末位的门客站起来，说："既然少一个人，那么请您带我去凑个数吧。"

平原君惊疑地望着他，问道："先生，你叫什么？来我家有几年了？"那人道："我叫毛遂，来到您这里已有三年了。"

平原君微笑着说："有才能的人就好像放在口袋里的锥子一样，它的尖儿立刻就会显露出来。可是先生在我这儿三年了，周围的人从来没有推荐过您，我连关于您的一言半语也没有听说过。先生，您还是留在家里吧！"

毛遂也笑了笑，说："直到今天我才请求您把我放进口袋里去啊，您要是老早就把我放到口袋里，那么整个锥子早就戳出来了，不光只露出个尖儿。"平原君听了无话可答，只好让他一同前去。

到了楚国，平原君同楚王商议订结抗秦的盟约。从日出一直谈判到日中，楚王始终犹豫，只因害怕秦国而不敢同赵国订盟。双方正在热烈辩论，这时，只见毛遂手按剑把，大踏步走上台阶，大声嚷道："合纵抗秦有利，不联合有害，只要一两句话就可以决定，怎么从早晨直谈到中午，还没有谈判出结果！"楚王感到十分骇异，问平原君："他是做什么的？"平原君回答说："他是我的门客。"楚王皱了皱眉，大声呵斥毛遂道："我同你的主人商讨国家大事，你来插嘴做什么？"

毛遂听了，圆睁着眼，紧把着剑，走到楚王面前，正色道："大王仗着军队多，才敢这样呵斥我。现在，我距离大王不过几步，楚军虽多，也救不了大王，大王的性命悬在我手。您当着我的主人，为什么要这样无礼地呵斥我！"毛遂说时神情激昂，楚王坐在座位上，吓得一声不吭。楚王的侍卫谁也不敢莽撞行动。稍停，毛遂又继续说："楚国有方圆五千多里的土地，一百万的甲兵，本来是可以称霸的。以楚之强，理应天下无敌，没想到秦将白起，率数万之众，兴师与楚战，楚国竟被打得落花流水。头一仗攻拔了楚国的鄢（yān，在今湖北宜城）、郢（yǐng，在今湖北江陵），第二仗烧毁了楚国祖先的坟墓，第三仗又使大王的先人受到侮辱。这种仇恨，百世（三十年为一世）不能忘，连赵国都感到羞耻，而大王却反倒不想雪耻！依我看，合纵抗秦，为的是楚，并不是为了赵。"毛遂的话，深深地击中了楚王内心的痛处。的确，楚国以一个大国而一败再败于秦，确实是丢脸；败后而不打算雪耻，更是丢脸。将来在其他小国眼里，楚国还有什么地位呢？当着平原君的面，要是拒绝援赵，岂不表明自己是个懦夫？秦围邯郸，赵国顽强抵抗，英勇不屈；楚与赵比，楚大赵小，赵有决心抗秦，楚无决心抗秦，楚国难道就不惭愧？再说，此次秦赵之战，楚不救赵，设若赵胜秦败，楚国必将为诸侯耻笑；设若秦胜赵败，秦必更强，楚国的后患，必将有加无已……楚国应该怎么办呢？楚王想到这里，不禁连忙说："对对，先生说得对。"毛遂跟着又问了一句："那么大王决定签订盟约了吗？"楚王说："决定了。"毛遂一步不放松，当时就要楚王左右的人拿猪狗血来，准备盟誓。毛遂捧着盛血的铜盘，献给楚王说："请大王首先歃血定盟，其次是我的主人歃血，再次是我。"就这样，楚国和赵国签订了合纵抗秦的盟约。

这是一个脍炙人口的故事。直到今天，如果有人自己推荐自己，愿意主动担当某一项工作时，人们还经常引用这个典故来作为比喻。

（王业猷）

信陵君救赵

信陵君魏无忌，是战国时魏安釐（xī）王的异母弟。他为人谦虚，爱重人才，远近的人都前来投奔他。他府上养有门客近三千人。

魏国的首都大梁（今河南开封）有个隐者叫侯嬴，做大梁城夷门（城的东门）的门监，是一个很受人尊敬的七十岁的老人。信陵君听人说后，便亲自去拜访他，为他举行盛大的宴会，待他为上客。侯嬴有个朋友名叫朱亥，在大梁市上做屠夫，也是一个贤者，信陵君也时常去拜望他。

公元前258年，秦兵围攻赵国的国都邯郸。信陵君的姐姐是赵惠文王弟弟平原君的夫人，赵国几次送信给魏王和信陵君，请求派兵援救。魏王派将军晋鄙统率十万大兵去救赵国。秦国听到这个消息，向魏国提出警告；魏王害怕，命令晋鄙暂时停兵不进，把军队驻扎在邺城。

赵国盼望救兵不到，十分焦急，接连不断派人到魏国催促。信陵君再三向魏王请求，魏王始终不肯答应进兵。信陵君为了援助赵国解救其围困，就集合了一百多辆战车，准备带着自己的亲信武士去同秦军拼个死活。出发的这一天，他行经夷门会见了侯嬴，便把自己的打算告诉他，并且向他告别。不料侯嬴却冷冷地说："公子努力吧！我这个老头儿可不能跟着一起去啊！"

信陵君走了几里地，心里越想越纳闷，自忖道："我平时对待侯生（对侯嬴的尊称）很好，现在我要去拼命了，他却对我这样冷淡，是什么原因呢？莫不是我犯了什么过错吗？"想到这里，他命人掉转车子，要回去向侯生问个究竟。侯生见信陵君转来，笑着说："我早料到公子是要回来的。"又接着说，"公子带了这么少的人去同秦军打仗，正像拿肉喂饿虎，岂不是白白地去送死吗？"信陵君听了，诚恳地向他请教。侯生说："我听说调动晋鄙军队的兵符放在大王的卧室里，只有大王最宠爱的如姬能够把兵符偷出来。我又听说从前如姬的父亲被人杀害，她怀恨三年，到处设法寻找仇人不着，最后还是公子派人把她的仇人杀死，替她报了仇。她一直感激着公子。假如公子肯开口求如姬把兵符偷出来，她一定会答应。公子得了兵符，把晋鄙的兵掌握到手里，击退秦军，救了赵国，这正是了不起的功劳！"

信陵君依他的话去做，果然把兵符弄到了手。这天，正准备出发，侯生又说："大将统兵在外，只要便于国家，有时就是君主的命令也可以不接受。朱亥是个大力士，望公子带他同去。万一晋鄙不肯交出兵权，就叫朱亥当场打死他。"

信陵君带着朱亥跟许多门客到了邺城，见了晋鄙，假传魏王命令，要接替晋鄙的兵权。晋鄙把兵符接过来，跟自己带着的那一半兵符一合，合成了一个整体。兵符虽然不错，可是晋鄙心中非常疑惑，说："这是军国大事，我还得奏明大王，才能照办……"他的话还没说完，朱亥就抽出藏在袖中的一柄四十斤重的大铁锤，猛不防一锤打去，晋鄙立即身死。

信陵君接管了晋鄙的军队以后，随即进行了一番整顿的工作。他下令军中，说："如果父子都在军中的，父亲回家；兄弟都在军中的，兄长回家；是独子的，回家养父母。"最后他挑选了精兵八万人。

魏军经过整编，士气高涨，猛攻秦军。秦军久攻邯郸不下，士气已疲，现在又受到魏军猛攻，结果大败。

被围了一年多的邯郸，至此正式解围。信陵君受到了赵国人民极大的尊敬。

（王业猷）

图穷匕首见

"图穷匕首见"的典故，说的是战国末年荆轲刺秦王的事情。

荆轲是卫国人，喜欢读书、击剑。他自从卫国亡后，就漫游各地，最后到了燕国，和擅长击筑（古代乐器名）的高渐离做了好朋友。燕国的隐士田光，也常和他往来。

燕国太子丹曾被当作人质抵押在秦国，秦王嬴政待他很不好，他逃回燕国后，便时刻想着报仇。他因为恨秦，所以有意收留了秦国的逃亡将领樊於期。当时秦国大将王翦正率领数十万大军攻打赵国。秦兵已经快迫近燕国的边界，燕国很危险。太子丹去请教田光，田光便把荆轲介绍给他。太子丹把荆轲当作上宾，优礼接待。他希望荆轲出使秦国，乘机劫持秦王，令他归还侵占的土地，否则就把秦王刺死。荆轲答应了太子丹的请求。

可是过了好久，荆轲仍没有动身的意思，而这时王翦已经破赵，秦兵业已打到燕国的南边，太子丹十分恐惧，想催促荆轲赶快起程。荆轲说："我此去若无凭信，恐怕不能接近秦王。听说秦国悬重赏捉拿樊於期将军，假使能取得樊将军的头，再加上一幅燕国督亢（今河北涿州、定兴、新城、固安之间）地方的地图，一并献给秦王，秦王必定乐意接见，这样我才有机会报答太子。"太子丹对于荆轲的计划，很是赞同；只是不同意杀樊将军，觉得这样做不太合适。

荆轲见太子不忍，便私下去找樊於期，把自己打算如何刺秦王的办法对他讲明，同时用言语来激他，结果樊於期自刎而死。太子丹见事已如此，只得依照荆轲的计划行事。他命人准备了一个匣子，把樊将军的头颅用药保存起来封好。又以重价买到一柄锋利的匕首，上面浸淬上毒药，使之杀人能见血立死。匕首就裹在督亢地图里面。另外还找到燕国一个著名的少年勇士名叫秦舞阳的，作为荆轲的副使。诸事预备妥当后，太子丹就打发荆轲上路。

出发的这一天，太子和他的宾客都穿戴着白色衣冠前来送行，一直送到燕国南部的国境易水边。荆轲喝过了饯行的酒，高声歌唱起来。他的朋友高渐离为他击筑。只听荆轲歌道：

风萧萧兮易水寒，
壮士一去兮不复还！

歌声慷慨悲壮，送行的人个个感动。唱完歌，荆轲便带着秦舞阳跳上车子，扬鞭西去，连头也不回。

荆轲等到达了秦都咸阳（在今陕西省），秦王听到燕国派人把樊於期的头和燕国督亢的地图送来，非常高兴，特地用极隆重的仪式来接受燕国的献礼。

荆轲捧着装樊於期头的匣子，秦舞阳捧着地图匣子，二人依次上前。刚走到大殿台阶边，秦舞阳感到害怕，不禁脸色大变，浑身发抖。秦王的左右和群臣都十分诧异。荆轲镇静地回头朝秦舞阳笑了笑，然后上前替他谢罪，说："北方的粗人，从未见过大王，不免震恐，还请大王恕罪！"

秦王未加深究，紧接着对荆轲说："把秦舞阳手里的地图拿过来。"荆轲双手献上地图。秦王慢慢地把图展开，图刚展完，突然现出一柄亮晶晶的匕首。这时，荆轲眼快，迅疾地左手一把抓住秦王的衣袖，右手抓起那把匕首，就朝秦王胸上猛扎。

秦王大惊，吓得忙从宝座上跳起来，用力把衣袖挣断，脱出手想拔剑抵抗，无奈剑身太长，心又慌，一时拔不出来。荆轲追过去，秦王围着殿上的粗大柱子闪避，情况很危急，群臣都惊慌失措，不知怎么办好。按照秦国的法律：群臣在殿上，不准携带武器，手执兵器的卫士都在殿下，未奉命令不得随便上殿。而秦王在慌乱中又偏偏忘了下令，卫士们都很着急。秦王围着柱子跑，荆轲围着柱子追，眼看快追上，忽然有人提醒秦王："大王把剑鞘推到背上，从背后拔！"秦王依言拔出剑，挥剑砍荆轲，一剑就

荆轲刺秦王（汉代画像砖拓片）

将他的右腿砍断。荆轲倒在地上，将匕首对准秦王掷去，没有掷中秦王，中在柱子上。秦王反身用剑乱砍荆轲。荆轲受重伤，倚着柱子大骂："事情之所以不成，是我想要活捉住你……"最后，秦王左右一拥上前，将荆轲杀死。

这个故事很著名，从古代一直流传到现在。至今，当人们说到某一事件的阴谋终于暴露时，经常会引用这个典故——"图穷匕首见"。

（王业猷）

端 午 节

农历五月初五，叫作"端午节"，也叫"端阳节"。这个节日的起源，有很悠久的历史。

端午节相传是纪念战国时期伟大的诗人屈原的。屈原是楚国人，生于公元前340年。他不仅是一位诗人，同时也是一位思想家、政治家。他生活的时代，恰值一度很强大的楚国开始走向没落和败亡的时期。他热爱自己的祖国和人民。他在政治上有远见，主张革新，希望楚国能够重新强盛起来，然而却始终得不到楚王和其他贵族的支持。公元前278年，楚国的郢都被秦国攻破，他感到无比的痛苦，便于这年农历五月五日投汨罗江（在今湖南省）而死。

自屈原死后两千多年来，人民一直都同情他。每年端午节这天，各地都要划龙船来纪念他。划龙船，是象征当年楚国人民打捞他尸首时的情景。全国各地在这天都要吃粽子。吃粽子，也是对他表示怀念。据说古代楚国人民每年到这天，都要祭祀他，用竹筒装米投到河里，让他享用。也有的说，把这些东西投进河里是喂蛟龙，好让蛟龙食用后不再去吃屈原的尸体。这就是后世吃粽子的来源。端午节这天，人们还要喝雄黄酒，家家门口还要插上艾叶和菖蒲草。古代人认为艾叶和菖蒲草有辟邪的作用，屈原是被代表邪恶的奸臣所陷害，插上这些东西，不但是一种怀念屈原的表现，而且是一种辟邪降恶的象征。

（王业猷）

诸子百家

我们现在所说的"诸子百家"，是指春秋战国时期一切思想家及各种不同的学派。所谓"百家"，是表明学派很多的意思，并不是足足有一百家。

西汉初期，司马谈曾把春秋战国以来的诸子，总括为"阴阳""儒""墨""名""法""道德"六家。西汉末年，刘歆则总括为"儒""墨""道""名""法""阴阳""农""纵横""杂"及"小说"十家。十家中，除"小说"家外，其余九家被后人称为"九流"，其中比较重要的是"儒""墨""道""名""法""阴阳"六家。

儒家学派的创始人，是春秋末期的孔子；战国时期儒家学派著名的代表人，则是孟子和荀子。儒家学说的主要内容为礼乐、仁义。"礼"指的是为区别亲疏尊卑、上下贵贱等级而制定的各种条文。"乐"指音乐，是礼的配合，提倡乐的目的，是为了从感情上缓和上下矛盾，好使礼的作用更加显明。"仁"指的是做人的道理，也就是所谓爱和同情心。"义"的意思，就是适宜、合礼，也就是说，人人都要遵循和维护当时阶级社会的一套区分尊卑贵贱的等级制度。在政治思想上，孔子强调礼乐的作用，认为"移风易俗，莫善于乐；安上治民，莫善于礼"。孟子则充分发挥孔子学说的仁义部分，主张国君行"仁政"。荀子讲究礼义，不过其所讲的"礼义"另外还包含法治的意味。儒家的经典著作——"四书""五经"和儒家的各派学说，支配了中国古代文化的方方面面，对于中国整个封建时代的政治生活及精神生活都产生了极其巨大的影响。对中国封建制度的巩固和延长，儒家学说发挥了重要的作用。

墨家学派是儒家的反对派，它的创始人是比孔子稍后的墨子。代表其思想的有《墨子》一书。墨家自己虽不反对等级，但却坚决反对儒家所主张的等级制度。墨子认为：儒家所强调的繁文缛礼和厚葬久丧制度，是一种奢侈浪费；孔子所说的"仁"，实际是对贵族的偏爱。针对儒家的观点和当时实际存在的各国贵族的腐化现象，墨子提出了"节用""节葬""兼爱""非攻"等一些主张。墨家有自己严密的组织，凡是墨家门徒，必须服从巨子（墨家领袖称"巨子"）的命令，过艰苦的生活，严守家法，舍命行道，实行教义，分财互助。秦汉以后，由于历代统治阶级都把墨家学说视为一种危险的思想，对它采取压制、排斥的态度，所以墨家学说后来便逐渐走向衰落。

道家是战国时期和儒墨两家并行的一个学派，重要的代表人物有老子和庄子。老子生卒年不详，研究老子思想，今天主要还是根据《道德经》一书，这本书大概是战国时人所编纂。庄子名周，宋国蒙（今河南商丘东北）地人，约与孟子同时或稍后。研究庄子思想，主要应根据《庄子》一书中的"内篇"七篇。老子是我国古代具有极大智慧的思想家。他根据自己对于自然界天地万物变化情况的精密观察，以及对于亲身经历的社会变革的深刻认识，发现了事物矛盾的某些重要法则。他指出，任何事物都含有对立的两方面，并且正反两方面在一定条件下会互相转化。这种承认矛盾变化的观点，具有辩证法的因素，是老子学说中的精华。然而老子在思想上带有消极、保守的一面，他害怕斗争。他虽然发现了矛盾的某些法则，可是却不想解决矛盾，而是企图把矛盾永远拉回到原来的起点，使它始终停留在静止的状态。庄子的学说比老子更保守、更消极。他以"物（人）不胜天"为中心思想，反对技术的进步和经济的发展，主张人们都应"少私而寡欲"，自然做到"愚而朴"，像婴儿一样保持其所谓真性。秦汉以后的历代君主，在治理天下时，常常利用道家学说来作为驾驭臣民的手段，因此道家和儒家一样，对于中国封建社会的政治和文化，也产生了很大的影响。

名家的代表人物是惠施及公孙龙。惠施是庄子的好友，比庄子的年龄要大。公孙龙生于战国末期，比惠施的年龄要小。他们都是诡辩论者，专门玩弄名词概念进行观念游戏。在惠施这一派人的眼里，宇宙间的一切，只不过都是些相对的概念，万事万物都一样，没有什么差别。犬和羊都是动物，所以犬可以为羊；黑和白都是颜色，所以黑也就是白。在公孙龙这一派人的眼里，事物的概念和属性似乎与事物本身是可以割裂开来的。坚白石本来是一件东西，但是他们却认为是"坚"性、"白"色、"石"形三个独立的概念，而不是一块具体的坚白石。惠施一派诡辩论者把什么都看成相对，甚而抹杀一切事物的差别；公孙龙一派诡辩论者，把脱离具体事物的抽象概念和各种物质属性分割开来，其结果必然是否认客观具体事物的存在。

法家有法、术、势三派。"法"的一派，代表人物是春秋时期的子产和战国时期的李悝及商鞅，他们着重于法律条文的制定以及法律的执行和贯彻。"术"的一派，以战国初期的申不害为代表，这一派着重研究君主驾驭臣下的方法。"势"的一派，以慎到为代表。慎到，有人说生于申不害之前，也有人说生于申不害之后。为了使"法"和"术"能行之有效，君主必须有权力，权力就是"势"，这一派主要就是着重讲究如何增强君主的权势。法家学说，代表了新兴的地主阶级要求建立君主集权国家的愿望，这种愿望在当时是一种进步的思想。

阴阳家以邹衍（一作驺衍）为代表。他与孟子同时。他认为土、木、金、火、水是构成宇宙实体的五种物质，他把它们称为"五行"，或叫作"五德"。五行之间有一定的"相生相克"关系——矛盾对立与统一的关系。宇宙本身的运动，就是这五种物质的"相生相克"在起作用。古代人的看法，认为天道和人事是相互影响的。邹衍把自然界五行相生相克的道理，拿来说明人类历史的进化。他认为，某一朝代的兴盛，必然和五行中当今的某一"德"配合，下一朝代的兴起必然是它所配之"德"胜过前一朝代所配之"德"。例如，舜得土德而旺，夏得木德而旺，商得金德而旺，周得火德而旺。根据五行相克的道理，木克土，金克木，火克金；

因此夏能代舜，商能代夏，周能代商。周以后，必为得水德的朝代代替；再后，必为得土德的朝代代替，然后又是木德、金德、火德、水德，如此循环不已。邹衍把这种循环称作"五德终始"。阴阳学派能够看出宇宙间事物矛盾对立与统一的关系，以及人类历史的进化，这是很了不起的；但是，他们利用"五德终始"的学说来解释人事，把人类历史的发展说成是循环的，而不是不断向前发展的，这是很消极的。

总而言之，春秋战国时期"诸子纷起，百家争鸣"局面的出现，在我国文化发展史上，是一个很重要的阶段。

（谢承仁）

四书　五经

"四书"的名称，是自南宋淳熙年间（1174—1189）才开始有的。当时的理学家朱熹，特别从《礼记》一书中，提出《大学》《中庸》两篇独立成书，与《论语》《孟子》合称为"四子书"，也叫作"四书"，以作为儒家的经典。

《大学》一书，阐述了儒家的社会政治观点。书中提出了"三纲领"和"八条目"。"三纲领"指的是"明德""亲民""止于至善"，"八条目"指的是"格物""致知""诚意""正心""修身""齐家""治国""平天下"。书中特别强调修身的重要性，认为修身是中心环节，是治国、平天下的第一步，也是格物（研究事物之理）、致知（求得知识）的基础。而所强调的"修身"，实际上就是要人们的一切言行都符合巩固封建统治秩序的需要。所提倡的"格物""致知"，并不是鼓励人们去接触外界事物，参加社会实践，而只是教人专心注意内心的反省。

《中庸》是儒家宣传封建道德的一部伦理教科书。书中提出了"中庸"这一概念，来作为指导人们行为的标准。什么叫"中庸"呢？意思是说，在不同的时间和条件下，人们的行为既不要过分，也不要不及。"中庸"的人生观，在中国的封建社会里，产生了极大的影响。过去，这种折中主义的观点，常被统治阶级利用为反对任何根本改革的借口，也常被那些具有保守思想的知识分子引用为逃避现实斗争的理论根据。

《论语》一书，是孔子的弟子和再传弟子编纂的。孔子死后，弟子们把平日关于孔子言行的记录收集起来，整理成书，叫作《论语》。《孟子》书中常引《论语》的话，可知《论语》纂辑成书的时间，当在孟子生前。汉朝时，《论语》原有《鲁论》《齐论》《古论》三种，《齐论》《古论》早已失传，现存的只有《鲁论》一种。《论语》的体裁很像后代的语录，其中，有孔子答弟子所问，亦有弟子们的自相问答。全书共二十篇，是儒家思想所依据的经典，也是研究孔子思想的主要材料。《论语》的文字很简朴，每叙述一事仅用数十字，意旨便很圆满，是很好的语录体散文。

《孟子》七篇，是孟子的门人公孙丑、万章等所追述。里面记载着孟子的政治活动和对某些学术问题的见解，以及和其他学派的一些争论。《孟子》的文章，词锋犀利，气势雄健，说理精辟流畅，轻松幽默。这不仅是一部儒家的经典著作，同时也是一部优秀的古代散文集。

"五经"是指《诗》《书》《礼》《易》《春秋》五种书。这几部经典流传到现在，已经两千多年了。

《诗经》是我国最古的诗歌总集。它保存了从西周初年到春秋中期的三百零五篇诗歌。全集分三个部分："风"，是民歌；"雅"，是贵族们的诗歌；"颂"，是贵族们祭神、祭祖先的舞曲。传说《诗经》是经过孔子修订和整理的。《诗经》的内容非常丰富，它反映了当时社会各个阶层的生活，表现方法多种多样，情感真挚，文辞优美朴实，感染力强烈，是我国文学宝库中一颗灿烂的珍珠。

《尚书》就是《书经》，是上古的政治论文集，分《虞夏书》《商书》《周书》等几部分，包括古代许多重要的档案和文告。这是一部具有很高史料价值的历史典籍，也是儒家的一部重要经典文献。

《礼》有《周礼》《仪礼》及《礼记》三种（后世《五经》中的"礼"指《礼记》）。《周礼》是战国时的学者记述周朝官制的书。《仪礼》就是孔子所编订的《礼经》，原书已经不全，现在所见的是汉朝儒家的传本。《礼记》是孔子弟子以及后人传习《礼经》的记录。《周礼》《仪礼》《礼记》合称"三礼"。这是考察儒家思想和战国以前制度器物的重要典籍。

《周易》就是《易经》，是我国古代卜卦用的书。相传《易经》里的《易传》，也叫作《十翼》，是孔子所作。这种说法不见得可信。《易传》有《系辞》，主要说明"变化之道"，总论整部《易经》的道理。《系辞》里包含朴素的辩证法思想，认为天地间一切事物都是变化的；可是它又认为有一种本质不变的东西存在，那就是天一定在上，地一定在下，在上者必尊，在下者必卑。这种思想应用到人事方面，就是枝节问题可以变，而统治阶级的根本制度不能变。这种哲学思想，形成了儒家政治思想的基础。

　　《春秋》是一部编年体的历史书，记载了公元前722年到公元前481年间，二百四十多年的历史。东周时期各国都有史官记事。鲁国的史官记事，就叫作《春秋》。孔子可能对鲁《春秋》加以删修整理过，所以后世便称《春秋》为孔子所作。

（王业猷）

孔子　孟子

　　孔子是我国春秋末期伟大的思想家、教育家。名丘，字仲尼，鲁国昌平乡陬（zōu）邑（今山东曲阜）人。生于公元前551年，死于公元前479年。他的祖先是宋国的贵族，没落后迁移到了鲁国。宋是商朝的后代，鲁国是周公的封地，这两国保存商周的文化最为完备。春秋时期，各国大夫观礼、观乐，都要到鲁国。孔子在这样的环境里学习到了很多有关礼乐的知识。据说他幼年时做游戏，就常爱做各种礼仪的演习。

孔子曾整理过古代的文献书籍，相传《诗》《书》《礼》《易》《春秋》等书都经孔子整理过。孔子对于总结我国古代文化遗产，有着巨大贡献。孔子主张做学问的态度是"毋意、毋必、毋固、毋我"，意思就是不臆测，不武断，不固执，不自以为是。

孔子是一位大教育家，做了几十年的教育工作。对学生，他主张因材施教。他教过三千名学生，据说精通礼、乐、射、御、书、数六艺的有七十二人。他的学生有贵族也有平民，各国人都有。

在哲学思想上，孔子学说的核心是"仁"。他曾说过"仁者爱

孔子讲学图

人"的话。他强调"己所不欲，勿施于人"，认为损害别人的利益，就是不仁。他希望志士仁人要不惜牺牲性命来达到仁，不要苟且偷生来损害仁。

在政治上，孔子对于当时社会的动荡表示不安，要求通过制礼作乐的手段做到君惠、臣忠、父慈、子孝，从而巩固统治阶级的内部团结。这种主张，为后来的封建统治者提倡利用，影响中国社会极为深远。

历史上称孔子为"至圣"，由来甚久。自汉武帝罢黜百家，尊崇儒术以后，孔子的地位便被一天一天抬高。唐朝玄宗开元二十七年（739），朝廷下令追尊孔子为"文宣王"。宋朝真宗大中祥符五年（1012），改称孔子为"至圣文宣王"。元朝成宗大德十一年（1307），给孔子加号为"大成至圣文宣王"。明世宗嘉靖二十七年（1548），改称孔子为"至圣先师"。清朝最初定称号为"大成至圣文宣先师孔子"，到顺治十四年（1657）改称为"至圣先师孔子"。

总之，历朝统治者对孔子都是倍极尊崇的。这是因为孔子的哲学思想和政治主张，正是维护他们统治秩序的工具。当然，今天我们也很尊敬孔子，不过今天的尊敬和过去的"圣化"本质上是不相同的。孔子是我国古代文化的代表人物。他的学说，我们需要整理总结，吸取其精华，去除其糟粕。把他神化、圣化是不对的。当然，完全否定他在先秦文化中起过一定的积极作用，也是不对的。

孟子名轲，鲁国邹（今山东邹城）人，大约生于公元前390年，死于公元前305年。他是鲁国贵族孟孙氏的后代，没落为"士"，是孔子的第三传学生（孔子—曾子—子思—孟子）。他为了实现自己的政治理想和抱负，曾游说齐、鲁、宋、滕、梁等国诸侯。他曾在齐国做了几年卿，在梁国也很受优待。不过齐宣王、梁惠王都认为他的学说不合时宜，并未加以采纳。后来他见自己的主张行不通，于是退而授徒讲学。

孟子不仅是儒家曾子、子思学派的继承人，而且还发展了这一学派，故后世把他当作儒家的嫡传大师，地位仅次于孔子，与孔子合称孔孟。

孟子的哲学思想是"性善论"。他认为人的本性都是善良的，仁、义、礼、智等品质都是自然地先天具备的。至于人为什么会有不善的行动，他认为那是由于外界事物的引诱。根据这种认识，他承认教育的作用，主张通过教育的手段，教人去其不善以存其善。可是他又过分强调个人的主观精神作用，提倡存心养性，培养其所谓"浩然之气"，以达到"富贵不能淫，贫贱不能移，威武不能屈"。孟子的思想，形成了儒家哲学中唯心主义的理论体系，对于后来宋代儒家有着很大的消极影响。

在政治思想上，孟子最突出的主张，是行"仁政"。这种主张是针对当时各国诸侯的兼并战争而发的。他从稳定君主的统治地位的角度出发，强调君主应当与民同忧、同乐、同好、同恶，应当让人民过安定的生活。要使老年人能衣帛、食肉，鳏、寡、孤、独的人生活能有所依靠。他反对那种强欺弱、众暴寡的兼并战争和对人民的无辜屠杀。他主张讲公义，反对讲私利。他憎恨暴君，承认国人有权杀暴君，杀暴君是诛独夫，不是弑君。他提出了"民为贵，社稷次之，君为轻"的"民贵君轻"思想，并且加以发挥，成为封建时代带有民主思想色彩的、宝贵的政治理论。他同时还提出了"劳心者治人，劳力者治于人"的看法。

历史上称孟子为"亚圣"，由来也是很久的。宋、明的道学家们都极力推崇他，认为他是独承儒家正统的传人。元朝文宗时曾封孟子为"亚圣邹国公"，明朝世宗嘉靖年间免去孟子的封爵，只称"亚圣"。

（王业猷）

老子　墨子　韩非

相传老子姓李，名耳，楚国苦县（今河南鹿邑）人。他是道家学派的创始者，其生卒年代不详：有人说他生于孔子之前，有人说他与孔子同时，另外还有人说他生于孔子之后。他的学说被广泛传播，则是在战国的后半期。

老子的哲学思想，具有朴素的唯物辩证法因素。他看到了宇宙万物矛盾的对立统一与相互转化的法则。在政治思想上，他提出了"无为而治""小国寡民"的主张。他认为，为了治理国家和应付自然，最好是掌握节制的原则。治理一个大国，要像煎一盘小鱼一样，不要常常去搅动它。天下禁令越多，人民就越陷于贫困，人们的技术越巧，奇奇怪怪的东西就越会增多。他说："我无为而民自化，我好静而民自正，我无事而民自富，我无欲而民自朴。"他反对暴政，指出：人民之所以有饥荒，是因为执政当局收取的捐税太重。如果宫廷是豪华的，那么田里就会长满野草，仓库就会十分空虚。他希望人们恢复到孤立生活的远古时代去，很小的国家，很少的人民，邻国相望，鸡声、狗声相闻，而彼此不相往来。在他看来，人民之所以难治，是由于人民有智慧，因此他主张"绝圣弃智"，"常使民无知无欲"。历朝的统治者，对老子学说中的落后部分，是十分欢迎的，他们都大力鼓吹老子的这种愚民思想。

墨子名翟，鲁国人（一说宋国人），是春秋末期伟大的思想家、政治家。大约生于公元前480年，死于公元前420年。他出身于下层社会的劳动人民家庭，懂得一些手工业生产技术。

墨子替手工业者、小私有者说话，无情地揭发了王公贵族的奢侈浪费，提出了"节用""节葬"的主张；他代表手工业者、小私有者争取政治地位，反对贵族世代专权，主张选拔贤人出来管理政治。并且认为人民也应该参加政治，还指出奴隶也是人。

在墨子学说中，"兼爱""非攻"的主张，是构成墨子思想的核心。墨子提倡人与人应该无等差地"兼相爱"，认为只有这样，才能"交相利"，才会使大家都有好处。在他看来，正是人们不能"兼相爱"，才产生"攻""乱""贼""窃"的现象。"攻乱贼窃"是不义，进攻别人的国土是大不义。他坚决反对不义的侵略战争，并且用自己的实际行动来阻止这种战争。后世流传的墨子"止楚攻宋"的故事，就是一个很好的例子。

韩非是战国末期的伟大思想家，代表法家的主要人物。

韩非是韩国的公子（古时称诸侯的儿子为公子），大约生于公元前280年，死于公元前233年。他和秦国的政治家李斯都是荀子的学生，可是其才学比李斯高。他的文章写得很好，长于著书立说，曾好几次给韩王上书，劝韩王实行法治，但韩王都没有听从。后来秦始皇读了他的著作，十分赞赏，于是把他请到了秦国。韩非到秦国后不久，却被李斯陷害，自杀于狱中。

韩非总结了李悝、商鞅等各派法家的学说，吸收了儒、道两家有关法治的思想，最后完成了法家的理论体系。他提出了完整的中央集权的政治理论，认为"法治"是唯一适合当时政治形势的一种必然要求。他的主张主要有以下几点：

一、国家应当把法令用明文公布出来，使大家都能了解，有所遵循。不仅人民，甚至贵族和官吏，都应当遵守国家法令，从而巩固君主的统治势力。

二、君主应该有威严和权势，以便掌握国家的最高统治权。官吏、将帅都由君主任免。只要有能力，即使"出身卑贱"，也可以做官。

三、重视开垦荒地和发展农业，认为这是使国家走向富裕的根本办法。主张奖励努力耕田的农民和勇敢作战的战士。要求取消不耕而富和没有军功而享有爵位的旧贵族的特权。

四、主张禁止其他各种学派的活动，以国家的法令来约束人民的思想。国家对人民的言论和思想，应该进行严格的控制。

五、政治上的改革，应该根据现实的需要，不必遵循古代的传统。因为历史是进化的，而国家的法律制度也应该随之变化，不应该拘泥于古代。

韩非的学说，为新兴的地主阶级加强封建专制的统治，提供了理论基础。秦始皇统一中国以后，巩固统一国家的各种政治措施，基本上都采用了韩非的主张。

（王业猷）

孙武《孙子兵法》

孙武是春秋末期伟大的军事家，后世尊称为孙子，生卒年代不详。他原来是齐国乐安（今山东惠民）人。他的家庭，是齐国世袭的贵族。他最初也在齐国做官，后来因避乱投奔吴国，成为一个流落异国的没落贵族。这时阖闾做了吴王，任用楚国的伍子胥做谋主，伍子胥同孙武交了朋友，后来便把孙武所著的兵法送给吴王看。吴王读了很是称奇，便让孙武训练全国的将士。公元前506年，吴王派孙武担任大将，出动了三万大兵，进攻楚国，五战五胜。公元前505年，吴军攻占了楚国的郢都。经过这次战争，吴国一跃而成了当时的头等强国。

孙武给后世留下的《孙子兵法》十三篇，是我国古代最杰出的军事学著作。这部著作，大体是孙武总结春秋时期及其以前的战争经验以及平时和吴王、伍子胥等研究军事的论点，经过后代人长期整理而成的。今天所见的《孙子》十三篇，就是经过东汉时曹操的选择和删削的。我国历代的名将都很推崇这部兵法，有些外国的军事家也对其推崇有加。

《孙子兵法》有自己精深完整的体系，对于战争问题、战略问题等，都有比较精辟的分析和看法。下面我们概括六点，来说明这部书的价值。

一、战争的正确指导，在于"知彼知己"。"知彼知己者，百战不殆"，这句话见于十三篇中的《谋攻篇》。孙武的意思，就是要求在作战时，既要了解敌人的情况，又要了解自己的情况，从而加以比较分析，然后确定战略的计划与战役的部署，充分发挥主观能动性，以取得战争的胜利。"知彼知己，百战不殆"这一总的原则指导，即使在今天，用来指导战争，也是正确的。

二、战争的正确指导，在于争取主动权。孙武对于在战争中争取主动这点是非常重视的。他说："善于作战的人，能调动敌人而不被敌人调动。"他认为争取了主动权，使敌人不知我从何处进攻，处处防守，兵力分散，然后我可以"避实而击虚"取得胜利。设法造成敌人的弱点，这是《孙子兵法》在军事上表现主动性最突出的地方。他的办法很多，如有计划地造成敌人的错觉而给以出其不意的攻击，或者给敌人以小利，引诱敌人进攻而将其全部歼灭。

三、在进攻战方面，孙子亦有高明的见解。他指出：进攻时要集中兵力，突破敌人一点。避开敌人坚固的地方而向敌人的弱点攻击。

四、在运动战方面，孙子提出了很多卓越的意见。他说："乘敌人措手不及，从敌人想不到的道路，攻击敌人所不戒备的地方。"又说："我们想决战，敌人虽然高垒深沟都不得不出来同我们在运动中来打，那是因为进攻了敌人所必救的地方。"战国时期的大军事家孙膑，就很会运用孙武这套原则，取得过辉煌的胜利。

五、《孙子兵法》中，在强调战争指挥的灵活性这方面，也有不少精辟的论断。孙武非常讲究"出奇制胜"，所谓"出奇制胜"，就是以变化无穷的战术打击敌人。他说："善于'出奇'的，就像天地那样变化无穷，就像江河那样奔流不竭。"又说："作战方式灵活变化到顶点，就看不出行动的规律来。行动规律既然不可捉摸，那么，就算有深藏的间谍也将偷看不到底细，聪明的敌人也想不出办法来。"对于用兵，孙武很强调"机变"，强调用不同的方法来解决不同的矛盾。战争中兵力的分散和集中，分进和合击，需要根据敌人的情况，灵活地运用和变化，这才是保证胜利的关键。

六、十三篇中，对于如何依据敌我两方兵员的多寡来采取战争的行动，有着十分明确的论述。孙武认为：我方兵力比敌人多十倍，就可以采用包围战；比敌人多五倍，可以采用进攻战；比敌军多一倍，可以分兵来作战；相等的兵力，可以合力来作战；兵力较少，就只能采用防御战；兵力差得太多时，只有暂避其锋。这些重要的原则，如果运用得当，是可以发挥很大的战斗作用的。

由于阶级出身和所处时代的限制，孙子的军事思想，不免还有很多缺陷，不过尽管如此，孙子仍不失为我国古代最伟大的军事理论家。

（王业猷）

班门弄斧

"班门弄斧"这个成语，出自明朝梅之焕《题李太白墓》：

采石江边一堆土，李白之名高千古。

来来往往一首诗，鲁班门前弄大斧。

梅之焕认为有些人写诗不如李白，却不自量力，路过李白墓前，偏爱题诗，所以他拿"班门弄斧"这句话来讽刺那些自炫其能的人。

在"班门弄斧"这个成语中，"班"指的是鲁班。鲁班叫公输般，又称公输子，是春秋战国时的巧匠和著名的技术工程家。他出身于文化比较发达的鲁国，是孔子的学生子贡的弟子。他后来到了楚国，就长期住在楚国。当时楚越之间常发生战争，楚国常被越国打败，为了改变这种战败的局面，公输般替楚国发明了一种名叫"钩拒"的水战新式武器。《墨子·鲁问篇》中提到公输般这种新式武器："退者钩之，进者拒之。"意思是说，在敌人的船队后退时可以把它钩住，在敌人的舟师进攻时可以把它挡住。另外，据说他又制造了一种攻城的利器——"云梯"，十分厉害。

公输般不仅发明了许多新式武器，还发明了不少生产工具，修建了不少桥梁或房屋。有人说他还造过能飞的木鸢，飞到空中几天几夜不落到地上。他的智巧自古以来便为人们所称道。过去木匠、泥瓦匠、铁匠、石匠等行业，都把公输般尊奉为祖师。他成为我国民间传说中劳动人民智慧的代表。

（王业猷）

屈　原

屈原（公元前340—前278），名平，出身于楚国一个贵族的家庭。他受过很好的教育，学识渊博，记忆力强。他的文章写得很好，擅长外交辞令，对当时国内外的政治形势十分熟悉。

楚怀王时，屈原曾做过楚国的左徒，出使过齐国。他在政治上是怀有远大抱负的：他希望能制定新的法令来改革楚国的内政，使日益衰弱的楚国重新像往日那样富强起来。他痛恨那些持权弄柄的守旧贵族，同情人民的艰难困苦。他期望怀王能够亲近贤臣，提拔有才德的人出来担任国家的要职。

在外交上，他坚决主张联合齐国，抵抗秦国。

起初，楚怀王曾一度相当信任他，他的联齐抗秦的主张也博得了怀王的支持；但是后来由于怀王听信了奸臣的谗言，加上受了秦国的威逼利诱，便渐渐地和他疏远了。当时，在楚国，联齐和联秦是两条对立的外交路线，这两条路线斗争很激烈。屈原是主张联齐派的首领。楚怀王的宠姬郑袖和令尹（楚国官名）子兰以及上官大夫靳尚，则是亲秦派的代表。公元前299年，怀王在令尹子兰的怂恿下，到秦国去订立盟约，结果上了大当，被秦扣留，不得回国，最后竟病死在秦。怀王入秦不返的消息传到楚国，楚太子继位为王，就是顷襄王。

顷襄王刚即位的时候，楚国反秦的空气一时十分浓厚，可是过了不久，在秦国强大的军事压力之下，顷襄王很快就屈服了，亲秦派的势力大大抬头。屈原遭到了令尹子兰等人的倾陷排挤，被流放到大江以南。

从此，饱受各种政治打击的屈原，怀抱着拯救祖国的无限热情，内心忍受着无穷的痛苦，开始了十多年的流放生活。

在他六十二岁那年，秦国派遣大将白起攻破了郢都，楚国已经面临着亡国的危险，屈原的心中充满了无限的悲痛，正如他自己所说："旧愁未去，又接上了新愁。想到郢都的收复遥遥无期，就像江水与夏水没有尽头。"（白话翻译根据郭沫若《屈原赋今译》，下同）他感到悲惨万端，怀着对故国的满腔赤诚，写下了如此动人的诗句：

啊，我在向四方远望，
要几时才能再回故乡？
飞鸟一定要归巢，
狐死，头向着山冈。
我无罪而遭流窜，
日日夜夜心中不忘。

就在这年，屈原终于以身殉国，投进汨罗江中而死。

屈原是一位伟大的诗人，他写下了许多杰出的诗篇，流传到现在的有《九歌》《天问》《离骚》《九章》等二十五篇。他在古代中国诗歌创作史上掀起了一次大的革命。他吸取了民间歌谣体的优点，并且发展了这种优点，形成了自己独特的创作形式——"楚辞"，给后世两千多年的中国文学带来了极其巨大的影响。他在年轻得意时写的作品，大多是一些祭神的歌辞，文字清新、生动，音调铿锵、玲珑。读后令人有一种沐浴在春天的和风之下听泉声、鸟语的感觉。他流放时写的作品，在思想性和艺术性上都达到了很高的境界，内容充满了忧国忧民的感情，悲愤、沉痛、抑郁、奔放，读后会使人产生一种四野茫茫、雷鸣闪电、狂风暴雨即将横扫一切的心情。

他的代表作《离骚》，就是他遭到流放后所写的一篇最宏大的抒情诗。在诗中，他给予了人民极深厚的同情，写下了这样的句子：

我哀怜着人民的生涯多么艰苦，
我深长地叹息禁不住要洒下眼泪。

在另一篇流放后的作品《抽思》中，作者写下了这样的诗句：

想率性离开故乡跑向国外，
看到人民的灾难又镇定下来。

郢都破后，作者怀着对祖国的无比热爱，在《哀郢》一诗里写道：

登上大堤，我向远方眺望，
姑且这样，以疗慰我的悲伤。

可爱的国土呵，无边的沃壤，

水乡的民俗这样古朴纯良。

这些诗渗透了作者高洁的情操，说明了作者伟大的人格。中
国人民热爱屈原的人格，也热爱屈原美丽的诗篇。

（王业猷）

都江堰　郑国渠

都江堰是秦昭王在位（公元前306—前251）时蜀守（蜀郡的
长官）李冰兴建的（一说是公元前250年秦孝文王时，李冰担任蜀
守时兴建的）。四川都江堰市、成都市一带，正当岷江从西北多
山地区流经成都平原南向注入长江的去道上。水在山间流得很急，
一到平原，流速顿减，水中挟带的泥沙随之沉积下来，容易堵塞
河道。因此每年一到夏季，岷江水势骤涨，常发生水灾，水退之
后又常有局部旱灾。怎样克服水旱灾害以保证农业丰收，这是古
代四川人民长期以来最希望解决的一个问题。

李冰担任蜀守时，吸取了前人治河的经验，视察了都江堰市
一带的地势，找出了岷江泛滥的关键，研究了防治洪水的方法。
他和儿子二郎一起，领导当地的人民，就地取材，经过长期艰辛

的劳动，最后完成了这项闻名于世界的，我国古代最大、最成功的水利工程——都江堰（古书上叫作"都安堰"）。

这项工程，修建在都江堰市城外，是一个综合性的防洪灌溉系统，主要工程包括：起分水作用的"都江鱼嘴"；保护河岸、减少流水冲刷力量的"百丈堤"；隔离岷江内、外江水道的"内金刚堤"和"外金刚堤"；宣泄内江过多水量的溉水坝——"飞沙堰"；弧形的护岸建筑"人字堤"；以及人工开凿的内江通道"离堆"和"宝瓶口"。从百丈堤到宝瓶口，各项工程连绵共约三公里。内江经过宝瓶口流到都江堰市东南分成三大支流，输水灌溉农田；外江向正南流，沿途分成六大支流，输水灌溉农田。总计分支流有五百二十多条，分堰有二千二百多道，渠道总长约一千一百六十五公里，灌溉面积合古代亩数三百多万亩（古代每亩合今亩五分二厘）。

都江堰修成后，完全改变了成都平原的面貌。从那时起，直到现在，二千二百多年来，这一工程一直都在为农业生产服务。

郑国渠开在陕西的渭河平原上。这里原是黄土冲积地带，由于雨量较少，常闹旱灾，所以粮食产量不高。公元前246年，秦王嬴政采纳韩国水利专家郑国的建议，从谷口（今陕西礼泉县北）起，开凿渠道，引泾水直达中山（今陕西泾阳县北），又向东通到洛水，这就是著名的郑国渠。渠道共长三百多里，灌溉了今天泾阳、三原、高陵、富平、蒲城、白水等县合古代亩数四百多万亩的田地。

自郑国渠修成后，关中一带变成了沃野，免除了严重的旱荒威胁，平均每亩田地的产量都达到"一钟"（合六斛四斗）。

（王业猷）

　　本编从秦始皇统一讲到魏晋南北朝对
峙时期。秦始皇是中国封建大一统政治制
度的奠基人，此后两千多年历史皆在其轨
道内运行。强盛的西汉则展现了古代中国
的辉煌，而在魏晋南北朝对峙的腥风血雨
中，中华艺术却迸发出了灿烂的光芒。

第二编

秦汉魏晋

秦灭六国

秦统一全国是在公元前221年。

秦国自从商鞅变法以后，经过一百多年的时间，发展生产，养精蓄锐，越来越富强。公元前246年，秦王嬴政即位，积极地向各国展开了军事攻势。公元前230年灭韩国，前228年灭赵国，前225年灭魏国，前223年灭楚国，前222年灭燕国，前221年最后灭齐国。十年之间，次第灭掉各国，结束了战国时代分裂割据的局面，建立起中国历史上第一个统一的封建王朝——秦。

统一国家的诞生，有很多好处。

从此，自春秋战国以来，那种经常动员人畜、转运粮秣，兵不解甲、马不离鞍，"争地以战，杀人盈（满）城"；争城以战，杀人盈野，生产破坏、人众流亡的争战局面，可以大为减少，人民也可以在比较安定的环境里生产和生活了。

从此，那种因分裂而各造堤防，天旱为了争夺水利相互征伐，天涝放水别国以邻为壑的现象，可以免除了——水利由统一的政府统一管理，对农业生产更为有利。

从此，割据时期造成的此疆彼界以及其他各种限制人们交往的人为障碍，可以取消了；东方的盐铁和海产，南方的木材和矿产，西方的皮毛和珍宝，北方的马匹和牛羊……可以相互流通，运往各地了。这对进一步巩固和发展各族人民共同的经济和文化，显然是大有好处的。

从此，在统一的国家里，可以更好地动员和组织全国的人力、物力，加强国防，保卫人民的生产与生活。

总之，秦的统一，是适应当时社会发展的趋势，符合广大人民的利益和要求的，具有重大的进步意义。

（王克骏）

秦 始 皇

秦初灭六国，秦王嬴政觉得天下已大定，若"名号不更，无以称成功，传后世"，就下令叫大臣们讨论换个称号。大臣王绾、冯劫、李斯等认为秦统一全国，功业"自上古以来未尝有，五帝（传说中的五位古代帝王）所不及"，古代有"天皇""地皇""泰皇"（均为传说中的古帝王），"泰皇"最贵，因此共上尊号，建议秦王称

秦始皇

"泰皇"。秦王嬴政去"泰"留"皇"，采上古的"帝"号，号曰"皇帝"，自称曰"朕"（当"我"讲，古代无论尊卑均可称"朕"，秦以后只能天子一人独称）；并且决定从自己起，称"始皇帝"，子孙后世以数计，称"二世"，称"三世"……依数类推，至于千世、万世，传之无穷。

秦始皇采取了一系列加强中央集权国家统治的措施：

一、确立中央集权的政治制度。

皇帝是全国至高无上的统治者，掌握国家政治、经济、军事各方面至高无上的大权。皇帝以下，在中央，设置丞相、太尉、御史大夫和廷尉等官职。丞相辅佐皇帝处理国家大政，是最高的文官；太尉掌管全国的军事，是最高的武官；御史大夫负责监察百官；廷尉掌理中央刑狱。这些官都由皇帝任免和调动，不得世袭。在地方，彻底废除分封诸侯的办法，把郡县制度推行到全国。分全国为三十六郡（秦始皇末年，因疆域扩大，增至四十余郡），郡下设县。郡有郡守，县有县令或县长（万户以上县称令，不满万户县称长），分别负责管理一郡、一县的政事。郡、县都设尉，管理军事。郡又置监御史，监视郡守、监察郡政。这些官吏都由中央政府直接任免。县以下还有"乡""里"等行政组织。实行郡县制度，中央政府的权力可以直接下达至各地，避免了地方的割据称雄，巩固了国家的统一。

二、统一文字和统一车轨与度量衡。

战国时，各国的田亩大小、车轨宽窄、法律法令、服装制度、语言文字等都不一样。秦统一后，这种紊乱现象当然不能被容许再存在。秦始皇命李斯等以原来秦国的文字为基础，制定出一套笔画比较简便的新文字——小篆，通令各地使用，六国的文字与秦不合的都废弃。后来程邈又根据民间流行的字体，整理成一种比小篆还要简便的隶书，书写起来更方便。同时，秦始皇还下令统一全国车轨的宽窄，又把原来秦国的法律施行于全国；另外还统一了钱币的形制，以及度量衡的标准。

这些措施，实际上是对当时社会的一种重大改革，而这种改革又完全顺应当时统一的政治局面要求，并为以后经济和文化的进一步发展带来了很大好处。

但是，这些新的政策和措施，引起了不少守旧势力的反对。他们引经据典，利用古书上的话做根据，对政府进行恶意批评。秦始皇召集群臣商议，丞相李斯说："时代变了，制度办法也必须跟着变，古代的制度，在古代是好的，但在今天就不能再用。有旧思想的人，随意批评法令，既影响政府威信，又容易混淆是非。"他主张：除秦国的历史记载以外，凡是六国的史书和民间收藏的《诗》《书》诸子百家等典籍都一律烧掉；以后还有人在一起谈论这些古籍内容的，处死刑；引用古书批评当世的，杀全家。秦始皇采纳了这个建议，于是在公元前213年下令焚书。除一部分农、卜筮（古代用蓍草占卦，叫筮）、医药等书未烧外，很多重要的文献古籍，都在这次焚书令下被烧毁。焚书的次年，秦始皇又下令把四百六十个儒生在咸阳活埋，罪名是"为妖言以乱黔首（老百姓）"。

所谓"妖言"，指的是这些儒生对新政的指责和对秦始皇的诽谤。

"焚书坑儒"，对于维护新的中央集权的政治制度和压制落后反动的思想言论来说，有一定的作用，但是，"焚书"对古代文化是一种很大的摧残，"坑儒"影响了人民对政府的正确批评，这也是无可讳言的事实。

不过，总体来讲，秦始皇所做的上述事业，都有利于统一国家的形成，因此，他成为了历史上一个杰出的皇帝。

（王克骏）

灵 渠

公元前214年，秦始皇命令天才水利工程师史禄负责领导人民开通灵渠。

灵渠在今广西兴安县城附近，是沟通湘江与漓江的一条人工运河。原来，湘江和漓江都发源于广西。湘江从海阳山向东北流，经过湖南省，注入洞庭湖，流进长江；漓江从唐公背岭向东北流，后转向西南，注入桂江，加入珠江流域系统。这两条江虽然流向不同，可是它们上游的距离却很近。灵渠就是选择在它们相距极近的适当地点开凿的。全部工程大概是这样：

先在今兴安县城东北不远处的分水塘村，开凿两条人工渠道，一条北渠，一条南渠。然后在湘江河道中填土叠石，砌成一座分水的石堤——"分水嘴"（因形状像铧，故古书上都称"铧嘴"或"铧堤"），将湘水分而为二：一部分水流进北渠，注入湘江；一部分水流进南渠，注入漓江。北渠长约两公里，南渠长约三十三公里；渠身翻山越岭，工程异常艰巨。南渠亦称灵渠（因漓水又叫灵河，故渠由此得名），又称兴安运河。灵渠流过的地方，都是高地，为了便于船只航行，在渠中设立了很多"斗门"（早期的船闸）。平时，用闸将渠水分段蓄积起来，像楼梯一样分成一级一级的。每当船只由湘江上溯，来到这里的时候，先闭后闸，再启前闸，使水流平，船只便上进一级，这样，船只级级上进，便可安然翻过高地。反之，船只若由漓水经灵渠驶入湘江，由高处往低处走，那么，就按照相反的道理，先启前闸，使水流平，再闭后闸，然后再前进。

灵渠扩大了我国古代内河航运的范围。自从灵渠修成后，湘、漓两江达成一气，长江流域和珠江流域两水系发生了密切关系；我国南北的交通又开辟了一条新的途径，除陆路外，又增添了水路。

（谢承仁）

孟姜女哭长城

匈奴是秦朝北方的劲敌。

战国时，秦、赵、燕三国都与匈奴为邻，它们都在与匈奴接壤的边界上修筑了长城，并且还派重兵把守，以防御匈奴。公元前215年，秦始皇派大将蒙恬率领大军三十万人，北击匈奴，收复了过去被匈奴强占的河南地方（今内蒙古自治区黄河以南的河套地区）。

为了进一步巩固边防，蒙恬奉命把旧日秦、赵、燕三国的长城连接起来，加以修整，筑成了一道西起陇西郡的临洮（今甘肃岷县境）、东至辽东郡内（今辽宁辽阳北），长达五千余里的古代世界最伟大的工程——万里长城。此后，历经两汉、北魏、北齐、北周以至隋，各朝都对长城有所修缮。特别是明代，几乎对长城加以全部整修。今天我们所见到的长城，西起嘉峪关（在甘肃省），东到山海关（在河北省），像一条长龙似的蜿蜒起伏于崇山峻岭中。这条气势雄浑、壮丽、令人叹服的长城，主要是明朝人遗留下的成绩。

秦始皇派兵北击匈奴，并令蒙恬率众修筑长城，这对防守秦朝的北疆和保卫黄河流域一带人民的生活与生产，是有着极大意义的。但是，秦刚灭六国不久，人心未定，创伤未复，如此过早、过急、过猛地动员大量的人力和物力，来修筑这样规模巨大的工程，毫无疑问，是会给人民增加负担的。加之秦始皇在位期间，短短十几年，一方面做了很多有利于国家统一的好事情，另一方面也做了不少劳民伤财的坏事情。他听信方士们的胡言妄语，迷信神仙长生不死之说，屡次派人远航海外，访仙求药，浪费了大量金钱。为了显示威风，他不断巡游各地，到处登山刻石，炫耀功德。他足迹所至，东北到过今天的河北省昌黎县，东南到过今天的浙江省绍兴市，南边到过今天的湖南省宁远县。有一次，他想南巡到衡山，舟行至湘山（在今湖南湘阴县北），遇到大风，不禁大怒，命三千刑徒将山上的树木完全砍光，向湘神表示皇帝的威力。他滥用民力，强迫人民给自己修筑生前居住的宫殿和死后安眠的坟墓。著名的阿房宫和骊山陵，工程之大，空前未有。单是这两项工程就征调了七十多万人。据说，阿房宫前殿，东西五百步，南北五十丈，庭中可以坐一万人，殿中可以竖立五丈高的大旗；宫前有十二个铜人，各重二十四万斤。骊山陵高五十余丈，周围五里余；墓中有宫殿和百官位次，内藏珠玉珍宝无数，还用水银造成江河大海，象征山川形势。

苛重的赋税与劳役，把人民推向了痛苦的深渊。在秦始皇的统治下，人民表面上暂时不敢说话，实际上内心里却充满了反抗的怒火。孟姜女哭长城的故事，就是反映了人民这样一种心理。

一对新婚的夫妇，男的名叫范喜良，女的名叫孟姜女，正在欢度婚后的蜜月，忽然男的要被征发到北方去修筑长城，命令下来，丈夫不得不走。范喜良和孟姜女各怀着生离死别的悲哀，被强逼着分开了。

岁月一天一天地消逝，范喜良一去杳无音讯。孟姜女日夜想念着丈夫。她满怀着与丈夫相会的心情和希望，跋涉千山万水，来到了长城边，想探访自己丈夫的下落。

可是，她的希望破灭了，范喜良早已在沉重的苦役下死去。孟姜女看到了长城，没有看到丈夫，她的心碎了。她放声痛哭，哭声震动了天地。她悲愤的眼泪飞溅到城墙上，把长城冲塌了一道四十里长的缺口。

孟姜女哭倒长城的故事，起源于何时，现已不可知。根据南宋人周煇所著的《北辕录》记载，远在南宋时，人们便给孟姜女这位传说中的人物修了庙，塑了像，把她当作神灵来供奉。这说明，孟姜女的遭遇，得到了广大人民的同情；孟姜女哭倒长城的传说，表明了暴力压迫下的千千万万人民的积愤及其所显示的力量。

后来，秦朝的统治就在各地愤怒人民的起义声中坍垮下去了。

（谢承仁）

陈胜　吴广

《汉书·食货志》描述秦统治者剥削农民的情形：“男子力耕不足粮饷，女子纺绩不足衣服。”可见，当时农民所受的痛苦是如何严重。秦朝残酷的统治，引起了全国普遍的反抗。在秦始皇还活着时，社会就已经显现出了不安的前兆。公元前211年，有陨石落在东郡（今河南濮阳），当地的老百姓在上面刻了“始皇帝死而地分”七个大字，表示对他的愤恨。第二年，秦始皇死后，他的儿子胡亥继位，称二世皇帝。二世杀死他的哥哥扶苏和大将蒙恬，任用宦官赵高专擅朝政，对农民进行敲骨吸髓的榨取。在这种情况下，广大的农民忍无可忍了，终于，中国历史上第一次农民大起义爆发了。

公元前209年的秋天，蕲县（今安徽宿州）大泽乡一带，淫雨连绵。一队九百个面色愁苦愤怒的人们，在大雨滂沱的泥泞路上行进。他们是被征调到渔阳（今北京密云）去戍边的农民。大雨把他们阻隔在这里，耽误了他们到达渔阳的限期。按照秦朝的法律，误了期是要判死罪的。死亡威胁着这一群人，那么他们怎么办呢？其中有两个屯长（带队的），一个是雇农出身的阳城（今河南登封，一说今安徽宿州）人陈胜（又叫陈涉），另一个是贫苦农民出身的阳夏（今河南太康）人吴广，他俩计议道：现在就是赶到防地，也是被杀，与其被杀，不如死中求活，反抗秦朝，做一番大事业；天下人久已痛恨秦的暴虐，如果起来反抗，响应的人一定很多。两人商量后，决定起义。他们先把督率他们前往渔阳戍守的将尉（率领戍卒的官）杀死，然后用话激被征的戍卒，说："大家遇雨，已过限期，过期当斩；纵然不斩，到达戍地，十之六七也是死。大丈夫不死便罢，死应死得值得。所谓王侯将相，难道都是命中注定的吗？"这番话，博得了九百戍防失期的农民的一致拥护，大家立即推举陈胜为将军，吴广为都尉，正式宣布起义。

九百人起义以后，首先攻下了大泽乡，接着攻下了蕲县，在一个月之内，次第攻占了许多地方。各地农民闻信后，拿起农具、竹竿、木棒，踊跃参加起义军。当起义军进入陈（今河南淮阳）地时，已经有六七百乘车，一千多骑兵和好几万步兵了。起义军攻下陈地后，为了加强号召，大家拥立陈胜为王，国号"张楚"，建立起了起义军的政府。"张楚"是张大楚国的意思。因为陈胜等起义的地区在原来楚国的境内，而战国时楚国又是仅次于秦的强国，有很大的潜在势力，所以用"张楚"为号，以便加强反秦的号召力量。这时，反秦的浪潮已经席卷全国，各地人民纷纷揭竿而起，杀死当地秦朝官吏，响应陈胜，公认他是起义军的首领。甚而旧六国的贵族也趁机起事，反抗秦朝。

陈胜以陈地为中心，向四方发展，并派周文（又名周章）率主力军往西直攻秦朝的都城咸阳。周文的军队声势浩大，沿途有很多农民参加，等攻到函谷关的时候，已经有车一千乘，战士数十万了。起义军入关之后，一直打到离咸阳不到一百里的戏（今陕西临潼境内）地。秦二世惶骇万分，赶忙征发所有修筑骊山陵墓的徒役，武装起来，命大将章邯率领，前来迎战。周文的起义军虽然人数很多，但因是短时期内发展起来的，既缺少作战经验，也缺乏战斗训练，所以被秦军打败，退出函谷关。章邯追击起义军，周文沿途抵抗，接连战败，队伍损失过重，不能作战，最终周文自杀。

章邯继续东进，各路起义军多遭失败，吴广被部下杀死。章邯进攻陈地，陈胜兵少不敌，向东南退却，途中被叛徒——车夫庄贾所杀。

陈胜、吴广领导的大泽乡起义，从开始到失败，虽只短短六个月，但是由他们所引发起来的反秦风暴，却愈来愈猛烈。最后，秦朝的统治，终于被义军推翻。

（谢承仁）

约法三章　鸿门宴

陈胜、吴广起义失败后，在许多起义军中，以项羽和刘邦领导的两支起义军，成就最大。

刘邦，沛（今江苏沛县）地人，农民家庭出身。他的哥哥是种地的能手，他的妻子也曾参加田间劳作。他在秦朝当过亭长（秦于郊野设亭，十里一亭，亭有亭长）。有一次，他负责押解一批人到骊山去服徭役（古时统治者强制人民服行的劳役），半路上跑掉了很多，他知道自己反正交不了差，便索性把其余的人都放掉。其中有十几个壮士愿意跟随他，和他一起逃。他们怕人追赶，不敢走大路，打算趁天黑抄小道逃走。不料走到一处水边，忽然遇到一条大蛇拦在路上，走在前面的人都吓得退了回来，不敢过去。这时刘邦正喝了酒，醉沉沉的，一点也不害怕。他拔出剑说："大丈夫，怕什么！"说时挥剑将蛇斩成两段。众人都佩服他勇敢，他自己也为此感到骄傲。

陈胜、吴广起义的消息传到沛县，刘邦认为时机已到，立即聚众响应。他在萧何、曹参、樊哙等人的支持下，占领了沛县，被推立为沛公，手下很快就有了三千人。项羽的叔叔项梁起兵后，刘邦率众投奔项梁，势力逐渐强大。陈胜死后，项梁接受谋士范增的建议，拥立旧楚怀王的孙子做楚王（仍称楚怀王）。不久，项梁和秦军作战，战败牺牲。

公元前207年，秦将章邯围攻在反秦斗争中建立起来的赵国，赵国危在旦夕。楚怀王派宋义、项羽等领兵救赵，派刘邦西向攻秦，并且和诸将相约：谁先灭秦，谁就做关中王。关中系指函谷关（在今河南省西部）以西，散关（在今陕西省西部）以东，二关之中一带地区。

当项羽军在今河北平乡一带牵制住秦军主力并和秦军主力展开决战时，刘邦却趁此机会，在几乎没有遇到多大抵抗的情况下，很快地便打到了咸阳附近的霸上。

而这时，秦政府内部已经极度混乱。权臣赵高逼死秦二世，另立子婴为秦王，子婴又把赵高杀死。刘邦的军队打来，秦王子婴无力抗拒，只好捧着秦始皇传下的玉玺、兵符到刘邦军前投降。至此，秦朝的统治便正式被推翻了。

刘邦进入咸阳，接受了张良等人的劝告，将秦宫中的财物珍宝封存不动，然后还军霸上，向关中人民约法三章：犯杀人罪处死刑，伤人及盗贼按轻重治罪。并且宣布废除秦朝的苛法，安定社会秩序，受到了关中人民的热烈欢迎。"约法三章"的成语，就是这样来的。

项羽在消灭秦军主力后，这才引军西进，他在途中听说刘邦已经先破咸阳，心中不禁大怒。他带领四十万大军攻破函谷关，打进关中，把军队驻扎在鸿门，离刘邦军队的驻地霸上有四十里。刘邦的军队只有十万人，和项羽相比，两军势力相差悬殊。范增劝项羽不要错过机会，加紧进攻刘邦。项羽的叔父项伯，因和刘邦的部下张良相好，怕战争发生后张良遭到危险，连夜把这机密透露给张良，建议他赶快离开那里。张良又把这个消息告诉刘邦。刘邦惊恐，求项伯在项羽面前替自己疏解，说明自己先入关中毫无野心，请项羽千万不要多心。

第二天，刘邦亲自带着一百余骑人马到鸿门来拜谒项羽，向项羽解释。项羽在鸿门军帐中设宴招待刘邦。酒席间，范增屡次给项羽暗示，要他将刘邦杀掉，项羽只装没有看见。范增着急，借故退席外出，把项羽的叔伯弟弟项庄找来，要他进去舞剑，顺手将刘邦杀死。项庄答应，进帐敬酒，敬完酒，说："军中酒宴没有音乐，让我来舞剑助兴。"项羽点头同意，说道："可以。"于是项庄拔剑起舞。项伯看出项庄不怀好意，也拔出剑来和项庄对舞，常用自己的身子遮护刘邦，使项庄不能下手。张良眼见事情危急，忙出帐来找樊哙。樊哙满脸怒气，手执宝剑盾牌，冲进帐中。项羽大吃一惊，问是什么人，张良回答说："这是沛公带的人，名叫樊哙。"项羽赐樊哙喝酒吃肉。樊哙把盾牌覆在地上，一面喝酒一面用剑在盾上切肉大嚼，意气豪壮，旁若无人。

刘邦见势不妙，借口不胜酒力，招樊哙出帐，然后和樊哙等数人，偷偷从小路逃回霸上。临走时，让张良献给项羽白璧一双，送给范增玉斗一双，作为谢礼。范增见刘邦逃走，十分气恼，他把玉斗放在地上，拔出剑来狠狠砍成碎片，然后愤愤地对项羽说："你真成不了大事！将来和你争夺天下的，不是别人，就是沛公。从此以后我们都要做他的俘虏了。"这就是"鸿门宴"的来历。

鸿门宴后，项羽引兵入咸阳，杀秦降王子婴，放火烧毁秦宫室，大火三月不熄。关中人大为失望。

这期间，项羽的势力最为强大。在他的强力支配下，他分封了十八个王，自立为西楚霸王。刘邦没有做成关中王，被封为汉王，都城在南郑（今陕西南郑），虽然心中很不满意，但由于力量敌不过项羽，也只好忍气吞声，暂时屈服。

（谢承仁）

破釜沉舟　四面楚歌

"破釜沉舟"和"四面楚歌"这两个典故，说的是项羽率楚兵救赵，大破秦军主力，和后来与刘邦作战，被围垓下，兵败自杀的故事。

项羽是旧楚国大将项燕之孙，勇武威猛，青年有大志。秦朝末年，他跟随叔叔项梁杀死秦朝的会稽郡守，举兵反秦，响应陈胜、吴广。

项梁最初有精兵八千人，分兵略地，屡次打败秦军，势力日益壮大，产生了骄傲心理。

公元前208年秋天，秦将章邯在定陶（今山东省菏泽市定陶区）大破项梁军，项梁战死。随后，章邯率军渡河，向北攻打赵国，包围巨鹿（今河北巨鹿）。公元前207年，楚怀王命宋义为上将军，项羽为次将，引兵救赵。宋义行军至中途，逗留四十多天不肯前进。当时天寒，兵士无衣无食，而宋义却天天饮酒高会。项羽一怒，把宋义杀掉。楚王只好改命项羽为将，带着军队继续前进。楚军渡河后，项羽下令把全军的饭锅统统砸破，把所有的渡船一律凿沉，把全部的营帐完全烧毁，士兵们每人只带三天的干粮，准备和秦军决死战斗，不得胜利，绝不生还。楚军这种抱着战死决心以求胜利的精神，是十分感动人的。所以，后世人便把不顾一切，决心做成一事的行为，比喻为"破釜沉舟"。

这时，救赵的军队，除项羽率领的楚军外，还有十多支，但是都害怕秦军，各筑堡垒自守，谁也不敢出去交锋。项羽军开到，与秦军大战；楚军个个奋勇，以一当十，九战九捷。各国诸侯将领站在壁上观战，看见楚兵勇猛冲杀的情景，都惊呆了。

楚军大破秦军后，项羽召见各国诸侯将领，各诸侯将领进入楚军辕门，慑于项羽威风，都跪着爬行向前，不敢仰视。从此，各国军队都隶属项羽麾下，项羽也成了"诸侯上将军"。

后来，章邯势穷，投降项羽。项羽把二十多万投降的秦国兵士全部坑杀，消灭了秦军的全部主力。

项羽率军入关中，进入咸阳后，屠杀百姓，引起了人民的普遍怨恨。他还大封诸侯王，这是违反当时人民渴望统一的愿望的。他在分封时，封什么人为王，封做什么王（做拥有多大势力的王），只根据自己的好恶随意决定。许多得封的和不得封的将领，都不满意项羽这种做法，他们纷纷起兵反抗，和项羽展开了激烈的争夺政权的斗争。

刘邦趁此机会收拢民心，养精蓄锐，终于攻占了整个关中，然后以关中为根据地，东向联合各诸侯，进一步同项羽争天下。

从公元前206年到公元前202年，楚汉相争持续了五年。五年间，楚汉大战七十次，小战四十次，刘邦屡战屡败，身受重伤十二次。项羽在军事上虽然节节胜利，可是在政治上却遭到很大失败。他要把历史拉回到割据分裂的状态，因此得不到人民的支持和援助。这是他走向失败的主要原因。他残暴好杀，人民都很怕他，对他表示厌弃。他不如刘邦会用人，而且刚愎自用，有一范增而不信任，这就更促使他走向失败。

公元前202年，项羽全军被刘邦包围在垓下（在今安徽灵璧境内）。为了瓦解楚军斗志，刘邦命令士兵四面唱起楚歌。楚军听了，人人思乡厌战，军心大为动摇。项羽听到歌声，以为汉军已经尽得楚地，万分惊疑。这天深夜，项羽置酒帐中，痛饮解愁。

他心绪十分烦乱，想来想去，除了突围，毫无办法。他决定突围而走。突围的前刻，他对着自己宠爱的美人虞姬和常骑的骏马乌骓，唱出了一首慷慨悲壮的歌，歌道：

> 力拔山兮气盖世，
>
> 时不利兮骓不逝。
>
> 骓不逝兮可奈何，
>
> 虞兮虞兮奈若何！

歌毕，挥泪上马，带着众人舍命冲杀。最后他虽然冲出了重围，并且杀死、杀伤汉军无数，逃到乌江边，然而终于还是在汉军的追击之下，走投无路，不得不自刎而死。

项羽的失败，给了后代极深刻的教训。后世又把失道寡助的人的遭遇，比作"四面楚歌"。

（谢承仁）

汉初三杰

秦被推翻后所出现的楚汉相争局面，经过四五年的混战，到公元前202年终于告一段落。汉王刘邦取得了最后胜利，建立了一个在历史上比秦更加强大的国家，国号汉，建都长安（今陕西西安西北），习惯上称为西汉或前汉。刘邦做了这个朝代的开国皇帝，就是后世所称的汉高祖。

汉高祖刘邦有一次对人说："出谋划策，决胜千里，我不如张良；安抚百姓，筹集粮饷，我不如萧何；带着百万大军，攻必胜，战必取，我不如韩信。这三个人，都是人杰啊！"

刘邦所赞扬的这三个人，就是历史上所称的"汉初三杰"。他们对于汉朝的建立都是有贡献的。

张良，字子房，先世为韩国人，出身于贵族家庭。他年轻时，韩国被秦国所灭，他为了替韩国报仇，把家财散尽，结交了一个大力士。公元前218年，这位大力士拿着一柄一百二十斤重的大铁锤，在博浪沙（今河南原阳）行刺秦始皇，却没有打中本人，只打中了副车。秦始皇大怒，下令到处搜捕刺客，张良在此藏身不住，只好改名换姓，逃避他乡。传说在逃难期间，有一次，张良在一条河边遇见一个老人故意把自己的鞋踢到桥下去，老人冲着他很不客气地说："小孩儿，给我把鞋捡上来！"他一听心里直冒火，怎么这个人这么大模大样随意支使人呢？但是转而一想：他年纪大走不动，替他捡捡又何妨？于是便走到桥下替老人把鞋拾了起来。谁知老人这时又把脚一伸，说："给我穿上！"张良差一点气得要发作，不过他又转而一想：给老年人做点事也没有什么不应该，何必计较他的态度。于是他又恭恭敬敬地帮老人把鞋穿上。鞋穿好后，老人连"谢"字也没有说一个，扭转身就走了。张良望着老人的背影，看着他慢慢走开，觉得这人十分奇怪。不料过了一会儿，老人忽然走转回来，笑着对张良说："很好，你这小孩儿可教！记住，五天后一早到这里来会我。"过了五天，张良抱着好奇的心理真的起了个早，赶到桥边来会老人，没想到老人却比他早到。老人一见他晚来，就发怒道："与长者约会，怎么能迟到呢？你五天之后再过来吧！"又过了五天，这次张良一听鸡叫就起床，他自以为今天一定不会晚，谁知到桥边一看，老人比他到得更早。老人见了他，又非常生气地说："怎么又迟到？回去，再过五天后来！"再过了五天，张良不等半夜就到桥边去守着，这回总算没有迟到，过了一会儿老人才来。这次老人很高兴，点了点头说："应当如此。"说时便从袖中拿出一部兵书送给他，鼓励他好好学习。从此，张良便用功学习兵法。后来刘邦起兵，他便参加了起义军，做了刘邦的谋士。他辅佐刘邦入关灭秦，立有很大功劳。楚汉战争时，他建议不立六国后代，免得天下又恢复到战国时期那种分割的局面；同时，他还建议用利禄笼络韩信，联络英布、彭越，全力对付劲敌项羽。刘邦完全采纳了他的建议，因之加速了战争的胜利。汉朝建立后，他被封为留侯，受到了汉政府极大的优待。

萧何和刘邦是同乡，公元前209年，他辅佐刘邦起兵，立有大功。当起义军打进咸阳时，别的将领多只注意金帛财物，而他却独具远见，把注意力放在秦政府的各种档案文献上，因而一到咸阳，便将秦丞相府、御史府的图书律令全部接收过来。由于汉军掌握了这一份重要的数据，所以刘邦对于全国的山川险要、郡县户口以及社会情况的了解，比起其他起义军领袖来，要更加清楚、全面得多。这一点，对于汉的迅速统一，是起到一定作用的。萧何善于辨识人才，韩信的被重用，就是由于他的极力推荐。最初，韩信在刘邦军中因未被重视，故弃营而去，萧何听到消息后连忙放下工作，亲自去追赶。刘邦问他为什么别的人不追，单追韩信一人。他回答说："韩信有大将之才，若要争天下，非重用韩信不可。"刘邦听了他的话，真的就拜韩信为大将。后来，韩信在汉的开国事业中，果然立下了不世的功勋。在楚汉剧烈斗争的那些艰困年代里，萧何以丞相身份留守关中，转运粮饷，补充兵源，使得刘邦虽然屡屡战败而仍有余力来对付项羽，终至取得最后的胜利。汉统一天下后，刘邦感念他的功绩，封他为鄼侯。汉初采取"与民休息"的政策，他在当中也起了很大的作用。他死后，曹参继他为丞相，基本上仍按照他生前所定的一些规章制度办事，继续执行"休养生息"的政策；所以历史上常把他们两人相提并论，称之为"萧规曹随"。

韩信，淮阴（今江苏淮阴）人，出身贫苦家庭，起初在项羽部下，后归刘邦，被任为大将。在汉统一战争中，他表现出了极其杰出的军事才能。比如，他曾以数万之众，以少胜多，大败赵军二十万，就是一个突出的例子。在这次战争刚开始时，他一方面调遣轻骑兵两千人，每人持一面红旗，从小道出发，到赵军大营附近埋伏，并吩咐他们趁赵军出营追击汉军的机会，进入赵营，将赵军的旗帜完全拔掉，换上汉军的红旗；另一方面，他把自己的营盘故意扎在背靠着河流的地方，这从表面上看是违反兵法的。敌军看见他背水为阵，都笑他不懂兵法。他自己的部下见他这般布置，也都感到十分纳闷。可是他本人却满怀着胜利的信心。临战前，他下令军中说："今日破赵以后再饱食。"诸将虽然口里都勉强答应"是"，其实心里一个个都在暗自嘀咕。等到战斗开始，两军接战，相互奋勇厮杀。汉军假装败退，赵军出营追击，得意忘形，只顾争着捡拾地上的战利品。汉军退到河边，无路可退，反身再战，勇猛无比。赵军不能取胜，打算收兵回营。不料这时预先埋伏在赵营周围的两千骑兵，已经建立了战功，把赵军的旗帜完全换成了汉军的旗帜。赵军看见到处汉旗飘扬，不禁大惊，以为汉已破赵，于是抛甲弃戈，纷纷遁走。汉军四面夹击，大破赵军，阵斩赵军主将陈余，取得了辉煌的胜利。战争结束后，韩信的部下问他："为什么不依兵法，背水为阵反而取得胜利，这是什么道理？"他回答说："我这种做法，并没有违反兵法，只是诸君没有仔细考察兵书罢了。兵书上不是说过'陷之死地而后生，置之亡地而后存'这样的话吗？我之所以要背水为阵，就是根据这个意思。我知道，我在军中时间不长，还没有真正建立起威信，一旦军士们面临着生死关头时，是很难听我的命令的，我若不把他们置之死地，使之自为战，哪能死中求生；相反，若把他们置之生地，有路可逃，一到战争激烈时，他们会一个一个地逃走，哪里还会有今天的胜利？"诸将听了都认为他说得很有道理，并佩服其军事才能。从此，大家都知道，原来韩信是一个很会灵活运用兵法的人。韩信为汉的开国立下了不朽之功，汉朝建立后，他被封为楚王，后被降为淮阴侯。公元前196年，他被刘邦的妻子吕后所杀。

（易惠中）

汉 武 帝

汉朝初年，统治者接受秦亡的教训，对农民采取让步政策，减轻剥削，奖励农耕，给了人民暂时喘息的机会。经过汉初六十多年休养生息的时间，自秦末以来遭受严重破坏的社会生产，终于在全国人民的辛勤劳动下，得到了恢复和发展，并且逐渐超过了战国时期的经济繁荣。相传文帝、景帝时，国家财货充积，人民安居乐业，社会出现了富庶景象，所以历史上称之为"文景之治"。特别是景帝时，削平了以吴王刘濞（bì）为首的吴、楚等七国贵族的叛乱，进一步加强和巩固了中央集权的统治，为汉朝的兴隆与统一奠定了可靠的基础。汉武帝凭借着这样的物质基础，做出了许多轰轰烈烈的事业。

汉武帝刘彻，是汉朝开国后六十七年登上帝位的皇帝。他十六岁登基，一共统治了五十四年（公元前141—公元前87）。

"罢黜百家，尊崇儒术"，是他接受大儒董仲舒的建议后所采取的一项从思想上巩固中央集权政治的重要措施。董仲舒把孔子的学说，说成维护封建统治的唯一准则，把其他各家学说斥为"邪辟之说"。他认为，只有"邪辟之说灭息，然后统纪（社会秩序）可一，而法度可明，民知所从矣"。因此，他建议废除其他各家学说。同时，他还建议设立太学，专门用来培养为地主阶级服务的儒生。汉武帝采纳了这些主张。从此以后，儒家学说便处于优越的地位，逐渐发展成为两千多年来封建社会的正统思想。

颁"推恩之令"，是汉武帝接受主父偃的建议后所采取的一项从实际行动上加强中央统治权力的重要措施。吴、楚七国之乱被平定后，汉景帝虽然剥夺了诸王的政治权力，初步树立了中央集权的统治，但是诸王的领地还是很大，经济力量还是很强，还随时有和中央政权对抗的可能。主父偃认为，如果诸侯过于强大，就会恃强，就会联合起来反抗中央政权。所以他主张实行"推恩"分封的办法，分封诸王的子弟为侯，以分散王国的领土，使大国变为小国，强国变为弱国。这样，他们就再也无力反对中央了。汉武帝实行了这个建议，果然收到了预期的效果。

汉是一个大国，需要有一个强有力的中央政府，才能维持这个大国的强盛和统一。而这样一个强盛统一的大国，对于发展全国的经济和文化来说，具有极其重要的意义。

汉武帝时，国家富裕，国防力量加强，有了力量来对付匈奴的侵扰。从公元前129年到公元前119年，汉与匈奴之间较大的战争有十余次，汉军屡败匈奴兵，夺回了被匈奴侵占的河套等地区，基本上解除了秦汉以来的匈奴威胁。

另外，汉武帝还派张骞出使西域，先后派唐蒙、司马相如等经营今四川、云南、贵州一带地区。这一切，在客观上都取得了积极的效果。汉与西域各国的交通打开，西南大部分地区的各族人民与汉族人民的关系逐渐密切。

强盛统一的汉朝，为统一多民族国家的形成，提供了十分有利和有力的保障。

汉武帝在位期间，在他的指示和领导下，汉政府发动民力，在全国广大地区兴修水利，推广较进步的农具与农业生产技术，对于促进当时农业的发展起了很大的作用。

仅以关中地区为例，重要的水利工程就有六辅渠（当地人称为"六渠"或"辅渠"）、灵轵（zhǐ）渠、成国渠、沣（wéi）渠、白渠。拿白渠来说，这条渠连接了泾水和渭水，全长二百里，可以灌田四千五百顷（合今二十三万多亩），与郑国渠同样著名。黄河自古以来是一条经常泛滥的河流，汉文帝十二年（公元前168）和汉武帝元光三年（公元前132），曾在今河南与山东一带地方两次决口，造成极大损失。两次虽然都勉强把决口堵住，然而始终未能彻底解决问题，黄河下游地方仍旧时常被淹。元封二年（公元前109），汉武帝征发数万人修筑瓠子堤（今河南濮阳），并且亲自到河上视察。此后不久，又从馆陶（今山东馆陶）开凿了一条与黄河宽深相等的屯氏河，引水流入海中。经过这两次的努力修治，黄河的灾患大为减轻；在此后六七十年间，黄河的下游基本上没有再遭受大的水灾。除重视水利建设外，汉武帝晚年又大力提倡使用新农具，推行新的耕作方法。比如，下令给大农（官名），要他选取有技巧的工匠制造新农具；又令全国郡守派遣所属县令和三老、力田（小官名）及乡里老农到京师学习新农具的使用方法及代田耕种养苗方法，就是比较突出的例子。

由于国家的统一、经济的发展，武帝时，文化也很昌盛。政治、经济、历史、文学、天文、农业、音乐、艺术等，各方面都人才辈出。

（王克骏）

司马迁《史记》

司马迁，字子长，夏阳（今陕西韩城）人，生于公元前145年，即汉景帝中元五年；卒年大约在公元前87年，即汉武帝后元二年。他的一生，大部分时间是活在汉武帝时代。他的父亲司马谈是汉朝的太史令（管历史和天文的官），又是当时卓越的思想家。司马迁生长在这样的家庭里，所受的影响自然不小。他从小就阅读了很多书籍，又跟随有名学者学习，学问大有进步；他二十岁左右时，开始漫游全国，考察史迹，探访传闻，了解人民的生活和各地的风物。他登上万里长城，体验到了先民的伟大和秦朝使用民力的残暴。他渡黄河、过长江、访问都江堰，考察了水利和民生的关系。他去过孔子的故乡，参观了孔子的庙堂和"车服礼器"等遗物。他到过今天的四川、云南一带，采访了当地少数民族的民情与习俗。后来，他做了太史令，又阅读和整理了官家收藏的各种图书资料。

公元前104年，他开始写《史记》（实际上整理史料的工作在公元前108年便已开始）。这年，他四十二岁，正是精力充沛的时候。

不料，在他进行著述的第七年，在评论政事的时候，触怒了汉武帝，被下到狱中受了"腐刑"（阉割）。这对他是极大的侮辱。他受到这样巨大的打击，非常痛苦，几乎痛不欲生。但是，他一想到自己所要完成的伟大著作时，就又坚持着活了下来。他发愤继续写他的《史记》。到了公元前93年，基本上完成了这一巨著的初稿。从这以后，直到他死，他还对他的著作做了不断的加工和修补。

司马迁

《史记》古本

《史记》原名《太史公书》，汉朝末年灵帝、献帝以后，大家才习惯地称呼其为《史记》。这是一部包括从黄帝起到汉武帝后期止，长达三千多年的纪传体历史书。全书分为"本纪""表""书""世家"和"列传"五个部分，共一百三十篇，五十二万六千五百字。

"本纪"十二篇，是以帝王世系为中心，按年月顺序，列举历代的人事，好像全书的总纲，使人读了能够了解每一朝代历史发展的重要线索。"表"十篇，分为"世表""年表""月表"（以"年表"为主）三种，是排列帝王、诸侯、将相的年代及爵位的。由于夏、商、周三代时期年次不明，故只能按世系列为"世表"；而秦楚之际，政治变化急剧复杂，"年表"不能解决问题，因此列为逐月记事的"月表"。"表"能更清楚地表明时间顺序，使读者一目了然。"书"八篇，总述了司马迁以前历代的天文、地理、文化、经济等方面的情况，价值很大；八"书"的内容虽然还不够完备，然而对我们了解这一时代社会的全貌，却有很大的帮助。"世家"三十篇，大体分为两类，一类是叙述诸侯国家兴亡的历史，另一类是叙述贵族和地位最高的大臣的事迹。不过其中有两篇例外：一篇是《孔子世家》，另一篇是《陈涉世家》。因为孔子在思想文化上有突出影响，而陈涉（陈胜）是掀起中国历史上第一次农民革命的农民领袖，所以这两人都列入了"世家"。"列传"七十篇，是全书里篇幅最多的部分，有政治、军事等各方面的重要人物传，有特殊事业传，有国内少数民族传，有属国传，有外国传等。

司马迁写出了古代帝王、将相、名医、侠客、大商人、优伶

（戏曲演员）、刺客、占卜人的事迹和经济、文化等方面的情况。他的写作态度严谨，爱憎分明。他对被压迫者、被剥削者给予了同情。他热烈地歌颂了农民战争的领袖，把陈胜、吴广摆在和封建王侯同等重要的地位，专门给他们写了"世家"。他一方面肯定了汉高祖刘邦的才能和功绩，另一方面却又真实地描绘了这位皇帝的狡诈与无赖；他一方面称颂了汉武帝刘彻的丰功伟业，另一方面却又深刻地讽刺了这位天子迷信求仙的荒诞与无聊。他真诚地颂扬了那些不为私利、爱国爱民的忠臣与义士；另外，他也愤怒地谴责了那些用严刑峻法来残杀人民的刽子手。《史记》开创了用纪传体叙事的体裁，这种体裁一直为以后的史家所沿用。它的语言生动活泼，人物形象鲜明突出，具有强烈的艺术感染力，为以后的传记文学树立了典范。

司马迁无愧是我国古代最杰出的历史学家，《史记》无愧是我国古代最伟大的历史著作。

（王克骏）

赵 过

我国是一个有悠久历史的国家，在农业上有很多生产经验和发明创造。赵过是古代在这方面有卓越贡献的人物之一。

汉武帝末年，汉武帝任命赵过为搜粟都尉，发展农业。赵过研究和总结了农民的生产经验，发明了"代田法"，创制了新农具，提高了农业的生产水平。

在这以前，耕作技术是比较落后的。农民们把土翻起后，就往下播种，也不分行列。这是一种原始的耕作方法，容易消耗地力。为了使地力恢复，今年耕种的土地，明年就得停止耕种，休耕一年。贫瘠的土地，甚至得连续休耕两年或三年。古时地长一百步、宽一步（一步六尺）为一亩。"代田法"是在这六尺宽的田亩中分为垄、畎（zhèn，田地中间的沟）相间的三垄三畎。垄和畎都宽一尺，畎低垄高，畎比垄深一尺。春天把种子播到畎里，长苗以后，除去垄边杂草，把翻松的泥土培盖在畎中的苗根上。等到夏天，垄土已全平，而苗根埋土已深，可以增加耐风和抗旱的能力。下次耕种，再把原来的垄改为畎，原来的畎改为垄，这样每年畎垄互相更代，叫作"代田"。用"代田法"，不必把整块土地完全休耕。由于土地时常翻动，土质松软，对于庄稼的生长也有好处。用"代田法"耕种的田地，都是"用力少而得谷多"，一岁之收，每亩常过普通不用"代田法"的田一斛（hú，当时以十斗为一斛）到两斛以上。

赵过发明的新农具有耦犁和楼车。耦犁用两头牛拉两个犁，后面两人各扶一犁，前面一人牵引两牛，共享两牛三人。用这种耦犁犁田，每年可种田五顷。赵过还做了一种人力犁，无力养牛的农民，可以使用人力犁。使用人力犁，人力多的一天能耕三十亩，人力少的也能耕十三亩。耧车是一种把耕犁和播种器结合在一起的播种工具。耧车的构造是：犁上装一个耧斗，用以盛谷种，耧斗的两足外圆中空，直伸到地里。耕地时，一面破土，一面摇动耧斗，种子就由外圆中空的耧斗足播入土中。这比耕完地再播种快多了。用耧车播种，据说一天能播地一顷。

赵过改进农业生产技术和农具，扩大了耕地面积，增加了作物产量，在农业生产上给人民作出了巨大的贡献，他的功绩是值得纪念的。

（王克骏）

苏武牧羊

汉朝时候，北方的匈奴常常侵扰边境。汉武帝时，击败了匈奴，北边才得到安定。公元前101年，匈奴且鞮（jū dī）侯单于新立，派使臣到汉朝修好，为了答礼，汉武帝派苏武出使匈奴。

苏武，字子卿，是一个廉洁正直、有胆量、有骨气的人。他奉武帝之命率领副使张胜、随员常惠等一百多人出塞到了匈奴。当他把出使的任务完成后，正待回国时，恰巧有汉降将卫律的部下虞常等，想趁单于出去打猎，劫单于的母亲归汉，并杀死卫律。虞常和张胜是老朋友，他们暗中商量，却不让苏武知道。后来虞常失败，单于派卫律审办这件案子。张胜怕受牵连，才把事情告诉苏武。苏武说："事已如此，一定要牵累我，我被侵辱，对不起国家。"遂拔刀自杀，由于常惠等救护，才没有死。不久，卫律奉单于之命来审问苏武。苏武说："我是汉朝的使者，如果受到审问，就是活着，还有什么脸回去！"用刀使劲自刺，鲜血直冲出来。卫律大惊，立刻飞马去找医生。医生来时，苏武已流血过多昏厥过去。医生救治了半天，苏武才转过气来。苏武这种忠于国家的精神，连单于也很钦佩。苏武的伤好了些，单于要逼他投降，通知他去观审虞常，并当场把虞常斩首。卫律举剑对张胜喝道："投降免死。"张胜跪地求降。卫律又对苏武说："副使有罪，你当连坐。"苏武说："我不知道他们的密谋，又不是亲属，说什么连坐！"卫律举剑砍来，苏武颜色如常，稳坐不动。卫律停住手，说："我投降匈奴，蒙单于大恩，封我做王，富贵已极。如今部下几万人，牛羊满山谷。你今天投降，明天就和我一样，不然，白白丧命，又有谁知道！"苏武毫不动摇，反而义正词严地把卫律大骂一顿。单于见他不投降，便把他关在一个大地窖里，不给他饮食。天下大雪，苏武困卧窖内，饥寒交迫，渴了饮雪水，饿了吞毡毛，一连好几天，差一点冻饿而死。单于见威胁、利诱都不成，便把他和常惠等分开，给了他一群公羊，送他到北海边去牧羊，并且说："等公羊生了小羊，你再回去！"北海一带，当时是无人烟的荒漠，每到冬天，这里白雪皑皑，四野冰封。苏武常处于绝粮的威胁中，没有办法，只好掘取野鼠洞里的草籽充饥。后来单于又派人来劝降，他仍是忠贞不屈。每天，他一面牧羊，一面抚弄着出使时朝廷给他的"汉节"（节是古代使者拿着作为凭证的东西），表示时刻不忘汉朝。时间长了，"汉节"上的毛都脱落了。就这样，他在这穷荒苦寒的地方，艰难地熬过了十九个年头。

武帝死后，昭帝继位，匈奴和汉朝和好，汉朝要求释放苏武等人，匈奴诈说苏武已死。后来汉使又到匈奴，常惠想法子夜见汉使，教他对单于说："汉天子在花园射雁，雁足上拴有帛书说苏武现在在北海某处。"汉使照常惠的说法质问单于，单于才允许苏武回汉朝。

昭帝始元六年（公元前81）春天，苏武、常惠等九人（共同出使的人很多，这时都已死去），回到了久别的首都长安。

苏武出使的时候，才四十岁左右，正当壮年，等到历尽艰苦回来时，已经是须发全白、六十多岁的老人了。

当时的人，都非常尊敬这位大节凛然、一片丹心的英雄；千古以来，他的事迹被传为佳话。

（王克骏）

昭君出塞

昭君，姓王名嫱，字昭君，是汉元帝的宫女。

她被选入宫时，由于拒绝贿赂奸臣毛延寿，毛延寿故意把她的画像涂改，使元帝见了，以为她生得丑陋，把她打入了冷宫。后来元帝发现上了奸臣的当，要捉拿毛延寿。毛延寿逃入外国，怂恿那个国家的君主兴兵犯境，指名要昭君和亲。昭君在一个萧瑟的秋天，怀着对故国的深沉依恋，骑着马，弹着琵琶，唱着哀怨悲愤的歌曲，出了边塞，迎着朔风，走进了那黄沙无边的草原……

　　这样的王昭君，是诗歌戏曲中的形象，历史的事实可不完全是这样。

　　西汉元帝时代，汉朝国力还很强大。公元前33年，匈奴呼韩邪（yé）单于表示，希望和汉联姻，永结亲好。元帝将后宫宫女王昭君嫁给呼韩邪单于为妻。昭君到匈奴后，和呼韩邪单于结婚，做了阏氏（yān zhī，即单于的妻子，相当于汉人的皇后），并生了一个儿子。后来，呼韩邪单于死，大阏氏生的儿子雕陶莫皋立为单于。按照匈奴的风俗，父死娶后母，所以昭君又做了后单于的阏氏，并生了两个女儿。长女云娘，在汉平帝时，曾来汉朝拜见太皇太后，太皇太后很高兴，赏赐了她很多东西。云娘和她的丈夫，主张和汉朝友好。后来呼韩邪单于的少子咸做了匈奴的单于，云娘常劝咸跟汉朝亲善。公元14年，云娘要求会见和亲侯王歙（xī）。王歙是昭君哥哥的儿子，云娘的姑表兄弟。这时，西汉刘氏皇朝早已被王莽废掉，建立起国号叫作"新"的王氏皇朝。王莽答应了云娘的请求，随即派王歙和他的弟弟王飒两人出使匈奴，带去好多礼物，以表示对咸立为单于的祝贺。

自从呼韩邪单于与汉结亲起，以后六十多年间，汉与匈奴没有战争，双方友好往来，和睦亲善，汉北部边境呈现了"边城晏（晚）闭，牛马布野"的和平气象。昭君出塞的故事，成为汉与匈奴这两大民族和睦关系中的一段佳话。

昭君死后，匈奴人民为了表达对昭君的崇敬和爱戴之情，在大黑河畔（在今内蒙古自治区呼和浩特市南郊）特地为她修了一座独立苍穹、气象巍然的青冢，这就是传说中的昭君墓。

两千年来，昭君的美丽、善良、朴实、勤劳的形象，始终活在当地人民的心中。据内蒙古民间传说，昭君很爱护百姓，曾教给当地妇女纺纱、织布和做衣服的技术，并且传播了一些有关农业生产的知识……

（王克骏）

王　莽

西汉后期，四川、河南、山东一带连续发生了以申屠圣、郑躬、樊并、苏令等为首的农民和铁官徒（工徒）起义，有的发展到一万多人，有的经历了十九个郡国。西汉皇朝的统治出现了严重的危机，连一部分统治阶级的人物也认为汉朝的命运已经快要完结了。王莽就是在这样的情况下，凭借外戚（帝王的母族或妻族）的地位，爬上了皇帝的宝座。

王莽的姑母王政君是汉成帝的生母。自成帝时起，王家有九个人封侯，连王莽在内共有五个人做过当时最高的军政长官——大司马。地方官也有很多是王家的党羽。成帝死后，哀帝继位。哀帝在位六年，重用别的外戚，王家不是很得意。公元前1年哀帝死。哀帝没有儿子，王政君就跟王莽合谋立成帝的弟弟中山孝王九岁的儿子做了皇帝，就是汉平帝。这时，王莽做大司马，取得了朝政的实权，还得到了"安汉公"的封号。王莽用大封官爵的办法取得了贵族、官僚们的拥护，又用小恩小惠，如出钱百万、献田三十顷分赈受灾的贫民等办法收买民心，并且笼络地主阶级知识分子。他这种假仁假义的做法，曾经在短时间内迷惑了一部分人。据说，前后曾有四十八万多吏民上书太皇太后，要求重赏王莽。平帝死后，王莽一方面挑了皇室一个两岁的婴儿来做傀儡皇帝，另一方面又利用迷信制造舆论，说武功地方掘井发现一块白石，上面有"告安汉公莽为皇帝"八个红字，要王政君下诏许他称"假皇帝"（假是代理的意思）。三年以后，即公元8年，王莽便正式做了皇帝，建立国号叫"新"。

王莽做皇帝后，为了巩固统治，打着复古的旗帜，进行变法。他下令:将全国土地改称"王田"，奴婢改称"私属"，都不准买卖。一家男子不满八个占田超过一井（九百亩）的，应将多余的田地分给本族或邻居的无田人。原来没有田的人，按男口每口给田一百亩。凡是指摘这套办法和散播反对言论的人，都被放逐到边远地区。

王莽又实行五均六筦（guǎn）。在长安城东西市设市令，在洛阳、邯郸、临淄、宛、成都五大城市设司市师，各郡县设司市，负责管理市场、物价、收税和对贫民赊贷，叫作"五均赊贷"。又实行官卖盐、酒、铁器，由政府统一铸钱，收名山大泽的生产税，加上五均赊贷，叫作"六筦"。

王莽曾多次实行币制改革，如下令废除行用已久的汉五铢钱，造金、银、龟（龟甲）、贝（贝壳）、钱、布（铜制）六类共二十八种名目的货币。严禁私铸钱币，私铸者连邻近五家都算犯罪，人口罚为官奴婢。私用五铢钱的，有罪。

但是王莽要占有田地多的人分余田给贫农的命令在豪门地主的抵制下，一开始就无法实行。他企图停止田宅、奴隶的买卖，这在阶级社会也是行不通的幻想。执行五均六筦政策的各级官吏，本身都是大商人、地主。这些政策不但没有给人民带来好处，反而增加了人民的负担。例如，市场管理规定：市官根据物价行情，定出本市每季货物的平价，五谷、布、帛等货源多时，政府按卖方成本收货；市价高过平价，政府将存货按平价卖出；市价低于平价，听人们自行交易。这从表面上看，似乎能起到平抑物价的作用，可是实际上不然。由于规定市场平价的大权都掌握在那些官僚、地主们之手，他们趁机收贱卖贵，从中取利，以致老百姓并不能得到真正的好处。工商业税按纯利额十分取一，这对大工商业不算重，然而对小工商业却很不轻，并且如捕鱼、捕鸟、养家畜、养蚕纺织、缝补都要收税，非常繁苛琐细，人民当然更受不了。官卖盐、酒、铁器，无异一种对重要产品的垄断。币制改革更是赤裸裸的掠夺，因为这使很多持有五铢钱的小农和小生产者受到了严重损失，甚而破产。只有赊贷予民（百钱月收三钱）一事，倒是可以打击高利贷者，多少还对民有利，可是，假若过期还不出来，人民仍然要受贪暴官吏的迫害。

王莽的变法，在各方面的反对下，"王田""私属"制只实行了三年多，变法的主要部分就不得不宣告破产。五均六筦坚持得久一些，但最后也不得不下令废除。

在这期间，王莽不甘心变法的失败，还挑动对外战争来向国内人民示威。这便加速了绿林、赤眉农民大起义的爆发。公元23年，长安市民响应起义军，攻入宫中杀死王莽。

（陈继珉）

绿林　赤眉

王莽改制失败，人民生活更加痛苦。加以水灾、旱灾、蝗灾接二连三地出现，农民们实在活不下去，除了自己起来推翻暴政，再没有别的出路。

17年，湖北西部一带大旱，饥饿的农民们在新市（今湖北京山）人王匡、王凤的领导下发动起义。王匡、王凤起义后，闻风前来投奔的人很多，几个月光景，起义军就壮大到七八千人。他们驻扎在绿林山（今湖北当阳）上，人们把他们称为"绿林军"。21年，王莽的荆州牧（官名）率兵两万人前来攻打绿林军，结果被打得大败而逃。绿林军乘胜攻下了几个县城，把队伍扩充到了五万多人。

第二年春天，绿林山里发生了瘟疫，农民军病死的很多。他们决定分散活动，由王常、成丹领一支人马，攻占南郡，号称"下江兵"。由王匡、王凤领一支人马开往南阳，号称"新市兵"。不久，平林（今湖北随州东北）人陈牧、廖湛等人，也聚合一千多人起来响应，这支人马被叫作"平林兵"（后与新市兵合）。

18年，琅琊（郡名，今山东东南部）人樊崇在山东莒（jǔ）县起义，带领数百人占领了泰山。不到一年，他的部众就发展到一万多人。接着，逄（páng）安、谢禄等人都领起义队伍前来投奔。于是，他们以泰山为中心，在山东一带展开活动。22年，王莽派太师王匡（与绿林军首领王匡同姓名）、更始将军廉丹率十万大军前来镇压。樊崇率领农民军迎战，为了在战斗中便于与敌军区别，大伙都把眉毛涂成红色，作为起义军的记号。从此，"赤眉军"的名号便传开了。在这次大战中，赤眉军个个奋勇当先，把官兵打得大败，王匡溜走，廉丹战死。赤眉军战胜后，人数大增，势力迅速发展到黄河中游一带。

正当农民起义军轰轰烈烈发展的时候，许多地主阶级分子也趁机而起，如南阳的汉朝皇族刘演、刘秀兄弟，便在此时混入了绿林军。

23年，绿林军已发展到十多万人，各路联军共同推举汉朝皇族刘玄为帝，号称"更始皇帝"。农民军节节胜利，使王莽政权面临着崩溃的危机。王莽派遣王寻、王邑带着四十二万大军，围攻昆阳（今河南叶县），准备与农民军决战。绿林军奋勇抵抗，大败王莽军，王寻战死，王邑逃走。昆阳大战后，绿林军便兵分两路进攻长安，终于推翻了王莽政权。

但是刘玄进入长安以后，就完全背叛了农民军。

赤眉军樊崇等人与刘玄分裂，继续组织力量进行斗争，短期内起义力量又发展到了三十万人。25年，樊崇等立了一个十五岁的放牛娃刘盆子为帝，接着再度攻入长安，迫使刘玄投降。但这时，关中豪强地主隐藏粮食，组织武装，进行顽抗。第二年，赤眉军由于粮草断绝，无法在长安坚持，只得回师东归。

刘玄以前在洛阳时，曾派刘秀到河北活动。刘秀势力逐渐壮大，25年公开背叛农民军，在河北称帝。赤眉军与刘玄在关中斗争时，刘秀趁机南下渡过黄河，占领了洛阳。当赤眉军东归的时候，刘秀预先在河南西部山区埋伏大军，偷袭赤眉军。赤眉军虽然拼全力抵御，无奈寡不敌众，加上长途跋涉，精疲力尽，最后战败。

刘秀建立的政权，因都城在洛阳，故历史上称为东汉或后汉。

刘秀就是后世所称的汉光武皇帝。

　　坚持了十年斗争的绿林、赤眉起义军虽然最终败于刘秀，但西汉末年和王莽时代的暴君恶政毕竟被农民军推翻。刘秀建立的东汉政权震慑于农民军的威力，为了巩固统治，不得不吸取教训，采取一些减轻租赋徭役之类的措施。因此，东汉初年人民的生活相对地有了一定的改善，社会生产也有了一定的恢复和发展。

（黎虎）

党锢之祸

　　"党锢之祸"是东汉统治阶级内部的一次政治斗争。

　　东汉中期以后，外戚和宦官相继把持政权。从和帝开始到桓帝中期，是外戚把持政权的时期。后来桓帝联合宦官单超等诛灭外戚梁冀，政权又落在宦官手里。在桓帝、灵帝时期，宦官执政前后达三十年，他们独揽朝政，残虐百姓，横行地方，把东汉的政治推到了黑暗、腐败的顶点。官僚们痛恨宦官把持政权，影响了他们的权位；中小地主出身的知识分子也痛恨宦官，阻塞了他们做官的道路，尤其使他们恐惧的是，宦官残暴黑暗的统治会加深社会的动荡不安，这将会导致整个政权的覆亡，为了本身的利禄，也为了挽救阶级统治的危亡，他们要求在政治上进行改革，反对宦官的黑暗统治。世家豪族李膺、陈蕃等人和太学生（太学是当时的最高学府）郭泰、贾彪等人联合起来，向宦官集团展开猛烈的抨击。他们一方面品评人物，相互吹捧以增强声势；另一方面批评朝政，打击宦官及其亲属、宾客等为非作歹的行为。这样就自然引起了宦官们的仇视。宦官诬告他们结为朋党，并以"图谋不轨"的罪名将他们逮捕下狱，或禁锢终身不许做官，有的甚或处死。这就是历史上所说的"党锢之祸"。

东汉的"党锢之祸"共发生了两次。第一次是在桓帝延熹九年（166）。宦官党羽张成的儿子杀人，被司隶校尉（官名，负责纠察京师百官及所辖附近各郡官吏）李膺所捕杀。宦官们便诬告李膺等人交结太学生共为朋党，诽谤朝廷，败坏风俗。桓帝下令逮捕李膺、陈寔（shí，同"实"）等二百多人入狱。后李膺等人虽因尚书霍谞（xū）和外戚窦武的力争，被赦归乡里，但却遭到禁锢终身不许做官的处罚。第二次"党锢"之争，发生在灵帝建宁二年（169）。宦官侯览倚仗权势侵夺百姓田宅，强抢民女，为山阳督邮（代表郡太守督察县、乡，宣达教令，兼管讼狱捕亡等事之官）张俭上书告发，并就地将其资财没收。侯览大怒，指使党羽诬告张俭与同郡二十四人结为朋党，图谋不轨。朝廷大捕党人，连同过去的党人李膺、杜密、范滂等一并受到牵连。结果，一百多人死在狱中，被杀的、流徙的、囚禁的共达六七百人，凡是"党人"的门生、故吏、父子、兄弟以及五服以内的亲属，都免官禁锢。这次党锢范围很广，时间也很长，直到中平元年（184）黄巾起义，灵帝怕他们与黄巾联合，才赦放党人，"党锢之祸"才宣告结束。

"党锢之祸"虽是东汉统治阶级内部的斗争，但在宦官黑暗、腐败的统治下，官僚和太学生能揭露、打击他们的罪恶和暴行。有些人，如范滂等，被逮捕后表现出与恶势力斗争的不屈精神，也给予人们鼓舞。不过，等到黄巾起义以后，在面对着对抗共同的敌人——起义的人民这一前提下，统治阶级内部的矛盾便得到缓和，互相妥协了，有些党人便直接参加了镇压农民起义的活动。

东汉时期，政权为什么常把持在外戚和宦官手里呢？原来东汉的皇帝从和帝起，都是幼年继位，由母后临朝辅政，母后照例依靠自己的父兄——外戚，帮助处理政事。外戚既然控制着中央政府，便大批派遣自己的子弟、亲戚和宾客到各地做官，发展自己的政治势力。等到皇帝长大了，要亲自执政时，便与外戚的权力发生了冲突，这时，朝臣上下多是外戚的亲信或依附外戚的人，皇帝可以依靠的人便只有身旁的宦官。这些宦官在消灭外戚势力的过程中，立了功，控制了中央政府，也同样要派遣自己的亲戚和亲信到各地做官，来发展自己的政治势力。东汉的皇帝又大多短命而死，母后和外戚就利用这个机会，选立幼小的皇子继位，借此把政权掌握到自己手里。这样，斗争便反复地循环下去，形成了外戚和宦官相继把持政权的局面。

（李书兰）

佛教　道教

佛教传入中国的具体时间，到现在还有所争论。但可以肯定的是，一定是在汉武帝以后。一般认为约在西汉末期。关于周时或秦始皇时中国人就已经知道有佛教后代的记载，是不可靠的。

汉武帝时，汉朝的使者张骞到过大夏国（今阿富汗北部）。张骞在大夏时，曾听说大夏西南有个身毒（yuān dú，是当时中国人民对印度和巴基斯坦一带的称呼）国，并看到我国巴蜀地区出产的物品由身毒转销到大夏。当时，佛教已在身毒盛行，大夏和身毒国又是紧邻，张骞也就很有可能听说过佛教。只是《史记》《汉书》都没有记载而已。

到东汉初年，中国已经有人信仰佛教，而且已见诸正史记载。东汉第一个皇帝刘秀，他的儿子刘英，被封为楚王，都彭城（今江苏徐州）。楚王英就崇信佛教，他有供养"浮屠"（佛）的"仁祠"，而且还供养着"伊蒲塞"（佛教信徒）和"桑门"（沙门、和尚）。

东汉以后，佛教就在中国传开。

道教创立于东汉中期。相传，顺帝时，琅琊人宫崇，曾把他的老师于吉传给他的所谓神书——《太平清领书》一百七十卷献给皇帝。顺帝因为他的书"妖妄不经"，没有接受。

这部《太平清领书》就是道教最早的经典，于吉大约就是第一个集结道教经典，开始传布道教的人。

佛教是从外国传来的，道教是在中国本土土生土长的。作为宗教组织，道教虽然在东汉中期才创立，但它的教义却继承了先秦阴阳五行、巫觋（xí，指男巫）杂语、方术之士的一套理论。道教正是杂合这些东西，又模仿佛教的组织形式而创立起来的。

佛教、道教两种宗教在中国历史上都有很大的影响。佛教讲轮回，行善积来世；道教讲炼丹、修仙、长生不老。都是把解脱痛苦的希望寄托于来世天堂，主张脱离现实。这正符合统治者的利益，历代统治者都大力提倡佛教、道教，将之作为麻痹人民的工具。南北朝和隋唐是佛教鼎盛的时代。北朝时期，佛庙有两三万所，和尚多到两三百万。南朝梁武帝信佛，定佛教为国教。他本人曾三次舍身到佛庙去做寺奴。仅建康一地，就有佛庙五百多所，和尚十万多人。当时人说佛教僧众和佛庙里所占有的劳动力之多，使"天下户口，几亡其半"。佛庙都很富有，占有大量土地和金银财货，好多佛庙都放高利贷、开质店（当铺），与世俗地主豪强一样地盘剥人民。道教虽然没有佛教盛行，性质则是一样，有道观，有道士，也拥有土地、财产。

统治者利用宗教，人民也利用宗教。统治者为了提倡宗教，曾给佛教、道教一些特权，如和尚、道士可以免除租税徭役。因此，人民就借此逃到寺观做和尚、道士，以逃避租税。人民还利用宗教作为起义的组织工具，如东汉末年的黄巾起义，就是利用道教进行秘密组织活动的。南北朝以及后世，不少农民起义，也都是利用佛教、道教来组织活动的，北朝的大乘教起义、元代的弥勒佛起义、清代的白莲教起义等，就是历史上著名的例子。

（何兹全）

《论衡》

《论衡》是东汉初年人王充写的一部杰出的哲学著作。

王充是我国古代伟大的思想家，毕生从事战斗的唯物主义者。他生活的东汉前期，"谶纬"非常流行。"谶"是预卜吉凶的宗教预言，"纬"则是用宗教预言的观点来解释儒家经典的书。谶纬的内容多是牵强附会的一些神学迷信，谶纬家专门宣传所谓"天人感应"一套学说，用天象来比附人事，好直接为统治者服务。这种妖妄的迷信图谶，西汉末年，已经在发展。到了东汉，统治者更是大加提倡，好借此来提高皇帝的权威。由是，谶纬之说一度成为两汉封建统治思想的政治工具。

所谓《论衡》，意思就是说，他阐述的道理都是很公平的。

《论衡》，总计八十五篇，共二十多万字。在这部书中，王充针对当时流行的官方思想，提出了许多精辟的见解。他首先否定了天的神秘性，认为世界万事万物都是自然存在的，并不是由于天意的创造。他指出天没有口目（感官），也就不可能有什么嗜欲感觉，更不可能会有什么意识活动。这样就把所谓天能安排世界上一切事物的迷信彻底揭穿。

在《论衡》里，王充根据当时科学认识的水平，对当时社会流行的神仙、鬼怪、迷信也进行了严厉的批判。王充说，人是物，即使贵为王侯，本性跟物也没有差异。既然物没有不死灭的，那么人怎么就能够成神、成仙长生不死呢？物死了不为鬼，人死了为什么会独能为鬼？人死了，精气消灭，血脉枯竭，形体腐朽，成为灰土，哪里来的鬼呢？他还拿睡着了的人作例，来驳斥那种"人死为鬼，有知，能害人"的谬说。他说：睡着了的人尽管躯体精神都在，但由于暂时没有知觉，自然也就不能害人。死人的精神形体都灭亡了，又怎么能够为害于人呢？可见"人死不为鬼，无知，不能害人"，道理原是很明显的。像这种无鬼的理论和神灭的思想，能在当时那种迷信空气十分浓厚的情况下提出来，的确很了不起。

此外，在《论衡》里，有《书虚》《儒增》《问孔》《刺孟》等篇。《书虚》和《儒增》明白地指出，包括经、传、纬书在内的许多书籍，记载有很多地方不符事实。《问孔》篇认为孔子的话多前后矛盾。《刺孟》篇指责孟子的行为前后不同，始终不一，对于孟子所说的"五百年必有王者兴"的话，还特别依据古史加以驳斥。像这种对封建统治者奉为"圣贤"的孔孟的大胆怀疑与批判，在封建社会是很难得的，是需要极大勇气的。

总之，从王充的哲学观点到政治观点，都可以看出，他不愧是一个进步的思想家。当然也应该指出，限于当时的历史条件和自然科学水平，王充对事物的认识也还有其局限性。例如，雷电击毁人物，俗说是天神取龙。他固然一方面指出了俗说的虚妄，可是另一方面却对于龙的存在一点也不怀疑。对社会历史现象的认识，他认为，人事的贵贱福祸，国家的治乱安危，都受"时命"的支配，人力不能变动。显然，这种看法仍旧是一种落后的命定论观点。

王充出身"细族孤门"，是一个没有社会地位的平民。他青年时在洛阳太学读书，买不起书，只好常到书铺里去看。后来他虽然也做过几任小官，可是直到晚年，生活仍然十分贫困，但他始终"居贫苦而志不倦"。他花了三十多年的功夫，才完成《论衡》这部巨著。

（陈继珉）

班　昭

班昭是我国古代第一位女历史学家。她是扶风安陵（今陕西咸阳）人，大约生于东汉光武帝建武年间至安帝永宁年间，活了七十余岁。

班昭在史学上的主要贡献，是整理并最后写成《汉书》。她的父亲班彪是当时很有名的学者，曾经发愿继续司马迁的《史记》，作《史记后传》六十五篇，写成西汉一代的历史（司马迁的《史记》只写到汉初），没有完成便死去了。她的哥哥班固继承父亲的事业，根据父亲所积累的材料，经过整理和补充，写成了一部上起汉高祖、下迄王莽共二百三十年的西汉历史，这就是我国第一部纪传体的断代史——《汉书》。但是，其中的"八表"和"天文志"还没有完成，班固也逝世了。班固死后，继续完成《汉书》的任务便落到班昭的肩上。

当时，《汉书》虽然已经初具规模，可是还有一些散乱的篇章。汉和帝便命班昭到当时的皇家藏书处"东观藏书阁"继续完成班固未竟的工作。她在这里进行了"八表"和"天文志"的写作，并整理校对了父兄的初稿，后来马续也协助班昭撰述"天文志"。《汉书》至此才算大功告成。

《汉书》初出时，一般人不易通晓，东汉政府便选拔马融等十人，在"东观藏书阁"中，跟从班昭学习《汉书》。汉和帝还命皇后和妃嫔们拜班昭为师，向她学习儒家经典，乃至天文算术。因此，大家都尊称她为"曹大家"。

班昭除了编撰《汉书》以外，还写了不少文章和辞赋，大都失传。现在传世的，尚有《女诫》七篇及《东征赋》等。

（黎虎）

张衡　张机

　　张衡是南阳郡西鄂县（今河南南阳）人，生于东汉章帝建初三年（78），卒于顺帝永和四年（139），是我国古代一位伟大的科学家。他好学深思，肯于刻苦钻研。他的好友崔瑗说他研究学问的态度就像大江里的水一样，日夜奔流，片刻不停。他有广博的学识和多方面的才能，对文学、哲学、地理、机械制造等都有研究，特别精通天文、历算。

　　我国很早就重视天文学的研究。东汉时期，天文学主要有"盖天说"和"浑天说"两派。盖天说认为天圆地方，天在上，像伞盖；地在下，像棋盘，是一种旧的传统说法。浑天说认为天地都是圆的，像一个鸡蛋，天在外，像鸡蛋壳；地在内，像鸡蛋黄。这种说法在当时比较进步。张衡经过精密的研究和对天象的实际观测，继承并发展了浑天学说，写成了他的重要的天文学理论著作——《灵宪》。在这部著作里，他指出日有光，月亮自身不会发光，月光是由日光照射而来的；月亮向着太阳时，我们在地球上就能看见圆圆的明月，背着太阳时则看不见。他还推测出月食是由于地体遮蔽的缘故。这些都是十分卓越的见解。他约计天空中的星体，常明的有124个，有定名的320个，连同所有可见的星体共有2500个，海外看见的星体没有计算在内。他绘制了一部星图叫

《灵宪图》。据现在天文学家统计，肉眼能看见的六等星总数6000多颗，在同一地方同一时间所看到的星数，也不过2500颗到3000颗。

张衡发明了很多重要的天文仪器。他根据浑天学说的理论创制了浑天仪。浑天仪用铜铸成，内外分作几层圆圈，各层铜圈上分别刻着赤道、黄道、南北极、日、月、五星、二十八星宿及其他星体，用漏壶滴水的力量使它按着一定的时刻慢慢地转动，人们就可以从浑天仪上看到星体的出没，与实际天象十分符合。张衡这项发明，经过唐、宋科学家们的发展，就成为世界上最早的天文钟。张衡又创制了地动仪，这是世界上第一部测定地震的仪器。它也是用铜铸成，圆径八尺，顶上有凸起的盖子，像个大酒樽；内部有个铜柱，叫作"都柱"，连着八个方向的机械，外面有八个龙头，按东、南、西、北、东北、东南、西北、西南八个方向排列着。每个龙嘴里衔着一枚铜球，下面蹲着一个铜制蛤蟆，向上张着嘴巴。哪个方向发生地震，那个方向的龙嘴就吐出铜球，落在蛤蟆嘴里，发出清脆的声音，看守仪器的人就能知道地震的日期和方向，把它记录下来。这架仪器测定很准确，有一次，西方龙嘴里的铜球忽然落了下来，而洛阳的人并未感到地动，可是没过几天，甘肃来人报告，说那里发生了地震。这架精巧的仪器是132年发明的，比欧洲创造的地震仪要早一千七百多年。

张衡除精通天文外，对历算学也有很深的研究。他制造了一部类似活动日历的机器，叫作"瑞轮蓂（míng）荚"[1]，用它可以表示出每月从月初到月终的日数，既能知道日期，又能知道月相，很是方便。在数学方面，他著有《算罔论》，对圆周率也有研究，可惜已失传，只能从后代数学著作中知其一二。在木制机械方面，他的制作有"三轮自转"和"木雕独飞"。其中，"三轮自转"是有关指南车和记里鼓车的主要机械，"木雕独飞"是一种利用机械发动能够飞翔的木鸟，相传能飞数里。

张衡对我国以及世界科学的发展，作出了重大的贡献。

张机，字仲景，南阳郡涅阳县（今河南南阳）人，约生于东汉桓帝和平元年（150），卒于献帝建安二十四年（219）左右。他是我国古代一位卓越的医学家。东汉末年，战争频繁，疫病流行，人民死亡的很多。他的家族原有两百多人，不到十年时间，死了三分之二，其中因患伤寒而死的占十分之七。他同情人民的疾苦，精心研究医学，整理和总结前代医学的理论和经验，广泛收集民间的药方，结合自己的临床经验，写成了他的医学巨著《伤寒杂病论》十六卷。后来，流传下来的只有《伤寒论》和《金匮要略》两书。伤寒在当时是一切热性病的总称，《伤寒论》几乎是一切传染病的概论，内容包括病理、诊断、治疗、用药等方面。《金匮要略》是治疗杂病的专书，包括内科、外科、妇产科等方面的病理和

1　蓂荚是中国古代传说中的瑞草，从每月初一至十五，每日结一荚；从每月十六至月终，每日落一荚。从荚数多少，可知计日。张衡据此发明"瑞轮蓂荚"，自动计日，测量月相盈亏。——编注

药方。

张仲景在病理方面，根据对病人病情的分析，通过望色、闻声、问症、切脉的诊断过程，找出病源；在治疗方面，提出发汗、催吐、下泻、解病毒四种方法以及"寒病热治"和"热病寒治"两大原则。他是一位有丰富理论和实际经验的多能的医师。他能兼用针灸术、灌肠法等技术治病，又能使用人工呼吸法急救昏厥。在医学观点上，他主张疾病要早期预防，提出只要保养身体，饮食有节，劳逸适当，就可以保持身体健康，预防疾病。

张仲景的医学，奠定了中医治疗学的基础。他的著作至今仍被视为中医的可贵财富，有些药方在今天仍有实用价值，有着显著疗效。他对中国医学的发展有着巨大贡献和深远影响。

（李书兰）

扁鹊再世　华佗重生

以前在许多医院里，我们常常可以看到"扁鹊再世""华佗重生"的匾额，这些匾额大都是曾经患过重病，而后被治好的病人赠送的。他们以"扁鹊再世""华佗重生"来赞扬大夫的高明医术，表达自己的由衷谢意。

扁鹊是战国时期齐国人，姓秦，名越人。扁鹊是他在赵国行医时的绰号。他是个民间医生，长于内科、妇科、小儿科、耳目科等。他的医术很高明，治好过许多患重病的人。相传虢（guó）国的太子患了重病，四肢冰冷，人事不省，失去知觉已经半天。许多人都认为太子已死，只等着殡殓了。适巧扁鹊由这里经过，他诊治后断定太子并未死去，而是患了"尸厥症"。他立即先以针法急救，使病人恢复知觉，再以熨法温暖病人身体，然后又用汤药调养，经过二十多天，终于使太子恢复了健康。因此，当时的人都称赞扁鹊能"起死回生"。

他治病除了切脉之外，还用望色、听声和观形等方法诊断病症。据说，有一回他到了齐国都城，齐桓侯接待了他。当他第一次朝见齐桓侯的时候，就发现桓侯有病在"腠理（指皮肤之间）"。他劝桓侯早点医治，桓侯不信。过了几天，他又见到桓侯，发现桓侯的病已到血脉，桓侯仍然说："我没病。"又过了几天，他再见到桓侯时，桓侯的病已到了肠胃，但桓侯还认为自己没病，不肯治疗。又过了几天，扁鹊发现桓侯的病已深入骨髓，不可救治，他便离开了齐国。扁鹊走后，桓侯的病果然发作，不久就死了。

扁鹊以他高超的医术和对待病人负责的精神，为人们所仰慕，也为后来医家所崇敬。他是我国古代最有声望的名医之一，人们把他说成是中国的"医圣"。

华佗是东汉末年沛国谯县（今安徽亳州市）人。他勤奋好学，学识非常渊博，既通儒家的经术，又酷好医学，精通内科、外科、妇产科、小儿科和针灸科等，尤擅长外科手术。

华佗是个不贪图功名利禄的人。他两次拒绝汉朝地方官吏要他做官的举荐，只肯做一个普通的民间医生。他走遍了今江苏、山东、河南、安徽的部分地区，最后，他因不愿做曹操的侍医而被曹操杀死。

华佗的医学知识和临床经验都很丰富，经他治好的病人很多。例如，广陵太守陈登得病，胸中烦闷，面色发赤，食欲不振。华佗给他诊脉后，断定他肚里有虫，给他配了些汤药，喝下去后便吐出许多虫来。再如，有位李将军的妻子病得很重，请华佗诊脉。华佗说："这是由于伤身而胎未去的缘故。"将军说："的确曾经伤身，但是胎已去了。"华佗说："以脉来看，胎并没去。"将军却不相信。过了一百天左右，病人的病势更重了，再请华佗诊视，他说："脉如从前，可能因为是双胎，生第一个孩子时失血过多，以致影响第二个孩子生不下来。现在胎儿已死，只好用针灸与汤药催死胎快点下来。"将军的妻子在针灸和服药后，肚子痛得厉害。华佗说这是死胎久枯，不能自出，可找一个人把它取出来。那人按照华佗所说的方法，果然取出了一个死胎。

华佗不仅善于采用诊脉的方法治疗疾病，而且善于通过对病人的面容形色、病状的观察，判断病人患的是什么病，并能推知以后的发展情况。有一次他在盐渎（今江苏盐城）一家酒店里看见几个饮酒的人，他仔细地观察了其中一位名叫严昕的男子，然后问道："你身体好吗？"严昕回答说："和平常一样。"华佗对他说："从你脸上可看出你有急病，最好不要多饮酒，快回家去。"果然严昕在回家的路上头晕，从车上跌下，到家不久就死了。

华佗除了在内科诊断和治疗方面有很大成就外，他对医学的更大贡献是在外科手术方面。他发明用全身麻醉的方法进行外科手术，是我国也是世界上第一个使用全身麻醉的医生。华佗为了消除和减轻人们在进行外科手术时所感到的剧烈疼痛，发明了一种名叫"麻沸散"的麻醉剂，动手术之前，叫病人用酒冲服，等病人失去知觉，然后开腹治疗，若是肿瘤就割去肿瘤；若是病在肠胃，就断肠湔（jiān）洗，最后再缝合伤口，在伤口上敷上药膏，四五天后开刀处即可愈合，一个月左右病人就可和健康人一样了。由于他的医道高明，技巧纯熟，以至后来的人常常把当时一些名人的治病事例和他的名字联系在一起。比如，《三国演义》中的"关云长刮骨疗毒"的故事，便是这样附会出来的。

华佗也很重视积极锻炼身体，预防疾病。他创造了一种新的运动方法，名叫"五禽之戏"，模仿虎、鹿、熊、猿和鸟类五种动物的动作姿态，来锻炼人的身体各部。

（李秋媛）

黄巾起义

东汉刘秀（光武帝）建国不久，皇亲国戚和开国功臣就在河南一带大量侵占民间土地。中期以后，外戚、宦官相继当权，侵夺土地更加猖狂，如章帝时的外戚窦宪，倚仗权势，霸占土地，甚至以低价强夺沁水公主的园田。后来被章帝发觉，责骂他说："公主的土地你还敢强占，何况百姓！"桓帝时，宦官侯览，前后夺人住宅三百八十一所，田地一百一十八顷。除外戚、宦官外，一般商人、地主也大量兼并土地。东汉后期，社会危机更加严重：贵族、官僚、商人、地主日益加剧土地的兼并，农民大批破产、流亡，或依附豪族做佃客，或卖身为奴，离乡背井、流散道路的人，触目皆是。

政治的黑暗和腐败，是东汉中期以来加深人民痛苦的一个很重要的原因。不管是外戚当政，还是宦官当权，百姓都受尽欺凌和迫害。桓帝时，外戚梁冀独揽朝政，他的亲戚布满州郡，爪牙横行地方。为了搜刮钱财，他把地方上的富户关入狱中拷打，敲诈勒索，出钱多的可以赎身，给钱少的或被杀死，或被流放远地；数千百姓被迫为他做奴做婢，受尽剥削压迫，苦不堪言。梁冀死后，朝廷没收他的家产，资财达三十多亿，相当于政府全年税收的一半。宦官执政也是同样的凶残。单超、左悺、具瑗、徐璜、唐衡因谋诛梁冀有功，五人同日封侯，世号为"五侯"。单超死后，四侯势力更盛，到处欺压百姓，胡作非为，当时人刘陶上书指责宦官的残暴，认为他们与虎狼没有什么差别。

再加上东汉不断和羌族统治者发生战争，耗费几百亿钱财，负担也都落在百姓身上。人民不堪这种惨重的经济剥削和黑暗的政治压迫，纷纷起来反抗。从安帝时开始，各地大小规模不等的起义，就已陆续爆发，而且此起彼伏，散而复聚。"发如韭，剪复生；头如鸡，割复鸣；吏不必可畏，小民从来不可轻。"这支表现人民坚强不屈的、充满革命气概的民谣在到处流传。全国在酝酿着一次更大规模的革命风暴。灵帝时，修建宫殿，加重赋敛，卖官卖爵，吏治更加败坏，剥削更加残酷，人民实在忍无可忍，终于，在中平元年（184），波澜壮阔的黄巾大起义爆发了。

起义军以黄巾包头，称为"黄巾军"。他们在张角、张宝兄弟的领导下，焚烧官府，捕杀贪官污吏，打击地主豪强，声势浩大，革命的火焰迅速燃遍了广大地区。后来，虽然起义各部都被东汉政府和地方豪强的联合武装镇压下去，然而东汉的统治经过这次暴风式的革命力量的打击，也到了奄奄一息的地步。

黄巾起义是中国历史上第一次利用宗教组织的农民大起义。起义军利用太平道教作为组织起义的工具，并且提出了要求政治平等、财富平均的"太平"理想。起义失败后，道教向两极分化：一部分上升成为封建统治阶级麻痹人民、维护其统治秩序的有力工具；另一部分则仍旧与农民群众相结合，成为组织农民暴动、宣传革命思想的武器。太平道的革命思想，成为后代农民起义"等贵贱，均贫富"思想的渊源。

（李书兰）

赤壁鏖兵

东汉末年，各处地方官吏和豪门大族在绞杀农民起义的过程中，造就了自己庞大的军事势力，各霸一方，互相攻伐，形成了3世纪初期封建割据的混战局面。在这些割据一方的势力中，力量比较强大的：在北方，有河北（黄河以北）的袁绍和河南（黄河以南）的曹操；在长江流域，有江东（长江下游一带）的孙权、荆州（今湖北、湖南）的刘表和益州（今四川、云南、贵州）的刘璋。

汉献帝建安五年（200），曹操在官渡（今河南中牟东北）打败了袁绍，统一了北方。建安十三年（208）秋天，他又率军南下，打算统一全国。

这时，占据荆州的刘表刚刚死去，他的次子刘琮继位，在曹操大军的威慑下，投降了曹操。原来投靠刘表的刘备，则与刘表的长子刘琦一道，率领大约两万的兵力，退守夏口（今湖北武汉）。

曹操率领着号称八十万的大军（实际只有二十多万），自江陵（今湖北江陵）沿江东下，直逼夏口。刘备的情况十分危急，他派了诸葛亮到江东去联合孙权，共同抗曹。

孙权和刘表原来也有矛盾，只是这时见到曹操势盛，如果荆州真为曹兵占据，江东也就很难保全，鉴于这种形势，他同意了诸葛亮的意见，答应派大将周瑜、程普等人率军三万与刘备联合，共同抵抗曹兵。

曹操的大军自江陵顺流而下，舳舻（指船）千里，旌旗蔽空，声势十分浩大。曹操自以为在军事上占绝对优势，打败刘备乃至孙权，是不成问题的。官渡之战的胜利，刘琮的乞降，使得他变得骄傲起来。他不再能冷静地考虑双方的有利和不利条件。事实上，这时曹操的军队虽有二十多万，可是其中有七八万人（主要是水军，是作战的主力）是刚刚投降过来尚怀疑惧的荆州水兵，而从北方来的兵士由于远来疲敝、不服水土，生病的很多。再加上刘琮初降，荆州民心未定，后方很不稳固。所以尽管曹操善于用兵，也并不是有全胜的把握的。

曹操的军队和孙、刘联军在赤壁（今湖北嘉鱼东北）相遇。曹操鉴于北方军队不惯水战，下令用铁索把战舰连锁在一起，以便兵士在船上行走如履平地，这就给了孙、刘联军采用火攻的机会。一天夜里，东南风大起，周瑜的部将黄盖假称投降曹操，带了一艘艨艟（méng chōng，古代的一种战船）斗舰，里面满载着灌了油的柴草，顺着风势直向曹营驶去。在离曹营不远处，船上一齐燃起火来，迅疾地向曹操的水军船舰冲去，火烈风猛，霎时间，曹军船舰就被延烧起来。那些船舰因有铁索连锁，仓促间无法拆开，一时烈焰冲天，曹操的水寨化成了火海。一会儿工夫，曹操的岸上营寨，也被延烧着了。曹军人马烧死溺死的不可胜计。孙、刘联军分水、陆两路乘势进击，曹操损失惨重。

赤壁之战后，曹操经过这次挫败，退回到北方，势力局限在中国北部，再也无力南下。220年，曹操病死，他的儿子曹丕废掉汉献帝自立为皇帝，国号魏，建都洛阳。刘备通过这次战争，趁机占据了荆州的大部分地方，有了立足之地，随即又向西发展，夺取了刘璋的益州。曹丕称帝的次年（221），刘备也自立为皇帝，国号汉（史称"蜀"，或"蜀汉"），建都成都。孙权经过这次战争，在长江中下游一带的势力得到巩固，力量比以前更加强大。229年，孙权称帝，国号吴，建都建业（今南京）。这就是历史上所说的魏、蜀、吴三国。三国鼎立的局势出现后，战争虽然仍旧继续进行，但是由于各国统治者都比较注意各自统治区内社会生产的发展和社会秩序的安定，所以，这时比起东汉末年时，由于军阀混战所造成的"出门无所见，白骨蔽平原"的局面，相对地要好得多。

"赤壁鏖（áo，形容战争激烈）兵"，指的就是这一次对三国鼎立局势的形成具有决定意义的大战役。

（李秋媛）

曹　操

曹操（155—220），字孟德，小名阿瞒，沛国谯县（今安徽亳州）人，出身于宦官集团的大官僚家庭。二十岁时，他被地方官以"孝廉"名义推选为郎（官名），不久升为洛阳北部尉，负责管理京都地方的治安。洛阳是首都，豪强贵族很多，不好治理。曹操到任后，造了几十根五色棒悬挂在大门两旁，有违犯禁令的就用棒打死，以此来惩办那些触犯法令的豪强。后来，他在济南任相时，有十几个县官，贪赃枉法，欺压百姓，被他奏免了八个。为此，当时豪强都非常恨他。

184年，黄巾起义爆发，曹操领兵镇压黄巾起义，并不断扩充自己的军事力量。192年，青州（今山东中东部）黄巾军再起，攻到兖（yǎn）州（今山东西部）各地。曹操纵兵追击，打败了青州黄巾军，得降兵三十余万，男女百余万口。他从中挑选精锐，充实和扩大自己的队伍，号为"青州兵"，成为自己的军事主力。

196年，汉献帝从长安军阀董卓残部的控制中逃回洛阳，曹操要汉献帝迁都到许（今河南许昌），把这个傀儡皇帝直接放在自己的势力控制之下，然后利用他的名义发号施令。

军阀的连年混战，使北方社会经济遭到严重的破坏，人民生活困苦，军粮供应也很缺乏。为了安定社会，解决军粮问题，曹操在迎献帝迁都于许的这一年，在许的附近实行屯田，兴修水利，招抚流民开垦，第一年就取得了很大成绩，获得了一百万斛粮食。此后，他又把屯田推行到其他各地。几年的工夫，今河南一带地方农业生产便逐渐恢复起来。屯田地区的粮仓都堆得满满的，保证了军粮的供应。这是曹操迅速统一北方的可靠的经济基础。

赤壁之战后，曹操感到自己的力量还不够雄厚，一时还不能统一全国，还必须努力积聚力量。因此，他一面继续推行屯田政策，减轻赋税，发展农业；一面积极整顿内政，抑制豪强，加强中央集权。在政治上，他曾先后三次下令求贤，只要有真才实学，即使"出身微贱""门第低下"，也可以被量才录用。这一措施打破了长期以来豪族垄断政权的局面，使许多奋发有为的人得到了破格提拔的机会。同时，他还积极提倡文学，对当时知名的文人极力争取，加以重用。流落匈奴十多年的女文学家蔡文姬，就是由于他的招揽被赎回来的。曹操本人就是一个杰出的诗人，诗歌写得很好。他的两个儿子——曹丕（魏文帝）、曹植（曹子建），一个是当时著名的文学评论家，一个是当时才华横溢的大诗人。父子三人在文学史上都占有很重要的地位。曹操是一个有多方面才能的人，他不仅会打仗，而且还精通兵法，《孙子》十三篇，就是经过他的整理流传至今。

总之，从上面的叙述来看，曹操虽然曾经镇压过黄巾起义军，但是他做过许多有益于当时生产发展和社会进步的好事情，就他一生主要的活动来讲，是功大于过。他是我国封建时代杰出的政治家、军事家和文学家。

（唐赞功）

文姬归汉

蔡文姬，名琰，是东汉末年大文学家蔡邕的女儿。她博学多才，记忆力很强，尤其对于音律有极高的造诣。《后汉书·列女传》

引刘昭的《幼童传》说：她小时，有一次听父亲夜里鼓琴，忽然断了一根弦，她只听声音就知道断的是第几根。父亲不相信她真的能辨别，认为是偶然猜中的，于是又故意弄断了一根来试她，结果又说得一点不差，这才知道她是真的能辨琴音，并不是瞎猜。

她一生的遭遇是十分悲惨的。她幼年时跟随父亲亡命在外，吃尽苦头；后来回到洛阳，嫁给河东卫仲道。192年，父亲在长安遇害，接着，母亲和丈夫也相继死亡，她一个人过着孤苦伶仃的生活。汉献帝兴平二年（195），她为南匈奴骑兵俘虏，被迫嫁给南匈奴左贤王。她在匈奴留居了十二年，生了两个孩子。但是，她日夜思念着自己的家乡，正如她自己所说，"无日无夜兮，不思我乡土"。

十二年过去了，中原地区发生了很大的变化。曹操先后打败了各地的军阀，统一了北方，基本上结束了北中国的战乱局面。曹操是一个有远大抱负的政治家，他想统一全国，希望人民能过安定的生活，国家能够富裕繁荣。他不仅注重积极发展生产，而且注重努力提倡文化建设。在他的周围，汇聚了许多方面的人才。蔡文姬是蔡邕的女儿，曹操和蔡邕是很好的朋友，蔡邕被王允所杀，只有蔡文姬这个女儿。加上文姬本人又是才女，曹操同情她的遭遇，更爱惜她的才能，因此决定把她接回来，好让她为文化事业作出一番贡献。

建安十三年（208），曹操派遣使者，携带着厚重的礼物，到匈奴把蔡文姬赎了回来。至此，流落匈奴十余年的蔡文姬，终于回到了故乡。文姬归汉后，曹操问她："夫人家中原先藏有很多古

过居庸关图（和林汉墓壁画）

书，还能记得内容吗？”文姬回答道：“从前亡父藏书四千多卷，因流离散失，一无所存，如今还记得内容的才四百多篇。”曹操说：“很好。我派十个人，夫人口授，让他们记录。”蔡文姬说：“不必。我自己缮写好，再给您送上。”果然，她凭着自己的记忆，默写出了四百多篇古代珍贵的典籍。

蔡文姬很有才华，她不但懂音律，而且诗作得很好，据说有名的长篇抒情诗《胡笳十八拍》就是她的作品。

（唐赞功）

三顾茅庐

“三顾茅庐”说的是207年刘备拜访诸葛亮的故事。

诸葛亮（181—234），字孔明，东汉末琅琊阳都（今山东沂水南）人，是一位杰出的政治家和军事家。童年时候，因父母先后去世，他跟随叔父寄住荆州，后来隐居在襄阳隆中（今湖北襄阳西），刻苦学习。他在隐居期间，常和许多好友在一起谈论国内的政治形势，对当时那些割据称雄的军阀们的情况都比较熟悉。他是一个有远大志向的人，常自比为春秋战国时期的管仲和乐毅。显然，他的隐居，并不是为了逃避现实，而是在等候机会，待时而起。熟悉他为人的人，都很敬重他，称他为"卧龙"先生。

刘备在多年军阀混战中，始终没有占据到稳固的地盘，后来被迫跑到荆州去依靠刘表。在荆州时，刘备认识了当时的很多知名人士。司马徽和徐庶，就是他十分钦佩的人物。这两个人也都是诸葛亮的好朋友，他们在刘备面前极力推荐诸葛亮，认为只有他才是当今真正有学问、识时务的俊杰。经过他们的介绍和推崇，刘备十分渴望这位"卧龙"先生能够出山来辅佐自己。207年，刘备为了表示推崇的诚意，一连三次，冒着严寒亲自到隆中去敦请诸葛亮。前两次都未见到诸葛亮的面，直到第三次，诸葛亮深感他的热诚，才出来接见。这就是历史上被传为美谈的"三顾茅庐"的故事。

在隆中草房里，刘备坦率地倾吐了自己的抱负与目前所处的困境。诸葛亮也纵谈天下的形势与自己对形势的见解，他说："现在曹操占据着北方，拥有百万之众，挟天子以令诸侯，暂时还不能跟他争锋。孙权占据江东，已经统治了三代，国势稳定，不能与他为敌，最好是与他联合。现在只有占据荆州、益州作为根本，然后内则励精图治，充实国力，外则联合孙权，团结西南各族。等待时机成熟，命令一名上将率领荆州军，北向攻取南阳和洛阳，将军您则亲自率领益州主力西出秦川（陕西），取长安，夺中原。如果能照这样做，当可以统一全国。"这一席话就是有名的"隆中对策"。这段话对当时天下形势的分析是很有见识的。刘备听了，极为佩服。从此，诸葛亮就结束了自己的隐居生活，成了刘备的主要谋士，正式登上了政治的舞台。

208年，曹操率领二十多万大军（号称八十万），准备统一南方，这时刘备刚从樊城逃往夏口，兵力只有两万余人。在这大军压境、危在旦夕的形势下，诸葛亮初出茅庐就表现出了卓越的政治、军事才能。他分析了敌我形势和双方的各种条件，认为只有联合孙权，共同抗曹，才有出路；他只身赴东吴，说服孙权，成立孙刘联军，采用火攻办法，在赤壁一战，大破曹军。脍炙人口的"舌战群儒""借东风"等传说，就是根据诸葛亮在这次战争中的杰出活动而虚构、夸张出来的。

赤壁之战奠定了三国鼎立的局面。赤壁之战后，刘备占领了荆州，以后又占据了益州。221年，刘备在成都称帝，国号汉；诸葛亮为丞相，负责管理蜀国的政治、经济和军事。223年刘备死后，诸葛亮又辅助他的儿子刘禅（阿斗），更是兢兢业业。

在诸葛亮任丞相期间，蜀汉一方面励精图治，严明赏罚，减少冗官浮员；另一方面注意奖励农业，恢复生产，推行屯田政策。诸葛亮自己也能够虚心纳谏，谦虚谨慎，生活也比较俭朴。因而，蜀汉成为当时一个政治上比较清明的国家。为了巩固后方，蜀汉对西南少数民族，采取了和好政策，从而使彼此的关系得到了改善和加强。

在做好了上面的准备工作以后，蜀汉开始了北伐曹魏的军事行动。诸葛亮亲自率领部队，六次北伐，两次出祁山（今甘肃西和西北）。在历次战斗中，诸葛亮表现出了足智多谋的军事才能和坚韧不拔、苦干实干的精神。234年，他因为操劳过度病死在五丈原（今陕西郿县西南）前线。据说他死前吐血不止，还带病坚持工作，真正做到了他自己所讲的"鞠躬尽瘁，死而后已"。

在二十几年的战争生活中，诸葛亮积累了丰富的战斗经验。他善用计谋，精通兵法，出色地改善和运用了"八阵图"法，连他的敌手司马懿也称赞他是"天下奇才"。据说，他还创制了一些新式武器和运输工具，如经他革新的"连弩"，能同时发射十箭，威力比旧式连弩大得多；再如，为了适应蜀陇山区运输的需要而制造的"木牛流马"，使用起来非常灵活方便。

由于这些，在后来的小说《三国演义》以及各种戏曲传说中，诸葛亮被塑造成了一个忠贞、智慧的典型角色，并且被渲染、夸张成为一个能掐会算、呼风唤雨、充满传奇色彩的神话人物。我国民间有句谚语，"三个小皮匠，胜过诸葛亮"，这两句话一方面表明了人多智慧大、主意多这一真理，另一方面也表明了人们对诸葛亮的杰出才能的颂扬。

（黎虎）

晋朝的建立

司马氏的晋朝，是东汉以来逐渐强大起来的世家豪族这一阶层，在司马氏家族的领导下，篡夺了主张中央集权的曹魏政权而建立起来的。

东汉以来，世家豪族的势力非常强大。在经济上，他们占有大量土地，占有劳动力，一家大豪族，常是"膏田满野，奴婢千群，徒附（一种依附性很强的农民，类似农奴）万计"；在政治上，他们独占官位，一家豪族常是"四世三公（四代都做三公大官）"。东汉末年的政府，就是依靠这个阶层的势力才把黄巾起义镇压下去的。黄巾起义失败以后，东汉中央政府的力量更加薄弱，世家豪族的力量也就更加强大。

曹操以镇压黄巾起义起家，他在逐个消灭了黄河流域的地方割据势力后，统一了北方。曹操不喜欢这些世家豪族。这些世家豪族都是些大大小小的地方割据势力，大的想占郡占县、称王称霸，小的也想占土地占人口、武断乡曲。曹操想建立起有力量的集中权力的政府。曹操的想法和这些世家豪族的想法，是对立的。曹操采取了很多措施，在政治上、经济上打压世家豪族的势力，曹操所任用的一些地方官也都以能够打压世家豪族的势力而得到曹操的喜欢。

司马氏和曹氏相反，他在政治上是代表世家豪族的利益的，司马氏家族本身就是河内温县（今河南温县）的大豪族。

晋朝第一个皇帝——武帝的祖父司马懿是司马氏取得政权的一个重要人物。

司马懿原在魏朝政府里做官。249年，他发动了一次政变，杀死魏朝执政大臣曹爽和一些曹爽的同党，实际上掌握了大权。不过，这个时期曹家的势力还很大，司马懿还没敢一下就废掉曹氏皇帝。

司马懿集中力量在两方面做工作，来为他夺取政权铺平道路。他一方面逐个消灭和曹魏关系密切的一些实力派人物，一方面建立五等爵，承认世家豪族的政治、经济特权，以此来取得世家豪族的欢心和支持。司马懿死后，他的儿子司马师、司马昭继续执政，也就继续做这些工作。265年，一切条件成熟了，司马昭的儿子司马炎就夺取了魏朝的皇位，自己做起皇帝来，这就是晋武帝。司马炎建立的晋朝都城在洛阳，历史上称为西晋。

司马氏的晋朝，就是这样建立起来的。

（何兹全）

石崇、王恺斗富

这是西晋武帝时候的事情。

当时统治阶级生活极端腐朽，他们荒淫无耻，纵情享乐，以豪华奢侈为荣耀，以比赛浪费为乐趣。石崇与王恺斗富的丑剧，就是统治阶级腐朽生活的典型。

王恺是武帝的舅父，石崇是个大官僚，两人都是依靠剥削、压迫劳动人民而发财的大富翁。王恺家里用麦糖洗锅，石崇家里就把白蜡当柴烧；王恺出门，在道路两旁用紫丝布做成步障四十里，石崇就用锦缎做成步障五十里；王恺用赤石脂泥墙，石崇就用香料泥墙。武帝看到舅父比不过石崇，就赐给他一株珍贵的珊瑚树，高三尺多。王恺自谓无比，请石崇观赏。不料，石崇一下把它打得粉碎。王恺非常惋惜，石崇说："你用不着惋惜，马上可以奉还。"接着叫左右的人搬出家藏的珊瑚树，高三四尺的就有六七株之多。这两个荒诞的贵族，就是这样肆无忌惮地糟蹋劳动人民辛劳创造的财富！

王恺和石崇还常常大宴宾客。王恺同客人喝酒时要美女在席旁吹笛，如果吹得稍失音韵，就把美女杀掉。石崇用美女劝客饮酒，如果客人喝得不高兴，或喝得不多，就杀美女。在一次酒席上，一个残忍的客人故意不喝，石崇就连杀三个美女，真是残暴到绝灭人性的地步！这些美女是他们家里蓄养的婢女。他们为了自己的荒淫纵乐，竟任意杀死她们。

西晋统治集团的丑恶行为是数不尽的，岂止石崇和王恺如此？最高统治者晋武帝就是一个荒淫无耻的家伙！他差不多把民间长得好看一点的女子都选入了宫廷。灭吴国后，他又选取了吴国宫女数千。据说，他宫中总共有宫女一万人以上。平日，他乘着羊车，便任羊车拖他到后宫随便什么地方，车停到哪里，便在哪里宴寝，整天沉浸在荒淫的生活中。有皇帝带头，这就无怪一般豪门贵族跟着奢侈放纵。大官僚何曾，每天吃饭要花一万钱，还说没有下筷子的地方。他的儿子何劭，一天膳费达两万钱，奢侈又甚于父亲。贵族子弟常常披着头发，脱光衣服，一起狂饮，戏弄婢妾。他们的行为，就是这样无耻和放荡！

西晋上自皇帝，下至所有官僚贵族，都十分贪财，晋武帝就公开卖官营利。司徒王戎，贪污勒索，积财无数，田园遍天下；每天晚上，还亲自和老婆在灯下拿着筹码算账，分毫必较。他家里有好李子，怕卖出以后，别人得到好种和他争利，于是先把李核钻了再拿到市场上去卖。石崇做荆州刺史时，竟然指使部属公开抢劫过路行旅。

西晋统治阶级当权派大都是地主阶级中的门阀豪族，朝廷规定他们有免除课役和世代做大官的特权。他们占有无数良田耕地和大量佃客（为他们种地的农民），无情地对广大劳动人民进行奴役和剥削，以此来积累财富，维持自己极端可耻的生活。

（严志学）

八王之乱

"八王之乱"是西晋皇族之间的一场争夺权力的斗争。

265年，司马炎（晋武帝）称帝，随后大封同姓子弟为王。他改变汉魏以来虚封王侯的办法，给予诸王军政实权。诸王不仅在封国之内权力很大，有的还兼理一方军务，如汝南王司马亮都督豫州诸军事，楚王司马玮都督荆州诸军事……这样，诸王既有封土，又有军队，势力逐步扩充，野心自然随之滋长。

290年，晋武帝死，惠帝继位，由皇太后的父亲杨骏辅政。惠帝是个白痴，当时，天下荒乱，人民饿死的很多，而他却问："那些人为什么不吃肉粥？"这个白痴做皇帝，大权旁落。于是，野心勃勃的诸王就想趁机争夺政权。

战乱的开始是从宫廷发动的。惠帝的皇后贾南风与杨骏争权。291年，她使楚王司马玮带兵入朝，杀了杨骏，并请汝南王司马亮辅政。不久她又指使司马玮杀死司马亮，接着就用矫诏擅杀的罪名，杀死楚王司马玮，夺得全部政权。300年，赵王司马伦起兵杀死贾后，第二年废掉惠帝，自己称帝。从此，大乱由宫廷内乱发展到诸王间的大混战。

这时，齐王司马冏镇许昌，成都王司马颖镇邺，河间王司马颙（yóng）镇关中，这三镇都是军事要地，力量最强。这年三月（阴历），齐王司马冏联合成都王司马颖、河间王司马颙共同起兵反对赵王司马伦。经过六十多天的厮杀，战死近十万人。最后，赵王司马伦战败被杀，齐王司马冏入洛阳，惠帝复位，齐王专政。

302年，河间王司马颙派兵两万进攻洛阳，并约长沙王司马乂（yì）进攻齐王司马冏。长沙王司马乂和齐王司马冏在洛阳城内连战三日，齐王司马冏战败，长沙王司马乂割下齐王的头，徇示

（巡行示众）三军，朝政又落在长沙王司马乂手里。

303年，成都王司马颖和河间王司马颙以长沙王司马乂"论功不平，专擅朝政"为口号，联兵反对长沙王司马乂。司马颙派部将张方率精兵七万出关东趋洛阳，司马颖派陆机等率二十万军队从北向洛阳进攻，惠帝和长沙王司马乂退出洛阳。张方进入京城，纵兵大掠，杀人万计。后张方退屯洛阳附近，惠帝还宫，但不能打退张方的包围。京城男子十三岁以上的都被拉去当兵，一石米值万钱，许多人因此饿死。东海王司马越在洛阳城中勾结部分禁军，把长沙王司马乂擒住，交给张方，为张方烧死。成都王司马颖旋即进入洛阳，做了丞相，但不久，仍回到他的老巢邺城。张方则在洛阳掠夺了官私奴婢万余人西还长安，军中没有粮食，就杀人和在牛马肉里一起吃。真是一群吃人的野兽！

304年，东海王司马越带领禁军和惠帝，讨伐成都王司马颖。在荡阴（今河南汤阴县西南）一役，被司马颖杀败。惠帝身中三箭，被俘入邺城，东海王司马越逃到自己的封国（今山东郯城）。河间王司马颙令张方率兵占据洛阳。

幽州刺史王浚曾和成都王司马颖有仇隙，这时，他便联合并州都督司马腾反对司马颖，并勾结一部分鲜卑、乌桓人充当骑兵。司马颖也求匈奴左贤王刘渊助战。刘渊派骑兵五千助司马颖。司马颖被王浚打败，奉惠帝逃入洛阳，王浚军队进入邺城，大肆抢掠杀人，鲜卑兵还掠走许多妇女。由是，诸王间的混战便扩展为各族统治者间的混战。

占据洛阳的张方看到洛阳已经被劫掠一空，便强迫惠帝和成都王司马颖迁往长安。到长安后，成都王司马颖被废，司马颙独掌朝政。

305年，东海王司马越又在山东起兵，并联合王浚进攻关中，攻入长安，又大肆杀掠。司马越送惠帝返还洛阳。306年，司马越先后杀死司马颖、司马颙和惠帝，立晋怀帝，大权最后完全落在他手里，战乱才宣告结束。

从291年贾后杀杨骏，到306年司马越立晋怀帝，战乱达十六年之久。参加战乱的，除贾后外，共有八王，所以史称"八王之乱"。

（严志学）

南北朝　六朝

自东汉以来，匈奴、鲜卑、羯、氐、羌等少数民族不断地向长城以内和黄河流域一带迁徙，到西晋时，有的已经徙居内地很久。由于长期与汉族交往，他们逐渐走向定居的农业生活，经济文化有了迅速的发展。

西晋末年，腐朽的统治阶级内部爆发了"八王之乱"，长达十六年之久的激烈的混战，给人民带来了巨大的灾难，人民无法生活，走投无路，不断掀起反对西晋统治阶级的英勇斗争。各少数民族也都乘机起来反抗晋朝的统治，最先起兵的是匈奴族的刘渊。刘渊是匈奴贵族，304年，在左国城（今山西离石）称汉王，308年称帝，建都平阳（今山西临汾）。刘渊连败晋军，很快占领了山西中部和南部一带地方。310年，刘渊死，刘聪继位。次年，刘聪派刘曜、石勒攻进洛阳，俘晋怀帝，杀晋王公、士民三万余人，纵兵焚掠，洛阳城遭到严重破坏。怀帝被杀以后，晋愍（mǐn）帝即位长安。316年，刘曜攻破长安，晋愍帝投降，西晋灭亡。

西晋灭亡以后，中国出现了各族统治者长期割据混战的局面。从304年刘渊称王起，到439年北魏统一中国北部止，一百三十五年间，各族先后在北方和巴蜀建立了十几个国家。

中国北部这种分裂的局面，最后为鲜卑族拓跋氏建立的北魏所统一。494年北魏孝文帝自平城（今山西大同）迁都洛阳，改姓元，实行改革，推行均田制，并加强鲜卑贵族和汉族大地主的结合。各族人民在北魏政权的统治下逐渐融合。534年，北魏分裂为东魏和西魏，以后东魏为北齐所代，西魏为北周所代。

西晋亡后，317年，司马睿在江东建康（今江苏南京）建立政权，历史上称为东晋。东晋从建国起到420年灭亡止，共经历了一百零四年。东晋以后，紧接着有宋、齐、梁、陈四个朝代，它们都建都在建康。

这样，从420年东晋灭亡，到隋统一的一百七十年间，中国历史上形成南北对立的局面，这一时期，历史上称作南北朝。南方的东晋、宋、齐、梁、陈加上三国时候的东吴，都是建都在建康（东吴时称建业），历史上又把它们称作六朝。

（唐赞功）

闻鸡起舞

西晋灭亡后，司马睿（历史上所称的晋元帝）在建康建立东晋政权，北方陷入了各族统治者的混战中。北方各族统治者非常残暴，他们任意烧杀掳掠，北方生产遭到严重破坏。人民不断地起来反抗，他们到处建立坞堡，夺取城镇，在反抗统治阶级的斗争中，汉族人民和各族人民的命运密切结合起来了。

祖逖（tì）是这一时期的一位英雄，他是范阳遒县（今河北涞水）人，和刘琨是很好的朋友。他们俩在青年时代就很有抱负。每当他们谈论到天下大势、讨论起当时的政局时，总是慷慨激昂，义愤满怀。有时，在半夜里，他们听到鸡叫，就披衣起床，拔剑起舞，来磨砺自己的意志，锻炼自己的身体。祖逖眼看到晋朝统治者相互争战，把中原闹得乌烟瘴气，心中非常难过。他对刘琨说："万一天下大乱，豪杰并起，我们绝不能总待在中原，没有作为啊！"

匈奴贵族刘渊起兵以后，中原陷入了非常混乱的状态。祖逖率领亲族和部属、家人南下，后来到达了京口（今江苏镇江市）。

那时，东晋王朝中以晋元帝为首的统治集团，只把目光集中在巩固江南的统治上，从来不想改革政治，也从来不做北伐的准备。谁主张北伐，谁就受到排斥和打击。大臣周嵩劝晋元帝整顿军事，加强武备，收复中原后再称皇帝，结果被贬为新安郡太守。祖逖要求晋元帝允许他带兵北伐，说："各族统治者趁晋朝皇族自相残杀，兴兵扰乱中原，人民遭受残害。如果让我带兵北伐，必定会得到天下的响应。"晋元帝不好直接拒绝他，但只给了他一个豫州刺史的空头衔，一千人的粮食和三千匹布，要他自己去招募军队和制造兵器。在这样艰困的情况下，祖逖丝毫不灰心，他带领随从他的一百多人渡江到北岸去。当船到江中时，他取楫（船桨）击水，当众起誓说："我祖逖不能肃清中原，决不回头！"态度坚定，声音激昂，和他一同渡江的人都非常感动。他到北方后，不久就组成了一支两千多人的队伍。祖逖的军队既缺乏粮食，又受到敌人的袭击，处境非常困难。可是人民支持他，给他送粮送信，欢迎北伐军就像欢迎自己的亲人。祖逖没有一刻忘记过渡江击楫的誓言，他紧紧地依靠人民，和敌人展开了不屈的斗争。317年，他带领大军在谯城（今安徽亳州）打败石勒的军队。三年以后，收复了黄河以南的大部分地区。他团结人民，保卫收复的土地，得到了人民真诚而热烈的拥护。他继续练兵，准备向黄河以北推进。

但是，他的胜利引起了东晋政府的敌视。东晋政府不仅不支持他，还派人监视他。他看见东晋君臣只是争权夺利，晋元帝只想做一个偏安江南的皇帝，权臣王导只想建立一个王氏当权的小朝廷，尤其是权臣王敦非常专横，还准备发动叛乱，知道收复全部失地已经没有希望，他感到愤恨，感到痛苦。321年，他在忧愤中病死。收复的失地，很快又被石勒完全占领。他的死，引起了人们极大的悲痛，人们到处修祠纪念他。据史书上说，豫州地方的人民听到他逝世的消息，都不禁痛哭流涕。

（吴雁南）

风声鹤唳　草木皆兵

4世纪中叶，氐人占据了关中，建立了前秦。后来，苻坚做了前秦的皇帝，他任用王猛，打击豪强，休息民力，国势日益充裕。前秦渐成为北方强大的国家，它先后灭掉前燕、前凉，统一了北方。

382年，苻坚召集满朝文武官吏，对他们说："我做皇帝将近三十年（实际只有二十五年），四方大体上已经平定，只有东南一角的东晋不肯听从命令。我准备亲自率领大军灭晋，你们看行不行？"除个别人外，多数大臣都不同意出兵攻晋，认为攻晋不会讨得什么便宜。大家讨论了很久，始终不能得出苻坚所希望的结论。苻坚很不耐烦地说："这样议论纷纷，哪能有什么成果！让我自己做决定好了。"

符坚同他的弟弟符融单独商议，符融指出：前秦的军队长期攻战，士卒疲劳，军民存在畏惧东晋的情绪；鲜卑人、羌人、羯人布满长安附近一带，他们并没有真正归顺前秦，大军一旦东下，关中会发生很大的危险。符融还说，凡是说不可伐晋的人都是忠臣。符坚听了，不高兴地说："怎么你也会说这样的话，真使我感到失望。"

大臣们不断苦谏，劝他不可攻晋。而鲜卑贵族慕容垂等却希望符坚在战争中失败，好趁机恢复前燕的统治，都私下劝符坚出兵。

383年秋，符坚派符融为前锋带领二十五万人，大举攻晋。前秦的兵力共有步兵六十万，骑兵二十七万，这里面有鲜卑人、羯人、匈奴人、氐人、羌人，其中大部分是汉人。进军的声势看起来很大，旌旗相望，首尾一千多里，先头部队已经抵达淝水附近，而后继部队才从咸阳出发。实际上这是一支七拼八凑，内部很不稳固的队伍。

东晋派谢玄、谢石等率领八万人迎击秦军。谢玄、谢石等人决定趁秦军主力还没有集结的时机袭击它的前锋，一举击溃秦军。他们首先派刘牢之率兵五千在洛涧（在今安徽定远县西）打败秦军，随即指挥各路兵马乘胜前进，直逼淝水右岸，和前秦军隔河相对。秦王符坚和他的弟弟符融登上寿阳城，远远望见晋兵阵势非常严整，又望见前面八公山上的草木，以为都是晋兵。他对符融说道："敌人相当强劲啊！"说时不觉脸上流露出了畏惧的神色。

东晋和秦军在淝水对峙，晋军请求秦军稍往后退，愿意渡河同秦军决一胜负。苻坚企图趁晋军半渡的时候歼灭晋军，就答应了晋军的要求。秦军士气低沉，见前面军队移动，以为是打了败仗，又听到有人喊："秦兵败了，秦兵败了。"军心由是大乱，士兵们都不顾苻坚的命令，一个劲儿往后退却。晋军渡河，乘势猛追，秦兵大败。溃退的秦军争先恐后，自相践踏，金鼓旗帜，抛弃满地，残尸断骸，蔽野塞川。逃命的秦兵，不敢停下来休息，听到风声、鹤唳，都以为是晋兵追到，昼夜不停地奔跑，十分之七八饿死、冻死在路上。苻坚狼狈逃回北方，苻融被晋兵杀死。晋兵取得了辉煌的胜利。

淝水之战是东晋十六国时期最大的一次战争，也是决定南北朝对立局面形成的一次战争。

（吴雁南）

魏孝文帝

淝水之战后，前秦很快地崩溃了，北方又走向了分裂。386年，鲜卑族拓跋部在山西北部建立了政权，并逐渐向南发展。拓跋部建立的政权最初称代，被灭后，燕取得河北，后又改称魏，历史上称作北魏。439年，北魏统一了北方。

当时，在黄河流域，大地主田庄进一步发展起来，许多大地主往往控制几百家、几千家的农民，甚而还拥有武装，成为北魏政府加强对各地方控制的对抗势力。在这种情况下，北魏政府不得不承认大地主在地方上的势力，拉拢他们到政府里去做官，承认他们对其所控制的农民的剥削权力。农民在北魏统治者和大地主的压迫下，非常困苦，不断举行起义。

北魏统治者认为，为了缓和自己统治下各族人民的反抗和增加国家财政的收入，就必须把劳动人口从大地主手里夺过来。485年，大臣李安世向北魏孝文帝拓跋宏上书说：在荒年里，人民逃亡，他们的土地多半被豪强地主霸占，现在应当均量土地。孝文帝采纳了这个意见，派大臣巡行州郡，会同地方官吏实行均田。根据均田规定：男丁十五岁以上受露田（耕种谷物的田）四十亩，妇女二十亩，种植各种谷物。因为土地要休耕，故实际上都得加倍受田。休耕两年的，三倍受田。此外，男丁给桑田二十亩，种桑树、枣树和榆树。农民年老或死亡，露田要归还政府；桑田由农民永远使用，不还。

受田农民，一夫一妇每年要交纳租税粟二石，帛一匹，男子还要服徭役和兵役。

那时候，往往三五十家共立一个户籍，大地主隐匿的农户很多，妨碍着均田制的实行。孝文帝颁布均田制的第二年，大臣李冲建议，实行三长法：五家组成一邻，五邻组成一里，五里组成一党。邻有邻长，里有里长，党有党长，合起来称作三长。三长负责检查户口，征收租税和征发徭役等。许多大臣本身就是大地主，隐匿的农户很多，他们群起反对李冲的主张。文明太后（太皇太后）和孝文帝为了加强自己的统治力量，坚决支持李冲。他们说："立三长制使租税有一定的准则，可以把逃避租税的人口清查出来，为什么不能实行呢？"结果，三长法在文明太后和孝文帝的坚决主张下实行了。

均田制、三长法实行以后，许多被大地主隐匿的不交租税的人口清查出来了。北方农民有了一定的土地，生活和生产比以前安定了，更多的荒地随之被开垦出来。北魏的农业得到了迅速的恢复和发展。

为了同黄河流域的汉族大地主取得联系，进一步巩固北魏的政权，孝文帝决心把都城从平城（今山西大同）迁到洛阳。孝文帝知道，迁都一定会遭到各方面阻挠。他召集文武大臣，宣称要大举进攻南朝。以任城王拓跋澄为首的大臣纷纷反对。退朝后，孝文帝召任城王入宫，对他说："我们鲜卑人起自北方，首都平城，这是用武的地方，不能作为'文治'的中心。我想以进攻南朝的名义，带领大家南下，迁都中原。你的意见怎样？"拓跋澄领会了孝文帝的意思，知道单凭武力不能长久维持北魏的统治，必须拉拢汉族地主，用政治来维持国家。他全力拥护迁都的计划。493年，孝文帝带领步骑三十万南下，到了洛阳，还表示要继续南进，群臣要求停止南伐，孝文帝借此对大家说："你们既然不愿意南下攻伐南朝，就得听我的话，迁都洛阳。"第二年，北魏正式迁都。

迁都洛阳后，孝文帝对于改革鲜卑风俗、推行汉化政策更加积极。他下令鲜卑贵族采用汉姓，同汉族大地主通婚，改穿汉人的服装，说汉语。他自己带头改拓跋氏为元氏，并要所有迁到洛阳的拓跋贵族，都算作洛阳人。他还全部采用了汉族统治封建制度。

北魏孝文帝的改革，增加了国家的财政收入，巩固了封建统治，加速了鲜卑族和汉族人民的融合。

（吴雁南）

葛荣起义

北魏后期，统治者日趋腐化。高阳王元雍的宫室园林，可以同皇宫、禁苑相比。他家役使的童仆就有六千多人，他吃一顿饭，就要花好几万钱。河间王元琛同他比富，用银槽喂马。胡太后在皇宫旁边修建永宁寺，极其壮丽豪华，寺里到处陈设着珠玉锦绣。

统治者的挥霍浪费，加重了对农民的敲诈勒索。比如，调绢原规定每匹长四丈，可是有的官吏却强迫人民交七八丈算作一匹，租米也往往加倍征收，以致农民的生活越来越困苦。

北魏初期，在北方边缘设沃野、怀朔、武川、抚冥、柔玄、怀荒六镇（以后又增设三镇），驻重兵防止柔然人的进攻。边镇将领非常贪暴，任意奴役士兵，因而激起了以破六韩拔陵为首的军民起义，起义军屡次打败北魏军队。白道（今内蒙古呼和浩特市北）一战，使广阳王元深带领的军队几乎全军覆没。后来，北魏统治者借柔然人的兵力，才把起义镇压下去。北魏军队捕虏了参加起义的军民二十多万人，强行把他们押送到河北去。这批人才到河北，就同各族人民结合起来，举行了声势更为浩大的起义。

526年，大起义爆发。葛荣领导的一支起义军日益壮大起来。葛荣，鲜卑人，曾经做过北魏怀朔镇的镇将，以后参加了起义军。起义军在博野县（今河北博野）袭击章武王元融，经过一天的激战，大败北魏军，元融被起义军杀死。不久，起义军又在定州（今河北定州）的一次战斗里，擒杀北魏军统帅广阳王元深。528年，河北的起义军集中在葛荣的领导下，控制了河北广大地区。起义军发展到近百万人，"锋不可当"。

葛荣领导的起义军包围了相州（今河南安阳），准备攻克相州以后就向洛阳进攻。起义军的前锋越过汲郡（今河南卫辉），他们沿途处死官僚地主，夺取大地主的财产，得到人民的热烈拥护。北魏的大将尔朱荣带领七千骑兵，急忙奔扑相州。胜利使葛荣产生了轻敌的情绪。得到北魏军来攻的消息后，他对部将说："你们准备一些长绳，等尔朱荣一来，就跟我抓俘虏。"葛荣的大军向前迎敌，列阵几十里。尔朱荣集中兵力袭击起义军，两军在相州城下，展开激战。起义军失败了，葛荣战败被俘，送到洛阳后被害。

（吴雁南）

王 羲 之

王羲之，字逸少，是东晋时代杰出的书法家。他做过右军将军，所以后人也叫他王右军。他的书法艺术在我国历史上享有极高的声誉，后人把他称为"书圣"。

王羲之写的字既秀丽，又苍劲，在当时就很闻名，受到许多人的喜爱。据说，在山阴（今浙江绍兴）地方，有一位道士想求王羲之写一本《黄庭经》，怕他不答应，便想了个巧妙的办法。他打听到王羲之最喜欢鹅，就买了一群鹅，把它们养得又肥又白，十分讨人喜爱。一天，王羲之路过那里，看见这一群羽毛洁白、姿态美丽的鹅后，心里有说不出的喜欢，看了又看，舍不得离去，他要道士把鹅卖给他。这时，道士故意不肯卖，说："鹅是不卖的，要么你给我写一本经来换还可以。"王羲之一听这话，马上答应，就聚精会神地写好一卷《黄庭经》，交给了道士，才把一笼子鹅带走。这就是人们历来传颂的"书成换白鹅"的佳话。

王羲之的书法艺术，不仅吸收了汉魏以来许多书法家的精华，更重要的是他能摆脱传统的束缚，开创一种新的境界。他书写的有名的《兰亭序》，笔飞墨舞，气象万千，是他书法艺术的代表作。人们评论他所写的字是"飘若浮云，矫若惊龙"。这两句话正好说明了他的书法艺术的风格。到了唐朝，唐太宗李世民对他的书法推崇到了极点，并且号召大家学习他的书法。经唐太宗这么一提倡，唐、宋以后，所有的书法家几乎没有一个人不临摹王羲之的书法的。

王羲之在书法艺术上之所以有这样高的成就，和他的勤学苦练是分不开的。据说，他即使在走路和休息的时候，也在揣摩字体的结构、间架和气势，心里想着，手指也随着在自己身上一横一竖地画着，日子久了，连衣服都画破了。他每天练习完了字，要到门前的池塘里去洗笔砚，时间久了，池塘里的水都变成黑色的了。

据《寰宇记》记载，在会稽蕺山下，有王右军的洗砚池。蕺山在今浙江省绍兴市东北，是王羲之的故乡。

（张福裕）

顾 恺 之

顾恺之（341—402）[1]，字长康，无锡人，是东晋时代一位杰出的画家，在绘画创作和绘画理论两方面都有很高的成就。

这位大艺术家，年轻时诗、文、书、画都很精通；加上他性情坦率、自负，为人诙谐、古怪，所以被人称为"才绝、画绝、痴绝"

1　顾恺之生卒年有不同看法，目前学界通行看法认为其生于公元348年，卒于公元409年。——编注

三绝。

　　顾恺之确是一个多才多艺的人，特别是在绘画上的造诣，尤其突出。在历史上有这样一则动人的故事：据说，兴宁二年（364）时，江宁（今江苏南京）要修建一所大庙，和尚们到处向各方面人士化缘募款。当时，一般士大夫官僚捐的钱没有一个超过十万的，而顾恺之却满口答应要一个人乐捐一百万。大家见他承诺捐的这个数太多，都不太相信，以为他可能是在说大话，或者是在开玩笑。过了一些时候，和尚们果真拿着缘簿来找他，向他要一百万钱。这时顾恺之不慌不忙地对和尚们说：“请你们在新建的庙里，准备好一堵白墙，我自有道理。”和尚们也不知他要做什么，只好照着他说的这么办。顾恺之在庙里住了一个多月，专心一意地在那堵白粉墙上画一尊维摩诘（佛教故事中的人物）像。快完工时他对和尚们说：“明天可以请人来看一幅画，告诉大家：头一天来看的人，要捐十万钱；第二天来看的人可以减半，只捐五万钱；第三天以后，捐多捐少可以随便。”这消息传出后，轰动远近。许多人都想来看看究竟是一幅什么画。到了这天，来的人不少。那幅维摩诘像的清瘦面容，满含着慈祥庄严的神情，既像在入定，又像在沉思，使人看了有一种宁静圣洁的感觉。顾恺之的艺术魅力，使人受到了深刻的感染。果然，和尚们趁这机会募了一大笔钱，很快就凑足了一百万钱的数目。这个故事不仅说明了顾恺之绘画艺术的高度成就，而且也说明了人们对他的艺术的尊敬与喜爱。

　　顾恺之绘画创作的真迹，现在已经失传了，流传下来的只有后人摹本，如《列女图》《女史箴图》《洛神赋图》等几幅。

顾恺之在绘画理论上的成就也是非常突出的。根据他留下的《论画》《魏晋胜流画赞》和《画云台山记》三篇著作，可以看出他在人物画和山水画方面，有许多卓越的见解。比如，他认为画人物必须把丰富的想象和敏锐的观察结合起来，才能够把人物的精神状态表现得准确而微妙；并且主张人物的神气必须通过外形表现出来。这些论点，就是在今天，也还是有一定的参考价值的。

（张福裕）

祖 冲 之

祖冲之（429—500），是我国南北朝时候的一位伟大的科学家，他生活在南朝的宋朝和以后的齐朝。他在天文、数学、物理等方面，都做出了巨大的成绩。

他在天文历法上的贡献，主要是修订新历法。为了研究天文历法，他参考了历代所有的历书。为了证明前人说得对不对，他常常拿着仪器去观察日月星辰的运行，测量太阳影子的长短。经过这样仔细的研究和实地的测验，他发现过去的历法有很多地方不够精确。比如，关于闰年，在旧的历法里，每19年中有七个闰年，用这种历法每过两百年就要比实际天数相差一天。于是，他根据自己研究的结果，编了一部新的历法，叫作《大明历》，纠正了旧历法中的许多错误。在这部历法中，他把19年七闰改为391年中设置144个闰年，就比旧历法合理得多。同时，他还注意到了"岁差"（太阳从上一年冬至到下一年冬至，并没有回到原来的位置，这种现象在天文学上叫"岁差"）现象，并且把岁差应用到了《大明历》中。这是我国历法史上一件划时代的事情。由于在历法中应用了"岁差"，就使"回归年"（指太阳连续两次经过春分点所需要的时间）和"恒星年"（指地球绕太阳真正公转的一个周期）有了区别。祖冲之非常精确地测出了一回归年的日数是365.24281481日，这和近代科学测量所得的日数相比，只差50秒，即仅有六十万分之一的误差。这个结果该是多么惊人的精密啊！

祖冲之在数学方面，把前人对"圆周率"的研究，大大往前推进了一步。圆周率指的是圆的周长和它的直径之比，这是一个常数。也就是说，任何大小的圆，它的周长和它的直径的比，都会得出这个常数。如果我们知道了这个常数，知道了圆的直径（或半径），再求圆的周长，就很方便了，只要将直径（或二倍半径）乘上这个常数就可以得出。我国古代许多数学家，为了推算这个常数，作出了不少的贡献。特别是晋朝的大数学家刘徽，创造了用"割圆术"（用圆内作内接正多边形以求圆周长的一种方法）来计算圆周率值的科学方法，更是取得了辉煌的成绩。祖冲之为了天文、历法上的推算和度量衡的考核需要，也研究了圆周率。他在刘徽"割圆术"的基础上，继续精心推求，最后精确地算出圆周率是在3.1415926和3.1415927之间。把圆周率的数值推算到小数点后七位数字，他在全世界上是第一人。欧洲的科学家一直到他死后1000多年，才算出这个数值来。日本的学者曾建议，为了纪念祖冲之的贡献，把圆周率改名为"祖率"。

在物理学上，祖冲之也有重要的发明和创造。他曾经成功制造一艘"千里船"，放在江里试航，速度比一般船快得多。他还根据古人的发明加以改进，成功制造了一个利用水力转动的水碓磨，可以用来碾米、磨面。另外，他还为萧道成（齐朝的齐高帝）修理了一辆指南车，十分灵敏准确。这辆指南车原本是南朝的宋武帝在长安缴获的战利品，只有一个架子，内部的机械已散失，指南的性能已失灵，一直搁起来没有用，只做做样子。直到宋末，萧道成才要祖冲之想办法来修理这辆指南车。经过祖冲之修理之后，这辆车果然恢复了它的指南性能。据说，比原来造的那辆还好，无论车子怎样转弯，车的指南效能没有一点错误。

（张福裕）

范　缜

范缜，南朝齐、梁时人。他年轻时非常用功，博学多才，常常发表一些不平常的议论。他三十五岁时开始做官，为人廉洁正直，在当时有很高的声誉。

在他生活的时代，封建迷信把整个社会闹得乌烟瘴气。竟陵王萧子良大力提倡佛教，范缜不畏权贵，当面反驳佛教迷信，萧子良和一些佛教徒常常被他驳得目瞪口呆。后来，范缜著《神灭论》揭露佛教迷信的虚妄，和佛教徒在思想上展开了尖锐的斗争。

《神灭论》全文虽然不长，可是没有一个佛教徒能真正把它驳倒。范缜在《神灭论》中指出：人的精神和肉体是结合的。只有人的形体存在，精神才能存在；形体死亡后，精神是绝不会存在的。精神和肉体只是名称上的不同，绝不能彼此分离。他打了一个很好的比方，说："形体和精神的关系，就好像刀和锋利的关系，离开了刀，就谈不上锋利。从来没有听说刀没有了，锋利还可以存在；所以离开了肉体，精神也就不存在。精神是肉体产生的。"范缜在《神灭论》里还谴责了统治阶级利用佛教迷信危害人民的罪恶。他指出统治者用渺茫不可知的东西欺骗人民，用地狱的痛苦来威吓人民，用天堂的快乐来引诱人民，结果是粮食被游手好闲的和尚吃尽，财物在兴修寺庙的名义下被耗费尽。

《神灭论》发表后，触怒了以萧子良为首的佛教徒。萧子良招来了全国最有名的和尚来同范缜争辩，企图驳倒《神灭论》。鬼神根本不存在，萧子良和许多佛教徒硬说有什么鬼神，虽然绞尽脑汁，也找不出像样的道理来。相反，范缜一个人，却是"辩摧众口，日服千人"，越来越多的人相信范缜了。

萧子良使王融拜访范缜，王融转弯抹角地提到关于《神灭论》

辩论的事后，对范缜说："范先生坚持没有鬼神的言论，是违反我们向来遵守的教训的。像你这样才德双全的人，哪愁做不上中书郎那样的高官！你故意坚持错误，不怕断送自己的前途吗？"

范缜听了，大笑道："假如我范缜卖论取官，早已做到更高更大的官了，何止中书郎！"他正颜厉色地拒绝了萧子良的无耻收买。这些人妄想用利诱的办法要范缜放弃《神灭论》的观点，结果遭到了可耻的失败。

后来，军阀萧衍夺取了齐朝的政权，做了皇帝，历史上称为梁武帝。他进一步利用佛教欺骗人民，巩固他的统治。为了叫人们相信他拜佛的诚意，他还假惺惺地要"舍身"到同泰寺去当和尚。他每到同泰寺"舍身"一次，大臣们就得拿出很多钱送到同泰寺去，把他"赎"回来。他玩弄了三次到同泰寺当和尚的手法，这里的和尚发了三次横财，自然也就更加卖命地来替梁武帝欺骗人民。

梁武帝自然不容许范缜揭穿他们欺骗人民的罪恶面目，他做皇帝后不久，就找了一些借口来打击范缜，范缜不肯屈服。

梁武帝写了一篇《敕答臣下神灭论》的诏书，诬蔑范缜的理论违背经典，脱离常规，忘掉祖先，并且发动六十多位有学问的人写文章来反对他。但是，谁也提不出像样的道理来和范缜论辩，只不过凭借着政治的势力骂他一顿罢了。梁武帝怕《神灭论》的思想在论战中得到传播的机会，只好宣布论战结束，草草收场。

（吴雁南）

《文选》《文心雕龙》

　　《文选》是南北朝时候梁朝梁武帝的长子 —— 萧统（昭明太子）编选的一部文学总集。萧统（501—531）是一位博学的文学家，他收集了将近三万卷书籍，日夜勤学研读，从不厌倦。他很看重当时的学者，注意吸取他们的长处。那时候，国内许多有才华的文人学士，都被召集在他门下。他和他们经常在一起讨论文学上的各类问题。《文选》这部书，就是他集中了众人的才智，编选出来的。

　　《文选》原序作三十卷，唐朝人李善注《文选》时，分成六十卷。全集选录了从战国到梁朝各种体裁、风格的优秀诗文作品。据萧统讲，选录作品的标准是"事出于沉思，义归乎翰藻"。就是说，选取的诗文，不仅要有独到的见解，立论精确，而且辞藻也要很优美。萧统认为文章是随时变改、不断发展的，因此，他在《文选》中，把诗文分成很多类，按时代编排，使人们能看出一些变化的大概。

　　《文选》是我国现存最早的、规模最大的文学总集，它对唐代以后的文学有很大的影响，受到后世的重视。

　　《文心雕龙》是我国古代第一部系统全面的文学方法论和文学批评书，它是由南北朝时候另一位大文学家刘勰撰写的。刘勰（约

465—520）幼年时，父亲死去，家境很贫苦。后来，由于他在文学上的成就很大，很为昭明太子所敬爱。

这部书是刘勰在齐朝末年写成的。全书分十卷，五十篇，对各类文章体裁、创作方法和文学批评等方面，都做了深刻的论述，目的在于讲明白写文章的基本法则。《文心雕龙》不承认抽象的文学天才，认为写文章重要的是对事物仔细观察，只有抓住了事物的本质，才能写出好的作品。它认为文学的内容和形式是统一的，文章的表达形式是为内容服务的。针对当时人写文章多从形式上做功夫没有真实内容这一弊病，《文心雕龙》提出了反对造作、反对以辞害意、反对内容迁就形式等主张。

《文心雕龙》一书，受到后世极大的推崇。在这以前，许多讨论文学的论著，多半偏而不全，都没有这部书系统、全面和周密。《文心雕龙》是目前了解南北朝以前文学理论唯一的一部大著作。

（吴雁南）

《齐民要术》

《齐民要术》是北魏末期杰出的农学家贾思勰所著。

贾思勰，曾做过高阳郡（今山东境内）太守，他很注意农业生产事业的发展。那时候，黄河流域居住着汉人、匈奴人、鲜卑人、羯人、氐人和羌人，各族人民经过长时期的生产实践，在耕种、畜牧和种植树木方面，积累了丰富的经验。贾思勰认为，这些经验是保证人民生活的重要方法。为了把这些经验总结起来，广泛传播，以便促进农业生产事业的进步，他决定写《齐民要术》。"齐民要术"四个字的意思，翻译成口语就是"人民群众谋生活的主要方法"。

贾思勰在写《齐民要术》的过程中，读遍了他所能看到的古书上有关农业方面的材料。书里引用的古书就有一百五十多种。除了认真阅读古书外，他还很注意调查研究。他访问过许多农民，虚心向他们请教，帮助他们总结生产经验。在《齐民要术》里，他就采用了许多宝贵的有关作物栽培方面的民谣和民谚。同时，他还经常亲身参加劳动，该书里谈到的许多养羊方面的经验，就多半是他亲身体验所得。

6世纪30年代，贾思勰完成了这一辉煌的巨著——《齐民要术》。这部书分十卷，九十二篇，介绍了耕田、收种的方法，谷物、蔬菜、果树和树木等的栽培方法，家畜、家禽和鱼类的饲养方法，食品的制造方法等。

书里很注重有关不误农时、因地种植的经验。贾思勰认为，农作物的栽培和管理，必须根据不同的季节、气候和土壤条件，采取不同的办法。他说：顺应天时，估量地利，用力小，可以取

铁犁牛耕

得大的成效；单凭个人主观愿望，不顾实际条件，违反自然规律，只会多费劳力。他认为，各种农作物的栽培都有一定的时机，千万不要错过最适宜栽种的季节——"上时"。

《齐民要术》还记载了关于土壤条件对农作物影响的经验。书里谈到，并州（今山西境内）没有大蒜，得向朝歌（今河南境内）去取蒜种，种了一年以后蒜瓣变得非常小。并州芜菁的根，像碗口那么大，也是从别的地方取来的种子。在并州，蒜的瓣变小，芜菁的根变大，都是土壤条件不同造成的结果。

《齐民要术》是我国现在保存下来最早的一部完整的农书，也是世界农学史上最早的一部名著。书里许多宝贵的生产经验，直到今天还受到人们的重视。

（吴雁南）

《水经注》

　　《水经注》的作者是北魏时的地理学家郦道元。郦道元，字善长，范阳（今河北涿州）人。他年轻时，好学不倦，博览群书，是一个很有学识的人。

　　我国古代有一部较完整的地理学著作，名叫《水经》，相传是汉朝人桑钦所著（也有人认为是三国时代的人所著），书中记述了全中国一百三十七条大小水道，对于研究当时的地理，具有相当高的价值。不过这部书有一个缺点，就是每条河流都记叙得很简单，只说：某水源出某地，经某地，又往某某地。郦道元为了补救这个不足，决心给《水经》作注。他补充了一千二百五十二条河流，并且在《水经》原文下详加注引，叙述水道所经之地的风土人情以及历史古迹。注文比《水经》原书多出二十倍，共约三十万字，分成四十卷。注文引用的书籍多至四百三十七种，同时还记录了郦道元本人亲自到各地实际观察所得到的大量宝贵知识。这是一部具有高度科学性的巨著。

　　书中对于各地河道的变迁，地名的变化，郦道元都根据大量文献材料，并参证自己实地的所见所闻，一一做了精细的考证。直到清朝，人们考察河道、山脉、地域的变化和沿革，《水经注》一直是自然研究很重要的参考书籍。

《水经注》不仅是水道变迁、地理沿革的重要记录，而且对各地的历史古迹、神话传说，也有详细的记载。比如，《江水注》中，就记叙了战国时代水利工程家李冰化牛与江神角斗的故事，还插叙了三国时刘备被孙权打败爬山越岭逃走的史事。全书这样的例子很多，而且描写的技术很高，让人读来感到意味深长，生动有趣。所以，很多年来，《水经注》也被看作一部优秀的文学作品。

（张福裕）

云冈石窟　龙门石窟

云冈石窟开始建造于北魏文成帝和平元年（460）（一说始建于太平真君十一年，即450）。直到493年，龙门石窟开凿为止，前后经历了三十五年，后来又陆续有所修造。

北魏文成帝即位不久，就指定昙曜和尚领导技术工人，在今山西大同（当时北魏的国都，后迁都洛阳）西北三十里云冈镇武州山的崖壁上，开凿石窟，雕刻佛像。

云冈石窟现存三十余洞，其中特别重要的有二十多处。各个洞窟里面，分别雕刻着大大小小的佛、菩萨和天仙，还有各种飞禽走兽、楼台宝塔和树木花草等，艺术价值很高。比如，在第八石窟中，有口衔小珠的猛禽，爪趾雄健，半蹲半站的姿势，显得分外有力。这种猛禽，形状有点像孔雀，在佛经中叫作"那罗延"，是古印度人想象中的灵异。我国劳动人民在刻制这种外来的、想象中的动物时，完全采用了秦、汉以来的传统造型手法，并进行再创造，在艺术成就上，达到了很高水平。

云冈石窟雕作的佛像，充满了人间气味。拿第五窟大佛洞来讲，洞口筑有四层的大楼阁，进入楼阁，迎面就是一座约莫五十五尺高的巨佛坐像，它的脚就有十四尺长，中指有七尺长，比一个人还大得多。佛像高大雄伟，显示出举世独尊、无可匹敌的气概。其他石像，各按品级一个低似一个，全体均服从大佛。再配上许多身材矮小的人像，把大佛衬托得更加雄峻庄严。洞内有一副楹联，写道："顶天立地奇男子，照古腾今大圣人。"由此可见，大佛是象征皇帝的，其他各级石像好比大小群臣，身材矮小的人则代表民众和各种服役的奴隶。这岂不是一幅完整的封建统治示意图？

长期以来，云冈各洞石佛，都有残毁；特别是近百年来，遭到帝国主义的偷窃破坏，损失更严重。仅据1935年的调查结果，佛头便被偷凿去三百余颗。

龙门石窟是北魏孝文帝迁都洛阳后，在洛阳龙门山上开凿的。最初开凿的，称古阳洞大石窟。孝文帝死后，魏宣武帝和魏孝明帝继续开凿，称为宾阳洞，分北、中、南三大石窟。以后在东魏、北齐、隋、唐时代，又继续经营，开凿了不少。石窟造像多开凿在洛阳南四十里伊水两岸。北魏时营建的石窟都在左岸（西），其中最重要的有二十一窟，此外小窟还很多。据《魏书·释老志》记载，仅造窟三所，即共费人工八十万以上；若就全部石窟来说，可以想见工程多么浩大。各石窟中刻满了大小佛像，造像都很优美。如宾阳中洞所刻的《帝后礼佛图》，就是一件精美绝妙、具有极高艺术价值的精品。但是这份无价之宝早已被帝国主义盗走。龙门石刻和云冈石刻在艺术上各有特点。云冈石佛多姿态雄健，气象逼人；而龙门石佛，则多面带笑容，温和可亲。比如，宾阳洞的主佛佛像，脸上含着微笑，仿佛想要人和他亲近的样子。龙门石刻和云冈石刻一样，也遭到了帝国主义的严重盗窃和破坏，其损失之重，无法估计。

云冈、龙门两石窟，是我国人民长期辛勤劳动和伟大智慧的创造，它们在我国文化史上占有十分重要的地位。直到中华人民共和国成立后，这份艺术上的珍贵遗产，才真正受到了国家的珍视和保护。

（张福裕）

本编从隋朝建立讲至宋朝灭亡。隋唐是中国封建时代的又一个高峰，政治、经济、文化高度繁荣，人才辈出，群星璀璨。然而，自安史之乱以后，中国跌入了低谷，陷入长期的战乱纷争中。宋朝建立之后，对外虽长期处于劣势，但文化科技却有了长足的发展。

第三编

隋唐两宋

隋朝的建立

隋是继北周之后建立起来的一个朝代。

北周末年，皇帝、贵族荒淫无度，政治十分腐败。如周宣帝宇文赟（yūn）只顾坐享安乐，不管人民死活，为了建筑洛阳宫，竟把原来农民每年服役一个月的规定，改为四十五天。在位两年后，宇文赟死去。儿子宇文阐继位（周静帝），年仅八岁，年幼无知，外戚（帝王的母族或妻族）杨坚辅政，这样就给杨坚制造了夺取北周政权的大好机会。

杨坚的父亲杨忠，是西魏主要将领"十二大将军"之一，北周时被封为隋国公。杨坚继承了父亲的爵位，他的妻子独孤氏是鲜卑大贵族独孤信的女儿，他自己的女儿是周宣帝的皇后。他凭借着杨家的社会声望、个人的政治才能和外戚身份，总揽朝政，官至"大丞相"，集军政大权于一身。辅政不久，他就积极谋划，部署力量，准备夺取北周政权。北周地方大臣相州（今河南安阳）总管尉迟迥、郧州（今湖北十堰市郧阳区）总管司马消难、益州（今四川成都）总管王谦相继起兵，为挽救北周的统治做最后的挣扎。但是都无济于事，结果被杨坚先后派兵讨平。581年，杨坚迫使周静帝让位，自立为皇帝，国号隋，建都长安（今陕西西安，后迁大兴城，仍在长安附近），改元开皇。他就是隋文帝。

开皇九年（589），隋文帝派兵灭掉了南朝最后的一个王朝——陈，统一了全国，结束了东晋以来二百七十多年长期分裂的局面。为了维护地主阶级的封建统治，实现和巩固地主阶级政权的统一，隋文帝在灭陈以前和以后一个时期内，实行了一系列安定社会、发展农业生产的政策，其中重要的有以下几项。

一、继续推行北魏以来的"均田制"：规定农民所受土地，分为露田和永业田两种，露田要归还，永业田不归还。一个成年男子受露田八十亩，永业田二十亩（当时人口稀少，荒芜的土地很多，所以规定受田较多，但实际并未能在所有地区都按规定受田），妇女只受露田四十亩。奴婢按照一般的成年人受田，一头牛按规定也可受田六十亩。官僚地主所受的田要比农民多得多。隋朝"均田"的土地，是无主荒地或由政府直接掌握的官田。无地或少地的农民获得一部分土地，对恢复社会生产是有利的。

二、减轻农民赋役负担：北周政府原规定，已娶妻的男子每年纳绢一匹、绵八两、粟五石，未娶妻的男丁减半。男子自十八岁到五十九岁每年都要服劳役一个月（周宣帝时因修治洛阳宫一度增为四十五天）。隋初规定农民缴纳租调，以床（一夫一妇）为计算单位，丁男一床，缴纳租粟三石，调绢一匹（四丈）或布一端（五丈），绵三两或麻三斤；单丁和奴婢只需缴纳一床租调的一半。随着政权的日益稳定，开皇三年（583），隋政府把成丁年龄由十八岁提高到二十一岁，每年服役日期由一个月减为二十天，调绢一匹由原来的四丈减为二丈。开皇十年（590），又规定五十岁以上一律免役收庸（用布帛代替力役）。租调徭役减轻，对于提高农民的生产热情，促进农业生产的发展，能起一定的积极作用。

三、整理户籍：从汉末以来，大族豪强地主占有大量的土地和农民，他们隐匿户口，逃税漏税的很多。隋文帝即位后，为了直接控制更多的土地和劳动力，以便增加税收，打击豪强大族的势力，命令州县编制乡党闾保[1]，整顿户籍，清查户口，凡属堂兄弟以下都要分别立户，不准隐瞒。河北、山东一带，隐匿户口的现象特别严重。隋政府整顿户籍首先便以这一地区为对象。583年，隋政府下令在全国实行户口大检查，结果有四十多万壮丁，一百六十多万人口，新编入户籍。这一措施，对于巩固中央集权，限制逃税漏税，加强农业生产发展，都是有利的。

此外，隋政府还在革除弊政、划一制度、打击大族豪强地主等方面，做了许多其他有益的工作。例如，南北朝时，郡县的设置既滥且多，冗员充斥，大量官吏的薪俸开支，是农民的沉重负担。隋政府合并了许多州县，裁汰了一些冗官，从而节省了一些开支，在客观上多少减轻了农民的负担。隋文帝很注重提倡节俭，他个人的生活也比一般帝王较为简朴，这虽然不能直接增加生产，但提倡节俭，对于社会财富的积累，是有好处的。

据记载，隋朝初年，社会经济有很大发展，出现了"人庶殷繁"

1　隋朝保闾制度规定，县以下五家为保，五保为闾，四闾为族，分设保长、闾正、族正。——编注

（百姓多而且富有）的景象。显然，这与当时全国统一以及隋政府采取各项有效措施是有一定关系的。

（张习孔）

隋朝的崩溃

604年，隋文帝死，他的儿子杨广继承皇位，这就是隋炀帝。

隋炀帝是历史上著名的暴君。继位的第二年（大业元年，605），他便下令强迫人民给他营造显仁宫（在洛阳附近）和西苑（也在洛阳附近）。为修筑、布置显仁宫，长江以南、五岭以北的各种奇材异石，以及全国各地的各种珍禽奇兽等，都被强征到洛阳。西苑的规模异常宏大：周围有两百里，苑内挖有人工海和渠，海中堆有蓬莱、方丈、瀛洲诸山，高出水面一百多尺，山上筑有台、观、殿、阁，十分华丽；沿渠有十六院，院中树木秋冬凋落时，则用各色绫罗剪成花叶，缀在枝上，水池内也用彩色绫绢做成荷、芰（jì，菱的一种）、菱、茨（qiàn，一年生水草），表示四季常青。据记载，隋炀帝在位，"无日不治宫室"，自长安至江都（今江苏扬州），便有离宫（皇帝经常所住宫殿以外的宫室）四十余处。

从大业元年到大业十二年，隋炀帝曾三次巡游江都。巡游的目的，主要是想凭借皇帝的威力，在政治上对江南地区人民的反抗起镇服作用，但是也带有很大程度的游玩享乐成分在内。每次出游，耗费的财力物力，实在无法计算。以第一次巡游为例：早在好几个月前，隋炀帝就派人往江南监造龙舟及各式杂船，以备应用。龙舟高四十五尺，长二百尺，分四层：上层有正殿、内殿、东西朝堂；中间两层有一百二十个房间，都饰以金玉锦绣；下层为内侍所住。其他船只虽较龙舟为小，装饰也极为豪华。605年秋天，隋炀帝带着皇后、妃嫔、文武百官以及大批和尚、尼姑、道士、侍役、卫队，从显仁宫出发，分别乘坐小船自漕渠出洛口（洛水入黄河之口），然后改乘龙舟及其他各类船只，前往江都。大河中，船队相接，首尾二百余里，共用挽船夫八万余人。两岸有骑兵随行护卫，蹄声动地，旌旗蔽野。巡游队伍所过之地，五百里内的百姓都得贡献食物。

隋炀帝做皇帝十四年，经常巡游在外，留在京城的时间，总共加起来还不足一年；而每次巡游，跟随的妃嫔、宫娥等人，"常十万人"，需用的食物用品，都要地方州县供给，实际的负担都落到人民头上。广大人民在这种繁苛的征敛和役使下，苦不堪言。

隋炀帝在位期间，为了进一步加强中央对地方的控制和方便搜刮江南财富，隋政府曾先后役使数百万民夫，利用前人经营的基础，开掘了通济渠、山阳渎、江南河、永济渠等人工河道，完成了贯通祖国南北的大运河工程。这条运河的开掘，隋朝人民以及隋以前和以后历朝的人民，都贡献了力量。尽管隋朝统治者下令开掘运河的目的是维护统治阶级的利益，然而从客观上的效果来讲，在古代很长一段历史时期内，这条运河对祖国南北物资的交流和社会经济的发展，曾起过极其重要的作用。

（易惠中）

隋末农民起义

隋朝末年，隋炀帝的统治更加残暴，广大人民不堪痛苦，纷纷举行起义。大业七年（611），山东邹平人王薄，首先举起了反隋的旗帜。不少农民响应了王薄的号召，跟随他一道起义。他们占领了长白山（在今山东邹平东南），到处攻打官军。不久，各地农民也接着起义，农民战争的大风暴迅速席卷了全国的大部分地区。

自611年到618年，隋末农民战争共历时八年。这八年，大致可以分为三个阶段。从611年到614年，为第一阶段。在这一阶段，农民军由于缺乏训练和装备，加上各支队伍分散作战，彼此未能很好联系，以致在对敌斗争中，暂时处于劣势地位；但是另一方面被推进穷困深渊的农民大批参加起义军，因此农民起义的队伍反而在局部失败中一天天更加壮大起来。从614年到616年，为第二阶段。在这一阶段，农民军不仅在山东、河北一带巩固了自己的据点，夺取了一些重要的城市，并且还在江淮地区取得了很大的胜利；而隋朝封建统治者由于不断受到农民军的沉重打击，这时已无法再维持其原有的军事优势，起义军的力量已逐渐发展到了和隋军接近平衡的地步。从616年到618年，为第三阶段。在这一阶段，隋军的力量日益微弱，农民起义军在军事上完全转入了主动地位，隋政权日益走向崩溃，以致最后覆灭。

根据史书的记载，隋末农民起义大约有一百二十余处。各路起义军逐渐汇合，后来形成了三个最强大、最著名的军队，这就是河南的瓦岗军、河北的窦建德军和江淮之间的杜伏威军。

瓦岗（在今河南滑县南）军的最初领导人是河南人翟让。后来，单雄信、徐世勣（jì）等人都来参加起义。616年，李密也投奔到瓦岗军来。李密很有才干，他加入瓦岗军后，一面劝翟让明确地提出反抗隋朝暴政的口号，一面亲自去劝说各地起义领袖加入瓦岗军。瓦岗军的势力迅速壮大起来，成为当时最强大的一支农民武装力量。

616年，瓦岗军攻下了金堤关（在今河南滑县东）和荥阳（今河南荥阳）附近各县，隋炀帝派大将张须陀率兵前往镇压，瓦岗军埋伏在荥阳大海寺北面的树林里，隋军中了埋伏，被杀得大败，张须陀自杀。617年，瓦岗军一举攻下今河南巩义附近隋的著名粮仓——洛口仓，并且开仓放粮，赈济百姓。附近人民扶老携幼前来领粮，他们对瓦岗军一致表示感戴。瓦岗军发展到几十万人，河南的郡县大多被他们占领。

瓦岗军攻占洛口仓后，隋朝大为震恐，派刘长恭、裴仁基领兵前来堵击，两军在石子河（今巩义东南）会战，隋军大败，裴仁基率领部下秦琼、罗士信投降瓦岗军。经过这几次胜利，李密被翟让等推为瓦岗军的领袖。617年年底至618年年初，瓦岗军大败隋将王世充军，东都（今河南洛阳，是隋炀帝为了加强中央对地方的控制而建立的一个新都）几乎被瓦岗军围困住。在推翻隋朝统治的过程中，瓦岗军起了重大的作用。《隋唐演义》和《说唐》两部小说中所写的瓦岗寨故事，就是以瓦岗军历史素材作为依据的。不过，小说又进行了许多渲染和虚构，因此和历史真实情况有很多地方不同。

窦建德领导的起义军，活动于河北一带。616年，他曾以七千人大破隋军郭绚部，"杀略数千人，获马千余匹"。617年，当瓦岗军进迫东都时，隋炀帝命薛世雄率领河北三万精锐援救东都，窦建德侦知消息，在河间大败薛世雄军，河北郡县大部被窦建德乘胜攻下。

在江淮一带，杜伏威领导的起义军，势力最大。617年，杜伏威率军打败了隋将陈棱的军队，占领了江北广大地区，又占据了历阳（今安徽和县）作为根据地。江淮之间的小支起义军，大多聚集在杜伏威的周围。隋的军事重镇江都受到了严重威胁。

在以上几支起义军的打击下，隋军只能困守长安、洛阳、江都几座孤城，号称"甲兵强盛"的隋朝统治，实际上已经土崩瓦解。

（曹增祥）

贞观之治

617年，关中大地主李渊利用农民起义蓬勃发展、隋政权走向崩溃的形势，在太原起兵。关中的地主纷纷起来反隋，响应李渊，他们的武装队伍配合李渊的军队，包围了长安城。接着，李渊的军队攻占了长安。618年，隋炀帝在江都被部将杀死，李渊在长安做了皇帝，国号唐。

在八九年的时间里，唐军先后消灭了各地的起义军和割据势力，统一了全国。626年，李渊把帝位让给了次子李世民，李世民就是历史上有名的唐太宗。从贞观元年（627）到贞观二十三年（649），是唐太宗统治的"贞观"时期。在这一时期里，政治比较清明，社会经济得到迅速的恢复和发展。这种经济上的恢复和政治上的相对安定，就是历史上有名的"贞观之治"。

"贞观之治"的出现，根本原因是由于唐太宗和他的大臣们吸取了隋末农民起义的严重教训。唐太宗曾对大臣们说："一个好皇帝，必须让老百姓能够活下去。"曾经参加过瓦岗军的大臣魏徵也曾对唐太宗分析过隋朝灭亡的原因，说："隋炀帝无止境地役使人民，人民为了活下去，不得不起来反抗，隋政权就土崩瓦解了。"

基于这种认识，唐统一全国后，为了巩固封建政权的统治，就实行了一系列对农民让步的措施。624年，唐政府下令实行均田制和租庸调制。规定：在地多人少的地方，每个十八岁以上的男子，受田一百亩，其中八十亩在年老或死后要归还政府，二十亩不需归还。受田的农民从二十一岁到六十岁，每年要向政府缴纳米二石（叫作"租"），绢二丈、绵三两（叫作"调"），服劳役二十天。不服役的要用绢代替（叫作"庸"）。这些措施，使农民获得了一定数量的耕地。政府按照规定征收租庸调，又注意不在农忙季节征发，这就对于农业生产的恢复和发展起了积极推动的作用。

贞观时期，吏治也比较清明。在精简机构方面，如对中央官员的裁减和对地方州县的归并，唐政府都做了很多工作。唐太宗很注意地方官吏的人选，他曾经把地方最高军政长官的名字写在屏风上，谁做了善事或恶事，就在他们的名下记上一笔，以便作为升降职位的参考。贞观八年（634），唐太宗又派李靖等大臣到全国各地去巡察，升迁廉吏，惩罚贪官。唐太宗还很注意提拔人才，他重用了一批出身于较低阶层的人，如魏徵、戴胄、张玄素等。这些人都敢于说话，经常纠正太宗的过失，并且经常拿隋朝灭亡的教训来提醒太宗不要重蹈隋亡的覆辙。此外，唐太宗时的著名贤相房玄龄、杜如晦，在订立制度、整顿吏治方面，也起了重要的作用。

由于封建剥削较前减轻，政治比较清明，贞观年间，社会生产得到了一定的发展。贞观初年，全国户数为二百多万户，到太宗死后不久，便增加到三百八十万户。牲畜也繁殖起来，甚至是"牛马布野"。

贞观年间，由于国家政权日渐稳固，唐朝的国防也比较巩固。当时北方的东突厥很强盛，东突厥的骑兵经常侵入唐的北方边境，破坏生产，抢掠人口和牲畜。贞观四年（630），唐军打败了东突厥，解除了唐朝北方边境的威胁，使人民能够在这些地方进行正常生产。

（张习孔）

魏　徵

魏徵是我国历史上的名臣，在唐太宗时，当过侍中（宰相）等官。他曾先后规劝唐太宗二百多事，对巩固唐朝的封建统治，起到过重要作用。

贞观六年（632），唐太宗在群臣的怂恿下，准备到泰山进行所谓"封禅"（祭祀天地）大典。这个大典是秦始皇以来许多帝王最喜欢玩弄的一套把戏，统治者企图用这个迷信的活动来麻痹人民，达到加强封建统治的目的。魏徵进谏说："自从隋末以来，山东州县残破得很厉害，皇帝车驾出行，必然要跟随大批官吏和卫队，这样不仅浪费许多人力、物力，并且要给沿途州县人民带来极大的痛苦。"他坚决劝阻唐太宗东封泰山。魏徵的话，引起了太宗对隋朝灭亡的回忆，他因而取消了这个计划。

贞观八年（634），唐太宗下令修复洛阳宫殿。县丞皇甫德参上书，认为太宗大兴土木，是劳民伤财。同时，皇甫德参还劝阻唐太宗不要苛敛百姓，并且指出，当时妇女流行梳很高的发髻，是一种很不好的风气，这是宫中传出来的。唐太宗认为皇甫德参有意诽谤自己，恼怒地说："这人要国家不役使一个人，不收取一文租，宫女都没有头发，才称心满意呢！"魏徵知道了，谏阻太宗说："自古以来，做臣下的上书，言语激切是不可免的；因为不这样，便不能打动皇帝的心意。"太宗听了，很是感悟，不但没有责罚皇甫德参，反而赏赐给他绢帛二十匹。

魏徵曾告诉太宗，"兼听则明，偏信则暗"，希望太宗处理问题时倾听多方面的意见，不要只听一面之词。他不断劝太宗"居安思危，慎终如始"。贞观十三年（639），他非常激切而诚恳地写了一个书面意见给太宗，说他不像贞观初年那样能够坚持俭约朴素，那样体恤百姓，那样孜孜求治，那样虚心听取意见了。唐太宗读了魏徵的意见以后立即说："我现在知道我的错误了，我愿意改正。"

魏徵经常积极地给唐太宗提意见，要唐太宗吸取隋末农民起义的教训，不要过重地剥削和压迫人民。唐太宗把魏徵比作一面镜子，认为通过他可以发现自己身上的缺点。魏徵死后，太宗对大臣们说："我从此失去一面镜子了！"

（张习孔）

文 成 公 主

7世纪初，青藏高原上兴起了一个强盛的吐蕃王朝。这个王朝的赞普（藏语称国王为"赞普"）松赞干布是一位有雄才大略的英雄人物，他统一了高原上的许多部落，把都城迁到逻些（今西藏自治区拉萨市），励精图治，为吐蕃的多方面发展创造了条件。

唐太宗即皇帝位以后，松赞干布为了加强和唐朝的友好关系，曾经几次派遣使臣，带着贵重的礼物到长安向唐王室请婚。唐太宗最后接受了他的请求，答应把宗室女文成公主嫁给他。直到今天，藏族民间还流传着许多关于请婚和许婚的动人故事。有这样一则流传比较广的"五难婚使"的传说。

吐蕃派到长安来请婚的正使是聪明机智、很有才干的大相噶·东赞，唐太宗向噶·东赞提出了五件难做的事，并且把做好这五件难事作为迎娶文成公主的条件。这五件难事中的第一件便是要把一百匹母马和一百匹马驹的母子关系，分别地寻认出来。噶·东赞灵活地运用了吐蕃人民在牧业生产方面的知识，他先把母马和马驹分别圈起来，并且暂时断绝了马驹的草料和饮水供应，过了一天之后，再把母马和马驹同时放了出来，一百匹马驹很快地认出了自己的母亲，偎依不离，难题被顺利地解决了。第二件难事是要把一条绵软的丝线穿过一个孔道很细的九曲明珠。聪明的噶·东赞先将一条马尾鬃拴在一只蚂蚁的腰部，再把蚂蚁放进九曲明珠的孔内，然后，用嘴不断向孔道里吹气，一会儿，这只蚂蚁便拖着细细的马尾鬃从明珠另一端的孔中钻了出来；这时，再把丝线接在作为引线的马尾鬃上，只轻轻一拉，丝线便穿过了九曲明珠。难题又被顺利地解决了。就像这样，接连的五件难事都被噶·东赞分别解决，唐太宗非常高兴，允许把美丽、智慧的文成公主嫁给吐蕃赞普松赞干布。这个传说虽然不一定是历史事实，但是它生动地反映了汉藏两族人民在历史上的亲密关系。

贞观十五年（641），文成公主由唐朝礼部尚书、江夏王李道宗护送西行。松赞干布亲自到柏海（在今青海境内）去迎接，并以女婿的礼节和李道宗相见。文成公主到逻些时，吐蕃人民穿着节日的盛装，热情洋溢地迎接了这位远道而来的联络汉藏民族友谊

〔唐〕阎立本《步辇图》

的赞蒙（藏语称王后为"赞蒙"）。为了尊重汉族的风俗习惯，松赞干布还特地在逻些为文成公主修筑了居住的宫室。

松赞干布和文成公主联姻以后，吐蕃和唐朝之间的亲密友好关系有了很大的增进。太宗死后，唐高宗继位，又以松赞干布为"驸马都尉"，封"西海郡王"。松赞干布为了表示对唐太宗逝世的哀悼，还遣使来朝，向太宗的陵墓备礼致祭，同时还上书表示效忠唐室。

文成公主嫁到吐蕃的同一时期，中原地区的农具制造、纺织、缫丝、建筑、造纸、酿酒、制陶、碾磨、冶金等生产技术，和历算、医药等科学知识也传入了吐蕃。藏族人民传说，文成公主带到吐蕃去的粮食、蔬菜的种子有成百上千种，随行工匠的人数是五千五百名，带去的牲畜数是五千五百头。这些传说的数字虽然不见得确实，但却反映了这一时期中原地区的先进文化大量传入吐蕃的历史事实。应该说，这种先进文化的传入，对当时吐蕃的发展起了很大的促进作用，也对以后藏族经济、文化的发展有深远的影响。

文成公主在唐高宗永隆元年（680）逝世，她在吐蕃生活了近四十年。由于文成公主对吐蕃社会的进步和发展作出了贡献，她的事迹在广大的藏族地区是家喻户晓的。今天，藏族人民还能根据先辈口传，指出文成公主曾在哪些地方教过藏族妇女纺织，在哪些地方刺绣过佛像。藏族妇女都说她们的纺织技术是文成公主传授下来的。她们在讲述这些故事时，对文成公主很是感激、怀念。藏族人民对于文成公主是十分崇敬的。她经过的地方，一直被认作圣洁的所在。而且，藏族人民还特地规定了两个节日来纪念她。藏族的历史也用了大量的篇幅来记载她的事迹。直到现在，拉萨市的布达拉宫和大昭寺内，还供奉着松赞干布和文成公主的塑像；布达拉宫里，还保存着她和松赞干布结婚时的洞房遗迹。

松赞干布和文成公主的联姻，说明了早在7世纪时，汉藏两族人民就已经建立了血肉相连的亲戚关系，以及极其密切的政治、经济、文化等方面的频繁往来关系。

（王辅仁）

武 则 天

武则天，名曌（zhào），是我国历史上唯一的女皇帝。唐高宗（唐太宗的儿子）即位不久，她做了皇后。高宗病死后，她以皇太后身份临朝执政。690年，她六十七岁，改国号唐为周，加尊号称"圣神皇帝"。从三十二岁做皇后时开始参决政事起，到八十二岁病逝止，她前后掌握政权达五十年。由于她晚年的尊号称"则天大圣皇帝"，所以历史上叫她武则天。

武则天从开始临朝执政时起，就遭到了许多皇室贵族的反对。为了压制这些政治上的反对派，培植自己的势力，巩固自己的政权，她发展了科举制，增加了每次考取的名额数；除考选文官外，还考选武官。这样，就为一般地主阶级有更多的机会参加政权在客观上创造了有利条件。

在唐高宗还活着的时候，武则天曾经向高宗提出减轻赋税、振兴农桑、消除兵灾、节省徭役、广开言路等许多有利于国计民生的建议。684年，她下令各地方官奖励农桑，如果做到"田畴垦辟，家有余粮"，就可以受到奖励、提升官位。如果"为政苛滥，户口流移"，就要受到贬降处分。

为了广泛延揽人才，武则天常常要求各级官吏把有才能的人推举出来，并且还允许有才能的人自荐，而加以破格任用。例如，她听说王及善有才干，便决定让他出来担任地方官。当召见时，她发现王及善果然有很好的政治见解，便又改变主意，把他留在中央，参与朝廷大计。

武则天在政治上很重视接受臣下的意见，她命令大臣们对朝政得失大胆地提出批评。在她所铸造的四个铜匦（guǐ，就是铜匣）中有"招谏"一匦，就是专门为了听取臣下的不同意见而设的。狄仁杰是武则天时的宰相，也是当时最有胆识的政治家，他曾对武则天提出过许多建议和批评，诸如有关宽减刑狱，减轻徭役，惩办不法的大臣等，都被武则天欣然接受。

武则天统治时期，政治是比较清明的，社会经济是继续向上发展的。不过在这里，也应该指出：武则天大造佛像、佛寺，也给生产带来了一定损失。她的破格用人，总的来讲，意义很大，但她信任像薛怀义那样"用财如粪土"的人，也在政治上造成了很不好的影响。

一千多年来，由于受封建统治阶级的思想影响，人们一直存在着对武则天不正确的看法，甚至极力诬蔑她。武则天敢于冲破种种阻挠，宣布自己是皇帝，不愧是我国封建社会女性中杰出的人物。

（张习孔）

唐代的长安

唐朝在公元7世纪初至8世纪中这一时期，是世界上最富强的国家之一。唐的首都长安，不仅是当时中国的政治、文化中心，而且也是当时国际性的大都市之一。

唐代的长安城，位居全城北面正中的是"宫城"；宫城的南面是"皇城"；从宫城北缘东西两端向外延展，并从东、西、南三面把宫城和皇城包围起来的是"外郭城"，也叫"京城"。

宫城分三部分：当中为殿阁，是皇帝和大臣们议事及国家举行大典的地方；西部为掖庭宫，是皇帝和后妃居住的地方；东部是东宫，是太子居住和会见东宫官属的地方。这座宫城是隋朝原有的建筑。唐朝初年扩大宫殿，在城的东北面加建了一个大明宫。

唐玄宗时，又兴建了兴庆宫。

皇城内南北有七条街，东西有五条街，唐朝中央政权组织各机关就分布在这一带。管理官营手工业的各个专门机构，也设在这里。唐代官营手工业是很发达的。在长安，官营手工业作坊很多，并且分类也很细。例如"少府监"的"织染署"就掌管十个织染作坊、五个组绶（贵族官吏用来承受佩玉的一种宽丝带子）作坊、四个绸线作坊、六个练染作坊（一说"织染署"只掌管做帽子的作坊）。官营手工业作坊的工匠，是从各地征调来的。作坊的产品，只供皇室贵族用，不供一般平民用。

外郭城周围有六十七里。城中有南北十一条街，东西十四条街，一百零八坊。正对皇城南面的朱雀门有一条宽阔的大街，叫朱雀门街，这条街恰好把外郭城分成了东西两部，街东五十四坊，街西五十四坊。这里是老百姓和一般官吏的住宅区，也是商业区。

长安有两个著名的市场，一个是"东市"，一个是"西市"。东市在朱雀门街以东，西市在朱雀门街以西。东市南北占地二坊，有东、西、南、北四条街。街市上有各类私营手工业作坊和出售各种货物的店铺，也有专门卖饮食的酒肆和饭店。市的四周还有许多官僚豪富开设的"邸店"。邸店是供外地的转运商客居住和存放货物的地方；直接经营邸店的人被称为"居停主人"或"牙人"，他们也替商客买卖货物，从中取利，抽取佣钱。西市的规模和交易的情况，大体和东市相同，但比东市要更加热闹。长安是一座很美丽的城市，街道修建得很整齐，布置得很有计划。城里有许多清池小溪，种有不少的梧桐、槐树、白杨和垂柳。特别是城东春明门至曲江一带，楼阁参差，水流曲折，景色格外艳丽；每年百花盛开的季节，这里终日有游人川流不息。

长安是当时全国人才集聚的地方，许多著名的学者、文学家、艺术家，都在这里长期居住过，他们在这里创作了不少优秀的作品。诗人李白和杜甫，就都在长安居住过。

唐代长安，外国商人、外侨和外国留学生很多，充分反映了长安作为一个国际性都市的特点。外商大多数集中在西市，他们有的来自今伊朗和中亚，有的来自今阿拉伯半岛，有的来自今东南亚各国。他们从远方带来香料、珠宝等货物，来长安换取中国的丝织品和瓷器，唐朝政府允许他们开展正当的贸易，给他们创造了许多方便的条件，并且还允许他们在中国开设店铺。派遣留学生到中国来学习的，主要有日本和朝鲜半岛的新罗等国。留学生来到长安，学习唐朝的政治制度、经典、文艺和科学。不少外侨和留学生，在长安一住几十年；也有许多留学生学成归国，带走大量中国的古籍经典。

通过各国商人到长安进行贸易往来，通过各国留学生到长安学习各种文化，唐朝的文化随之远传到国外。同时，唐朝也从中吸取了各国文化的长处和优点。

（易惠中）

安史之乱

唐朝高宗（649—683在位）以来，边疆一直有重兵屯戍；从睿宗年间（710—712）开始，唐政府又陆续在边境设置了节度使；到玄宗（712—756在位）时期，节度使已增加到十个。节度使起初只管军事，后来日渐发展成为全面掌握一个地区的军事、财政和行政大权的封建割据势力。

唐玄宗统治的后期，朝政先后被李林甫、杨国忠等人操持。他们骄纵跋扈，排斥异己，贪污腐化，残虐百姓，唐朝的政治日趋败坏。

天宝十四年（755）冬，兼领平卢（治所在营州，今辽宁朝阳）、范阳（治所在幽州，今北京市）、河东（治所在太原，今山西太原西南）三镇节度使的安禄山，利用唐政权腐朽的机会，以讨伐杨国忠为名，率所部兵十五万人，从范阳长驱南下。安禄山的军队没有遭到什么抵抗，很快地就渡过黄河。攻陷了洛阳。唐政府临时招募起来的军队一战即溃，安禄山军逼近了潼关。唐朝朔方（治所在灵州，今宁夏回族自治区灵武）节度使郭子仪、新任河东节度使李光弼进兵攻打河北；常山郡（在今河北正定一带）太守颜杲（gǎo）卿和平原郡（今山东平原东北）太守颜真卿也在河北起兵，袭击安禄山的后方，安禄山军的军心动摇。安禄山怕后路被切断，一度打算放弃洛阳，回军河北。但是唐政府没有利用这种有利的形势，进行有效的抵御。756年夏，安禄山的军队攻下了潼关，唐玄宗闻讯后，偷偷从长安逃往四川，走到马嵬（wéi）驿（在今陕西兴平）时，军士们愤恨杨国忠祸国殃民，就杀死了杨国忠，连玄宗的宠妃杨贵妃也被逼缢死。此后，玄宗逃到四川，太子李亨逃到灵武，即皇帝位，就是唐肃宗。

安禄山的军队进入长安以后，大肆烧杀抢掠，遭到人民的强烈反抗，无法继续西进。安禄山在攻陷长安以前，曾在洛阳称帝，国号大燕。肃宗至德二年（757），安禄山军的内部发生分裂，安禄山在洛阳被他的大儿子安庆绪杀死。唐军趁机反攻，并且凭借回纥（hé）兵的帮助，于这年秋季先后收复了长安、洛阳。

肃宗乾元二年（759），洛阳再度失陷。安禄山的旧部史思明进入洛阳，杀安庆绪，自立为大燕皇帝。

肃宗上元二年（761），史思明被他的儿子史朝义所杀，史军势力渐衰。次年，唐政府再次依靠回纥兵，收复洛阳。史朝义逃往河北，他的许多部将都投降了唐朝。

代宗广德元年（763），史朝义在走投无路的情况下自杀。这场使人民的生命、财产蒙受了巨大损失的"安史之乱"才宣告结束。从此，唐朝由兴盛进入了衰落时期。

（张习孔）

黄巢起义

　　唐朝末年，政治异常腐败，皇帝、官吏、藩镇、僧侣、地主、富商霸占了绝大多数的土地，挥霍掉大量人民以血汗创造的财富，过着荒淫腐化的生活。农民终日劳苦，仍然是"健儿无粮百姓饥"。尽管这样，官府还是拼命催征租税，农民忍受不住，只好拿起武器进行反抗。宣宗大中十三年（859），裘甫领导农民在浙东起义；懿宗咸通九年（868），屯戍桂州（今广西桂林）的戍卒因久戍在外不得归家，共同推举庞勋领导起义。这两次起义虽然很快就被镇压下去，但是此后不久，王仙芝、黄巢领导的农民大起义就爆发了。

　　僖宗乾符元年（874）年底，王仙芝带领数千人在长垣（今河南长垣县东北）起义。起义军发布文告，痛斥唐政府官吏贪污、赋税繁重、赏罚不平，并且打出"天补平均大将军"的旗帜。"天补平均大将军"的意思是说，受天之命为大将军来消灭人间的不平。农民纷纷响应，加入起义军。875年夏天，黄巢率领数千人在山东冤句（yuān qú，在今山东曹县北）起义，响应王仙芝。起义军的势力更加壮大，几个月里发展到几万人。起义军从山东转战到河南、湖北、安徽一带，到处打击政府军，受到各地农民的欢迎和支持。878年，王仙芝战败牺牲，起义军由黄巢统一指挥。黄巢带领起义军在淮河流域活动了一个时期之后，为了在战略上"避实击虚"，于是横渡长江，进入江西和浙江一带；接着又在很短的时间里，以惊人的毅力和速度，开辟了一条七百里长的山路，进入福建。第二年夏天，起义军又攻下了广州。

黄巢到达广州后，一面休整，一面准备向北进攻。在出兵北征之前，黄巢以"义军百万都统"的名义发布文告，宣布要进攻长安，推翻唐朝的黑暗统治。广明元年（880），黄巢的起义军打到潼关，军威极盛。长安城内的统治阶级又慌又怕，百官分路逃窜躲藏，宦官田令孜仓皇地挟着皇帝逃往四川。当起义军的先锋进入长安时，唐金吾大将军（负责京都治安的最高长官）张直方率领文武官数十人到霸上投降黄巢。起义军"甲骑如流，辎重（指军用器械粮草等）塞途，千里络绎不绝"。人民夹道欢迎，起义军对他们说："黄王起兵，本来为的是百姓，不像李家那样不爱你们，你们安居乐业好了，一点不用害怕。"起义军一方面拿出财物赠给贫苦的人民，安抚百姓；另一方面对那些富豪、宗室和不肯投降的官吏，恨之切骨，抓到的全都杀掉，并且焚毁他们的房屋，剥夺他们的财产。黄巢在群众的拥戴下做了皇帝，国号大齐，任命百官，建立了一个新的政府。

黄巢领导的农民起义军一直流动作战，没有建立巩固的根据地。打进长安以后，又没有彻底消灭唐政府的军事力量。后来，唐政府收买了起义军的叛徒，又勾结了沙陀人，对起义军进行内外夹攻。起义军抵挡不住，为了保存力量，退出长安。又经过一年多的战斗，起义军最终失败了。

（张习孔）

刘知幾　杜佑

刘知幾（661—721）是我国杰出的史学家。他钻研过许多史书，阅读过大量史料。710年，他写成了一部在我国文化史上有巨大贡献的历史批评著作——《史通》。

在《史通》里，刘知幾提出了进步的历史观，阐述了他关于编写历史书的见解和主张，并对过去的史书做出了总结性的分析和批判。

首先，刘知幾反对命定论的历史观，认为那种把历史看作不是由人创造的而是由什么天神来决定的观点，是错误的。他正确地提出，历史是人创造的，不能用命定或命运来解释。他大胆地对《春秋》和《史记》中的命定论的倾向进行了批判。

其次，刘知幾反对复古主义的历史观，认为一切把古代社会描写成为理想世界，想把历史拉向后退、恢复古代社会制度的看法和想法，都是错误的。他列举了很多材料，说明尧、舜时代并不是人类最美好的时代。有关尧、舜"盛世"的一些传说，实际都是不可信的奇谈。

最后，刘知幾反对曲解历史，主张要以大胆批判的精神来写历史，记事要直言不讳。他大胆地指出传统说法的不可信，指明了《春秋》的许多缺点。

此外，刘知幾还主张在编写历史时，要参考大量史料，并且要辨明真假，采用真实的史料。用他的话来说，就是要做到"博采""善择"。他主张写历史的文字要朴素生动，并力求简练。

总之，刘知幾揭露传统的历史观的某些虚伪性，主张以实事求是的态度来对待历史，这是进步的观点。在一千二百多年前，他对历史学能有这样卓越的认识，是很可贵的。他这种主张，对开阔历史学家的眼界，推动史学的发展，是有很大功劳的。

杜佑（735—812）在唐朝曾做过宰相，是著名的理财家。他是一个好学不倦的人，掌握了丰富的历史史料。他以多年从政的经验，结合历代的史事来分析当时的政治，认为要挽救政府的危机，首要的事是安民，要安民就必须薄赋税，要薄赋税就必须节省开支，要节省开支就必须精选人才、裁减官吏。为了阐明这个论点，他用了三十年的时光，至德宗贞元十七年（801），写成了《通典》这部有名的著作。

《通典》共二百卷，分为"食货""选举""职官""礼""乐""兵""刑""州郡""边防"九门。这部书对上自古代、下至唐玄宗天宝末年的经济财政制度、政治制度、典章文物制度、兵法、地理沿革、边疆民族及外国的风土习俗，都做了系统的、追源溯本的叙述和考证。杜佑极其重视经济财政措施，在"食货典"的最后，他特别对这方面做了总括性的叙述。《通典》开创了历史书的新体裁，它不但为我国制度史的编纂开了先例，而且保存了我国古代的大量文献资料。

（曹增祥）

李白 杜甫

唐诗在我国古代诗歌发展史上，占有崇高的地位。就现在所知，仅见于《全唐诗》一书中的诗人就有两千三百多位，流传到后世的诗篇近五万首。在这样大量的诗人群中，还出现了像李白、杜甫这样享有世界声誉的大诗人。

李白（701—762），字太白，自号青莲居士，生长于绵州彰明县青莲乡（在今四川绵阳北二十多里）。他是一个有政治抱负的人，常以诸葛亮等人自比。他曾因别人的推荐受到唐玄宗的征召，但唐玄宗召请他，只不过是希望他做一个歌功颂德的御用诗人，并没有使他得到实现政治抱负的机会。他鄙视那种"摧眉折腰事权贵"的生活，因此经常遭到谗言和诽谤的打击。李白在这样的境况下，在长安生活了三年，就愤然离去了。他的一生有不少时光是在漫游、漂泊中度过的，他的足迹遍布了大半个中国。

李白的诗，自然、豪放、雄峻、壮美，具有真挚的感情和强烈的艺术魅力。他写了许多描写祖国山河壮丽的诗章。

日照香炉生紫烟，遥看瀑布挂前川。

飞流直下三千尺，疑是银河落九天。

这是一首描写庐山瀑布的名诗。大意讲：太阳照着香炉峰，升起了一层紫色的云雾。远远看见一道瀑布挂下来，从几千尺的两山之间飞流直下，就像天上的银河把全部的水倾注下来一般。这是多么丰富的想象力！把庐山瀑布比作从天上落下的银河，既说明了瀑布的磅礴气势，也形容了瀑布的美丽姿态。

> 黄河之水天上来，奔流到海不复回！
> 黄河西来决昆仑，咆哮万里触龙门。
> 西岳峥嵘何壮哉！黄河如丝天际来。
> 黄河落天走东海，万里写入胸怀间。

这些诗，是李白对黄河千古绝唱的赞歌。诗中只用了少量的字词，就使这条波涛汹涌、曾经孕育过祖国古代文明的伟大河流，呈现在人们眼前，令人读后深深感到祖国的伟大、可爱。

李白还有许多抒发自己对祖国的热爱和对人民同情的光辉诗篇。他是亲身遭逢过"安史之乱"的人，国家的残破使他忧心如焚，他想起了晋朝祖逖"渡江击楫"的史事，慷慨激昂地唱出了这样的诗句：

> 过江誓流水，志在清中原。

他对安史之乱给人民带来的祸害，提出了强烈的控诉：

白骨成丘山，苍生竟何罪！

李白的诗，充满了积极的浪漫主义色彩（当然，他有些诗有时也流露出一些消极、落后的情绪，不过这绝不是主导方面），对唐代和后代的诗歌都产生过巨大的影响。唐代的著名文人贺知章，惊赏李白的诗，把他比作天上下凡的"仙人"。因此，后世人便把李白称为"诗仙"。

杜甫（712—770），字子美，生于河南巩县（今巩义市）一个没落的官僚家庭。

他在二十岁到二十九岁的十年里，曾两次到江浙、山东一带进行长期的漫游。这是他平生最快意的一个时期。这期间，他所写的诗留传下来的不多。描写泰山景色的《望岳》，是其中著名的一首。

744年，他在洛阳见到了李白。从此，这两位诗人结下了亲如兄弟般的友谊。

746年，杜甫怀着一颗追求功名的心，来到了当时的政治中心 —— 长安。他在这里生活了将近十年，经常处在饥寒穷困的威胁中。长安的一切，统治阶级的豪华生活，人民群众的深重苦难，使诗人不得不对现实有所认识。诗人的思想感情逐渐靠近了人民，诗人的笔触开始从个人的忧愤感伤伸向了广阔的现实世界。

755年冬天，他从长安出发到奉先县（今陕西蒲城）去探望家属。路上经过骊山，他不禁万分感慨。这时，唐玄宗和杨贵妃正在骊山的华清宫过冬，尽情地歌舞欢乐，可是长安街头和其他地方此刻不知有多少人受冻受饿，同样是人，为什么会有这样大的区别呢？他刚走进家门，便听见一片哭声，原来他未满周岁的幼儿刚刚饿死。邻居都为之呜咽，做父亲的哪能不悲哀？他根据这次回家探亲的所见、所闻与所感，写了一首题为《自京赴奉先县咏怀五百字》的诗。在诗里，诗人写出了这样的名句：

朱门酒肉臭，路有冻死骨。

有钱人家酒肉堆得发臭，而穷人无衣无食，冻饿死去，这正是封建社会里剥削阶级和劳动人民两种截然不同的生活的写照。诗人的这两句诗，揭示出了封建社会的本质。

诗人不只是想到个人的不幸，他还想到那些穷苦无归、失业的老百姓，对他们怀着深厚的同情，把他们的痛苦当作自己的痛苦。在这同一首诗里，他写道：

穷年忧黎元（百姓），叹息肠内热。

"安史之乱"发生后，杜甫个人的经历发生了很大的变化。他饱尝了逃亡的滋味，受尽了穷困的折磨，并且在战乱中，还曾被一支军队俘虏过。后来，他虽然先后又做了两年的小官，但不久即离开了官场，再次开始了漂泊流离的生活。759年，是他一生中最艰困的一年，也是他的创作空前丰收的一年。他的代表杰作"三吏"(《新安吏》《石壕吏》《潼关吏》)与"三别"(《新婚别》《垂老别》《无家别》),都是在这一年完成的。通过"三吏""三别"这六首诗,他描绘了凶狠的官吏抓丁服役,逼得人民家破人亡、妻离子散的惨痛情景,揭露了统治阶级的贪残暴虐,代表人民呼喊出了长期积压在心头的深沉哀痛,同时也表达了自己对国家危难深刻忧虑的心情。他劝那些防关的武将不要在敌人面前临阵脱逃,还劝那些新婚的青年暂时抛弃个人幸福,为了国家的安危赶快穿上军装,"勿为新婚念,努力事戎行"。这些诗,真实地反映了唐代由兴盛走向衰落这一历史转折过程中的社会面貌,充满了现实主义精神,把唐代诗歌在思想上的成就发展到了顶点。

760年,杜甫经过千辛万苦来到了四川成都,在朋友和亲戚的帮助下,在成都浣花溪畔筑起了一座草堂,暂时得到了一个栖身的处所。在这里,他和许多农民做了朋友,和他们建立真实的感情。大约是第二年秋天,有一次刮大风,把他草堂顶上的茅草都给卷去了,风定后接着又下起雨来,床头屋漏没有一块干处,杜甫一夜不能眠,他由自己的灾难想到了天下流离失所的人们,写下了一首动人的诗——《茅屋为秋风所破歌》。在这首诗里,诗人唱道:

安得广厦千万间,大庇天下寒士俱欢颜,风雨不动安如山!呜呼!何时眼前突兀见此屋,吾庐独破受冻死亦足!

怎么能得到千万间宽广的大厦,使天下的寒士在刮风下雨的日子，能住得安稳如山，个个欢欢喜喜！唉，我眼前什么时候能出现这样高耸的大厦，即使我个人的草堂独破，我个人受冻而死，也很甘心！这就是杜甫的愿望。这愿望，表明了诗人开阔的胸怀和舍己为人的高贵品质。

从760年到765年，这五年的时间里，杜甫在成都草堂实际只住了三年多，中间一度由于成都发生兵乱，他在外过了一年零九个月的流亡生活。765年夏天，他离开了心爱的成都草堂。此后数年，他辗转流离到各地。最后，这位伟大的现实主义诗人，在饥饿、疾病、衰老的折磨下，在流离途中——湘江水上的一条小船里，停止了呼吸。

杜甫的诗，自然、朴实、气势雄浑、绚丽含蓄，具有高度的思想性和艺术性，给后世的诗歌创作带来了极为深远的影响。历代的人们，包括许多杰出的诗人在内，都把他的诗奉为学习的典范。人们都尊称他为"诗圣"，对他表示永远的纪念。

（易惠中）

白居易　元稹

在李白、杜甫之后的8世纪到9世纪期间，又出现了两位著名诗人，就是元稹和白居易。由于他们两人的文学主张完全一致，诗的风格又很接近，文学史上把他们两人合在一起，称作"元白"。

　　元稹（779—831）和白居易（772—846）认为，文学应该为政治服务，文学是一种社会斗争的工具和武器，应该有助于社会的进步和发展。白居易在写给元稹的信（《与元九书》）中提出："文章合（应当）为时而著，歌诗合为事而作。"意思是说，文学必须反映时代，文学不能脱离政治。他们还强调诗歌的战斗作用，强调诗歌内容与形式的统一。白居易在同一封信里说："诗者，根情，苗言，华声，实义。""情"和"义"就是内容，而"苗"和"华"就是形式。白居易最能表现这个主张的诗是《秦中吟》十首和《新乐府》五十首。

　　比如，《秦中吟》中的《重赋》诗，描写"两税法"实行以后，贪官污吏借机加重了对人民的剥削，向人民逼税，逼得"幼者形不蔽，老者体无温"，可是官库的缯帛和丝絮却堆积如山。《买花》诗描写京城的富贵人家争买牡丹，他们根本没有想到"一丛深色花，十户中人赋"。他的《新乐府》中的许多篇，也是有意讽刺和反映现实的作品。其中，著名的如《杜陵叟》，指斥在灾荒年月里"急敛暴征"的官吏，简直如同豺狼。在《卖炭翁》里，诗人刻画了一个"满面尘灰烟火色，两鬓苍苍十指黑"的老头，穿着单衣冒着寒风，饿着肚子，驾着牛车在长安大街上卖炭，结果他的一千多斤重的一车炭竟被宦官用"半匹红纱一丈绫"强买去了。

　　白居易的诗因为能够揭露统治阶级的黑暗，道出人民的痛苦，再加上文字平易浅近，老妪能解，所以具有很大的感人力量。

元稹在文学理论上，和白居易的主张完全一致。他在做谏官时，和白居易一样写了很多讽喻诗。他非常推崇大诗人杜甫，在创作上有意识地继承杜甫的现实主义传统。元稹在诗中提出了许多深刻的社会问题，有揭露社会黑暗、讽刺横征暴敛、表现贪污强暴的，有反映人民疾苦、揭发阶级矛盾的，有反对穷兵黩武的侵略战争以及刻画商人投机取巧、唯利是图的形象的，等等。他的《田家词》反映了在藩镇割据情况下，频繁的战争给人民造成的苦难。《织妇词》写出了当时民间严重患苦的丝织贡赋："蚕神女圣早成丝，今年丝税抽征早。"《估客乐》极其深刻地揭露了商人贪财求利的本质。在诗歌的艺术性上，元稹的某些作品，往往结构比较松弛，形象不够鲜明，这一点是不能和白居易相比的。

（张习孔）

唐代著名书法家

唐代出现了很多书法家，其中著名的有欧阳询、虞世南、褚遂良、颜真卿、柳公权等人。

欧阳询（557—641），字信本，潭州临湘（今湖南临湘）人。他的字的特点是"骨气劲峭，法度严整"，人们认为绝妙。代表作有《化度寺塔铭》等。不少人搜集他的字迹，作为临摹的模板。传说高丽人很喜爱他的字迹，曾经有人专门来中国搜寻欧阳询的字。

虞世南（558—638），字伯施，越州余姚（今浙江余姚）[1]人。他的书法主要是吸取王羲之书法的优点，再加上自己的功力，而独成一体。特点是用笔圆润，写的字结构疏朗，气韵秀健。代表作有《孔子庙堂碑》。

褚遂良（596—658），字登善，杭州钱塘人，长于楷书、隶书。他曾经下过很大功夫摹拟王羲之的《兰亭帖》（真本今已失传）笔意，对欧阳询、虞世南的书法，也有很深钻研。他的字的特点是用笔方圆俱备，写的字瘦劲秀润，气势清远。代表作有《三藏圣教序》等。唐太宗很爱好书法，收集王羲之的字帖甚多，但不能辨别真假，因而慨叹说："自从虞世南死后，再没有人能够和我谈论书法了。"魏徵听到后，就把褚遂良推荐给唐太宗。唐太宗叫褚遂良鉴别所存的王羲之帖，真假立刻辨出。可见，褚遂良对于书法的研究是多么精到。

颜真卿（709—785），字清臣，京兆万年（今陕西西安）人。他在我国书法史上占有特别重要的地位。他的字从根本上改变了过去的风格面貌，其特点是把篆书的中锋和隶书的侧锋结合起来，运用到楷书书法上。用笔匀而藏锋，内刚劲而外温润，字的曲折处圆而有力。代表作有《颜氏家庙碑》《麻姑仙坛记》等。很多人写字喜欢学颜真卿，南宋时陆游就说过，学字应该先从学颜入手，

1　今属浙江省慈溪市。——编注

可见世人对颜字多么重视。

柳公权（778—865），字诚悬。他的字汲取了欧、颜之长而自成一体。下笔斩钉截铁、干净利落，写的字谨严而又有开阔疏朗的神致。代表作有《玄秘塔碑》等。

（曹增祥）

唐代著名画家

初唐时期，最有名的画家是阎立德、阎立本弟兄。他们俩都擅长写生和画人物。阎立本画过《秦府十八学士图》和《凌烟阁功臣图》，此外，还画过《唐太宗御容图》和《历代帝王图》。其中，《历代帝王图》至今尚留存。后人对他的画评价很高。

盛唐时期的著名画家有吴道玄（字道子）、李思训（字建睨）和王维（字摩诘）等。

吴道子年轻时绘画就有盛名。他少年时期，曾向张旭、贺知章学过书法，学书没有成就，后来才改学绘画。他早期的作品行笔纤细，中年以后行笔磊落。他画的人物、神鬼画，都非常生动传神。

吴道子除人物画外，还擅长山水画。据说，唐明皇（唐玄宗）在天宝年间（742—755），忽然思念起蜀道嘉陵江山水，就叫吴道子来画。仅仅用了一天工夫，他就把嘉陵江三百里山水全部画完，笔法洒脱秀拔，构成一种写意派的风格。

李思训是唐朝的宗室，是初唐、盛唐之际的人，开元中曾做过右武卫大将军，人们都称他为"大李将军"（李思训的儿子李昭道也是画家，人们称之为"小李将军"）。传说天宝年间，他曾和吴道子一起被唐玄宗召到大同殿画嘉陵江山水图。吴道子只画了一天就完成，而他却画了几个月才画好。两个人所画的都是真实景物，吴是用概括的画法，从画中只令人得到一个概念，而李画具体细致，风格属于工笔类。据有关记载，李思训死于开元八年（720）以前，故绝不可能在天宝年间作画。传说他和吴道子一起在大同殿画嘉陵江山水，是不可靠的。但这个传说

〔唐〕张萱《捣练图》

反映了他们两人画风的不同，就这点来论，传说的本身是有意义的。

吴道子画的特点，在于有大胆革新的精神。他的画运用了凹凸法，有立体感。他作画，不但要求形似，而且要求神似，因此他抛弃了工笔的画法，采用了疏笔的画法。李思训的画是以大青绿勾金线绘成，带有富贵气象。他的画派是代表贵族的，这是他画风的特色。

王维是一个诗人，也是一个画家，诗画都非常好。他的诗富有浓厚的画意，叫人一读起就能联想出一幅美丽的画面，如"大漠孤烟直，长河落日圆""明月松间照，清泉石上流"等句，即是例子。

王维所画的水墨山水画，山色平远，别有风致。他画的《辋（wǎng）川图》最有名。《辋川图》中山谷错综，云水飞动，笔调清新洒脱，妙趣横生。王维所绘的画，多从自然景物方面取材，他的画题多是"雪景""晓行""捕鱼""雪渡""村墟"等，充满了抒情的田园恬淡和林谷幽深的情调。他的画风和诗风是和谐一致的。他喜欢画泼墨山水画，这种画在色彩上、风格上与内容都很和谐。看了他的画，就像读了一首清新俊逸的诗一样。苏轼说他"诗中有画、画中有诗"，实在是很中肯的。

盛唐（唐代兴盛时期）、中唐（唐代中期）之际的重要画家有张萱。他的仕女画造诣很高。他画的《捣练图》和《虢国夫人游春图》，都有宋徽宗的摹本传世。

稍晚于张萱的另一重要画家周昉，也是盛唐、中唐之际的人。他的画是张萱画的发展，代表作有《簪花仕女图》。他的画的特点是设色浓艳而不俗，线条干净而有力。所画的妇女，披的轻纱，叫人看了有薄如蝉翼、玲珑剔透的感觉。

（曹增祥）

唐代著名的雕塑家、音乐家、舞蹈家

唐代的雕塑以人物像为主。洛阳的龙门石窟，今天还保留着不少唐代人物造像。西安的华塔寺[1]也有不少唐代的石像。

唐朝最著名的塑像大师首推杨惠之。杨惠之是玄宗时人，曾跟随吴道子学过画。他塑造的人像线条分明，轮廓清楚，仪态大方，栩栩如生。传说他曾经塑造过一个艺人像，放在长安大街上，塑像脸朝里，背对着行人，行人竟以为是真人，有的还跑了过去想和塑像讲话。

音乐在唐代也很盛行。唐时音乐人才辈出，其中有中原内地的音乐家，也有来自新疆等边区地方的音乐家。

在长安城里居住的曹保一家人，都是弹琵琶的能手。不但曹保本人能弹一手幽雅动人的琵琶，他的儿子曹善才、孙子曹纲，也都以弹琵琶出名。他们教了很多徒弟，在长安很受人们欢迎。

从新疆来长安的著名音乐家有裴神符和白明达。裴神符是疏勒（今新疆疏勒一带）人，贞观年间（627—649）曾在长安充当乐工。他会弹奏各种乐器，尤以弹奏琵琶最出名。

白明达是龟兹（今新疆库车）人，他擅长演奏龟兹乐器，唐高宗时，曾把他请到宫廷中表演过，他的技艺博得了大臣们的赞赏。

在唐朝的音乐家中，还有不少是善于吹觱篥（bì lì，龟兹乐器，近似唢呐）和笛子的。有一个名叫安万善的乐人，砍伐了南山的竹子做成觱篥，吹奏起来，各种音调并发，非常和谐。还有一个

1　即西安宝庆寺，唐文宗时以五色砖在寺内作塔，故宝庆寺也称华塔寺。该寺砖塔、佛殿内的佛造像是盛唐时期佛教雕塑的代表性作品。——编注

叫李謩（mó）的乐人，善于吹笛，他吹奏的《凉州曲》很出名。传说他有一次吹《凉州曲》，曲终时，一位叫独孤生的听众，跑来问他："你吹的笛子真好听，但声调中夹杂有龟兹的音调，你一定有龟兹朋友吧？"李謩告诉他，他的师父就是龟兹人。在唐代，兄弟民族的音乐对汉族音乐的影响真是巨大啊！

长于舞蹈的人在唐代原来很多，但传名至今的却很少。有一个女舞蹈家名叫公孙大娘，舞得最出色，尤善于舞剑器。她跳起舞来，姿态非常优美，她的舞技高出古时一般表演的人。长安有钱人家在举行宴会时，都少不了约她来舞蹈。杜甫在少年时就曾观看过她的舞剑，认为她舞的剑非常美妙，给人印象十分深刻。在大历年间（766—779），他又观看过一次公孙大娘的弟子李十二娘舞剑，很欣赏她的高妙技艺，经过询问，才知道她的本领是从公孙大娘那里学习来的。

（曹增祥）

孙 思 邈

孙思邈是隋唐时代杰出的医学家，京兆华原（今陕西耀州）人，生于隋文帝开皇元年（581），死于唐高宗永淳元年（682），活了一百零二岁。他著有《千金要方》和《千金翼方》两部有名的医学巨著。在这两部书中，他不但吸收采纳了前人医学著作的精华，同时，自己还有重要的发明，提出了不少新的医学理论和医病方法。

孙思邈特别注意发扬我国古代医师行医的优良传统和作风。他强调指出：给病人治病，不可有贪求财物和顾虑声名的杂念；不论昼夜寒暑、饥渴疲劳，都要一心一意地替病人诊治病症。

孙思邈在医药学上的重大贡献有以下几方面：

首先，他在医疗营养不良的病症方面，总结并发展了前人的方法。人们都知道缺乏维生素 A 要患夜盲病，缺乏维生素 B 会引起脚气病，缺乏碘质甲状腺就要肿大，造成所谓的"大脖子病"。但是人们了解这些知识，只不过是近几百年的事。欧洲人第一次论述脚气病是在1642年。孙思邈由于善于总结人民群众的经验，并有丰富的临床经验，早在7世纪时，就说：患夜盲和脚气病，是由于饮食中缺乏必要的营养，患大脖子病是由于长期饮用山区里一种不好的水造成的。对于夜盲病，他用富含维生素 A 的动物肝脏，如羊肝、牛肝、猪肝等去治疗。对于脚气病，他主张人们用谷白皮（椿树皮）煮粥吃来预防，或用杏仁、防风、蜀椒给病人治病，这些都是含有维生素 B 的东西。治疗大脖子病，他常用羊或鹿的甲状腺作药物，或用含碘质丰富的海藻、昆布（海带）来医疗，效果十分显著。当时孙思邈虽然还不懂得什么是碘、维生素等这些物质，但他能采取正确的医疗方法，这是十分难能可贵的。

其次，他很注重疾病的预防工作和妇幼卫生。他主张人们应以防病保健为主，平时要注意卫生，不要随地吐痰。要常劳动，但不要过分疲劳。要吃熟东西，吃时要细嚼缓咽，而且不能吃得过饱。睡眠时不要蒙被子，饭后要漱口，以保身体健康。这种以预防保健为主的医学主张，是十分先进的。

他很重视妇女和小儿的疾病，主张把小孩病和妇女病分科。他在自己的著作中曾提出对孕妇的健康要注意，不要使她受惊，临产时要使孕妇安静，接生的人和家人都不应有忧愁惊慌的表现。婴儿生下要立刻除去口中污物，刚出生的婴儿如果不哭，要用葱白轻轻敲打，或对口吹气，或用温水给他沐浴，直到哭出了声为止。他主张要让小孩时常晒太阳，吸收新鲜空气。这些主张都很合乎科学原理。对于难产病、产后并发症，他也有独到的医疗方法。

此外，孙思邈在医治一些疑难重症方面，以及积累针灸治疗经验等方面，也有不少的贡献。

由于孙思邈在医药学方面有杰出的贡献，又富于救死扶伤的精神，所以他一直受到广大人民的崇敬。后世人都尊称他为"药王"。直到今天，陕西耀州还有孙思邈的祠堂，祠里有他和他父母的塑像。

（曹增祥）

玄奘取经

玄奘，俗姓陈，河南缑（gōu）氏（今河南偃师）人。他在青年时，读过很多佛经译本，并且到过长安、成都等许多地方，向著名的法师问过道。但是他感到许多佛教的理论问题还不能很好地解决，于是决心出国到印度等地去游学。

当时是唐太宗贞观三年（629），唐朝和西突厥的关系还比较紧张，唐政府禁止人民从西北地区出境，玄奘一再申请到印度，都没有得到批准。他志向坚决，就独自一人西走。在过玉门关后经过大沙漠时，几乎因缺水死去。到高昌时，高昌王曲（qū）文泰[1]留他讲经，想让他住下去。他拒绝了，继续往西走。他战胜了沿途的高山峻岭、飞沙走石、荒坡野林、毒虫猛兽、暴客侦卒、关卡国界等困难、障碍和危险，穿过了现在我国的新疆、中亚地区、阿富汗、巴基斯坦，到达了印度。

当时印度最主要的佛教学术中心是那烂陀寺（今印度比哈尔邦伽耶城西北），玄奘在那里跟随庙中地位最高、学问最好的戒贤法师学习。此后，他继续到各处游历求学。所有印度著名的学者，他几乎都请教过。他的足迹几乎踏遍了整个印度和巴基斯坦。有

1　即麴文泰，高昌末代国王。——编注

一次，他在曲女城（今印度北方邦雷利城）[1]学术辩论大会上宣读论文，进行论辩，这个大会有十八国的国王和无数的各派学者参加，大家都很佩服玄奘学问的精深。玄奘在印度和巴基斯坦不仅以自己的学说丰富了佛教哲理，同时也将我国人民的友谊和文化带给了印度和巴基斯坦人民。他回国后，又把中国古代的重要哲学著作——老子的《道德经》翻译成梵文（印度古文字），介绍给印度。

贞观十七年（643），玄奘携带了他历年寻访所得的佛经、佛像等，离开印度回国。贞观十九年（645）正月，玄奘回到长安。从这年春天起，他便专心一意地开始进行佛经的翻译工作。经过将近二十年的辛勤劳动，玄奘把梵文佛经七十五部（总计一千三百三十五卷）译成了汉文。此外，玄奘的《大唐西域记》十二卷，还翔实地记载了当时唐朝国境以西的一些国家的历史本末、风土人情、宗教信仰、地理位置、山脉河流、生产情况等。这部书成为研究这些地方和国家的古代历史以及当时的中西交流的宝贵资料。

（张习孔）

敦煌艺术

在现在甘肃省敦煌市东南四十多里的地方，耸立着一座陡壁

1　曲女城，古印度羯若鞠阇国都城，又译屈饶夷城，在今印度北方邦卡瑙季县。

悬崖，崖壁上分三四层排列着像蜂窝一样的洞窟。这就是举世闻名的莫高窟，也叫千佛洞。

敦煌很早就是我国跟中亚、西亚文化交流的要地。大约从4世纪到14世纪的一千多年间，人们在这个长约三里的莫高窟开凿了一千多个洞窟。现在完好保存的有四百八十多个，其中十分之七是隋唐五代时开凿的。洞窟里保存到现在的塑像有两千多个。如果把那里面的壁画一一连接起来，长度可达五六十里。

敦煌莫高窟里面的彩塑，最大的高达三十三米，和北京的前门楼高度一样。这些巨大彩塑都是石胎泥塑的，在凿窟时就把佛像的体形轮廓凿出，然后在外面再加泥塑。一般小的彩塑则是用泥做胎的。

彩塑一般都是佛、菩萨、弥勒的塑像，也有力士的塑像。这些塑像栩栩如生，精神焕发，如第194窟里的菩萨塑像，面庞圆润，眼睑低垂，嘴微微张开，露出妩媚的微笑，与其说它是神像，不如说是我国美丽妇女的造像。同窟的力士像，则昂头张嘴，肌肉紧张，青筋暴露，活现出威严勇猛的性格。在这大量的塑像中，包罗有极为丰富多彩的艺术典型。有的塑像秀骨清神，有的丰肌腴颊，有的体态玲珑，有的气魄雄壮；所用的色彩也明暗不一，有的朴素，有的华丽。它们不但显示出了我国古代彩塑匠师们的高度智慧和卓越的创造才能，同时也表现出了各时代的不同艺术风格。

莫高窟的壁画，是先用泥掺杂碎麦草或麻筋涂平窟面，然后涂上一层薄石灰，再在上面着色绘制的。这些壁画大多色彩绚烂，构图宏伟，线条流畅，所画的内容主要是佛教故事。

壁画中有一部分是运用丰富的想象来描绘西方极乐世界的（佛经说人死升天堂，天堂在西方，那里是极乐世界）。画面中的西方乐土是殿阁嵯峨、池水清丽的地方。那里有释迦牟尼佛端坐在中央的莲花宝座上，环绕在他周围的有许多罗汉、菩萨和护法。上面祥云缭绕，并有"飞天"和神鸟翱翔上下。

壁画中，还有相当一部分是各种姿势的菩萨像。其中，唐代的菩萨像最为优美并且富于变化。

敦煌壁画《反弹琵琶图》

另外，有些壁画根据佛经，绘出释迦牟尼在他无数世以前舍身行善的故事。有些壁画画的是佛讲经说法的故事。

壁画中的许多"飞天"——美丽地飞在天空中的小菩萨，拖着轻软的飘带，在空中上下回旋，神采奕奕，姿态动人，最为人们所喜爱。

敦煌的壁画、彩塑和藻井（彩绘的窟顶），美妙瑰丽，是祖国优秀的艺术遗产，也是世界上最大、最著名的艺术宝藏之一。列强在旧日反动政府的纵容和包庇下，从莫高窟盗走了不少珍贵的壁画、彩塑和藏在窟中的经卷。

（曹增祥）

五代十国

黄巢起义失败后，唐政府名存实亡，许多新起的藩镇互相攻伐，割地称雄。当时盘踞在黄河流域的主要势力有山西的李克用和河南的朱温（全忠）。李克用是靠镇压农民军壮大起自己力量的沙陀族首领，朱温是农民起义军的叛徒。904年，朱全忠挟持唐朝皇帝到洛阳，操纵了中央政权。907年，朱温代唐称帝，改国号为梁，史称后梁。后梁以汴（今河南开封）为都城。历时二百九十年的唐朝正式结束，从此开始了"五代十国"的历史。

923年，李克用的儿子李存勖（xù）在魏州称帝，建国号叫唐，史称后唐。不久，李存勖消灭了后梁，把都城迁到洛阳。

936年，后唐的河东节度使石敬瑭借契丹（后改号为辽）兵灭掉后唐。石敬瑭被契丹统治者册立为"大晋皇帝"，建立起后晋。从此，幽云十六州（在今河北与山西北部）被割让给契丹，那里的汉族人民长期处于契丹贵族的统治之下。

石敬瑭对幽云十六州土地和人民的出卖，并不能满足契丹贵族无止境的贪欲。946年，辽军攻入后晋都城开封，活捉了后晋皇帝石重贵（石敬瑭之侄），河北地区完全为契丹贵族所占领。契丹统治者派兵马轮流到各处劫掠，称之为"打草谷"。辽太宗耶律德光在开封即位称帝，并改穿汉人服装，以麻痹汉族人民。北方人民对于契丹军队的残暴行为，非常痛恨，到处组织义军，起来反抗。耶律德光看见形势不妙，在侵入中原后两个月，就托名避暑，率军北逃。后晋将领河东节度使刘知远在太原建立政权，趁机领兵进入开封，宣布自己为汉皇帝，史称后汉。后汉政权建立仅仅四年，就被其部将郭威所灭。

郭威杀死后汉的皇帝（刘知远养子），建国号周，史称后周，仍都开封。

这就是北方先后建立的五个王朝 —— 后梁、后唐、后晋、后汉、后周，历史上称为"五代"。五代统治的地区，仅是黄河流域一带（有时也包括四川在内）。至于淮水以南至广东的广大地区，则先后为九个小国所分据。它们是：

一、前蜀：王建所建，在今四川。

二、后蜀：孟知祥所建，在今四川。

三、吴：杨行密所建，在今淮河以南和长江中下游两岸地区。

四、南唐：吴的大臣李昪（biàn，徐知诰）夺取吴的政权自立为王。

五、吴越：钱镠（liú）所建，在今太湖流域和浙江一带。

六、闽：王潮、王审知兄弟所建，在今福建。

七、楚：马殷所建，在今湖南。

八、荆南（南平）：高季兴所建，在今湖北江陵一带，是最小的一个政权。

九、南汉：刘隐所建，在今两广一带。

除南方九国外，还有一个割据太原的北汉。北汉是郭威灭后汉的时候，河东节度使刘崇（后改名刘旻，"旻"音 mín）建立的，在今山西一带。

以上就是所谓的"十国"。

在五代十国时期，北方的梁、唐、晋、汉等朝长期进行割据战争，给人民带来许多灾难。除田赋外，统治者还野蛮地向农民征收名目繁多的杂税。农民的牛死了，政府出很少的钱硬把牛皮买来做军用品，后来要了牛皮不给钱，最后还不管牛死没死，也不管有没有牛，都强迫农民出钱给政府，取名"牛皮钱"。农民有农具要纳税，过桥要纳税，吃盐要纳税，不管喝酒不喝酒也要纳税。田赋每一斛（当时以十斗为一斛）要加收两斗，叫作"雀鼠耗"，说是要补偿粮食存入粮仓后被麻雀和老鼠吃掉而造成的损耗。地方官在他们管辖的地区内横征暴敛，方法更是多种多样，如后晋归德节度使赵在礼在宋州（今河南商丘）的行为很是残暴，当他调职的时候，老百姓高兴地说："这回可拔去了眼中钉。"不久，他又调回来，便明目张胆地要宋州老百姓每人交纳"拔钉钱"一千文。吴、越、楚、闽、南汉等国还有所谓"身丁钱"（人口税），这也是以前所没有的。

（张习孔）

周世宗　柴荣

五代十国时期，各地割据势力纷纷称帝称王，互相战争，契丹贵族不断南侵，烧杀抢掠，人民受尽剥削和压迫，生活非常痛苦。到了后周时期，社会情况有了改变。周太祖郭威即位后，进行了一些减轻人民痛苦的改革。户口增加了，北方的经济情况渐渐好转。

954年，郭威病死，柴荣（郭威的养子）继位，他就是周世宗。在经过长期混战以后，广大的人民急切要求恢复社会经济，结束分裂割据局面，解除契丹侵扰的威胁。在这样的形势下，柴荣采取了各种措施，整顿吏治，发展生产，并在稳定内部的基础上，进行了统一南北的工作。可从以下几个方面来说明。

一、社会经济方面：柴荣即位后，进一步减轻了对人民的剥削，把部分官田和全部无主荒田分给农民耕种，来恢复农业生产。他还下令裁减境内的寺院，把原有的三万三千多所寺院，裁减成两千多所，从寺院收回了不少田产，解放了不少劳动力。在抑制寺院势力以后，他又下令把民间的佛像、铜器一齐收集起来，由政府付给一定代价，然后把这些佛像、铜器销熔铸钱。为了使农业增产，柴荣前后几次下令兴修水利工程，尤其是对黄河下游的各处决口，更加注意及时修补。长期淤塞的汴水，经过疏导以后，江淮的粮食货物，都可以由这条水路集中运到京城开封。

二、政治军事方面：柴荣在位期间，屡次下诏求贤，提倡节俭，停止地方上贡，严惩贪官污吏，调整州县行政机构，裁并乡村，整顿里甲，清查户口。同时，他还进行了整顿军队的工作，严惩临阵逃跑的将校，精选禁卫军，整肃了军纪，加强了中央的军事力量。

三、统一战争方面：柴荣在内部局势取得相对稳定的情况下，开始进行统一全国的事业。955年，他派凤翔节度使王景领兵进攻后蜀，连克秦（今甘肃天水）、成（今甘肃成县）、阶（今甘肃武都）等州。第二年，柴荣亲自率军攻打南唐，前后花了将近两年半的时间，打到长江边，迫近南唐的都城金陵（今江苏南京）。958年，取得南唐的江北十四州，在战略上取得了绝对优势。这时柴荣考虑到，要渡江南下，必须先解除北方辽的威胁。959年，柴荣率大军北伐。所过之地，辽的守将望风归降。出师仅四十多天，就连下三关——益津（今河北霸州）、瓦桥（今河北雄县）、淤口（今河北霸州东），并收取了瀛（今河北河间）、莫（今河北任丘）、易（今河北易县）三州十七县。正当后周军队继续向北挺进，准备收取幽州（今北京市）之际，柴荣突然患病，全军只得停止前进，退回开封。不久，柴荣就病死了。

柴荣虽然没有能够亲身完成统一中国的大业，但在他在位的短短五年多的时间里，他能够致力于革新政治、恢复生产、整顿军队等工作，使社会秩序得到安定，阶级矛盾趋于缓和，国家实力得到增强。他在结束"五代十国"长期纷扰割据的社会局面、使中国重新走向统一的历史进程中，是很有功绩的。

（张习孔）

陈桥兵变

周世宗柴荣死后，他的儿子柴宗训继位。柴宗训这时年方七岁，他的母亲符太后掌管政权。

这时，殿前都点检（皇帝亲军的最高长官）赵匡胤，看到后周孤儿寡妇当政，就暗地里和其他禁军将领石守信等结拜为十兄弟，阴谋夺取后周的政权。

柴宗训即位的第二年（960）正月初一，当后周的君臣们正在大排筵宴、欢庆新年的时候，突然接到了紧急边报，说北汉和辽合兵，大举南犯。符太后和执政大臣们不辨真假，仓促派遣赵匡胤等率领禁军前往抵御。初三晚上，赵匡胤带领大军在陈桥驿（开封东北四十里）宿营。这天深夜，军中一部分将官，在赵匡胤的弟弟赵匡义和谋士赵普的策划鼓动下，发动兵变，声言要拥立赵匡胤做皇帝。这时，赵匡胤假装酒醉不醒。第二天天明，诸将直接拥进赵匡胤的寝所，把一件黄袍披在他的身上，都向他跪拜，高呼万岁。

赵匡胤黄袍加身后，立即回师开封，废掉了后周的皇帝，自己正式做了天子，改国号为宋，定都开封（称为东京），历史上称为北宋。赵匡胤就是后世所称的宋太祖。

（刘占文）

杯酒释兵权

赵匡胤做了皇帝以后，首先考虑的是如何加强中央集权的问题。这是因为，从五代以来，武人跋扈专权，将士拥立主帅做皇帝的风气很盛，如果不加强中央集权，新建立的政权就很难巩固。事实上，宋政权建立不久，就先后有两个节度使起兵叛乱。叛乱虽然很快就被平定，但是武将仍旧操纵着国家的军事大权，这点正是让赵匡胤寝食不安的大患。

为了加强中央的军事实力，消灭可能叛变的地方武装力量，赵匡胤采纳了大臣赵普的建议，采取了一系列逐步削夺节度使军权和财权的措施。

在集中军权方面：建隆元年（960），赵匡胤命令各州长官把地方的精壮士兵选拔出来，送到京师，补作禁军（禁军是当时全国最主要、最精锐的军队）。同时，还创立"更戍法"。命令禁军经常轮流到各地去守卫，表面上说是让士兵"习勤苦，均劳逸"，实际上是利用这种办法，以达到"兵不谙将，将不专兵"的目的。

建隆二年（961）秋天，某日，赵匡胤举行宴会，邀请掌管禁军的节度使石守信、王审琦等一块儿喝酒。在大家酒兴正酣的时候，赵匡胤屏退左右，对这些将领们说："我若没有你们的帮助，不会有今天。可是，做皇帝实在没有做节度使快乐！"石守信等听了，忙说："陛下为什么说这样的话？现在天下已定，谁还敢有异心？"赵匡胤说："哪个节度使不想做皇帝？就算你们不想，有一天部下逼着你们做，硬把黄袍加在你们身上，那时就不容你们不做了。"石守信等说："我们断不敢有这种梦想。"赵匡胤说："人生不过几十年，求富贵的人，不过是想多积金钱，好自己享乐，使子孙免于贫穷。你们何不交出兵权，到地方上去，多买些田地房产，为子孙长久打算；你们也可以多蓄养歌儿舞女，尽情享受，以终天年！如果能够这样，我可以和你们结为姻亲，君臣之间，两无猜疑，岂不是好！"石守信等听了赵匡胤的话，当然明白是什么意思，第二天都自动告病，并请求朝廷解除自己的军职。赵匡胤都一一批准。这就是历史上所说的"杯酒释兵权"。

赵匡胤在解除了石守信等人的兵权后，不再设置殿前都点检和殿前副都点检的兵职，而把禁军交给"三衙"（殿前司、侍卫马军司、侍卫步军司）统率，并且任命自己比较容易驾驭的人来做禁军的将领。

这样，宋中央政府就直接掌握了禁军，中央集权就大大地加强了。

在集中政权方面：乾德元年（963），北宋政府命令各节度使所领的"支郡"都直属中央政府，不再受节度使管辖。中央选派文臣去做各州县的长官。同时，又在诸州设立通判，名义上是帮助地方官办事，其实是监视地方官。凡是州内有关兵民、钱谷、赋役、狱讼等政令，如果没有通判的签署，就不生任何效力。这样，北宋朝廷就可以利用地方官和通判之间的相互牵制，收到中央控制地方的实效。

在集中财权方面：北宋政府为了纠正唐末藩镇割据以来地方财政收入全归节度使支配的积弊，命令各州，今后税收金帛财物，都要上缴中央，地方官只可以酌情留一部分作为地方经费开支。

北宋政府在施行了上述一系列加强中央集权的措施以后，严重地削弱了地方的武装势力，改变了唐末、五代以来地方藩镇势力强大，中央不能指挥调度的局面。这些措施，对于安定当时社会秩序、发展生产以及抵御外侮来说，都是有好处的。

（张习孔）

杨　家　将

北宋建国以后，经过将近二十年的时间，到宋太宗（赵匡义）太平兴国四年（979）灭掉北汉，最后才完成统一全国的事业。但是，被石敬瑭割让给契丹贵族的幽、云诸州，这时仍然没有收复。

契丹族建立的辽政权，一直是北宋北边最大的威胁。辽统治者经常派遣军队大规模南侵，烧杀抢掠，使中原一带的生产遭到严重破坏。中原地区的人民，再接再厉，英勇不屈，长期和入侵的辽军展开激烈的斗争。杨家将的故事，就是在这样一个历史背景下产生的。

杨家将中最主要的人物是杨业（又名杨继业），他作战英勇，当时人们给他一个很好的别号，叫作"杨无敌"。

雍熙三年（986），宋太宗下令分东、西、中三路出兵攻辽。潘美为西路主将，杨业为副将。在北伐中，杨业屡立战功。出兵仅仅两个月，就收复了云（今山西大同）、应（今山西应县）、寰（今山西马邑）、朔（今山西朔州）四州。可是，曹彬率领的东路军，在岐沟（今河北涿州西北）吃了败仗。宋太宗下令新收复的四州官民撤退，由潘美、杨业掩护。

辽统治者看见宋军后退，迅速集中了十万精兵，乘势攻进寰州。杨业对潘美说："现在敌人的实力很强，应当暂避锋锐，不能冒险进攻，最好还是按照朝廷的命令，迅速掩护老百姓撤退，以免遭受巨大损失。"可是潘美坚持要杨业出兵雁门，收复寰州。杨业无奈，只得率领本部人马去和辽军交战。临行前，他和潘美约好，预先把一千名弓弩手埋伏在陈家谷口（今山西朔州南）两侧，等他把辽军引到谷口时，前后夹击，予辽军以歼灭性打击。

杨业率领少数军队和辽军从拂晓战至黄昏，果然把辽兵引到了谷口。但是，这时潘美早已离开了陈家谷。杨业身陷重围，仍然奋不顾身，继续与辽军战斗。最后由于双方兵力过于悬殊，宋军伤亡很重，杨业的儿子杨延玉和七十三岁的老将王贵都壮烈牺牲，杨业本人身带数十处重伤，不能行动，被辽军俘虏。被俘后，他不吃不喝，不屈而死。

根据史书记载，杨业有七个儿子，除杨延玉外，在历史上有事迹可考的是杨延昭，就是戏曲小说中的杨六郎。杨延昭在今河北一带抗辽守边二十多年。因为他智勇双全，常常打胜仗，辽军都很怕他。

杨六郎的儿子杨文广，也是宋朝一位名将。他曾先后防守过陕西、河北等处，使西夏和契丹不敢大举进攻。

有关杨家将的历史记载虽然不多，但在戏曲传说中，人们却按照自己的想象和愿望，丰富了杨家将的故事。《潘杨讼》《清官册》等戏剧，就是这样编演出来的。

（张习孔）

澶渊之盟

宋真宗景德元年（1004），辽政权的皇帝和他的母亲萧太后，趁秋高马肥的时候，亲率二十万大军，南下侵宋。

当辽军南下，告急文书不断传到开封时，北宋君臣议论不一。

大臣们有的主张迁都至金陵，有的主张避敌到成都。宰相寇准则坚决主张抵抗，并且要求宋真宗亲自出征督战。

南侵的辽军，遭到了各地宋军坚决抵抗。同年冬天，辽军深入离开封以北不远的澶（chán）州（今河南濮阳）。怯懦动摇的宋真宗，在寇准和广大军民积极要求抗战的压力下，勉强亲自出征；车骑刚到韦城（今河南滑县东南），在主和派的怂恿下，他又想往南逃了。寇准对宋真宗说："现在敌人已经迫近国都，全国人心惶惶。陛下只可前进，不可后退。如果陛下的车子后退几步，就会使前线受到影响。那时，敌人乘势进攻，就是想保持江南半壁江山，也办不到了。"

殿前都指挥使高琼在旁，也说："寇准说得对。愿陛下赶快到澶州，臣等愿以死报国，敌人并不难破。"宋真宗只好下令前进。

这时，孤军深入的辽军，到处受到宋军和民兵的英勇反击，他们的后方和军事供应受到严重威胁。集结在澶州附近的宋军逐渐增加到几十万，士气非常旺盛。辽军先锋萧挞凛窥察澶州地势，被宋军用伏弩射死，辽军的疯狂气焰，受到了很大打击。辽贵族估计到胜利已无希望，转而向北宋议和。

宋真宗本来没有抗敌决心，见到辽有意议和，自然求之不得。抗战派代表寇准主张拒绝和议，乘胜进军，宋真宗却拒绝采纳抗战派的意见。主和派极力打击寇准等，诬蔑他们主张抵抗是别有企图。在主和派的策划下，北宋政府终于在景德元年十二月（1005年1月）和辽国达成和议，订立"澶渊之盟"。和议规定，宋每年给辽绢二十万匹，银十万两。从此以后，宋朝政府年年向辽输纳银、绢，使得人民又平添了一笔巨大的负担。

（刘占文）

范 仲 淹

范仲淹（989—1052），字希文，吴县（今江苏苏州）人，北宋时代的著名学者、政治家。"先天下之忧而忧，后天下之乐而乐"，这两句至今仍被人们传诵的名言，就出自他的《岳阳楼记》一文。这两句话，充分表明了范仲淹那种"以天下为己任"的开阔胸怀。

范仲淹在年轻的时候，由于家境贫寒，上不起学，一个人跑到一间僧舍中去读书。他每天晚上，用糙米煮好一盆稀粥，等到第二天粥凝成了冻以后，就用刀划成四块，每天早晚各取两块来吃；没有菜，就把用盐水浸过的野菜茎，切成几十段作为副食。

范仲淹二十三岁的时候，辞别母亲到应天府（今河南商丘）的一个乡学里去学习。在学舍中，他昼夜苦读，从不浪费一分一秒。冬天夜里，当读书读得疲倦时，他就用冷水洗一洗脸，让头脑清醒过来，然后再继续读下去，一直到深夜。一连好几年，他从来没有吃过饱饭，也没有脱下衣服好好地睡一次舒服觉。他常常对别人说："一个人如果不能读书，立大志，即使能吃饱喝足，生活舒适，也没有多大意义。"

在范仲淹的同学中，有一个是南京（当时的应天府）留守（管理、守卫京城的官）的儿子，他看见范仲淹每天吃两顿稀粥充饥，很是感动，有一天回家把这件事告诉了自己的父亲。他父亲就叫他带些酒肉饭菜去送给范仲淹。但是范仲淹并没有吃，过了几天，这些食物都放坏了。留守的儿子很奇怪，便去问范仲淹。范仲淹答谢说："我并不是不感激令尊的厚意，只是因为我平常吃稀饭已经成为习惯，并不觉得苦；现在如果贪图吃好的，将来怎么能再吃苦呢？"

后来，范仲淹担任过陕西经略副使。他在任期间，积极改革军制，巩固防务，对于防御西夏的进攻，起了相当重大的作用。以后，他被调到中央，任参知政事，曾经向宋仁宗（1022—1063在位）提出厚农桑、减徭役、修武备、择长官等改革方案；但因遭到大官僚地主的反对，没有实行。

范仲淹的诗、词、散文，都写得很好。《岳阳楼记》就是他描写洞庭湖风光的一篇很著名的文章。他的著作有《范文正公集》。

（张习孔）

包　公

包拯（999—1062），字希仁，庐州合肥（今安徽合肥）人。他在做官期间，替负屈的老百姓伸冤，做了不少有利于人民的事情。他曾做过龙图阁直学士，因此，人们又称他为"包龙图"。

嘉祐元年（1056），包拯升任开封知府。根据旧日的惯例，百姓告状，不能把状纸直接递上公堂，须由衙役代转。这样，衙役就可以从中勒索，收受贿赂。包拯到任以后，下令废除这项陋规，允许老百姓直接到公堂上辩理诉冤，受到开封老百姓的热烈拥护。

有一年，开封惠民河涨水，京师受到严重威胁。经过调查，包拯找出涨水的原因，是由于当时京师有权势的豪门，争着在惠民河上修筑园亭，影响了河道，以致年深月久，河水淤塞。为了全城人民的安全，包拯下令把惠民河上的建筑全部拆毁，疏浚河道。因为这件事情，包拯得罪了不少权贵。有的权贵借着包拯要他们呈验地契的机会，伪改地契步数，包拯派人丈量属实，上奏仁宗，请求依法处理。

包拯对那些残害老百姓的贪官污吏，一向主张严厉惩办。他做右谏议大夫时，三次上书皇帝，奏请罢免宣徽南院使张尧佐。两个违法的三司使（理财的官）因为他的纠举被撤掉。他竭力主张节省公私开支，坚决反对奢侈浪费。他个人的日常生活非常节俭，自己虽然已做到开封知府，可是衣服、器用、饮食都和刚做官时一样。他曾经向仁宗皇帝建议：停止修建一切不急需的大工程，废除所有正税以外的苛捐杂税。开封上清寺失火被焚，仁宗准备动工重建。包拯立即上奏谏阻，认为国库不充，边境未宁，不应当首先办理这样无关紧要的事情。包拯还常常反对仁宗任意赏赐大臣和内臣钱帛，反对臣僚们乱用公款、铺张浪费，等等。

包拯这种不避权贵，甚至敢于对皇帝直谏的正直作风，在小说、戏曲中，经过人们的想象、发挥，被编成许多动人的故事。人们最熟悉的《铡美案》《打龙袍》等剧，就是这样产生出来的。至于有些旧小说、戏曲中，说他还到所谓"阴间"去审案，则是封建迷信的、完全虚构的。

包拯做官三十多年，一直以刚严的态度来执行封建国家的法纪，对于强宗豪族的专横不法，按公处断，丝毫不留情面，弹劾和压制豪门贵族，深受人民的爱戴。

（张习孔）

王 安 石

北宋统治者设置了庞大的官僚机构，尽量吸收地主阶级分子参加。官僚们除领取国家优厚的俸禄外，还享有减免赋税、徭役的特权。职责不清，人员庞杂，这不仅大大削弱了行政的效率，而且严重地增加了国库的开支。

北宋时期，除北方的辽不断对宋侵扰外，西北党项族（羌族的一支）建立的西夏，也经常对宋进攻。在辽和西夏的威胁下，北宋政府不断地扩充兵额。宋仁宗时期，军队的数目已经增加到一百二十五万多人，养兵的费用占了国家财政支出的很大一部分。

此外，加上统治阶级的奢侈浪费，以及每年送给辽和西夏大批的绢帛和白银，使北宋政府的财政陷入了极端困难的境地。北宋统治者为了摆脱危机，拼命地向农民榨取赋税。据记载，仁宗时就已形成"凡百赋率，增至数倍""下至果菜，亦皆加税"的局面。

农民起义不断爆发，统治阶级恐慌起来。一些比较有远见的人，如范仲淹、欧阳修等，针对当时的局势，先后提出了改革政治的主张。但是由于顽固派的反对，他们的主张都未能得到实行。宋神宗在位（1067—1085）时，北宋社会的危机更加严重。在这样的情况下，宋神宗任用王安石做宰相，来实行变法。

王安石（1021—1086），字介甫，抚州临川（今江西抚州）人，出身地主家庭。他早年在浙江做过地方官，很有政治才能。仁宗时，他上过万言书，主张改革政治，没有被采纳。神宗熙宁二年（1069），他被任为参知政事，次年被任命为宰相，积极展开变法活动。王安石变法的目的，在于富国强兵，缓和阶级矛盾。为了变法，他先在中央政府设立了一个机关——"制置三司条例司"，来制定新法的各项条例。

新法主要有下列几项：

一、农田水利法——开垦荒地，兴修水利，积极发展农业生产。五六年之内，兴修水利工程一万多处，灌田三十六万多顷。

二、方田均税法——丈量土地，按土地的数量、肥瘠等情况征收赋税。实行方田均税法后，前后丈量出地主官僚隐瞒的土地二百多万顷，迫使豪强地主不能不缴纳赋税，并且不许他们将赋税转嫁给农民。这样，既增加了国家赋税的收入，也相对地减轻了农民的负担。

三、均输法——过去地方"上供"物品，都由各地分散购置，富商大贾往往趁机操纵物价，囤积居奇。均输法改为由朝廷设"发运使"统一购置，一方面既免去了富商大贾从中操纵的弊端，另一方面也收到了"便转输，省劳费"的效果。

四、青苗法——每年青黄不接时，政府以较低的利息贷现款或实物给农民，收百分之二十的利息，叫作"青苗钱"。青苗法的实行，限制了高利贷者盘剥农民的行为。

五、免役法——北宋时差役繁重，服役人受苦不堪。免役法规定：凡服役人户按等第出"免役钱"，就可以不再充役；享受免役特权的官僚地主，也要按财产多少出"助役钱"；由国家用免役钱和助役钱雇人充役。实行免役法，减轻了人民服役的痛苦，同时也使大地主官僚的特权受到了一定的限制。

六、市易法——政府设"市易司"，平衡物价，小商贩也可向市易司借贷资金或赊购货物，年息二分。这样就使大商人不能垄断市场，并且增加了政府的收入。

七、保甲法——组织民户，十家为一保，五十家为一大保，五百家为一都保。一家有壮丁两人的，出一人为保丁。保丁在农闲时集中进行军事训练，平时巡逻、放哨，维持地方治安，战时保卫疆土。诸路（"路"是行政区域的名称，当时全国分二十三路）保甲后来还代官府养马，以备战争之用。保甲法的实施，加强了国防的力量。

由于新法触及了大官僚、大地主、大商人的利益，变法一开始就遭到了以司马光为首的守旧大臣们的反对。新法的实行，从熙宁二年（1069）到元丰八年（1085），前后共十七年。神宗死后，新法被完全推翻。

（刘占文）

梁山好汉

《水浒传》是一部著名的长篇古典小说，它着重描写了北宋末年农民反抗地主官僚的英勇斗争，塑造了一百零八条梁山好汉的形象。书中提到的英雄人物的名字，虽然不完全见于正史，但是书中叙述的这一斗争，在历史上却是有根据的。

北宋徽宗时（1101—1126），蔡京、王黼（fǔ）、童贯、梁师成、李彦、朱勔（miǎn）六人专擅朝政，结党营私，卖官鬻（yù）爵，荼毒百姓，当时被人们称为"六贼"。宋徽宗在蔡京等大官僚的怂恿下，大动土木，还在江南搜寻名花异石，用船运到京师（运送花石的船队叫作"花石纲"）。在各地官府的大规模搜刮下，中等以下的人家，很多都因此破产。人民没法生活，不断起来反抗。

徽宗政和（1111—1117）年间，宋江等三十六人以梁山泊（在今山东梁山县境内）为根据地，领导农民起义，反抗统治阶级的暴政。宣和元年（1119），北宋政府采取欺骗办法，下诏"招抚"起义军，没有达到目的。宋江等三十六人领导着起义队伍，同几万官军搏斗，屡次把官军打得大败。宣和二年（1120）冬，起义军的声势愈益壮大，他们转战于山东、河北、河南、安徽北部和江苏北部一带，严重地打击了各地的官僚、地主。当宋江等领导的起义军在北方活动时，方腊领导的起义军在今浙江也展开了斗争。宋朝的官僚侯蒙向宋徽宗献计，要朝廷"招抚"宋江，让宋江去进攻方腊，阴谋使起义军彼此残杀。宋徽宗认为这是个好办法，任命侯蒙为东平知府，去办理这件事情。可是侯蒙没等到任就死去，所以这次招抚诡计又没有实现。宣和三年（1121），宋江进攻淮阳军（今江苏邳州东），进入楚（今江苏淮安）、海（今江苏连云港）二州交界的地方。据史书说，宋江"转掠十郡，官军莫敢撄（ying，触犯）其锋"。宋朝统治者慌忙命令海州知府张叔夜来对付起义军。

张叔夜先以敢死队一千人，埋伏在海州城附近，又以一部分壮卒隐伏在大海边，接着派出轻兵一支向宋江等诱战。等到宋江领军前来时，伏兵趁机而起，四面合围。在战斗中，宋江的副将被俘。起义军死伤很重，宋江失败，时间约在宣和三年（1121）夏秋之交。

（张习孔）

宋徽宗《听琴图》

方腊起义

　　方腊，青溪（今浙江淳安县）人，北宋末年的农民起义领袖。宣和二年（1120）冬，他在睦州（今浙江建德市）利用明教，动员、组织群众，领导农民起义。明教是一种民间宗教，北宋时，在我国东南一带流行。教徒崇拜光明之神，提倡素食、戒酒，讲究团结互助，主张平等。这些信条，反映了农民刻苦朴素的精神和反抗压迫、要求平等的意志。

　　起义开始时，方腊向一千多个贫困不堪的农民，无情地揭露了北宋统治阶级的残暴荒淫、腐朽无能，号召农民武装起来，进行斗争。他的讲话，激发了受尽剥削压迫的农民群众的强烈的阶级仇恨。

　　起义爆发后，方腊自号"圣公"，建年号为"永乐"。起义军砍伐了大量毛竹，削尖了作为武器；在一两个月的时间里，连破青溪、睦州、杭州等地。警报传至开封，北宋政府非常惊惶。宋徽宗命令童贯等统率十五万大军，前往镇压。

　　第二年（1121）春，起义军又连续攻占婺（wù）州（今浙江金华）、衢州（今浙江衢州）、处州（今浙江丽水）等地。童贯到东南后，采取软硬兼施的办法：一面下令把办理"花石纲"的"苏杭应奉局"撤销，并且请求宋徽宗把主办"花石纲"的朱勔父子免职，以缓和人民的斗争情绪；一面迅速调集军队，水陆并进，向起义军大举进攻。

起义军在杭州和官军展开激战，方腊为了保存力量，从杭州撤退，回到根据地睦州。接着，双方又在睦州附近的桐庐展开激战，起义军失败。官军加紧进攻睦州，坚守睦州的起义军由于军粮不足，武器缺乏，最后退守青溪的帮源洞和梓桐洞。童贯率军进逼，重重围困起义军，断绝起义军的一切接济。1121年夏，方腊等起义军首领五十多人在苦斗中被俘；起义军七万余人，英勇战斗，粮尽援绝，全部壮烈牺牲。这年秋天，方腊在东京（开封）被宋统治者杀害。

方腊领导的农民起义，虽然遭到失败，但起义军坚持了将近一年，不屈不挠，斗争到底，给封建统治者以沉重的打击。

（张习孔）

契 丹

契丹族最初住在今内蒙古自治区东境辽河上游西拉木伦河（辽代称为潢河），是一个游牧兼渔猎的民族。4世纪中，迁往今河北省围场县北到内蒙古自治区克什克腾旗一带。4世纪末，其中一部分仍返回西拉木伦河、老哈河的北面，分大贺氏等八部。八部各有首长，叫作"大人"，共推选一名"大人"为首领。从6世纪末年开始到10世纪初（隋到唐末），契丹社会随着生产的发展，私有财产制逐步得到确立。大贺氏、遥辇氏、耶律氏等八部"大人"，不断为争夺八部首领的地位而斗争。

五代后梁太祖开平元年（907），耶律阿保机取代遥辇氏的地位，成为契丹各部的首领。从907年至916年，阿保机逐步地统一了契丹各部落。五代后，梁末帝贞明二年（916），阿保机正式称帝（后世称为辽太祖），建立了契丹政权。这个政权的建立，标志着契丹族的社会历史开始进入了一个新的阶段。契丹族社会的经济和文化，在契丹政权建立以后，更加有了发展。

契丹政权统治的范围，在它最强盛时期，今天我国东北、内蒙古自治区、河北省北部及山西省的一部分，都包括在内。契丹全国行政区，以五"京"辖五个"道"，即上京（今内蒙古林西县）、东京（今辽宁辽阳县）、中京（今河北平泉市）、南京（又名燕京，即今北京）、西京（今山西大同）以及同一名称的"道"。每"道"下又分"府""州""县"各级。

926年，耶律阿保机死，他的儿子耶律德光继位（后世称为辽太宗）。946年，契丹出兵攻灭后晋。灭后晋的次年，契丹政权改号为"辽"。耶律德光死后，辽统治阶级内部矛盾加深，势力日弱，但到11世纪初时，辽势又复振，成为北宋北方最大的威胁。

11世纪末，居住在松花江流域一带的女真族日益兴盛起来。女真族长期受辽的压迫和剥削。12世纪初，女真族建立金政权以后，起兵抗辽，屡次打败辽兵。北宋政府采取联金攻辽的政策，和金共同出兵攻辽。宋徽宗宣和七年（1125），辽为金攻灭。

辽的贵族耶律大石在辽亡后率领一部分人西迁，在今新疆及中亚一带，建立了西辽国（又称黑契丹）。

（程溯洛）

女　真

女真本是黑水靺鞨（mò hé，古族名）的后人。"女真"这个名称是10世纪初才出现的。当时，女真受辽的压迫和剥削，辽国统治者为了削弱女真族，把其中一小部分受汉族文化影响较深的人迁徙到辽阳以南，编入辽的户籍，称作"熟女真"；其余大部分女真人则仍留居在粟末江（今松花江）之北及宁江州（今吉林扶余市）之东，不入辽户籍，称作"生女真"。生女真散居在河流沿岸或山谷之中，过着游牧狩猎的生活，尚处于原始氏族社会的阶段。

大约11世纪初，生女真中的完颜部已定居于按出虎水（今阿什河），学会种植五谷，并且还能刳（kū，挖空）木为器，制造舟车，修建房屋。以后，生女真便以按出虎水的完颜部为核心，迅速发展起来。

11世纪中期，完颜部酋长乌古乃兼并了周围许多部落，形成了女真人的部落联盟。这时，女真社会已有贫富不同和自由民与奴隶的区别，氏族制度正在崩溃瓦解。11世纪末，乌古乃的儿子盈歌和孙子阿骨打进一步完成了女真各部的统一。女真族内部统一以后，女真的社会经济更加有了发展，财富增加，兵源充裕，力量一天天壮大。1114年，女真族在他们雄才大略的领袖阿骨打的率领下，起兵抗辽。军队所向，势如破竹，辽军节节溃退。第二年，阿骨打便正式建立女真政权，号为"金"（因按出虎水而得名，"按出虎"是女真话"金"的意思）。此后，金与汉族封建文化的接触日益频繁，它的社会性质也迅速地向封建社会转化。北宋朝廷看见金的势力日益增强，几次派遣使者和金联系，相约夹攻辽。约定灭辽后，原被契丹侵占的幽云十六州由北宋收复，北宋则将原来每年送给辽的"岁币"转送给金。1125年，辽在宋、金的联合进攻下灭亡。但灭辽以后，金却不肯归还幽云十六州，并且借故向宋挑衅，兴师南侵。

在金兵深入进扰的情况下，宋政府内部分成了抗战、主和两派。抗战派以李纲、宗泽、种（chóng）师道等为代表，主和派以李邦彦、张邦昌等为代表。广大的人民和士兵，坚决支持和拥护李纲等抗战派，誓死抵抗金的进犯。但是，北宋的最高统治者——徽宗、钦宗两位皇帝，却一味只知苟且偷安，甘心情愿向金妥协。

1126年春，金兵进逼北宋首都开封，李纲等率领开封军民坚决抵抗。各地人民纷纷自动组织起来，四处袭击金兵，金兵北退。

不久，李纲被主和派排挤出开封，种师道的实际兵权被解除。这年秋天，金兵再度南侵，主和派压制人民的抗战活动，只顾向金求和。

1127年1月（钦宗靖康元年闰十一月），金兵侵占开封。因为各地义军纷纷起兵抗金，金兵在开封不敢久留，最后被迫退走。临走时，将徽宗、钦宗及赵氏宗室、后妃、公主等一并俘虏北去，北宋政权灭亡。同年6月，钦宗的弟弟康王赵构在南京（应天府，即今河南商丘）即位，他就是宋高宗。从此宋政权开始南迁，历史上称为南宋（1127—1279）。

1153年，金迁都燕京（今北京）。迁都以后，女真贵族迅速学会了历朝汉人的统治经验，大体仿照宋朝制度建立了一套剥削管理机构，同时还大量吸收汉族和契丹族中地主阶级的代表人物加入金的统治集团。

女真贵族对他们统治下的各族人民，特别是对汉族人民，实行野蛮的民族压迫政策，并且不断大举兴兵南犯，因此激起了各地人民的激烈反抗。南宋统治区域的汉族人民，在抗战派的岳飞、韩世忠等人的领导下，也展开了坚决的抗金斗争，给了金统治者沉重打击。

蒙古族强大以后，金在蒙古族的铁骑的进攻下开始衰落。1234年，金在南宋和蒙古的联合进攻下灭亡。

（之明）

宋代临安

宋高宗即位后，把国都迁移到临安（今浙江杭州）。从此临安作为南宋的首都有一百五十多年。

随着宋高宗的南渡，皇室贵族和大小官僚也纷纷逃到南方。南宋统治者把临安作为偏安一隅的"乐园"，把中原的失地和人民忘得干干净净。

临安在北宋时就是一个大都市，人口有四十多万。南宋在这里建都后，人口很快就增加到七八十万（有的说有一百多万），市面显出了空前的繁荣。城内，有各种手工业作坊，如油作、木作、砖瓦作、玉作、翠作、腰带作等，产品种类极多，质量也很好。特别是郊区凤凰山下所烧的瓷器，精致莹澈，驰名全国。大街上，有卖金银珠宝的商店，有卖彩帛布匹的商店，也有卖饮食的、卖铁器的、卖杂货的，各种店铺，应有尽有。并且还有许多官僚开设"长生店"（当铺），用高利贷来盘剥城市贫民。

值得注意的是，临安的海运交通非常发达。宋政府在这里设有市舶司，专门管理海舶出入登记，发给公据、公凭，征收货税及收买舶货等事。钱塘江口经常有装载各种货物的船只往来出入。外国商人以珍宝、香料来换取中国的丝绸、瓷器和手工艺品。据说，那时和南宋通商的国家有五十多个。不难想见，到临安来的外国商人一定不少。

南宋统治阶级，一方面向金屈辱讲和，来换取苟安局面；一方面加紧压迫剥削劳动人民，来维持自己豪华享乐的生活。宋高宗在临安城大修宫殿，在宫内修建假西湖，用金银制成水禽和鱼类放在湖里观赏。宁宗时，大臣韩侂胄（tuō zhòu）在临安长桥南修盖了华丽的楼台亭园。理宗时，大臣贾似道在西湖葛岭修建了规模巨大的别墅——半闲堂。他们穷奢极欲，醉心淫乐，置国家于不顾。无怪诗人林升愤慨地说：

山外青山楼外楼，西湖歌舞几时休？
暖风熏得游人醉，直把杭州作汴州！

（曹增祥）

八 字 军

南宋政权在建立初期，一直处在漂泊移徙、动荡不定的情况下。为了取得人民对新政权的信任，宋高宗起用了坚持抗战的李纲做宰相。李纲坚决反对议和，向宋高宗提出了施政的十项建议，积极准备北伐。李纲能够看到当时北方人民抗金的伟大力量，主张联合各地的义军来夹击金军。为了收复中原，他派张所为河北招抚使、傅亮为河东经制使，分别在大名（今河北大名县南）、陕州（今河南三门峡）设立招抚司，专门办理招集义军的工作。

女真统治者在灭辽以后，进一步对黄河南北各族劳动人民——特别是对汉族人民，加紧武装掠夺和民族压迫。黄河两岸各地的人民，纷纷团结起来，展开自卫的战争。靠山的结为山寨，傍水的结为水寨，其中最著名的是太行山区的"八字军"。

八字军为了表示他们抗金的决心，每个人脸上都刺着"赤心报国"等八个字，所以人们称他们为八字军。八字军的首领王彦，原来是宋朝的都统制，曾经隶属于张所的部下。1127年秋天，张所派王彦率领部将岳飞等部众七千人渡过黄河，抗击金兵，收复了新乡。后来不幸被金兵包围，八字军部众溃散，王彦便率领余部退到太行山。从此，王彦便领导了八字军。由于八字军英勇顽强的斗争，各地的忠义民兵，如傅选、孟德、刘泽、焦文通等十九寨义军，都自愿接受王彦的领导。他们的声势不断扩大，由七百余人迅速发展到十万余人。他们在太行山上，建成绵亘数百里的山寨，寻找机会，邀击金兵；等到金兵大举进攻时，他们就"且战且行"，转移阵地。他们和金军打了一百多次仗，给了金军沉重的打击。

有一次，金军统帅命令他的部将们一起向八字军进攻，这些部将们都跪下哀告，说："王都统（王彦）的营垒像铁石一样坚强，根本没有办法攻克，如果你一定要逼着我们去，就请你把我们处死吧，我们是没有胆量去进攻的。"金军统帅没有办法，只得改变策略，派遣骑兵去截断义军的粮道。王彦听到了这一军报，亲自率领义军在中途邀击，大败金军。八字军的声势从此更加盛大，成为金军后方一支非常活跃的抗金力量。

（张习孔）

黄天荡之役

宋高宗建炎三年（1129）春天，金军大举南侵，直逼扬州，宋高宗从扬州逃往江南。1130年1月，南宋防守长江防线的杜充兵溃投降，金兵渡过长江，占领了建康，攻陷了临安。宋高宗逃到越州（今浙江绍兴）、明州（今浙江宁波）、定海（今浙江舟山），最后被逼乘船逃到海上，在浙江沿海漂泊了三四个月。

当金兵南侵时，南宋的人民，纷纷奋起抵抗，到处袭击敌人，截断敌人的粮道。金兵统帅兀术（wù zhú）感到自己留在江南的兵力太单薄，害怕腹背受敌，不得不于1130年春天从江南往北撤退。

当时，韩世忠正驻防在今上海松江一带，他探知金兵有北撤的企图，随即带领八千人马移驻镇江，在长江的金山（山在江中）一带险要地方布防，准备截江阻击金兵。

金兀术调动全部兵力，打算强渡长江。韩世忠和他的夫人梁氏指挥宋军在镇江附近的黄天荡严密戒备，截断金兵归路。金军到来以后，宋军奋勇杀敌，梁氏擂鼓助战，士气异常高涨。金兀术无法渡江，被韩世忠的部队严密地封锁在黄天荡。

金兀术觉得渡江不得，战又不利，派人来向韩世忠求和，表示愿把掠夺的财物全数留下，希望宋军让他们渡江北归，韩世忠不许。金兀术无计可施，要求和韩世忠当面谈判。韩世忠提出两个条件：一是归还金军侵占的全部土地；二是把掳去的宋朝皇帝徽宗、钦宗立刻送还。

金兀术看到求和不成，于是在黄天荡一带抢劫了一千多条民船，准备趁黑夜突围，结果遭到了宋军的坚强反击。金兵在黄天荡被韩世忠军阻截了四十八天，后来，金兵偷偷地开凿了一条通往长江的大渠，在一个夜晚，驾着小船，一面纵火，一面放箭，

《中兴四将图》，该图描绘了南宋抗金名将岳飞（左二）、张俊（左四）、韩世忠（左五）和刘光世（右二）。

在宋军防守薄弱的地方突出重围，仓皇逃去。

（张习孔）

岳 家 军

　　宋代民族英雄岳飞（1103—1142）的抗金事迹，数百年来在人民心中留下了不可磨灭的印象。

　　1129年至1130年，金兀术率领大兵南下，长驱直入长江以南沿

海地区，原想一举消灭南宋政权，但是遭到了各地人民的英勇抵抗，受到了严重的打击。岳飞率领的部队，在广德（今安徽东南）一带，屡次挫败金兵，取得很大胜利。1130年，"岳家军"在常州（今江苏南部）一带打了好几次胜仗，金兵被迫退到镇江以东地方。在各地人民的沉重打击下，占领建康（今江苏南京）的金兵打算从静安镇（今江苏南京西北）渡江逃跑。岳飞探明敌人撤退的情况后，随即率领部众直趋静安，在清水亭，又把金兵打得大败，并且乘胜收复了建康城。

"岳家军"转战各地，纪律严明，即使在粮草接济不到的时候，也不侵犯民间一草一木。他们的口号是："冻死不拆屋，饿死不卤（劫夺）掠。""岳家军"对人民秋毫无犯，受到了广大人民的热烈拥护和爱戴。

"岳家军"是南宋初年抗金的一面旗帜。在长期战斗中，他们在敌人面前，充分表现了有进无退的精神；即使敌兵常常使用排山倒海之力，也不能把他们的阵营稍稍动摇，因而在敌人军营中对"岳家军"也有了这样的评语："撼山易，撼岳家军难！"

（张习孔）

郾城大捷

宋高宗绍兴十年（1140）夏天，金兀术再次兴兵南侵，战线东起淮河下游，西到陕西。南宋政府派岳飞带兵到河南去抵抗。这时，在东路，南宋将领刘锜在顺昌（今安徽阜阳）大败金兵主力；在西路，另一南宋将领吴璘，坚守扶风（今陕西扶风），金兵屡攻不下；北方的民兵，在金兵后方异常活跃。

岳飞北上以后，把大本营屯驻在郾城（今河南漯河）。在大举进攻之前，岳飞一面派遣部将牛皋（gāo）、张宪等人，分路收复河南各地；一面又派遣义军首领梁兴等人重返太行山区，组织和领导河北地区的民兵，策应北上的军队。在很短的时期里，宋军先后收复了颍昌（今河南许昌）、郑州、洛阳等地。宋军的声势震动了中原。

金兀术为了阻止岳飞的进攻，亲率精锐的"铁塔兵"和"拐子马"一万五千余骑，从开封南下，向郾城反扑。"铁塔兵"是兀术的侍卫亲军，士兵"皆重铠全装"，看起来好像铁塔一般。"拐子马"指的是左右翼骑兵。兀术每次作战，照例以"铁塔兵"列在正面，"拐子马"布列两侧，一齐冲锋。岳飞看见兀术亲自率兵来攻，于是命令自己的士兵，和敌人骑兵交战时，各人都手持麻扎刀、大斧，上砍敌人，下砍马腿。双方自申时（指下午三点到五点）鏖（áo）战到天色昏黑，金兵大败而逃，"岳家军"取得了辉煌的胜利。

郾城大捷，鼓舞了北方人民抗金的勇气。中原地区的广大人民，争先恐后地给"岳家军"运粮食，做向导，送情报。在人民的支持下，"岳家军"乘胜攻下了朱仙镇（在开封附近）。岳飞看到汴京快要收复，兴奋地对战士们说："我们很快就要直捣敌人的老巢——黄龙府，到那时，为了庆祝胜利，我要同大家痛饮一场！"

（张习孔）

秦 桧

为了纪念宋代民族英雄岳飞，人们在杭州西湖风景秀丽的栖霞岭南麓，特意营建了一座岳王墓；墓前，还有一对用生铁铸成的秦桧夫妇跪像。

秦桧是陷害岳飞的奸臣。北宋末年，金兵第一次南侵时，宋统治集团中的主和派主张与金谋和，秦桧自告奋勇当了求和"使者"。后来秦桧被金兵俘虏，他就和金贵族拉上了关系。1129年，金大将挞懒带兵由山东向南侵犯，秦桧被派作他的军事参谋，一同随军南下。金兵围攻楚州（今江苏淮安）时，所发布的劝说楚州军民投降的文告，便是秦桧写的。1130年，秦桧携带全家大小从金占领区回到南宋。当时有很多正直的官员都纷纷议论，说秦桧是奸细；可是由于秦桧的卖国活动和宋高宗的投降意图正相吻合，因此他得到了宋高宗的信任，在回到南宋后的第二年就当上了宰相。

当岳飞在郾城大败金兵取得决定性胜利时，秦桧认为这对自己的投降政策很不利，便急忙下令要岳飞迅速班师。岳飞拒绝执行这个命令，坚请进军北伐。秦桧就下令先将其他各路军撤退，然后以"孤军不可久留"为借口，迫令岳飞退兵。在这种情况下，岳飞不得不忍痛撤兵。他愤慨地高叫道："十年之功，废于一旦！所得诸郡，一朝全休！社稷江山，难以中兴！乾坤世界，无由再复！"中原一带的老百姓都拦住岳飞的马痛哭留阻。岳飞拿出诏书给百姓看，说："我不能违抗命令！……"

一年以后，岳飞遭到秦桧的诬陷，被逮捕下狱。绍兴十一年十二月末（1142年1月），审理岳飞案件的官吏遵照秦桧的指示，硬诬陷岳飞有谋叛朝廷的罪名，将他毒死。岳飞临死前，什么话也没有说，只在奸臣们事先拟好的"供状"上写了八个大字："天日昭昭！天日昭昭！"他的部将张宪和长子岳云同时被害。

在岳飞被害前不久，南宋统治者和金人订立了屈辱的和约。和约规定：宋对金称臣，并将东自淮河西到大散关（今陕西宝鸡西南）以北的土地划归给金；每年宋给金二十五万两银和二十五万匹绢。

和议告成后，秦桧愈加专横无忌。凡是主张抗金或同情岳飞的人，无不遭到他的陷害。有一个保卫商州十年之久，名叫邵隆的军官，在州城割让给金以后，常常秘密派兵化装出外袭击金兵。秦桧知道了以后，把他调到内地，用毒酒害死。岳飞的爱将牛皋年已六十一岁，秦桧还是对他放心不下，竟指使自己的党羽利用宴会机会把他毒死。

绍兴二十年（1150），有一个名叫施全的军士，趁秦桧上朝的机会向他行刺，没有刺中，施全被捕。秦桧亲自审问，施全慷慨激昂地说："全国人民都想杀金兵，只有你一个人偏偏不肯，所以我就要刺死你！"

（张习孔）

唐宋八大家

唐宋时代，在我国散文领域出现了一个崭新局面，产生了许多有名的作家，其中最著名的有：唐代的韩愈、柳宗元，宋代的欧阳修、王安石、苏洵、苏轼、苏辙、曾巩，文学史上把他们合称为"唐宋八大家"。

魏晋南北朝时，文风日益趋向绮靡华艳，文坛上占统治地位的骈体文，只注重声韵和谐、对偶整齐和辞藻的华丽，不注重内容。一些比较进步的文人，相继起来反对这种浮艳的文风。到了唐代，韩愈等人更加大力从事"古文"（指先秦两汉时候的散文）的宣传和写作。于是，古文的写作，渐渐成为一种社会风尚。

韩愈（768—824），字退之，邓州南阳（今河南南阳）人。他是古文运动的倡导者，也是我国历史上著名的古文家。他提倡古文，反对骈文，要求文学有思想内容。他所写的散文内容丰富，形式多样，气势磅礴，说理透辟。在语言运用上，他善于创造性地使用古代词语，推陈出新，句法灵活，有很强的表现力。尤其是他的杂文，短小精悍，感情充沛，对许多社会现象进行了大胆辛辣的讽刺。他的著作有《韩昌黎集》四十八卷。

柳宗元（773—819），字子厚，河东（今山西永济）人。他是古文运动的积极支持者。他的寓言、讽刺散文和山水游记，最富有创造性。他的文章充满了强烈的爱憎感情。比如，在《黔之驴》一文中，他辛辣地讽刺了官僚社会中那些徒有其表、虚张声势之徒，其蠢如驴，他们恃宠而骄、得意忘形，结果遭到自取灭亡的下场。再如，在《捕蛇者说》一文中，他深刻地揭露了赋税的毒胜过蛇毒，具体地描写了人民在封建剥削下的无比痛苦。他的山水游记，文字清新秀美，内容不仅仅是纯客观地描绘自然，而且也渗透着自己痛苦的感受和对丑恶现实的不满情怀。他这方面的代表作是《永州八记》。

欧阳修（1007—1072），字永叔，号醉翁，庐陵（今江西吉安）人。他的文章明畅简洁，丰满生动；无论写人、写事、写景，都能以简练的笔墨，渲染出十分浓郁的抒情气氛。他的《醉翁亭记》《秋声赋》等文，最能表现这种独特的艺术风格。他还写过许多结构谨严、语言明快的政论性文章，如《与高司谏书》《朋党论》等。

王安石在宋神宗时，担任过宰相。他不但是一位大政治家，也是一位大文学家，他的文章，以政治和学术的论说文居多。尤其是他的政论文，在唐宋八大家中，是最突出的。他的文章的特点是：结构谨严，论辩透辟，语言简练有力，概括性强。例如，《上仁宗皇帝言事书》和《答司马谏议书》等一类为变法服务的作品，不但表达了作者的进步思想，而且也显示了作者在政论文方面的优异才能。

苏轼（1037—1101），字子瞻，号东坡居士，四川眉山人。他和父亲苏洵、弟弟苏辙，被合称"三苏"。苏轼有多方面的文学才能，古文、诗、词都写得很好。由于他在政治上不得意，大部分时间被贬谪，有机会接触人民的生活，因此写出了许多具有一定现实内容的作品。他的笔记文《志林》，文字简练，情趣生动，在艺术上具有很显著的特色；他写的亭台记，如《喜雨亭记》等文，笔触轻松，明朗流畅。苏洵和苏辙在文学方面也有相当贡献，但都不如苏轼的成就大，这里就不详细介绍了。

曾巩（1019—1083），字子固，江西南丰人。他的政治态度比较保守，曾在神宗面前批评过王安石；不过在文学见解上，却和王安石很接近，也反对形式主义的文章。他的散文结构谨严，风格朴实，语言简洁犀利，曾给后代以相当影响。他的著作有《元丰类稿》。

（张习孔）

宋初四大类书

类书，就是摘取群书，分门别类编排而成的书籍。宋初编修的四部大型类书是《太平御览》《太平广记》《文苑英华》和《册府元龟》。

《太平御览》是太平兴国二年（977）春，宋太宗命令大臣李昉等编纂的。到太平兴国八年十二月（984年1月）完成，前后历时近七年。这部书初名《太平总类》，书成后，宋太宗每天阅读三卷，一年的工夫全部读完，于是改名为《太平御览》（简称《御览》）。全书共分"天""地""州郡""封建""治道""时序""人事""刑法""服用""疾病""工艺"等五十五门，共一千卷，征引古书多至一千六百九十种。

《太平广记》专门收集自汉代至宋朝初年的野史、小说。因为成书于太平兴国年间，又和《太平御览》同时编纂，所以名为《太平广记》。这部书也是李昉等人奉宋太宗的命令集体编纂的。从太平兴国二年（977）春天开始，到第二年秋天完成，共五百卷，目录十卷。全书按题材分为九十二大类，一百五十余细目。《太平广记》给了后世研究戏曲、小说史的人很大帮助。据记载，南宋时的"说话人"（就是后来的说书人），从小都得学习《太平广记》；宋元时人编的话本、杂剧，就经常以《太平广记》中的故事为题材；明清时人写的小说、戏曲，也有很多取材于这部书。

《文苑英华》也是宋太宗时命令李昉等人编修的，这是一部诗文总集。南北朝时，梁昭明太子萧统曾编选过《昭明文选》。《文苑英华》就是继《昭明文选》以后，包括从梁到唐的另一部诗文汇编。这部书从太平兴国七年（982）修起，到雍熙四年（987）修成，前后共费时五年。全书共一千卷，书中保存了大量古代诗文，为以后明代编成的《古诗纪》、清代编成的《全唐诗》《全唐文》等重要总集所取材。南宋彭叔夏考订了书中的错乱重复，写成《文苑英华辨证》十卷，可以作为使用这部大书时的参考。

《册府元龟》共一千卷，约九百万字。宋真宗景德二年（1005），下诏令王钦若、杨亿等编修一部有关历代君臣事迹的书。大中祥符六年（1013）书成，真宗亲自题名为《册府元龟》。

"册府"意思是书册的府库，"元龟"就是大龟。按照古人迷信的说法，龟卜可以知未来，所以凡是可以作为借鉴的事，就称为"龟鉴"。《册府元龟》的意思就是：这书是一部古籍的汇编，可以作为君臣的鉴戒。

《册府元龟》可以算一部大型的史料分类汇编，从上古到五代，按人事、人物，共分三十一部，一千一百零四门。书中对于唐、五代各朝史事，记载尤为详备，不但可以校史，而且可以补史。

（张习孔）

《资治通鉴》

北宋司马光（1019—1086）领导编撰的《资治通鉴》（简称《通鉴》），是我国著名的历史书之一。全书二百九十四卷，另附目录及考异各三十卷，上起战国，下迄五代，所载史实历

一千三百六十二年。这书编修目的，从书名就可以知道："资"是
"为"，"治"是"统治"，"通"是"从古到今"，"鉴"是一面"镜
子"；合起来的意思就是，供给统治阶级从中吸取统治人民、治理
国家的经验教训。出于这个目的，所以这部书对于历代"治乱兴
衰"的重大史实叙述得很详细。

参加编撰这部书的人，除司马光外，还有刘攽（bān）、刘恕、
范祖禹等人。刘攽担任两汉部分的撰写任务，刘恕担任魏、晋、
南北朝部分的撰写任务，范祖禹担任唐、五代部分的撰写任务，
最后由司马光总其成。司马光的儿子司马康担任文字的校对工作。
从英宗治平三年（1066）开始编写，到神宗元丰七年（1084）修成，
前后共历时十九年。

在《通鉴》的编修过程中，司马光付出了最大的劳动。据范祖
禹说，司马光每天很早起床开始工作，一直到深夜才就寝。他每
天修改的稿纸就有一丈多长，而且上边没有一个草字；等到《通鉴》
修完，在洛阳存放的未用残稿，就堆满了两间屋子。司马光在他
的进书表上说，"平生精力，尽于此书"，看来并不是虚语。

《资治通鉴》的编修共分两个时期：从1066年至1070年在开封
编撰，为一个时期。这五年中，编完了周、秦、汉、魏几朝的历史，
共七十八卷。从1071年至1084年在洛阳编撰，为另一个时期。这
十四年中，编完了晋至后周几朝的历史，共二百一十六卷。

《通鉴》这部书自宋朝以来就为历史学者所推崇，并且有很多
人模仿它，写成同样体裁的史书，如宋李焘的《续资治通鉴长编》、

清毕沅的《续资治通鉴》等。

　　司马光等人在编撰《通鉴》时，除取材"正史"外，还采用了"杂史"三百二十余种。为了考辨异同真伪，一件事往往采用三四种书，要求做到求真求是。书中所记内容，大体平实可信。

　　《通鉴》一书在编写上，按年代顺序，排比史实（这种体裁叫作"编年体"），叙事简明扼要，文字精练生动；不但可以作为历史著作读，而且也可以当作古典文学作品读。

（张习孔）

《梦溪笔谈》

　　《梦溪笔谈》的作者为北宋时人沈括，他是钱塘（今浙江杭州）人，生于仁宗天圣九年（1031），死于哲宗绍圣二年（1095）。

　　沈括做过沭（shù）阳（今江苏沭阳）县的主簿（主管文书簿籍的官），在"昭文馆"担任过编校书籍的职务，也做过专门管理天文、历法的工作。1075年，他一度充当划定宋、辽边界的外交使者。后来，他做鄜（fū）延路经略安抚使，成为一方的军政长官，在抵抗西夏入侵的斗争中，为国家立了很大功劳。

　　沈括在政治上一贯支持王安石的新法，因而遭到守旧官僚的痛恨。王安石罢相以后，那些顽固官僚们，不断借机攻击、排挤沈括，使他对官场生活感到十分厌倦。1088年，他到润州（今江苏镇江）隐居。在这里，他埋头研究学术，专心从事《梦溪笔谈》的著述。

《梦溪笔谈》共二十六卷，另有《补笔谈》三卷，《续笔谈》一卷，是用笔记体裁写的，总计六百零九条。这部书的价值可以归纳为下列几点：

一、对自然科学方面的贡献。沈括曾用三个月的时间，来观测北极星的位置，并绘制了二百幅图，结果证实北极星和北极相距三度多。他对虹的成因，做了科学的解释，他认为虹是由于日光照射雨点发生折射现象产生的。他在历法方面，主张取消闰月，定一年为十二个月，大月三十一天，小月三十天。这个办法可以避免计算和安排闰月的麻烦。在《梦溪笔谈》中，还记载了用木料制作立体模型地图和用比例尺绘制天下郡县图的方法。在地质学方面，沈括发现太行山的崖壁上有许多蚌壳，因而提出了这一带在古代可能是海岸的推理。

二、对历史学方面的贡献。《梦溪笔谈》中有很多对于重要历史事件的记载，可以补史书之不足。比如，有关宋代庆历年间（1041—1048）毕昇发明活字印刷术的事实，书中就有很详细的叙述。特别是对993年四川王小波、李顺所领导的农民起义一事，记载尤为翔实。据该书讲：王小波等起义失败后，李顺在民间隐藏了三十多年。这个记载和一般官书所说不同，它揭穿了官修史书上所称李顺被官兵捕获的谎言。

三、对文学、艺术方面的贡献。《梦溪笔谈》内容丰富，包括有遗文旧典、小说家言，后人可以从中取得丰富的材料。书中还有专门讨论音乐和美术的篇章，议论都很精辟，反映了作者的独到见解。

《梦溪笔谈》记录了沈括的科学研究成果，它是我国古代一部很重要的学术著作。

（张习孔、曹增祥）

李 清 照

北宋末年，词坛上出现了一位杰出的女词人，她就是李清照。

李清照（1084—1155），号易安居士，历城（今山东济南）人。她的父亲李格非，是学者兼散文作家；母亲也长于写文章。李清照自幼受家庭的教养，年轻时就有很高的文学修养。她的丈夫是太学生赵明诚，夫妇两人都喜欢收藏金石书画，他们合著的《金石录》，对考古学有一定贡献。

金兵南下，先后占领了河北、山东一带，李清照夫妇逃难到江南。在混乱的局势中，赵明诚病死在建康。此后，李清照便一个人漂泊于台、越、衢、杭诸州（均在今浙江省），在颠沛流离的生活中，度过了寂寞困苦的晚年。

李清照是个多才多艺的女作家，她的诗和文都写得很好，尤其精于填词。她的作品里，描绘的形象很生动具体，富于感情，语言也很精练。她在南渡以前，过的是比较安逸宁静的生活，这时她的词的主要内容是描写对爱情的要求和对自然的喜爱。在风格上，她的词的特点是婉约清新。

南渡以后，李清照面对着苦难的现实遭遇，所填的词感情极为沉痛，风格上也渐趋向苍凉凄楚。例如，她的《声声慢》一词，一开始就运用了"寻寻觅觅，冷冷清清，凄凄惨惨戚戚"七对叠字，来抒写自己悲愁寂寞无法排遣的痛苦。末尾两句"这次第，怎一个愁字了得？"更反映出作者愁绪的错综复杂。这种愁苦的情感，是由许多方面的原因造成的；它所包含的内容，不光是个人的不幸，而是带有时代和社会的因素的。

李清照生平著作，据《宋史·艺文志》所载，有《易安居士文集》七卷，《易安词》六卷，可惜这些集子后来都散佚了。现在还保存的《漱玉词》是后人辑录的，收有五十首左右的词，仅仅是李清照作品的一小部分。

（张习孔）

辛弃疾　陆游

辛弃疾（1140—1207），字幼安，号稼轩，历城人。他出生的年代正是北宋亡后的第十三年。他二十一岁时，组织了一支抗金的队伍，第二年，他带着这支队伍参加了耿京领导的抗金义军。后来耿京为叛徒所杀，辛弃疾亲自率领五十多人袭入金军营中，将叛徒活捉，缚送到建康。他这种英勇的爱国行为，受到了广大人民的热烈赞扬。辛弃疾投归南宋后，屡次向朝廷提出收复失土的主张，都未被接受。

他对南宋统治阶级的庸弱表示愤慨，对沦陷在金贵族统治下的人民表示关怀；他时刻不忘失土的收复，希图根本改变宋朝衰弱的处境。他把自己这种愤激、壮烈的感情，写进了许多词里：

渡江天马南来，几人真是经纶手？长安父老，新亭风景，可怜依旧。

夜半狂歌悲风起，听铮铮、阵马檐间铁。南共北，正分裂。

道男儿到死心如铁，看试手，补天裂。

他责问南宋君臣，有几个真正是治理国家的能手？他指出，国土沦丧，山川风景固然依旧，可是却无人关心受难的北方父老。半夜风起，挂在屋檐下的"铁马"（薄铁片，有风吹动，就相互碰击出声，人们用来测风）铮铮作响，不禁激发起一个具有爱国心肠的人的万千感慨。美丽的山河，"南共北，正分裂"，难道可以允许这种现象长期存在下去吗？"看试手，补天裂"，作者满怀着雄心壮志，发出了多么豪迈的声音！

何处望神州？满眼风光北固楼。千古兴亡多少事？悠悠，不尽长江滚滚流。年少万兜鍪（móu，"兜鍪"为头盔），坐断（占据）东南战未休。天下英雄谁敌手？曹刘。生子当如孙仲谋。

这首词借古喻今，表达了作者晚年时对国事深刻关怀的悲愤心情。作者通过对孙权这样一个奋发有为的历史人物的思慕，间接地对南宋最高统治者那种屈辱妥协的行为进行了抨击。

辛弃疾流传下来的词，共有六百多首。他的许多词，在思想内容上和艺术造诣上，都达到了很高的水平。

陆游（1125—1210），字务观，号放翁，越州山阴（今浙江绍兴）人。他比辛弃疾大十五岁，但比辛弃疾晚死三年。陆游留下了近万首诗，全面深刻地反映了他所处的时代。他的很多诗篇，充满了慷慨激昂的爱国感情，如"汴洛我旧都，燕赵我旧疆""幅员万里宋乾坤，五十一年仇未报"等类句子，在他的诗集里，举不胜举。陆游痛恨残暴的金贵族统治者，深刻同情处于苦难中的人民，热切渴望宋朝已失国土的收复。在一首诗里，他这样写道：

三万里河东入海，五千仞（古时以八尺或七尺为一仞）岳上摩天。遗民泪尽胡尘里，南望王师又一年。

这诗的大意是：祖国的山河无比雄伟壮丽，在金贵族占领的地区，人民正遭受着无尽的痛苦。可是南宋政府却从来没有收复失地的打算。人们年年"南望王师"，年年感到失望。

陆游为祖国歌唱了一生，直到临死的前夕，他还念念不忘收复失地的事业，写出了一首感人至深的《示儿》，诗道：

死去元知万事空，但悲不见九州同。
王师北定中原日，家祭无忘告乃翁。

（张习孔）

宋朝四大书法家

我国的书法艺术，到宋朝有了很大发展。宋代书法家很多，其中最著名的是苏轼、黄庭坚、米芾（fú）、蔡襄四人，他们被称为宋代的"四大书法家"。

苏轼不仅在文学上有很高成就，在书法方面也有很高成就。他的书法艺术风格的特点是潇洒丰润，豪放活泼。他长于行书，他的字受到唐代大书法家颜真卿和五代时书法家杨凝式书法的影响。他为了精研书法，曾下过苦功。他揣摩古人的笔意，推陈出新，突破了晋、唐以来书法的传统，创造了自己独特的风格。存世的苏字真迹，有《黄州寒食诗帖》《赤壁赋》《祭黄几道文》等。

黄庭坚（1045—1105），字鲁直，号山谷道人，洪州分宁（今江西修水）人。他的楷书、行书、草书都好，风格雄健秀美。他学习晋代大书法家王羲之和唐代大书法家张旭的笔意，加以变化，自成一格。存世的黄字真迹，碑刻有《狄梁公碑》，墨迹有《松风阁诗》《王史二氏墓志铭稿卷》《华严疏》等。

米芾（1051—1107），字元章，号海岳外史。因为他长期住在湖北襄阳，所以人们又称他"米襄阳"。他曾做过礼部员外郎的官，古时把礼部的郎官称为"南宫舍人"，所以人们又称他"米南宫"。他的行书、草书都自成一家。他对书法艺术的看法，主张在继承传统的基础上发展创造，既不墨守成规，也不否定传统。他认为书法贵乎天真自然，流露个性，反对矫揉造作，装腔作态。米芾学习书法十分刻苦认真，据说他没有一天不专心临摹所藏的唐人真迹。他除了是一位大书法家外，还是一位名画家，他惯用大小墨点，画云山雨树。米芾的画，人们称之为"米家云山"，是山水画中的一个新流派。米芾的墨迹，存世的有《蜀素帖》《米芾行书二帖》《法书三种》等。

蔡襄（1012—1067），字君谟，福建仙游人。他的书法学习唐颜真卿，兼取法晋人。他的草书参用"飞白法"，写得非常精妙。所谓"飞白"，是写出来的字笔画中露出一丝一丝白道，像枯笔写成的一样。他传世的真迹，碑刻有《万安桥记》《昼锦堂记》，墨迹有《谢赐御书诗》等。

（蒋震）

宋朝著名的画家

　　绘画到了宋朝，进入了一个新的发展阶段。这时山水、花鸟画由于比较正确地体现了现实主义的优良传统，已经可以和人物画分庭抗礼了。更重要的是，写生画和水墨画受到了足够的重视。至于绘画的题材，也比过去更为广阔得多。

　　宋朝开国便设有"翰林图画院"（封建帝王御用的绘画机构），罗致了全国的画家，按照他们才艺的高下，分别给以不同的职衔，这对专业画家的培养起到一定的作用。翰林图画院的画家，现在有名可考的有一百七十多人，其中著名的有李成、范宽、李唐、刘松年、马远和夏珪。此外，还有以画人物著名的李公麟和擅长界画（用界尺作线，画成宫室楼台，谓之"界画"）的张择端等人。

　　李成（919—967），字咸熙，先世为唐宗室。他的山水画，最初师法唐末画家荆浩，后来加以发展变化，创出与荆浩不同的风格。他落笔简练，墨法精微，能"扫千里于咫尺，写万趣于指下"。他的作品有宋代摹本《读碑窠石图》。

　　范宽（950—1032），名中正，字中立。画山水初学荆浩、李成，后来感到"与其师人，不若师诸造化"（意思是说不如向真实的大自然学习），于是迁居终南山，对景造意，写山真貌，自成一家。存世作品有《溪山行旅图》《雪山萧寺图》等。

李唐（1066—1150），字晞古。他的画风对整个画院中的山水画派，有很大影响。他的存世作品有《晋文公复国》《江山小景》《万壑松风》《清溪渔隐》等图。

刘松年（约1155—1218）[1]，南宋杰出画家，钱塘人。他的山水画，笔墨精严，设色妍丽，善于表现山明水秀的江南景色。存世作品有《四景山水》《溪亭客话》等。

马远（约1140—约1225），原籍河中（今山西永济），生长于钱塘。他的山水、人物、花鸟画，在宋画院中负有盛名。他生长的时代是宋室南渡以后，所以他画山水多作残山剩水，具有深刻的含意，世人称之为"马一角"。他存世的作品有《踏歌图》《水图》等。

夏珪（又名圭，生卒年不详），字禹玉，钱塘人。他的山水画，笔力遒（刚健、有力）劲，墨气淋漓。构图多突出近景一角，风格与马远相近，后人并称"马夏"。存世作品有《溪山清远》《西湖柳艇》等。

以画人物著名的李公麟（1049—1106），字伯时，号龙眠山人，舒州（今安徽舒城）人。他画人物、佛像，广取前人之长，发展了东晋画家顾恺之、唐代画家吴道子等各家的特长，运笔如云行水流，自成风格。他画的白描罗汉非常有名。"白描"是用墨勾线条，不着色，他是这种画法的创始者。存世作品有《维摩演教图》等。

1　今一说刘松年生年在约1131年。——编注

宿雨清畿甸
朝陽麗帝城
豐年人樂業
壟上踏歌行

〔宋〕马远《踏歌图》

开始重视现实习俗生活的描绘，打破过去画家专画历史人物与贵族生活的局限，这是宋代绘画的一个很大变化。北宋杰出画家张择端（生卒年不详）的《清明上河图》就是这种新题材的代表。张择端选择清明日汴京东门外一段繁盛地区的街景为题材来作画。在画中，可以看到汴河里船只往来、虹桥上车马不绝、街道上店铺林立的景象。可贵的是，画中突出了各业劳动人民各种劳动生活的场面。这幅画至今还在北京故宫博物院中保存着，它是我国绘画史上不朽的杰作。

（蒋震）

本编从元朝讲到鸦片战争前夕，这是中国封建社会的衰落时期。元朝地域辽阔，却历时短暂。明清大一统，历时五百多年，但这一阶段中华文化逐渐衰落，封建制度丧失了创新的活力，步入迟暮。

第四编

元明清
（1840年前）

元朝忽必烈

13世纪初，蒙古族的领袖成吉思汗，统一了蒙古各部，在蒙古地区正式建立了政权，并且同东南的金朝、西南的西夏，展开了多年的战争。1227年，成吉思汗病死，他的儿子窝阔台继为大汗。当时，南宋和金正处于南北对峙的局面。窝阔台即汗位后，继续对金作战，并且约南宋出兵夹攻金。1234年，金在蒙古军和南宋军联合夹攻下灭亡，蒙古贵族统治了中国北部。

金亡后，南宋朝廷希图收回黄河以南的土地，调兵进入开封，并从开封分兵进驻洛阳。宋军刚进洛阳城，蒙古兵即南下向宋军进攻。宋军大败，开封、洛阳得而再失。此后，蒙古统治者又从今青海一带进攻四川。另外，还在今湖北及长江、淮河之间，向南宋发动全面的攻势。

蒙古军遭到了南宋军民的坚决抵抗。南宋人民纷纷组织民兵，奋起保卫家乡。南宋的孟珙（gǒng）、王坚等将领，依靠人民，在今湖北、四川一带，长期坚持英勇的保卫战。

1258年，蒙哥汗（成吉思汗之孙）亲自率领军队攻入四川，企图一举灭宋。不料，第二年，蒙哥在围攻合州（今重庆合川）时负伤，死在军中（一说为病死）。这时，蒙哥的弟弟忽必烈正围攻鄂州（今湖北武昌）。南宋的奸臣、妥协派首领、宰相贾似道，统率各路大兵来鄂州援救，暗中却派人向忽必烈求和，愿意纳贡称臣，割让北地，要求双方以长江为界。忽必烈本来不想议和，后来知道蒙哥已死，蒙古贵族内部有人要拥立别人做大汗，他为了争夺汗位，就答应了贾似道的议和条件，匆匆撤围北还。而贾似道却向宋朝廷谎报军情，声称前线得胜，已经把蒙古兵打退。南宋统治者依然过着荒淫腐化的生活，根本不做战守的准备。

忽必烈回到开平（今内蒙古自治区多伦东南），废除了由蒙古贵族会议选举大汗的制度，1260年自立为大汗。同时，他的弟弟阿里不哥也在别的地方即了汗位，并且联合了一部分贵族和他作对。这样，蒙古统治集团内部便爆发了长达四年之久的内讧。

忽必烈为了增强自己的力量，依靠、利用汉族地主武装，起用一批汉族官僚，终于在争夺大汗的斗争中，获得了胜利。1264年，他迁都燕京（今北京）。1271年正式定国号为"元"，改称燕京为大都。后世称他为元世祖。

忽必烈在北方稳定了自己的统治，又经过了几年的准备，便大举进攻南宋。在元军的进攻面前，南宋的军队一触即溃，各地大小官僚多半望风迎降，只有姜才、李庭芝、张世杰、陆秀夫、文天祥等少数文武大臣，领导江南人民进行了誓死不屈的反抗斗争。1279年，南宋灭亡，元统一了全中国。

忽必烈不仅是一位出色的军事统帅，而且也是一位有魄力的政治改革家。在建立了元朝以后，他的政权承袭了宋、金以来中国封建政权组织的全部体制，并根据当时的需要加以变化、发展，对以后明、清两代有相当影响。忽必烈废除了蒙古族地方长官的世袭制度，整顿了地方豪强的混乱统治，对蒙古诸王在封地内的专擅行为，也进行了某些限制。此外，他还采取了一系列保护和恢复农业生产的政策，并先后组织人力开凿了会通河（今山东东平县至临清市的运河）和通惠河（自大都至通州）。这些措施，对安定久经战乱后的社会秩序和发展生产、繁荣经济来说，起了一定的积极作用。

忽必烈统治时期，结束了12世纪以来宋、金对峙的局面，完成了全国的统一。

（之明）

文 天 祥

文天祥（1236—1283），庐陵（今江西吉安）人。在他少年时，南宋的政治已是非常腐败，国家的局势也一天比一天危急。文天祥从小就有救国的抱负。1256年，他在参加进士考试的时候，就大胆地提出了改革政治的主张。1259年，蒙古军队进攻鄂州。南宋的宦官董宋臣主张迁都逃避。文天祥就上书南宋皇帝，要求杀掉董宋臣，并且提出了御敌的方案，但是没有被采纳。

忽必烈建立了元朝以后，派大军攻打南宋。1275年，元军在安徽芜湖大败宋军，顺流东下，逼近南宋的京城临安（今浙江杭州）。这时，文天祥正在赣州（今江西省内）做知州。为了挽救危局，他立即号召人民起来抵抗，并且拿出自己的全部家产，积极招募士兵，组成了一支军队。他领着这支义军，赶去保卫临安。可是腐朽的南宋政府正在准备投降，对文天祥的抗元活动，不但不支持，反而给了许多限制和打击。

1276年，元军攻到临安城郊。南宋政府不得已，任文天祥为右丞相，派他去元营谈判。文天祥在元营中，不怕威吓，当面指责元军的主帅，要元军退兵议和，结果被扣留。就在这时，南宋政府却向元军投降了。元军进入临安，俘虏了南宋的皇帝和许多王公大臣。

十多天以后，元军把文天祥押解去大都。在途中，文天祥趁机逃走，经历许多艰险，到了永嘉（今浙江温州）。不久，张世杰、陆秀夫在福州另立赵昰（shì）为皇帝，召文天祥前往。文天祥来到后，和张、陆同心协力，重新组织军队，继续抗元。1277年，他进军江西，收复了好几处州县，后来被强势的元军打败。但是，文天祥并不气馁，他退到广东，坚持抵抗。

1278年，赵昰死去。张世杰、陆秀夫又立赵昺（bǐng）为皇帝，并且把政府迁到崖山（在今广东江门市新会区以南海中）。文天祥则领兵在广东潮阳一带驻守。不久，元将张弘范率领大军攻入广东。在一次战斗中，文天祥兵败被俘。

文天祥被俘以后，张弘范押他一同到崖山，要他写信去招降张世杰。文天祥坚决拒绝，并且写了一首诗表明自己不屈的意志。诗的最末两句是："人生自古谁无死，留取丹心照汗青。"

1279年春，张世杰、陆秀夫率领宋军，在海上同元军展开大战，结果宋军战败。为了不被敌人俘虏，陆秀夫背起赵昺投海而死。张世杰召集残军继续战斗，兵败突围，遇到台风，坐船被巨浪打翻，他不幸落海牺牲。南宋至此灭亡。

1279年冬，文天祥被押送到大都，关进了监牢。元朝统治者千方百计地对他进行威逼利诱，要他归降。但是，他都坚决拒绝，毫不动摇。他在狱中写下了许多光辉的诗篇，来表明自己宁死不屈的决心。其中最著名的，就是《正气歌》。文天祥在这首诗中，引述了历史上许多英雄人物的事迹，来证明正气的不可屈辱，表示了对元朝统治者的蔑视。诗中每一字句，都包含了作者高贵的爱国感情，它深深地打动了人们的心弦。

1283年，文天祥在大都柴市（今北京交道口南）从容就义。他死后，人们在他的衣带里，发现他预先写好的赞文，最后几句说道："读圣贤书，所学何事？而今而后，庶几（将近、差不多）无愧！"这首赞文，充分表现了文天祥临死不惧、视死如归的精神。

（张习孔）

元　曲

元曲是我国文学发展史上一枝鲜艳的花朵，它是元代新兴的一种韵文文学，分散曲和杂剧两类。散曲是一种由诗词变化发展来的新诗体，杂剧是一种包括歌唱、音乐、舞蹈和完整故事情节的综合性艺术。在元代短短的几十年间，产生了大批优秀的作品，涌现出不少伟大的作家。在这些作家中，著名的有关汉卿、王实甫、白朴和马致远。

关汉卿，大都人，是元代杂剧的奠基人。他一生共写了六十多个剧本，可惜大部分都已经散佚。现在流传下来的曲、白（对话）俱全的剧本有十二个，科（动作）白残缺的有三个，只保存着单支曲词的有两个。这些剧本，题材广泛，内容丰富，其中有的写被压迫妇女的冤屈，有的写受迫害的人民与贪官恶吏的斗争，有的写历史上的英雄人物，有的写社会上的公案故事。由于关汉卿长期和下层人民在一起，对人民的痛苦生活有比较深刻的了解，因此，在他的剧本中，充满了对统治阶级的仇恨和对受压迫群众的同情。

《窦娥冤》是关汉卿杂剧的代表作品，也是现存的元代最好的杂剧之一。这个剧本描写了在黑暗统治下含冤而死的窦娥的悲惨命运，塑造了一个反抗强暴、至死不屈的光辉的妇女形象。窦娥在被绑赴法场的路上，因为不甘于向命运低头，大胆地向古代人所认为的世界的主宰——天和地，发出了斥责和呵骂：

　　天地也，做得个怕硬欺软，却原来也这般顺水推船。地也，你不分好歹何为地？天也，你错勘贤愚枉做天！

这是对暗无天日的封建统治秩序所表示的怀疑，也是对当时正义得不到伸张的现实社会所提出的控诉。作者通过剧中的主角——窦娥一生坎坷不平的遭遇，对封建社会的残酷现实做了无情的鞭挞，充分表明了作者的社会政治观点，敢于揭露当时社会的黑暗。

《救风尘》是一出优美动人的喜剧。在剧中，关汉卿描写了机智、正直的赵盼儿，她用非常巧妙而合乎人情的计策，与花花公子周舍展开斗争，把自己的同伴妓女宋引章从灾难中救了出来。

《单刀会》是关汉卿写的一出历史剧，它描写了三国时吴蜀两国的一场政治斗争：吴大臣鲁肃企图从蜀大将关羽手中索取荆州，设宴邀请关羽，想用威胁的办法达到目的。关羽毫无所惧，单刀赴会，凛然不屈。最终，鲁肃的计谋落空。

一百年以前，《窦娥冤》就已被译成法文，传到了欧洲。在亚洲其他国家，包括日本，也曾大批地翻译过关汉卿的作品。

王实甫也是大都人。他的代表作《西厢记》，在元代杂剧中有着很高的地位。剧中描写了张生和崔莺莺的恋爱故事，歌颂了青年男女争取恋爱自由、向封建礼教斗争的胜利，具有强烈的现实意义。

白朴，隩（ào）州（今山西河曲附近）人。《墙头马上》是他最出色的作品，也是元代杂剧中著名的四大爱情剧之一（另外三个著名的爱情剧是关汉卿的《拜月亭》、郑光祖的《倩女离魂》和王实甫的《西厢记》）。剧中通过叙述一对青年男女的恋爱故事，尽力宣扬男女自由结合的合理性，表现了一种要求婚姻自主、反对封建礼教束缚的斗争精神。这个剧在思想性和艺术性上都很成功。

马致远，大都人。他的名著《汉宫秋》，是一部具有特殊艺术风格的历史剧。它描写的是汉元帝时宫女王昭君的故事。作者通过这个剧本，强烈地表达了他反对当时元代蒙古贵族实行严重的民族压迫政策的思想感情。《汉宫秋》所突出的这种主题思想，是带有强烈的现实意义的，但这部作品的感伤情绪比较多。

元曲中的散曲，也叫"清曲"，包括"小令""套数"两部分。"小令"和词差不多，原是民间流行的小调。"套数"又叫"套曲"，是合一个宫调中的许多曲子而成的。元代散曲作家有作品流传下来的约有两百多人，在众多的作品中也有不少杰出的篇章。

（张习孔）

郭 守 敬

郭守敬（1231—1316），字若思，顺德邢台（今河北邢台）人。他在天文方面是个著名的仪器制造家和天象观测家。他制作的仪器很多，著名的有自动报时的"七宝灯漏"，观测恒星位置以定时刻的"星晷定时仪""日月食仪"等近二十种。这些仪器，比起前代来，有许多独创的地方，制法简易，使用方便，精准度高。可惜其中大部分原作已经失传。此外，他还建立了北京的司天台（天文台），并实测了各地的经纬度。

《授时历》是郭守敬在历法上的最大贡献，它比过去的历法有很大改进。它推算出一年的天数，比地球绕太阳一周的实际时间只相差二十六秒，和现行的公历的一年的周期相同。《授时历》从1281年起使用了四百年。它的开始使用，比现行公历的确立还早三百年。

在水利事业方面，郭守敬的贡献也很大。1291年春，他担任元政府都水监的官职，领导整修大都至通州的运粮河。经过一年多的时间，运河修通，定名通惠河。原来北京至通州间运河的开凿，是从金开始的，金开凿这条运河的目的在于把由大运河运到通州的粮食继续转运到京师。元在北京建都后，金开凿的运河已经荒废，如何解决大都漕运的问题，被提上了日程。在这方面，郭守敬发挥了卓越的才能。他根据自己勘测的结果，除了决定引用金曾经利用过的瓮山泊（今北京颐和园昆明湖）和高粱河（今北京西郊紫竹院水）的水源以外，还引用昌平城东南凤凰山山麓的白浮泉水和西山山麓的其他泉水，来解决水源不足的困难。经过精密的勘测，他设计了一条长达三十公里的河渠。这样，漕粮船只就可直接从通州驶入大都城的积水潭了。

在郭守敬的主持下，元政府还修复了黄河沿岸的许多主要的古代河渠，其中著名的有长达二百公里的唐来渠和长达一百二十五公里的汉延渠等。这些渠道的修复，对于当时西北地区农业生产的发展，起了重要的作用。

（张习孔）

黄 道 婆

黄道婆生于宋末元初，出生在一个贫苦的劳动人民家里。据说她少年时给人家当童养媳，在黑暗的封建家庭里，备受虐待和屈辱。后来她实在忍无可忍，不惜离乡背井，一个人流浪到了海南岛的崖州。当时崖州的棉纺织技术很出名，当地黎族妇女所织的布，上面有各种花纹，非常精巧。她在崖州居住的时候，虚心向黎族人民学习，掌握了棉纺织的全部操作方法。1295年至1296年间，黄道婆怀念家乡，便从海南岛搭上一艘商船重返故乡。

大约在东汉时代，棉花就从国外传入我国云南，居住在这个地区的少数民族哀牢人，那时便能生产出一种名叫"白迭花布"的纺织品。13世纪中期以后，棉花逐渐由福建、广东地区传入长江流域。松江一带的老百姓对于棉种的输入，很是欢迎。棉纺织业在松江一带兴起很快。不过，那时去籽和轧棉的方法，都非常原始，纺织的技术也不高，生产的效率很低，因此，广大人民还不能普遍地穿着棉织品。要想适应社会日益增长的需要，改进纺织工具和提高纺织技术显然是一个亟待解决的问题。就在这个时候，黄道婆带着黎族人民的先进纺织技回来了。她一回到乌泥泾，就把在崖州学来的技术传授给家乡的人民。她教会家乡妇女们制造捍、弹、纺、织等工具。捍，就是搅车，又名轧车或踏车，应用简单的机械原理，利用两轴间相互辗轧，将棉籽从棉絮内部排挤出来，使轧棉的生产效率大为提高。弹，就是弹松棉花的椎弓。13世纪后期，江南地区弹棉使用的小型竹弓，仅有一尺四五寸，还要用手指来拨弹，弓身短小，弹力轻微，而且用线作弦，很不坚韧。黄道婆制造了四尺多长的大弓，弦用绳子，比起以前所用的线弦，弹力要大得多。纺，就是纺车。松江地区最初纺纱使用的是一个纱锭的手摇车，黄道婆将这种纺车加以革新，创制了一种可以同时纺三个纱锭的足踏纺车。使用这种纺车，速度快，产量多，生产效率高。织，就是织布机。在黄道婆回乡以前，人们使用的是一种构造简单、操作方法笨拙的投梭织机，生产效率不高。黄道婆对于织机改革的详细情况，由于文献材料不足，已经不得而知。据说她创制的提花织机，可以织出各种美丽的花布，这确实是很了不起的。

黄道婆回乡以后，除了传授棉织技术以外，还把崖州黎族人民织造提花被单的技术也带了回来，传授给乌泥泾镇的妇女。一时间，"乌泥泾被"成为全国闻名的精细织品，受到各地人民的欢迎。据史书记载，那时乌泥泾人民依靠纺织为业的就有一千多家。此后，黄道婆所传授的纺织技术，很快地又传入上海及周边地区，对于这些地区的棉纺织业，起了很大的推动作用。

（张习孔）

红 巾 军

元顺帝时（1333—1368），社会阶级矛盾和民族压迫日益深刻，人民反抗元朝封建专制统治的斗争也越来越激烈。各地的起义前仆后继，终于发展成为以"红巾军"为主力的大规模的农民战争。

元顺帝至正十一年（1351），元政府以贾鲁为总治河防使，征发河南、河北等十三路民夫十五万人及庐州（今安徽合肥）戍军两万人，开掘黄河故道，整修黄河堤岸。在元朝官吏的鞭笞下，治河民夫日夜在泥淖地带辛苦工作。政府发给民夫少得可怜的一点工粮，又被治河官吏层层克扣，民夫们怨声载道，群情沸腾。白莲教（一种秘密宗教组织）首领韩山童、刘福通等，便利用这个有利时机，以白莲教组织群众，在民夫中积极活动，宣传"明王出世"的思想，并散布童谣说："石人一只眼，挑动黄河天下反。"同时暗地里制造了一个独眼的石人，埋在治河民夫集中劳动的黄陵岗（今河南兰考县东北）。一天，治河民夫们在这里挖出了这个石人，大家都惊诧不已，彼此辗转相告，没有多长时间，就传遍了整个工地。

刘福通等看到起义时机已经成熟，便在河北永年聚集了三千人，杀白马黑牛宣誓，编成起义军，拥立韩山童为明王，宣布起义。参加起义的人都用红巾包头，作为标志。人们把他们称作"红巾军"。

但是，起义布置得不够周密，元政府事先得到消息，派兵镇压，韩山童被捕牺牲，这次起义没有成功。后来，刘福通等逃往颍州（今安徽阜阳），正式举起反元的大旗，继续带领"红巾军"猛烈打击元军，攻下颍州，占领河南南部许多州县。全国各地农民到处响应"红巾军"，"红巾军"在短期内很快地发展到了十多万人。

（张习孔）

朱 元 璋

朱元璋（1328—1398），濠州（今安徽凤阳）人，出身于贫农家庭，幼年时给地主家放过牛。他十七岁时，安徽北部发生严重的灾荒，瘟疫流行，他的父母和大哥都先后染上瘟疫死去。朱元璋孤苦无依，没法生活，不得已到皇觉寺当了和尚。不到两个月，寺里的住持因为荒年没有吃的，把徒弟们都遣散了。朱元璋无处存身，只好去做游方僧，讨饭度日。

不久，朱元璋又回到了皇觉寺。全国反元农民大起义爆发后，元兵认为寺庙里容易隐藏起义军，放火烧了皇觉寺。朱元璋在生

朱元璋

活逼迫、处境危险和友人的劝说下，参加了农民起义军。1352年，他投奔到"红巾军"领袖郭子兴部下，当了一名亲兵。

朱元璋参加起义军后，由于作战勇敢，吃苦耐劳，善于团结部众，很得郭子兴赏识，也深为同伴们钦佩和爱戴，因此逐渐成为农民起义军中的领袖。

1355年，郭子兴病死，他的部众全归朱元璋统率。第二年，朱元璋率领水陆大军攻下集庆（今江苏南京），将集庆改名为应天。集庆是元在东南一带军事和政治的重要据点。集庆的攻占，对于进军攻占整个江南地区有着重大的战略意义。在这以后的数年里，朱元璋击溃了江南元军的主力，先后攻占了现在江苏、安徽南部和浙江的大部地区。他常常告诫部下说："毋焚掠，毋杀戮。"他的军队纪律严明，所到之处受到人民的欢迎和拥护。

朱元璋攻下徽州的时候，召见了儒生朱升。朱升建议说："高筑墙，广积粮，缓称王。"朱元璋采纳了这个意见。从此，他便在江南有计划地网罗地主阶级知识分子，用礼聘、威逼、软硬兼施的手段，罗致了宋濂、刘基（伯温）和叶琛等人。这些人引经据典，用孔孟儒家学说帮助朱元璋来策划建立政权。

朱元璋攻下江苏、浙江、安徽广大地区以后，又集中兵力先后打败了割据一方的陈友谅和张士诚，并及时而正确地决定了北伐进军的重大策略。1367年，他命徐达、常遇春率兵二十五万分路北伐。1368年，在北伐进军的胜利声中，朱元璋即皇帝位，国号明，年号洪武，定都南京，正式建立了汉族封建政权。朱元璋就是后世所称的明太祖。这年9月，元顺帝从大都逃走，徐达等人率领大军进入大都（后来明朝把大都改名叫北平），元朝灭亡。

朱元璋顺应了当时全国人民反元运动的历史趋势，他一方面依靠反元人民大起义的群众力量，一方面取得汉族地主阶级的极力支持，成为当时反元斗争最后胜利的组织者和领导者。

（徐健竹）

中央集权的君主专制制度的加强

朱元璋做皇帝后，为了巩固他的统治，采取了一系列的措施来加强中央集权的君主专制制度。

他首先从地方制度的改革开始。在元代的行省制度下，行中书省的长官代表中央政府执行行政、军事和监察事务，职权太重，中央难以控制。朱元璋即位后不久，明令改行中书省为承宣布政使司，设左右布政使各一人。他们的职权范围只限于民政和财政，司法行政另设提刑按察使司来管理，军事则由都指挥使司掌管，合称为"三司"。这样，民政、司法、军政三者分别独立，直接由朝廷指挥，就易于控制了。这一改革，大大消除了地方势力割据的可能性，加强了中央对地方的控制，使全国政权的统一与集中又前进了一步。

接着，朱元璋又改革了中央政治机构。废除了中书省，不再设丞相，把原来属于中书省的吏、户、礼、兵、刑、工六部的地位和职权提高，每部设尚书一人、左右侍郎各一人，分别掌管全国官吏任务考核，户口田赋，礼仪祭祀，军官任免和军队训练，司法，工程造作等事务。这些部都直接向皇帝负责，奉行皇帝的命令。这样，政权便完全集中在皇帝一个人手里了。军事方面，把军政机关大都督府分为中、左、右、前、后五军都督府，各设左右都督一人，职权仅限于掌管军籍、军政，不直接统带军队。遇有战事，由皇帝任命统帅。统率卫所兵出征（明朝军队组织分作"卫""所"两级，大体上以五千六百人为一"卫"，下分五个"千户所"，每一"千户所"为一千一百二十人）。战事结束，统帅把印交还，兵仍归卫所。军队的调遣权归兵部，统帅的任命和总指挥权归皇帝，深刻地表明了皇帝对军事力量控制权力的加强。监察机关方面，将御史台改为都察院。长官是左右都御史，下面设置许多监察御史，直接对皇帝负责，监察纠劾中央和地方官吏的行动。

明朝中央政治机构改革的主要精神，是使行政、军事、监察三者分别独立而又互相钳制。在这样的统治机构中，六部、府、院都直接隶属于皇帝，皇权高到极点，造成中国历史上皇权绝对专制的局面。

为了巩固皇权，朱元璋还先后分封他的儿子为王。他认为只有儿子最可靠，把军权托付给他们，让他们出外镇守重要的地区。诸王在封地建立王府，设置官属，地位很高，虽然不能干涉民政，但是手里掌握了军权。王府设亲王护卫指挥使司，有护卫甲士，少的三千人，多的一万九千人。除自身的护卫甲士外，诸王在紧急时也可以调遣守镇兵。这样，诸王就成为地方守军的监视人，是皇帝在地方上的军权代表。

另外，朱元璋为了加强封建专制政权，还采用杀戮功臣、设立锦衣卫等特务机构的办法来提高皇权。

明初中央集权的专制政治，在澄清元朝末年的社会紊乱局面、恢复社会经济、加强国防力量等方面，起了积极的作用。但是，这种君主绝对专制的政治，也起了堵塞臣下言路等消极作用。加强中央集权的君主专制的政治，实质上就是加强对劳动人民的压迫。到了明代后期，这个封建专制的政权，就越来越暴露出了它的腐朽性和反动性。

（徐健竹）

308

明初生产的恢复和发展

明朝初年，为了恢复和发展社会生产，采取了下列措施：

一、移民垦荒，把大批农民从人多地少的地方迁移到人少地多的地方去。当时淮河流域和黄河下游地区，遭受战争的破坏最严重，劳动力最缺乏，因此，明政府就有计划地向这些地方移民。例如，1370年（洪武三年），迁移苏州、松江、嘉兴、湖州、杭州等地无地农民四千多户到凤阳种田。第二年又把沙漠遗民（蒙古人）三万多户迁移到北平附近各州县屯垦。后来，又迁移江南农民十四万户到凤阳，迁移山西泽州、潞州无地农民到彰德、临清、归德等地。对垦荒的移民，明政府在经济上给以种种优待，一般都由政府供给耕牛、农具、种子、食粮和路费。开垦期间，免三年租税，并确定荒地开垦成熟地后，便算是自己的产业，超过定额多开垦的，永不收田租。

二、组织兵士屯田，命令军队自己解决军饷问题。边地驻军，十分之三守城，十分之七种地；内地驻军，十分之二守城，十分之八种地。这样，不但解决了军队的给养问题，还大大节省了国家的开支，也相对地减轻了人民的负担。

三、兴修水利。1368年（洪武元年），修筑和州（今安徽和县）铜城堰闸。1372年，修治广西兴安县的灵渠。1373年，开上海胡家港，以通海船。1376年，修四川都江堰。经过二十多年的建设，全国共开堰四万多处，修治河道四千多处，陂渠堤岸五千多处。这些水利工程的兴修，对于减少自然灾害，恢复和发展农业生产起了很大的作用。

四、重视经济作物的增产。朱元璋在做皇帝的前两年（1366年），就规定凡有田五亩到十亩的，必须种桑、棉、麻各半亩，有田十亩以上的，加倍种植，不种的要交纳重税。1368年，明政府大力奖励植棉，把棉花的种植推广至全国，从此棉布才成为人们普遍制作服装的材料。

〔明〕沈度《榜葛剌进麒麟图》，该图反映了明初番邦进贡的情况

五、减轻赋税和徭役。明朝初年，户口和土地的实际情况跟簿籍上的记录不符合。有的土地在簿籍上没有记录，逃避了国家的赋税。在簿籍上有记录的土地，也因为所登记的面积和负担轻重不一，很不公平。为了清查土地和户口，保证国家田赋的收入和徭役的供应，明政府普遍丈量土地，调查户口，并制定了《赋役黄册》（户口清册）和《鱼鳞图册》

（耕地清册）。这一措施使全国的土地和人口比较准确地登记下来，豪强地主隐瞒的土地被清查出来了，政府的收入大大增加了，农民的负担也相对地减轻了。

六、扶植工商业。规定"匠户"（元时把各种工匠编制起来，另立户籍，称为"匠户"）服工役分"住坐"和"输班"两种。"住坐"是住在北平或南京的，每月上工十天，不去上工的纳银六钱。"输班"是分班轮流到都城服役，三年一次，每次一月。工匠不服役的时候，可以自由支配时间，制成的手工业品可以在市场上出售。这样，原来没有人身自由的工匠得到了部分的解放，成为半自由的手工业者。这就刺激了手工业工人的生产积极性，促进了手工业的发展。明朝政府对商业采取轻税政策，商税减为三十分之一，军民娶嫁丧葬之物，舟车丝布之类都不征税。

朱元璋接受了元末农民起义的教训，对人民采取让步政策，实行了上述一系列恢复和发展社会生产的措施。在广大人民的辛勤劳动下，明初社会的生产事业，迅速地得到了恢复和发展。

（徐健竹）

靖难之变

朱元璋即皇帝位后，叫他的许多儿子学习兵事，分封他们到全国各地去做藩王。除了将长子朱标立为太子以外，其余的儿子分封为秦、晋、燕、周等王。开始分封的时候，虽然不让他们干涉政治，可是后来在与蒙古贵族残余势力斗争的过程中，边境几个藩王的兵权逐渐壮大了起来，以致发生了争权夺位的现象。"靖难之变"就是明朝皇室内部的一次争夺皇位的斗争。

朱元璋死后，太子朱标的儿子朱允炆以皇太孙的身份继承皇帝位（朱标早在朱元璋死之前就已死去）。朱允炆以建文为年号，历史上称他为建文帝。建文帝即位后，感到各藩王都是他的叔父，又都拥有重兵，对自己的威胁很大，于是采用齐泰、黄子澄等人的建议，开始实行削藩政策。他首先颁布亲王不得节制文武官员的禁令；接着把周王朱橚（sù）、岷王朱楩（pián）废为庶人，把代王朱桂囚禁在大同，齐王朱榑（fù）囚禁在南京，并逼迫湘王朱柏自杀。这样，在不到一年的时间里，便一连削废了五个藩王。当削藩威胁到了强大的藩王——燕王朱棣（dì）时，皇室内部的矛盾便由暗地的钩心斗角变成了公开的武装斗争。

建文元年（1399）秋天，朱棣指责当时掌握朝廷大权的齐泰和黄子澄为奸臣，从北平起兵反抗中央政府。他称自己的兵为"靖难军"，意思是说皇帝受到奸臣的包围，遭遇大难，他是出兵来解难的。建文帝听说朱棣起兵反抗，先后派耿炳文和李景隆率兵北伐，结果都被燕王打得大败。

第二年，燕王军从山东南下，被建文军盛庸、铁铉等部阻击，两军在山东及中原一带展开了拉锯战。

第三年，燕王在夹河（在今安徽砀山县）打败了盛庸军，并把势力推进到淮河流域，准备和建文帝的军队决战。

1402年，燕王攻下扬州。进而从扬州渡过长江，进逼南京。谷王朱橞（huì）和李景隆开金川门迎降，燕王占领南京，建文帝不知下落。燕王用武力夺得了皇位，改年号为永乐。朱棣就是后世所称的明成祖。

这一历时三年的皇位争夺战争，因为是在"靖难"的名义下进行的，所以历史上称为"靖难之变"。

（徐健竹）

迁都北京

明朝初年，退居漠北的蒙古贵族不甘心失败，随时都在准备南下反攻，企图恢复旧日的统治。朱元璋为了加强北方的防御力量，封他的第四个儿子朱棣为燕王，镇守北平。同时，还封了其他儿子为藩王，镇守在长城线上，和北平互相呼应。因此，北平成了当时的政治中心和军事重镇。

燕王通过"靖难之变"夺得皇帝的位置后，为了巩固自己的统治地位，也采取了削藩政策。削藩的结果是解除了各藩王的兵权，各藩王有的迁徙了封地，有的废除了封号。这样做，固然使君主集权的封建国家得到了进一步的巩固，可是另一方面，却出现了一个新的问题。原来担负北方边防任务的各藩王都被撤销了，北方的边防也就变得十分空虚。而这时，蒙古贵族的骑兵时时入侵，对明的北方边境造成了严重的威胁。在这种情况下，明成祖决定把都城迁到北平，采取以攻为守的政策，来加强北方的防御力量。

永乐元年（1403），明成祖把北平改名为北京。从第二年起，开始大规模营建北京。他派大臣到四川、湖广（包括今湖南、湖北）、江西、浙江、山西等地，去采伐粗大的木材，开凿巨大的白石，作为建筑材料。各种木材、白石、砖瓦、颜料以及金银、黄铜等物料，纷纷被运到北京。大批具有各种建筑技能的优秀工匠和上百万的民工，也从各地被征集来，参加劳役。

经过千百万人的辛勤劳动，到永乐十八年（1420），宫殿的主要部分和城墙完工了。就在这一年，明政府迁都北京并诏告全国。

（徐健竹）

土木之变

"土木之变"是指正统十四年（1449）明英宗在土木堡（在今河北怀来县境内）被瓦剌军俘虏的一次事件。

瓦剌是蒙古族的一支。15世纪中期，瓦剌控制了整个蒙古高原，瓦剌的首领也先，经常率领骑兵骚扰明的边境，掠夺人口和财物。

1449年秋，瓦剌分兵四路向明进攻，也先亲率主力进攻大同。明军在大同北面的猫儿庄被瓦剌军打得大败。

瓦剌攻入的消息报到北京，专权的太监王振因为家在蔚（yù）州（今河北蔚县），靠近大同，恐怕家乡被瓦剌军占领，便竭力唆使英宗在没有应战准备的情况下，亲自率军阻击。兵部尚书邝埜（kuàng yě）、兵部侍郎于谦等，都不同意王振的主张，竭力劝阻。但英宗受了王振的怂恿，不听大家的劝阻，他命令他的弟弟郕（chéng）王朱祁钰留守北京。邝埜随从率军阻击，于谦代理兵部事务。他限令两天内把出兵的事情准备齐全。随后，英宗和王振率领五十万大军仓促从北京出发。

8月中旬，大军到大同，遇上狂风暴雨，兵士又冷又饿，夜间自相惊扰，军中一片混乱。这时，明军在北边各战场上到处失利。大同镇守太监郭敬秘密地把各地惨败的消息告诉王振。王振惊惶失措，赶快退兵。明军退到宣府（今河北张家口），被瓦剌军追上，大败。这月末，明军退到离怀来西南只有二十多里的土木堡，为等候王振的一千多辆辎重车，没有进城，英宗等人夜间就留驻在土木堡。第二天，瓦剌军追到，包围了土木堡。土木堡地势很高，挖井两丈多深仍不能得到水，南边十里多路以外有一条河，也被瓦剌军控制了。明军被围两天，人马得不到水喝，处境万分危急。9月1日，瓦剌军假装退走，并派人来讲和。王振不知是计，一面派人议和，一面下令移营到河边去。正在明军阵势移动的时候，瓦剌骑兵突然从四面八方冲杀过来。明军兵士乱跑，秩序大乱，自相践踏。结果英宗被俘，随行的大臣死了几百人；五十万大军死伤一半，骡马损失二十多万头，盔甲、器械、辎重全被瓦剌军夺去。护卫将军樊忠用铁锤打死祸首王振，最后他自己也在突围苦斗中牺牲。

（徐健竹）

于　谦

明英宗在土木堡战败被俘的消息传到北京，明朝统治集团乱成一团。这时北京城里只剩下不到十万老弱残兵，而且十个人中就有九个没有盔甲武器。

英宗的弟弟郕王朱祁钰奉太后谕监国（代皇帝管理国事），召集文武大臣商议国家大计。大臣们都束手无策，有的甚而公开主张逃跑。兵部侍郎于谦（1398—1457）主张坚决抵抗。他挺身而出，愤怒地斥责那些打算逃跑的人。他向郕王提出誓死保卫北京的建议，他的建议得到了一部分大臣的支持，并为郕王和皇太后所采纳。不久，于谦升任兵部尚书，他勇敢地担负起了保卫京师的重任。

1449年9月下旬，朱祁钰即位做了皇帝，年号景泰，以第二年（1450）为景泰元年。他就是历史上所称的明景帝。

为了加强京师的防务，于谦下令调集各地军士来守卫北京，并派人分头到各地去招募民兵。他一方面加紧训练军队，严饬纪律；另一方面命令各地的工匠日夜赶造盔甲武器，号召人民献纳谷草，充实军备。在人民的热烈支持下，北京的防御力量大大地加强，守城的军队很快就增加到了二十二万人。

瓦剌见明朝另立了新皇帝，没有屈服讲和的意思，又大举进攻。也先挟持着明英宗，攻破紫荆关（今河北易县西八十里），直扑北京城。

在这紧要关头，于谦召集各将领讨论对策。都督石亨主张退守城内，坚壁清野，避开敌人的锋芒，于谦则主张出城迎战。他把兵部的事情交给兵部侍郎吴宁代理，自己亲自率领军队布阵在德胜门外，准备迎击瓦剌的主力军。他激励兵士们说："大片国土已经丧失，京城也被敌人包围，这是我们的耻辱。全体将士都应该不怕牺牲，替国家报仇雪耻！"将士们很受鼓舞，士气十分旺盛。

10月27日，瓦剌军逼近北京。于谦派高礼、毛福寿在彰义门（今广安门）外土城北迎战，杀死瓦剌军几百人。当天夜间又偷袭瓦剌军营，取得胜利。

10月29日，瓦剌军又进攻德胜门。于谦派石亨率领一部分精兵，埋伏在城外民房里，又派一小队骑兵去挑战，假装失败，诱敌深入。瓦剌军不知是计，一气儿攻到城边。于谦命令神机营用火器轰击，副总兵范广率兵冲杀过来，石亨的伏兵也杀了出来，前后夹攻，瓦剌军大败，也先的弟弟孛罗被火炮打死。瓦剌军又进攻西直门，都督孙镗在城上守军炮火的帮助下，奋勇抵挡，石亨的援军适时赶到，瓦剌军一看形势不妙，狼狈地逃走了。

10月30日，于谦派副总兵武兴、都督王敬率领军队到彰义门外和瓦剌军作战，把瓦剌军杀得大败。这时有个监军太监想要争功，领着几百骑兵抢先冲过去，结果把自己的队伍给冲乱了。瓦剌军趁机反扑上来，武兴不幸中了流矢，壮烈牺牲。瓦剌军跟着攻到土城边。彰义门外的老百姓爬上屋顶，用砖头石块向瓦剌军投掷，呐喊助威，声震天地。正在这时，于谦派来了援兵。瓦剌军看到援军旗帜，不敢再战，仓皇逃走。

经过五天激烈的战斗，瓦剌军死伤惨重，士气低落。前面是坚固的北京城，后面到处受到民兵的袭击，又听说各地明军的援兵就要到来，也先恐归路被截断，只好带着英宗和残兵败将偷偷地向紫荆关方向逃去。

当瓦剌军狼狈逃跑时，于谦命令石亨带兵连夜追击，取得大胜。范广、孙镗等在追击时，夺回被掳的老百姓一万多人和牲畜无数。

（徐健竹）

戚　继　光

元朝的时候，日本政府和元政府禁止两国的人民互相通商往来。明朝初期，明政府与日本建立了贸易关系。后来，日本的一些在国内混战中失败的武士，勾结日本浪人和走私商人，带着货物和武器，一方面走私，另一方面不断抢掠中国沿海地区的居民。这些进行走私活动与在沿海抢劫的日本浪人和走私商人，明朝人叫他们"倭寇"。

嘉靖二年（1523），有两批日本商人在宁波发生了武装冲突。他们焚掠宁波、绍兴一带，绑走了明朝的官吏，于是明政府废除了宁波、泉州两个市舶司，停止了对日本的贸易。

但是，日本的浪人和走私商人仍不断来福建、浙江沿海一带走私劫掠，并且和中国地方的大官僚、大地主勾结，甚至中国的奸商也参加了倭寇的海盗活动。这样，倭寇之患便越来越厉害。

嘉靖三十二年（1553），倭寇大规模地登陆侵扰，到处劫夺财物，屠杀人民，掳掠人口。我国东南沿海的人民遭受到了很大的灾难。1555年，明政府调戚继光到浙江驻防。

戚继光（1528—1587），山东东牟（今山东莱芜）人[1]，武艺出

1　阎崇年先生考证，戚继光籍贯有三说：一说其为东牟人，东牟为蓬莱古称。明清时此地有戚氏古宅，后有戚氏的祠墓。另有定远、济宁两说。或有莱芜说，系对"东牟"的误释。——编注

众，治军严明。他到任以后，看到当地官军腐败，就亲自到义乌招募了三千多人，主要是矿夫和农民，经过两个多月的训练，编成一支新军。随后他又在台州等地招募渔户，编成水军。戚继光的军队纪律严明，对百姓秋毫无犯，人们称之为"戚家军"。根据江南的特殊地理情况，戚继光还创造了一种适合在多水湖泽地带作战的阵法——"鸳鸯阵"。这种阵法以十二人为一作战单位，长短兵器相互配合，指挥灵活，常在战斗中取胜。

1561年，将近两万的倭寇焚掠浙江台州。戚继光率领大军在台州附近和倭寇一连打了一个多月的仗，在当地人民的协助下，使侵犯台州的倭寇遭到歼灭性的打击。

台州大捷后，戚继光升任都指挥使，负起更大的海防责任。他又增募义乌民兵三千人，使"戚家军"的精锐部队增加到六千人。

1562年，倭寇又大举侵入福建，到处烧杀抢掠。戚继光奉命率领精兵从浙江到福建，他身先士卒，到福建第一仗就收复了被倭寇侵占达三年之久的横屿。接着，他乘胜进军，攻克了牛田、兴化（今福建莆田），捣毁了倭寇的巢穴，取得了很大的胜利。援闽的战斗告一段落，戚继光班师回浙江。

戚继光离开福建不久，又新来了大批倭寇，抢掠福建沿海各县，攻占了兴化城、平海卫（在今福建莆田）等地。明政府命令俞大猷担任总兵官，戚继光为副总兵官，让他们两人火速开往前线。

嘉靖四十二年（1563），戚继光从浙江率领新补充的"戚家军"一万多人，赶到福建和俞大猷会师，把敌人打得大败，收复了平海卫和兴化城。戚继光因功升为总兵官。1564年，"戚家军"又大败倭寇于仙游城下，给被围五十天的仙游城解了围。残余的倭寇纷纷逃跑，福建的倭寇全被驱逐。1565—1566年，戚继光又配合俞大猷肃清了广东的倭寇。东南沿海的倭患至此完全解除。

（徐健竹）

澳门被占

15世纪的时候，欧洲许多国家为了向海外寻找殖民地，都奖励航海事业，葡萄牙是其中的一个。明弘治十一年（1498），葡萄牙人达·伽马率领葡萄牙武装商队绕过非洲南端的好望角，到达印度西南海岸的古里。不久，强占了果阿，将之作为在东方经营商业和政治活动的根据地。接着，葡萄牙又用武力强占了当时东方国际贸易的中心马六甲（在马来西亚半岛西南）。明正德六年（1511），葡萄牙的武装商队闯进了中国广东东莞的屯门岛。不久，他们又派使臣到北京要求通商，但遭到了明朝政府的拒绝。此后，他们的武装商队赖在屯门岛不走，在那里干着抢劫商人、掠卖人口的罪恶勾当。嘉靖元年（1522），葡萄牙海盗商人到广东新会西草湾地方抢掠，遭到中国军队的迎头痛击，被赶下海去。他们离开屯门岛后，转到福建、浙江沿海一带，勾结倭寇进行抢劫，又被明军击溃，随后又逃回广东，盘踞在浪白港。

葡萄牙商人千方百计想在中国沿海找到一个据点，以便对中国进行海盗式的通商活动。嘉靖三十二年（1553），他们借口在海上遇到大风浪，浸湿了船上的货物，请求明地方官借广东的澳门海滩让他们晾晒货物。他们使用卑劣手段，用行贿的办法得到了广东海道副使汪柏的许可。就这样，他们在澳门搭起帐篷住了下来。过了几年，他们又通过行贿的方法骗取了正式居住的权利。之后，他们更得寸进尺，一步一步地建造了房屋和市街，还修筑了城墙和炮台，并且擅自设置官吏，居然把澳门视为己有。这是澳门被葡萄牙殖民主义者骗占的开始。万历元年（1573），葡萄牙商人以向明朝政府交纳地租的办法讹取了澳门的租借权。起初，澳门的行政、司法、收税等权，还仍然归广东地方政府掌握。到后来，这几种主权便逐渐被侵夺。清光绪十三年（1887），清政府被迫签订《中葡条约》，承认葡萄牙占领澳门。澳门就是这样被葡萄牙殖民主义者骗占的。

（徐健竹）

东 林 党

明朝后期，宦官把持朝政，对人民进行疯狂的掠夺，同时也严重地损害了地主阶级地方势力的利益。江南地主中有很多人兼营商业和手工业，或者和工商业有联系。神宗万历年间，矿监、税监的贪婪劫掠，严重地侵犯了他们的特权，这就使江南地主集团与宦官集团之间的矛盾尖锐起来。江南地主阶级以及代表他们的官僚士大夫为了维护自身的特权，结合起来，反对宦官集团的专横跋扈。明末"东林党"和"阉党"的斗争，就是这种统治阶级内部矛盾的反映。

万历二十二年（1594），吏部郎中（官名）顾宪成被革职以后，回到自己的家乡无锡（今江苏无锡），在东林书院讲学。远近许多被排挤因而闲住在家的官吏都来听讲，学舍几乎容纳不下。他们聚在一起，一方面听讲论学，另一方面议论朝政，批评当政的人物。在朝廷里的一些比较正派的官员，也和他们互通声气。东林书院成了当时舆论的中心。这些人便被称为"东林党"。

东林党反对宦官独揽朝政，颠倒是非，迫害善良；反对矿监、税监的疯狂掠夺；反对苛重的赋税和徭役。把持朝政的宦官集团当然不会满意他们，就对他们进行各种打击迫害。

天启元年（1621），朱由校（明熹宗）做了皇帝以后，明朝政治腐败、黑暗达到极点。宦官魏忠贤与熹宗的乳母客氏狼狈为奸，无恶不作。他掌握了政府官吏的任免权，从中央到地方，都安插了他的爪牙。朝中一些大臣都投靠在他门下，有的甚而认他为义父、干爷。阉党大官僚崔呈秀等号称"五虎"，此外还有所谓"十狗""十孩儿""四十孙"等，他们相互庇护，结为死党。

阉党为了排除异己，进一步加强了锦衣卫、东厂等特务组织。魏忠贤自己掌管东厂，他的干儿子田尔耕等掌管锦衣卫。他们把东林党人的名字编成《东林点将录》《同志录》等黑名单，根据这个名单，有计划地对东林党人进行迫害和屠杀。

天启四年（1624），东林党的著名首领左副都御史杨涟向皇帝上书弹劾魏忠贤二十四大罪。不久，杨涟、左光斗、周顺昌、黄尊素等东林党领袖先后被捕下狱，受酷刑死去。其他东林党人，有的被杀害，有的被放逐，有的被监禁。许多非东林党人，但反对阉党的人士，也都遭到排斥、免职和杀戮。魏忠贤又下令毁掉全国一切书院，企图以剿灭东林党的名义来摧残所有反对阉党的人士。

魏忠贤等阉党迫害东林党后，气焰更高，不仅专制朝政，而且诬杀守边大将，冒图军功。魏忠贤的干儿义孙、远近亲戚，都做了大官。他自称为"上公"，阉党官僚称他为"九千岁"，有的竟称他为"九千九百岁"，向他献媚，争先恐后给他建立生祠，供他的像。建立一个生祠，要用掉老百姓几万两、几十万两白银。地方官每年春秋要到魏忠贤生祠祭祀，凡是不建祠或入祠不拜的都要被杀。

魏忠贤的专权暴虐，使人民遭受到严重的祸害，民愤越来越大。熹宗死后，朱由检做了皇帝（崇祯皇帝），杀了魏忠贤和阉党的重要人物。但阉党的残余势力仍旧存在，与东林党的斗争也仍旧没有停止。

（徐健竹）

324

《永乐大典》

永乐元年（1403），明成祖为了整理历代文献典籍，命令解缙（jìn）编修一部类书。解缙接受任务后，第二年就编成了一部《文献大成》。成祖嫌这部书编得太简略，永乐三年（1405），又加派姚广孝协同解缙，选儒士曾棨（qǐ）等二十九人重修，并动员大批善于写字的文人担当书写任务。当时直接或间接参加编修工作的有两千多人。皇家藏书处文渊阁所收藏的各种书籍是这次编修的基本资料。另外，明政府又派人到各地征购各类古今图书七八千种。负责编修的人把这些书依照《洪武正韵》韵目，整部整篇或整段地按韵编次。永乐六年（1408）冬，全书编成，共两万两千九百三十七卷（其中有凡例、目录六十卷），一万一千零九十五册（明清以来对卷数、册数记载均不一），定名为《永乐大典》。

《永乐大典》是在南京编成的，后来明成祖迁都北京，这部大书也随之被运到北京。该书自编成后，只有精写本，没有刻版印刷。嘉靖四十一年（1562），皇宫失火，《永乐大典》差一点被烧掉。为防万一，明世宗命令礼部选儒士程道南等另抄写《永乐大典》正副本两部。穆宗隆庆元年（1567），正副本抄写完成。自此以后，《永乐大典》就有了三部：第一部是永乐原本，第二部是嘉靖正本，第三部是嘉靖副本。原本存放南京，正本存北京文渊阁，副本存北京皇史宬（chéng）。后来，南京原本尽毁。清初，正本被移放乾清宫，副本被移放翰林院，缺失二千四百多卷。清嘉庆二年（1797），乾清宫失火，正本全毁。藏翰林院之副本，以后又陆续有遗失。清光绪二十六年（1900），八国联军侵占北京，《永乐大典》遭受浩劫，劫后所存仅三百余册。这些被抢掠去的《永乐大典》，现都分藏在帝国主义国家的公、私图书馆。

《永乐大典》在我国学术史上占有很高地位，它辑录古书，直抄原文，保存了今已散缺或已失传的许多重要资料，对研究我国古代文化遗产具有极高的参考价值。

中华人民共和国成立后，经过北京图书馆的努力搜集，现在藏在该馆的《永乐大典》共有二百一十五册。连同该馆从国外各国图书馆征集到的一部分复制本（照片和显微胶卷），合计七百一十四卷。

（徐健竹）

李 时 珍

李时珍（1518—1593），字东璧，蕲（qí）州（今湖北蕲春县）人，是明朝中期伟大的医学家和药物学家。他的父亲是当时的名医，很喜欢研究药物。李时珍童年时，常常跟着父亲到山中去采药，从小就培养了研究药物的兴趣。他幼年体弱多病，深刻体会到生病的痛苦，从而坚定了学医的决心。从二十岁起，他就跟着父亲学医了。

李时珍诊病和用药都十分仔细，他参考前人的药书时，常常能发现书中有不少缺点，于是立志要把旧有的药书加以整理，写成一部完备的药物学著作——《本草纲目》。

为了写这部书，他花了很大的精力来阅读前人有关医学的著作。在近三十年的时间里，他研读了八百多种书。除了钻研医药书外，他还阅读了许多历史书、诗文、小说、笔记以及像《芍药谱》（刘贡父著）、《海棠谱》（沈立著）、《菊谱》（范成大著）、《竹谱》（戴凯之著）等一类的书籍。从这些书籍里，他收集了有关医药的材料，并利用这些材料来考证各种药物的名实。不仅如此，他还很重视实地调查。他走遍了自己家乡的山野，还到过江西、安徽、江苏一带的许多地方，考察了各地特产的药物，采集了许多有价值的标本。他走了上万里的路，访问了千百个老农、渔民、樵夫和猎人，虚心地向他们请教，从他们的口中知道了很多有关药物学的宝贵知识，打听出了很多医病的有效秘法和单方。李时珍经过这样长时期的刻苦学习，为编写《本草纲目》打下了深厚基础。

万历六年（1578），李时珍六十一岁，《本草纲目》这部书终于写成了。这部书从嘉靖三十一年（1552）开始编著，中间经过了三次大的修改（小的修改直到他死一直未断），前后一共用了二十七年的时间。

《本草纲目》共五十二卷，记载了一千八百多种药物（比过去增加了三百七十四种），分成十六部，六十二类。对各种药物做了科学的分类，订出系统的纲目，改正和补充前人关于药物记载的错误和不足，这是《本草纲目》在药物学上的一个重大贡献。书里对每种药物，都写出它的名称、别名、形态、产地、气味、性质、功用和采制过程，并且还附录了许多医方，使人看了异常清楚。为使读者更易明白，作者还把一些形状复杂的药物绘成图画，全书的插图就有一千多幅。《本草纲目》一书，不但在我国古代药物学史上占有极其崇高的地位，而且在世界植物形态分类学史上，也占有极其崇高的地位。

（徐健竹）

潘 季 驯

明代治理黄河专家潘季驯（1521—1595），字时良，乌程（今浙江湖州）人。他从四十四岁起，到七十三岁退休时止，前后四次受命治理黄河，为治理黄河工程工作了二十多年。

根据历史记载，黄河下游在三千多年中，泛滥和决口一千五百多次，重要的改道二十六次，其中大的改道有九次。黄河泛滥时，中原一带，常常是千里泽国，无数村庄和城市被淹没，给人民生命财产造成极严重的损失。治理黄河，自古以来就是我国劳动人民跟水患进行斗争的重大事情。

嘉靖四十四年（1565），潘季驯奉命治理黄河。他到达黄河沿岸以后，亲自视察河道，访问河堤附近的农民，邀请有经验的治河民夫谈话，仔细研究治河的办法。他还阅读前人有关治河的各种文献和著作，拿它们跟当前的情况进行参证、比较。这样，他逐渐摸清、掌握了黄河水患的规律，从而制定出了一套治河的原则和方法。他四次治理黄河，都取得了卓越的成绩。

潘季驯治河的原则是："挽水归漕，筑堤束水，以水攻沙。"这意思就是说，修筑坚固的堤岸，约束河身，借着奔腾的水流冲走泥沙，刷深河槽，避免淤积。他根据黄河水流泥沙过多的特点，认为必须维持河道的整一，不要让它分流；两岸河堤的距离不要太宽，要紧紧地约束住河身。因为河道一宽，水势就缓，泥沙就会淤塞河床，河水就容易泛滥成灾。相反的，如果河道不太宽，水流很猛，就能冲刷淤泥，刷深河床，洪水就不易漫出。

潘季驯一生的治河经验，都总结在《河防一览》这部书里，如怎样筑堤，怎样保护堤防等，都有详细的说明。书里还绘制了详细的黄河全图，标明治河的地形和水势。每个险要的河段，都画出了堤防和巡守的"铺"。"铺"是供巡防人员驻守和休息用的一种草屋。"铺"的旁边竖起高竿，白天挂旗，晚上挂灯。有了紧急情况，巡防人员就敲锣告警，附近农民就可以赶去抢救。

（徐健竹）

徐 光 启

徐光启（1562—1633），字子先，上海人，是我国明朝末年一位伟大的科学家，著有《农政全书》六十卷。

《农政全书》是一部有关农业科学的巨著。全书分"农本""田制""农事""水利""农器""树艺""蚕桑""蚕桑广类""种植""牧养""制造"和"荒政"十二章，总共五十多万字。这部书的价值可以从下列几方面来说明：

一、它汇集了历代有关农业的各类著作，起到了总结我国古代农业科学遗产的作用。书中引用各种农业著述约一百三十种，引用时，有的有删节，有的有补充，有的则为批判性的选辑。

二、它记录了古代和当代农民们宝贵的生产经验。徐光启常常深入农村，访问老农，有好的经验便记下来，编入他的书中。例如，在《木棉篇》中，他根据农民的生产经验，详细记述了棉花的种植方法和纺织方法；在《除蝗疏》中，他根据老农提供的材料，记录了蝗虫生长的过程。

三、它介绍了制造各种农具和修建水利工程的方法。书中详细地记述了各种农具的制法，并且附有精细的插图。在谈水利的这一章里，不仅介绍了我国西北水利、东南水利的情况，而且还介绍了外国的水利建设方法。

四、它记叙了著者本人对农业研究的心得和试验的成果。例如，在《树艺》《蚕桑》《蚕桑广类》等章里，就记录有著者自己种植乌桕（jiù）树和桑麻的经验。

五、它介绍并提倡了有关国计民生的农作物。例如，茶叶在当时国际市场上异常畅销，《茶叶篇》中就详加介绍了茶叶的采摘、收藏、制造、饮用等方法。又如，甘薯（红薯）刚从外国传来不久，书中指出它有十几个优点，亩产量大，色白味甜，营养丰富，种植容易，可以酿酒，切片晒干可作为粮食和饼饵等，因此大力提倡种植。

《农政全书》总结了祖国劳动人民在农业生产技术上的丰富经验，保存了大量有价值的农业科学数据，同时还反映了我国十六七世纪农业生产所达到的水平。它是我国现存研究古代农业生产发展史的一部重要参考书籍。

（徐健竹）

明朝著名画家

明朝初年，著名的画家是戴进。明朝中期，沈周、文徵明、唐寅和仇英，称为"明朝四大家"。明朝末年，著名的画家是董其昌和陈洪绶。

戴进（1389—1462），字文进，号静庵，钱塘人，南宋画院山水画的继承者。所画山水画，取景用笔，千变万化。他临仿古人的画，能叫行家也难分辨真假。他画的人像也很出色。据说，有一次他去南京，雇了一个挑夫挑行李，走在人多的地方，两人被挤散了。他到处找不到挑夫，没有办法，便画了那个挑夫的样子，拿着画像到处向人打听，结果挑夫终于被找到了。

沈周（1427—1509），字启南，号石田，长洲（明时属苏州府）人。他的山水画汲取了唐宋著名画家的长处，加以融会变化，自成一家。他用笔很有劲，笔墨豪放，沉着雄浑。他画的花卉和人物也很有神采。

文徵明（1470—1559），字徵仲，也是长洲人，擅长画山水。他是沈周的学生。他的画当时全国闻名，很受人们欢迎。各地求他作画的人很多，但是有钱有势的人却很难请动他，他尤其不肯给藩王、太监和外国人作画。

唐寅（1470—1523），字子畏，又字伯虎，吴县（明时亦属苏州府）人。他画山水画最初向周臣学习，同时钻研宋元著名画家的画法，汲取各家的长处，自成一家，成就超过了他的老师。他画的水墨花鸟，活泼俊俏；人物仕女，生动妩媚，不落旧套。他在"明朝四大家"中享有最大的声名。

仇英（1494—1552）[1]，字实父，号十洲，太仓（明时属苏州府）人，油漆工匠出身的杰出画家，也是周臣的学生。他临摹的唐宋名画，

---

1 仇英生年不详，有1494、1498等论。——编注

可以乱真。当时的人很称赞他的画，说他的画"独步江南二十年"。

董其昌（1555—1636），字元宰[1]，华亭（今上海松江）人。他是大书法家，也是大画家。他的字初学米芾，后来融合唐宋各著名书法家的优点，自成一派。他的山水画集宋元诸家之长，下笔潇洒生动，清润明秀，具有独特的风格。

陈洪绶（1599—1652），字章侯，号老莲，诸暨（明时属浙江绍兴府）人。他在幼年时，就显示出绘画的才能，得到画家蓝瑛的赏识。后来，蓝瑛收他为徒弟。他的花鸟山水画，构图新奇，色彩浓丽，富于装饰情趣。他的人物画最精彩，造型夸张，线条细致，着重思想感情的刻画。他画过《水浒英雄》《西厢记》的插图。画过《归去来图》，劝他的朋友周亮工学习晋人陶渊明"不为五斗米折腰"的精神，不要去做清朝的官。这些都表明了他的政治立场和见解。他的画风对后世的影响很大。

（徐健竹）

李 自 成

明朝末年，大量土地集中在以皇帝为首的大贵族、大官僚、

---

1 一作"玄宰"。——编注

松溪訪隱圖

松溪訪隱君家住
過橋去日暮攜
筇歸群鴉噪
高樹南
晉昌唐寅

〔明〕唐寅《松溪访隐图》

334

大地主的手里。到处是皇帝的"皇庄"和贵族官僚们的"庄田"，失去土地的农民越来越多。有的农民失去了土地，还要照旧交纳田赋。有的地主勾结官吏，把自己的田赋暗地里分摊在农民头上。

万历末年，明政府为了跟东北新起的建州女真作战，把全部战争费用完全加在农民身上，向农民加派"辽饷"。农民本来就穷困到极点，在没有"辽饷"时，一年所获已是一半纳粮，一半糊口；加派"辽饷"以后，连糊口也难以做到了。崇祯时，明政府甚而将镇压农民起义的军费也加派在农民头上，又增添所谓的"剿饷"和"练饷"，使得农民的负担更加沉重。据记载，天启末年至崇祯初年，陕西北部发生灾荒，农民"争采山间蓬草而食"，蓬草采尽后"则剥树皮而食"，树皮剥光后"则又掘其山中石块而食"。

天启七年（1627），陕西北部饥饿的农民纷纷起义，揭开了明末农民大起义的序幕。

起义初期，战争主要在陕西北部和中部进行。崇祯四年（1631）以后，起义军转移到山西，组成三十六营，势力渐渐壮大起来。后来，他们在河南、陕西、四川、湖北四省边界地区流动作战，屡次挫败官军。经过五六年的苦斗，起义军里锻炼出了高迎祥、张献忠、李自成等几位著名的农民军领袖。

李自成（1606—1645），陕西米脂县人，幼年时给地主牧过羊，二十多岁时当过驿卒和边兵。崇祯二年（1629），他参加了起义军，之后在闯王高迎祥部下做了闯将。

1635年，高迎祥等十三家七十二营的首领，在河南荥阳开会，商量反抗官军围攻的办法。大家采纳了李自成提出的"宜分兵定所向"的作战计划，把军队分作四路：北路、西路、南路以防御为主，东路积极进攻；另一部分军队往来策应。李自成提出的作战计划，不但增强了大家斗争的信念，更重要的是表明了起义军首领们已经懂得联合起来作战的必要，改变了过去分散作战的方法。这次大会把明末农民战争推到了一个新的阶段。

1636年，高迎祥在陕西战死，李自成继承了闯王的名号。他带领起义军转战四川、河南等地。当地的饥民纷纷参加起义军，李自成的队伍很快扩充到了几十万人。在农民革命急剧发展的形势下，李岩、牛金星等地主阶级知识分子也参加了李闯王的队伍。

起义军针对当时土地高度集中和赋役极端严重的情况，提出了"均田""免赋"的斗争口号。起义军打到哪里，就宣布哪里"三年免征"或"五年不征""平买平卖，蠲（juān）免钱粮"，还到处宣传"迎闯王，不纳粮"。起义军受到了广大人民的热烈拥护和支持，这是李自成迅速取得胜利的主要原因。

1641年，起义军攻破洛阳，杀死河南人民最痛恨的福王朱常洵，并且把王府中收藏的从民间搜刮来的金、银、粮米散给饥民。在此后一两年里，李自成领导的起义军在河南连续大败官军主力，占领了今河南全省和湖北省的大部地区，人数壮大到百万左右。

1644年春，李自成在陕西西安正式建立政权（在取西安前，已在今湖北襄阳初步建立了政权），建国号大顺，改元永昌，扩大了在襄阳时的政权组织。接着，起义军发动了对明朝封建统治的最后冲击。起义军迅速占领太原、大同、宣府、居庸关（今属北京市），直逼北京。1644年4月，李自成领导的起义军攻破北京城，崇祯皇帝在景山自杀，明廷终于被推翻。李自成进入北京城，杀掉了一批人民痛恨的明朝贵族和官僚，释放了关在监狱中的囚犯。

但起义军进入北京后，李自成以下的一些领导者，被这巨大的胜利冲昏了头脑。他们滋长了骄傲轻敌的情绪，自以为天下大势已定，失去了应有的警惕。刘宗敏等将领在财货声色的诱惑下，甚至腐化堕落起来，醉心于享乐。广大的士兵在他们的影响下，也有不少人产生了太平麻痹和享乐腐化的思想。这样，就大大地削弱了起义军的战斗力量，影响了人民对起义军的热情支持。至于丞相牛金星之流，原是混进起义军内的投机分子，他们这时不但纵情享乐，而且为了扩张自己的权势，更阴险地在起义军内进行了谋害、破坏的活动，引起了起义军内部的严重分裂。

而后，山海关的明守将吴三桂降清，引清兵入关，攻打李自成。在清军和吴三桂军队的夹攻下，李自成的军队失败了。为了保存力量，李自成从北京撤退到西安，后来又从西安转战到湖北。1645年，李自成在湖北通山县九宫山，在地主武装的袭击下牺牲了。

（徐健竹）

张　献　忠

　　张献忠（1606—1646），陕西延安人，出身贫苦，做过捕快，也当过兵。崇祯三年（1630），他聚集陕西米脂十八寨的农民起义，自称"八大王"。"荥阳大会"后，他和高迎祥、李自成等部担当东征的任务。他们以疾风扫落叶的声势，在短时间内，打下了明朝的发祥地——凤阳，烧毁了明朝皇帝的祖陵。后来，张献忠和高迎祥、李自成兵分两路，高、李等率兵进攻陕西；张献忠则率兵南下攻入安徽，转战于湖北、陕西等省。高迎祥牺牲后，张献忠所部在起义军中势力最为强大。1638年，农民革命暂时处于低潮，他以"受抚"为名，在湖北谷城一带休养兵力。次年，再度起义。明朝政府派杨嗣昌督师向张献忠进攻。1640年，张献忠突破杨嗣昌的包围，进入四川，并在军事上以流动作战的战术争得了主动。1641年，张献忠由川东顺流东下，由四川到湖北，攻占襄阳，杀掉了襄王朱翊铭。杨嗣昌兵败后，忧惧自杀，张献忠势力大振。1643年，张献忠率领起义军攻破武昌，称大西王。第二年，又攻入四川，占领重庆，攻破成都。这年冬天，他在成都即皇帝位，国号大西，改元大顺。

　　1646年，清政府派肃亲王豪格和吴三桂军配合当地地主武装，猛攻张献忠。张献忠失败，率部北走，在西充凤凰山被清军射伤牺牲。

（朱仲玉）

努尔哈赤

明朝初年，住在祖国东北地区的女真族（满族的祖先），分为许多部落。各部落的女真奴隶主为了掠夺奴隶和财物，经常发动对其他部落的掠夺战争，弄得人民不得安生，在这样的情况下，女真人都渴望有一个统一的和平局面。

努尔哈赤就是适应了当时的社会要求而崛起于赫图阿拉（今辽宁新宾老城）的一位部落首领。他领导部众战胜了各自分立的各个奴隶主集团，建立了一个统一的政权。直到今天，在东北的满族老人中间还流传着许多有关"老汗王"的故事。"老汗王"就是满族人对努尔哈赤的称呼。

努尔哈赤姓爱新觉罗，史书上称清太祖，出身于建州部女真奴隶主家庭，祖辈多次受明朝的封号。他幼年丧母，受继母虐待，十九岁时与家庭分居，自己过独立生活。他曾到过汉人地区，受汉族文化影响较深，据说他通晓汉语汉文。

1583年（明万历十一年），努尔哈赤团结内部，聚众起兵，开始了统一女真各部的战争。他以赫图阿拉为根据地，出奇制胜，逐步兼并周围的部落。从1583年到1588年，五年之间，他逐步兼并了周围的苏克素护河[1]、浑河、王甲、董鄂、哲陈等部。

努尔哈赤

1587年，当战争还在进行的时候，努尔哈赤于费阿拉（今辽宁新宾旧老城）建筑王城，并且实施了一些必要的政治、经济措施，如定朝政、立刑法、发展农业生产，等等。这一切，都为迅速统一女真各部奠定了基础。

1592年，努尔哈赤击败以叶赫为首的九部联军的进攻，随后就进行了兼并长白山、扈伦和东海诸部的斗争。从1589年到1594年，他先后兼并了长白山的鸭绿江部、珠舍里部和讷殷部。从1593年到1619年又次第兼并了扈伦的哈达、辉发、乌拉与最大的叶赫诸部。至此，他基本上完成了女真族内部的统一。至于东海诸部，直到努尔哈赤的儿子皇太极时才完全被兼并。在女真各部

---

1 又作"苏克苏护河部""苏克苏浒河部"。——编注

统一的过程中，努尔哈赤创立了八旗制度（正黄、镶黄、正白、镶白、正红、镶红、正蓝、镶蓝八旗），凡满族成员都被编入旗，平时生产，战时出征。1599年，他创制了满文。这些措施对于进行兼并战争、巩固政权和发展文化都是必要的。

1616年，努尔哈赤于赫图阿拉即汗位，建立金政权（1636年皇太极改金为清）。金的建立，对于满族经济文化的发展，起了很大的推动作用。

（赵展）

吴 三 桂

1644年，当李自成的农民军打进北京的时候，明朝驻在山海关一带防御清兵的总兵官吴三桂，手头还有一部分兵力。李自成进入北京的消息传到了山海关，在起义军强大的军事压力下，吴三桂为了保全自己的财产和地位，原本打算到北京来归顺李自成，但是，过了不久，他听说农民军要杀贪官、要斗土豪，而且他自己存在北京的家产也被查封；同时他还听说，各地的旧明势力都在跃跃欲动，正在积极组织力量，准备向闯军反扑。在这样的情况下，吴三桂的气焰又复高涨起来，公开宣称要与闯军作对到底。

当然，吴三桂心里很清楚，光靠他自己这点力量，是无论如何不堪闯军一击的。所以，当闯军乘胜向山海关推进时，他便向住在关外的满洲八旗——他所负责防御的敌人屈膝投降，共同向闯军进攻。

李自成亲自率领二十万大军在山海关附近一片石[1]地方讨伐吴三桂。两军摆开阵势，激烈战斗。战争刚开始，天气忽然大变，狂风骤起，飞沙满天，士兵们一个个睁不开眼；正当这时，满洲的精锐骑兵，从吴三桂军背后冲出来，直扑农民军。李自成大惊，农民军阵势动摇，大败。李自成急忙下令收兵，向北京退却。就这样，清军便在吴三桂的引导下，长驱直入，打进了山海关。

李自成退回北京后，匆匆即皇帝位于武英殿，第二天，便放弃北京率众西走。清军随即进入北京城。

满族贵族一经占领北京，随即在政治上和军事上采取了一系列紧急措施。在政治上，为了拉拢汉族地主阶级，下令礼葬崇祯皇帝，大量任用明朝旧文武官员；另外，为了缓和人民的反抗情绪，还宣布废除明末以来的一些苛派和"三饷"（指"辽饷""剿饷"和"练饷"）。在军事上，一方面派遣吴三桂等继续追击农民军；另一方面另派大军南下，分别占领黄河流域和长江流域的广大土地。

这年初冬，满族皇帝福临，在满汉贵族大臣们的拥戴下，即位为全中国的皇帝。这就是顺治皇帝。

福临这时还很年幼，国政由他的叔父摄政王多尔衮代理。顺

1　今河北抚宁县七十里的九门口。

治在位十八年，十八年中全国的反抗斗争，此起彼伏，始终没有停止。直到他的儿子康熙皇帝时，全国才重归于统一。

（朱仲玉）

史 可 法

北京的明朝中央政权在农民起义军打击下灭亡以后，整个明朝政权尚未终结，一些大臣把崇祯皇帝的兄弟福王朱由崧捧出来，在南京当了皇帝（弘光皇帝），建立了南明政权。当时，清兵已经入关，李自成的农民起义军已经退出北京，因此南明政权面临的敌人已经不是农民起义军，而是来势汹汹的清军。弘光皇帝是一个贪淫酗酒的草包，他周围的一些大臣，如马士英、阮大铖等人，也多是些专为个人功名富贵打算的奸臣。他们在大敌当前的重要关头，不仅没有积极抵抗，反而把坚决主张抗战的史可法排挤出朝廷，叫他到长江以北的扬州去督师。

史可法（1602—1645），字宪之，号道邻，祖籍北直隶顺天府大兴县（今北京大兴）。后迁居河南开封府祥符县（今河南开封），一般都称他为河南祥符人。他为人诚恳、正直，办事认真，是弘光朝的兵部尚书兼大学士。弘光皇帝叫他到扬州去，他虽然明知前途困难重重，然而为了团结抗敌，他还是接受了这个任务。他到了扬州以后，将扬州与南京之间的防御力量进行了一番整顿，并且他还调解了诸将之间不和的关系。许多抗清志士听说史可法在扬州督师，都非常高兴，纷纷地投效到他军中来。

1644年12月，清军从山东南下，占领了江苏的宿迁。史可法立即率领军队进行反攻，收复了宿迁。第二年，清军第二次发动进攻，一路从山东南下占领宿迁，另一路从河南南下逼近徐州。徐州守将总兵李成栋闻清兵打来，弃城逃走，清军轻易地占领了徐州。不久，李成栋投降清军，为清军做前导，向南进攻，局势迅速恶化。

正在这时候，半壁江山都行将不保的弘光小朝廷内却发生了严重的内讧。武昌守将左良玉以"清君侧"讨伐奸臣马、阮为名，对南京发动了军事进攻。弘光朝廷异常惊恐，忙下令调史可法回南京，防御左良玉兵。后来虽然因为左良玉在途中病死，这场内战没有被引起来；可是，就在此期间，清军却乘着弘光朝廷的内讧，攻破了盱眙，而且继续往东进攻，乘势占领了淮安和泗州，逼近了扬州。史可法闻讯，冒着大雨，连夜赶回扬州，匆匆忙忙地布置防务。

1645年5月，清军围攻扬州。史可法率众拒守，屡次打退清军，清军统帅豫王多铎前后数次写信给史可法，劝他投降。史可法严正地拒绝，每次接到信，都不启封，立刻烧掉。清兵用大炮攻城，城墙被打坏很多缺口，每被打坏一处，史可法便命令部下用沙袋堵塞一处，再接再厉、斗志昂扬。战斗日夜进行，敌军四处云集，城中危险万分。史可法知道扬州已经很难保，便预先给自己的母亲、妻子写好诀别书，交代后事，自己下定决心准备城陷殉难。5月20日，清军发动总攻击，他们先用大炮轰破西北角城墙，然后冲进城来。史可法看到城被攻破，便拔刀自杀。他的部下上前把他抱住，簇拥着他逃出城去。半路上，遇见一队清兵，结果他们被俘虏了。清兵把史可法解去见清军统帅多铎。

多铎见到史可法后，再一次劝他投降。史可法严词厉色地说："吾头可断，身不可屈，愿速死。"最后，史可法被杀害。

清兵占领扬州后，大肆屠杀，全城遍地尸横。那时，正是夏天，史可法的遗骸已经无法辨认。扬州的人民，找不到他的尸体，便把他的衣冠埋葬在扬州城外梅花岭，后来还修了祠堂，来永远纪念他。

（朱仲玉）

江阴人民抗清斗争

1645年，清军从北方大举南下时，下了一道严厉的剃发令，限令在清军所到之处，人民必须在十天内剃去头发，并且规定："留头不留发，留发不留头"，不许有丝毫考虑的余地。

把全部头发盘束在头顶上，这是以前汉族人的装束；剃去周围的头发，把中间留下的头发编成辫子，垂在背后，这是当时满族人的习惯。这道命令遭到了当时汉族人民的强烈反抗。1645年江阴人民的抗清斗争，就是由此而引起的。

当时，史可法已经在扬州殉难，南明弘光朝的都城南京已经失守。7月中旬，清朝派来的知县方亨到江阴上任。他一到任就贴出布告，要严格地执行剃发令。江阴人民非常愤慨，他们撕掉布告，于7月22日开始起义。起义的人员拥戴典史（官名，比知县低，掌管全县治安的事）陈明遇为领袖，修筑起坚固的防御工事，决心抗清到底。

江阴起义后，清政府立即派兵前来镇压。全县人民奋勇抵抗，在城郊多次打败清军。全城军民，有钱出钱，有力出力，坚强团结，死守不二。为了更好地打击敌人，陈明遇派人把前任典史阎应元从城外请进城来，一同协力防守。

阎应元是个武秀才出身的猛将，他进城时，江阴已经完全处在清军的包围之中，但是他丝毫也不畏惧。他和陈明遇通力合作，彻底清查全城户口和库存物资，清除内奸、组织民兵，做好了长期抵抗的准备。

8月底，清军大队人马开到江阴城外，发动了一次大规模的攻势。阎应元和陈明遇指挥士兵英勇奋战，打退了攻城的清军，并且打死了清军的主将。9月里，他们又主动出击，消灭了许多敌人。

清军久攻江阴不下，就采取诱降办法。投降清军的将军刘良佐老着脸皮，在城外要求和阎应元答话，想劝说他投降。阎应元声色俱厉地斥责刘良佐，说："有降将军，无降典史！"粉碎了敌人的劝降计划。在农历中秋节这天晚上，阎应元为了让士兵们欢度佳节，特地举行了祝捷晚会，跟战士们一起在城楼上饮酒唱歌，表示宁死不屈的决心。

清军看到城内坚守不屈，没有投降的意思，又调来了大批精锐的攻城部队。10月10日，清军趁下着大雨，用大炮轰破城墙的东北角，打进城来。在激烈的巷战中，陈明遇壮烈地牺牲了。阎应元杀伤了许多敌人后，投水自杀，没有成功；后来被敌人俘虏，关在一个庙里，第二天也壮烈牺牲了。全江阴的人民，除一小部分突围以外，其余都在巷战中英勇牺牲或在城破后惨遭杀害。

（朱仲玉）

郑 成 功

郑成功（1624—1662）原名郑森，字大木，福建南安人。他是明朝末年福建总兵官郑芝龙的儿子。当福王在南京建立弘光政权时，郑成功二十一岁，正在南京读书。弘光政权垮台后，郑成功回到福建。这时，唐王朱聿（yù）键在福州即皇帝位，建立隆武政权。郑成功朝见了朱聿键，提出了富国强兵、抵抗清军的主张。朱聿键很喜欢郑成功，就认他做本家，赐他姓朱。

1646年秋，清军攻陷浙江，接着大举进攻福建。掌握隆武朝政大权的郑芝龙准备投降清朝，故意撤掉仙霞关的守军。清军长驱直入，在汀州（今福建长汀）俘虏朱聿键，隆武政权灭亡。郑芝龙投降清朝后，郑成功和父亲决裂，在厦门鼓浪屿起兵反抗清朝。

　　郑成功率领部队在福建、浙江、江苏一带和清军打了许多次仗，取得了很大的胜利。为了长远之计，他决定渡海到台湾去，以台湾作为抗清的根据地。

　　台湾自古以来就是中国的领土。1624年，荷兰侵略者乘着明朝国势衰落的时机，出兵侵占了台湾，在台湾建立了殖民统治。郑成功向台湾进军前，写信给荷兰侵略军头子，指出台湾是中国的国土，中国有权收回，叫他赶快率领侵略军撤出台湾。荷兰侵略军的头子非常害怕，派翻译何廷斌来和郑成功讲条件。何廷斌是一个具有爱国思想的人，他把荷兰侵略军的情况报告郑成功，还向郑成功呈献了一幅详细的台湾地图。台湾人民听说郑成功要收复台湾，都感到非常兴奋，纷纷渡海来投奔郑成功，愿意为收复台湾出力。

　　1661年4月，郑成功率领战士二万五千人、战船百艘，在台湾鹿耳门一带登陆。登陆后，跟荷兰侵略军展开了激烈的战斗。由于郑成功的指挥有方，士兵们的英勇作战和台湾人民的积极支持，荷兰侵略军战败了，侵略军的头子被迫向郑成功呈递了投降书。1662年，最后一批荷兰侵略军被逐出台湾，台湾终于回到了祖国的怀抱。

郑成功收复台湾后，建立政府、制定法律、开垦荒地、发展生产、努力建设。他还亲自到当地高山族居住的地区进行访问，派人制造了大批铁制农具，在高山族人民中推广使用。经过汉族和高山族人民的共同努力，台湾的各种生产事业有了突飞猛进的发展。

不幸，郑成功在收复台湾后不久就病逝了，这时他才只有三十九岁。他的死，引起了人民的哀痛，人民将会永远纪念这位从殖民主义者手中收复祖国神圣领土 —— 台湾的民族英雄。

（朱仲玉）

康熙皇帝

康熙皇帝姓爱新觉罗，名玄烨，是清入关以后的第二个皇帝。他从1662年开始，到1722年去世止，共做了六十一年的皇帝。

康熙统治期间，中国是当时世界上一个繁盛、统一的封建强国。

康熙皇帝最重要的贡献，是平定了"三藩"叛乱，解决了准噶尔问题，收降了郑氏力量，使中国重新归于统一。

所谓"三藩"，是指平西王吴三桂、平南王尚可喜、靖南王耿仲明。吴、尚、耿三人本来都是明朝的将领，后来都投降了清朝，接受了清朝王位的封爵。他们在自己的势力强大起来以后，不肯服从清朝的统一政令，企图在南方一带造成封建割据。

1673年，吴三桂发动叛变，尚可喜的儿子尚之信和耿仲明的孙子耿精忠起兵响应。康熙皇帝采取坚决手段，调动各方面的人力物力，出兵平乱，对叛军采取猛烈攻势。最后，清朝终于把"三藩"平定，巩固了南部疆域。

准噶尔是卫拉特蒙古的一支。当时，以噶尔丹为首的准噶尔部，进行了破坏统一的活动。康熙皇帝亲自率兵粉碎了这些制造分裂的阴谋活动，进一步巩固了国家的统一。

郑成功和他率领的将士，在1662年驱走荷兰殖民者，收复了我国的神圣领土台湾。这是我国历史上反抗外国侵略势力的一个伟大胜利。郑成功在收复台湾后不久去世。康熙皇帝于1683年降伏了郑成功的孙子郑克塽，使得台湾重新成为中国中央政府直接管辖下的一个行政区域。

康熙皇帝在政治、经济、文化上还实施了一连串有利于社会生产发展的措施。他为了巩固自己的封建统治，在广大人民反抗斗争的压力下，废止了清入关之初霸占农民土地的"圈田令"。他下令兴修水利、奖励垦殖、减免赋税、节省开支、提倡节约。因此，康熙时农业生产有了恢复和发展，社会的经济也日益繁荣。

在文化上，他派人编修《明史》《古今图书集成》《康熙字典》等书，此外还大力提倡自然科学、绘制《皇舆全览图》等。

康熙皇帝在军事、政治、经济、文化上所做的上述一些工作，都在一定程度上有利于中国社会的发展，后世称他是一位杰出的政治家。

（朱仲玉）

达赖喇嘛　班禅额尔德尼

达赖喇嘛和班禅额尔德尼是西藏喇嘛教黄教教派的两位最大活佛。

黄教是15世纪初藏族喇嘛宗喀巴（1357—1419）创立的一个喇嘛教派。到16世纪中叶时，黄教的势力已经有了很大的发展。当时，黄教最大的寺庙拉萨哲蚌寺的讲经法台是索南嘉措（1543—1588）。

明万历七年（1579），被明朝封为顺义王的蒙古土默特部首领俺答汗，从青海写给索南嘉措一封信，邀请他去讲经说法。索南嘉措接受了这个邀请，前往青海，向俺答汗宣传了黄教的教义。1580年，俺答汗加给索南嘉措一个尊号——圣识一切瓦齐尔达赖喇嘛（"瓦齐尔"，梵语"金刚"的意思；"达赖"，蒙语"大海"的意思；"喇嘛"，藏语"上人"的意思），以表示对索南嘉措的敬重，这就是达赖喇嘛名号的开始。后来，索南嘉措的母寺哲蚌寺的上层喇嘛，又追认宗喀巴的门徒根敦主巴为第一世达赖喇嘛，根敦主巴的门徒根敦嘉措为第二世达赖喇嘛，索南嘉措是根敦嘉措法位的继承人，是第三世达赖喇嘛。从第三世达赖喇嘛开始，历世达赖喇嘛都以哲蚌寺为母寺。

17世纪中叶，黄教寺庙集团和信奉黄教的青海蒙古和硕特部首领固始汗，归附了尚未进关的清皇室，紧接着，第五世达赖喇嘛阿旺罗桑嘉措又凭借固始汗的兵力，掌握了西藏地方政权。清顺治九年（1652），第五世达赖喇嘛应顺治皇帝的邀请，来到北京，受到清朝隆重的款待。第二年，五世达赖返回西藏，临行前，清朝赐给他金册、金印，封他为"西天大善自在佛所领天下释教普通瓦赤喇怛喇达赖喇嘛"。从此以后，达赖喇嘛的政教地位和职权，才被正式确定了下来，而且此后历世达赖喇嘛，都必须经过中央政权的册封，成为一项制度。

第五世达赖喇嘛的师父是日喀则扎什伦布寺的讲经法台罗桑却吉坚赞。罗桑却吉坚赞是一位佛学知识渊博的高僧，被人尊称为"班禅"（"大学者"的意思）。当固始汗帮助黄教寺庙集团取得西藏地方政权以后，固始汗又赠给班禅罗桑却吉坚赞以"班禅博克多"（"博克多"是蒙语"圣者"的意思）的名号。班禅死后，扎什伦布寺的上层喇嘛把他定为第四世班禅，同时又向上追认了三世。第一世班禅是宗喀巴的门徒克主杰。自第四世班禅起，历世班禅都以扎什伦布寺为母寺。

清康熙五十二年（1713），第五世班禅罗桑益希来到北京，康熙皇帝封他为"班禅额尔德尼"（"额尔德尼"，是蒙古化的梵语，

"珍宝"的意思），赐给他金册、金印，确定了他的政教地位和职权，也规定了此后历世班禅额尔德尼都必经中央政权册封的制度。

（王辅仁）

文 字 狱

清朝初期，在各地人民进行反抗满族贵族统治斗争的同时，一些地主阶级出身的知识分子，曾经通过著书立说的方法来进行反抗斗争。清政府为了彻底消灭这种反清思想，便大兴"文字狱"。"文字狱"是指诗文著作中某些内容触犯了清政府的所谓禁忌，被清政府用为犯罪的罪证，借此来对反抗满族贵族统治的知识分子进行屠杀的一种暴行。

康熙时最大的一次"文字狱"是康熙二年（1663）的庄廷鑨之狱。庄廷鑨得到了明朝朱国桢编写的一部《明史》未完成稿，很高兴，便集合一些人把它编写完毕，由他自己署名刻印出版。这部书对于明朝后期汉满统治阶级的斗争写得很具体，并且把清军入关以后这一段时间的历史不算作清史，而却以南明为正统，叫作南明史，这就触犯了清政府的忌讳。清政府下令将庄氏家族以及为该书作序的人、参加校阅的人、刻印的人、卖书的人、买书的人，一并处死，总共杀了好几百人。事发时庄廷鑨已死，清政府还把他的尸首从坟墓里掘出来戮尸。

康熙朝除庄廷鑨之狱以外，还有戴名世之狱也非常著名。戴名世是明朝遗老，他著的《南山集》中载有南明永历皇帝（1646—1661在两广、云、贵一带建立过政权）的事迹，并且还采入了方孝标所著《滇黔纪闻》一书中有关明末清初的史实，结果清政府借此兴大狱。戴名世被杀，戴、方两家的男女老少都被充军。

雍正朝"文字狱"中最大的一次是雍正七年（1729）的吕留良、曾静之狱。吕留良是明朝遗老，他拒绝清政府的征聘，削发为僧，著书宣扬反清思想。曾静读了他的著作以后，派学生张熙去见川陕总督岳钟琪，劝他举兵反清。岳钟琪表面上假装答应，引诱他们说出全部计划，然后向清政府告密。清政府把早已死去的吕留良从棺中挖出戮尸；把他的儿子吕毅中、再传弟子沈在宽处死，吕家的人被灭族。对于曾静和张熙两人，则假造口供，说他们已改过自新；雍正皇帝还利用假"供词"作《大义觉迷录》一书，欺骗当时和后代的人。

（朱仲玉）

马戛尔尼率团来华

从17世纪四十年代到18世纪六七十年代，英国在经过资产阶

马戛尔尼

级革命和工业革命之后，成为当时世界上最大的资本主义强国。掌握了政权的英国资产阶级，在18世纪中叶，就已经把势力伸入到了印度，而且还想以印度为基地，进一步把它的侵略魔爪伸入到中国。1793年（乾隆五十八年），英国派马戛尔尼为使节，率领代表团来到中国，其目的就是想给他们以后的侵略活动开辟一条道路。

马戛尔尼到中国后，代表英国向清政府递交了国书，并提出了要求，打算和中国进行所谓通商的谈判。他提的要求主要有：一、准许英商在舟山、宁波、天津等港口通商；二、请求给予舟山附近的小岛一处，作为贮存货物的场所；三、要求给予广东省城附近的小地方一处，以便英国商人居住，或者准许寄住澳门的英国商人自由出入；四、英国派遣公使驻扎北京；五、废除澳门、广州间的通行税等等。可以看出，英国侵略者的态度是十分狂妄的，它从一开始正式同中国打交道起就无理地提出了领土主权的要求，想把中国变成它的殖民地。

清政府站在维护大清封建国家领土主权完整的立场，严正地拒绝了马戛尔尼代表英国政府所提出的要求。

马戛尔尼抱着极大的奢望想来打开中国的大门，结果却没能达到目的。他不敢在北京久留，只好抱着一肚子怨气悻悻然回国。

这一次，由马戛尔尼率领的英国代表团的来华，是英国政府和中国政府正式发生外交接触的开始。这次，英国殖民者的侵略企图虽未实现，但这并不等于说，从此他们就放弃了侵略中国的阴谋。

（朱仲玉）

嘉庆年间的秘密结社

清朝嘉庆年间（1796—1820），领导人民起义的秘密结社组织有白莲教、天理教、天地会、哥老会等。

在这些民间秘密结社组织领导的各地人民起义当中，以白莲教徒领导的起义和天理教徒领导的起义给予清朝统治者的打击最为沉重。白莲教徒聂杰人、张正谟、刘之协、姚之富等领导的起义发生在嘉庆元年（1796）。起义从湖北的荆州、襄阳、郧（yún）阳等地开始发动，迅速发展到河南、四川、陕西、甘肃等省。起义军打着"官逼民反"的旗号，在短时期内获得了很大的发展，沉重地打击了清朝的封建统治。清朝政府调动大批军队，并利用地方豪绅的团练武装配合进攻，经过九年之久，清政府才把这次起义镇压下去。

天理教徒林清、李文成领导的起义发生在嘉庆十八年（1813）。起先，林清、李文成等于嘉庆十七年（1812）春天在河南滑县举行秘密会议，准备于次年10月8日（农历九月十五日）午时在河南、河北两省同时发动起义。林清还秘密地和宫廷内的太监取得了联系，打算等嘉庆皇帝离开京师到外地去游乐围猎时，乘机袭取北京。但是，由于李文成这一路人马在预定起义日期以前暴露了目标，被滑县地方官发觉，李文成被捕入狱。河南义军被迫在9月30日提前起义，攻占滑县，救出李文成，和官军展开了英勇的斗争。清军调大队人马围攻起义军，起义军苦战三个多月后失败。

在河北方面，林清没有获知李文成提前起义的消息，他仍旧按照预定的日期行动。10月8日，林清派天理教徒二百多人进入北京内城。午时，进入内城的教徒和太监内外夹攻，打破紫禁城的西华门，攻至养心门。由于遭到了皇次子（即后来的道光皇帝）及诸大臣所率军队的顽强抵抗，起义军没能把养心门攻破，只好转攻隆宗门，结果被清军打败了。大部分起义军在战斗中英勇牺牲，林清也被清政府逮捕杀害。这次起义的规模虽不大，然而由于它发生在皇帝直接控制下的京城里，并且起义军差一点就打进了皇宫，因此在心理上对于清政府的打击是十分沉重的。

（朱仲玉）

《四库全书》

　　《四库全书》是清朝乾隆年间由国家编修的一部历代著作总集。

　　这部书的编修工作，从乾隆三十九年（1774）开始（实际上前一两年就在筹备），至1782年完成。先后参加工作的共有三百六十多人。具体编修的过程是：先下诏广收遗书，命各省采访进呈历代著作，然后进行校订工作，分门别类编纂抄录，收藏于国家藏书库内。在编修过程中，如发现书中具有反清思想或不利于清政府统治的内容，就予以全部或部分销毁，或者篡改其中的字句。

　　《四库全书》收录的书籍共三千四百七十种，计七万九千零一十八卷。未加收录而保存书目的书，共六千八百一十九种。[1]它基本上把我国历代的主要著作都网罗进去了。全书分"经（经书）""史（史书）""子（诸子书）""集（文集）"四部（故名《四库全书》），四部之下又分为许多类别。如"史部"之下分为"正史类""编年类""纪事本末类""别史类""杂史类""诏令奏议类""传记类""史钞类""载记类""时令类""地理类""职官类""政书类""目录类""史评类"十五类。每类之中，基本上以时代先后顺序为标准进行排列（其中帝王的作品排在最前面），这样，查阅起来十分方便。

1　据《辞海》（第七版）"四库全书"条目统计：收录的书籍有三千四百六十余种、七万九千三百余卷。存目图书六千七百九十三种。

《四库全书》编修完成以后，并没有刻版付印，只抄写了四部正本，分别收藏在北京的文渊阁（故宫内）、文源阁（圆明园内）和沈阳的文溯阁、承德的文津阁等几个国家藏书库中。后来又抄写了三部副本，分别收藏在扬州的文汇阁、镇江的文宗阁、杭州的文澜阁。这七部书，现在有的已经全部被毁，有的也已部分被毁。如收藏于文宗阁的，在鸦片战争时期被毁；收藏于文源阁的，在第二次鸦片战争时期被毁；收藏于文汇阁、文澜阁的，在太平天国革命时散佚；收藏于文溯阁的，在"九一八"事变后一度被日寇掠去以致部分散佚；收藏于文渊阁的，在北京解放前夕被国民党劫往台湾。

在编修《四库全书》的同时，为了查阅方便起见，还编有《四库全书总目提要》和《四库全书简明目录》各一种。

（朱仲玉）

《三国演义》《水浒传》《西游记》《聊斋志异》《红楼梦》

《三国演义》的作者是元末明初时人罗贯中，《水浒传》的作者是大约与罗贯中同时的施耐庵，《西游记》的作者是明朝人吴承恩，《聊斋志异》的作者是清朝人蒲松龄（1640—1715），《红楼梦》的作者是清朝人曹雪芹（约1715—约1763）。

《三国演义》描写的是东汉以后魏、蜀、吴三国兴亡的一段历史。它以刘备、关羽、张飞三人桃园结义作为故事的开端，以晋朝灭掉吴国结束三国分立局面作为故事的终结，深刻而生动地描绘了三国时代尖锐复杂的军事斗争和政治斗争。书中通过对魏、蜀、吴三国之间种种矛盾的刻画，揭露了统治阶级贪得无厌和残暴虚伪的本质。作者用他的笔精心地塑造了曹操、孔明（诸葛亮）、张飞等许多性格鲜明的典型形象。在作者笔下，曹操是封建社会里统治阶级中阴险奸黠者的代表，孔明是聪明、智慧的化身，张飞是疾恶如仇、爱憎分明、性情莽撞的英雄。作者把书中的人物写得栩栩如生，使读者看了以后，如见其人、如闻其声。

《水浒传》写的是宋朝时候农民起义的故事。它描写了林冲、鲁智深、武松、李逵、宋江等人如何在封建统治阶级的压迫下被逼上梁山的情况。它歌颂了农民阶级跟地主阶级进行坚决斗争的大无畏精神。书中不仅对于朝廷里的暴君奸臣进行了严厉的批判，并且对于直接压在人民头上的地主恶霸也予以无情的唾骂。这部书在很大程度上鼓舞了被压迫人民反抗黑暗统治的热情。"三打祝家庄"就是书里描写梁山泊的农民英雄和地主恶霸展开武装斗争的 个著名片段。

《西游记》写的是唐僧取经的故事。唐僧、孙悟空、猪八戒、沙和尚师徒四人，历尽千辛万苦，到西天去取经，最后终于战胜了险恶的自然环境和一切妖魔鬼怪，胜利地把经取回。书中的孙悟空是人民智慧与力量的化身，他大闹天宫、大闹地狱，把神鬼世界的权力和秩序打得粉碎，充分地反映了人民蔑视封建统治权力的情绪。

《聊斋志异》是一部短篇小说集。它通过许多花妖狐魅的故事，从多方面反映了当时社会的现实生活。它暴露了贪官污吏、土豪劣绅的贪残暴虐，辛辣地批判了科举制度的腐朽，揭露了社会骗子手的欺诈行为，也歌颂了反抗旧礼教的男女之间的真挚爱情。

《红楼梦》写的是贾宝玉、林黛玉、薛宝钗之间的爱情悲剧。贾宝玉是一个鄙视功名富贵、具有反抗旧礼教精神的贵族公子。林黛玉是一个敢于向传统势力挑战、热烈追求真实爱情的女孩子。薛宝钗则是一个封建主义的忠诚信奉者。贾宝玉和林黛玉彼此相爱，然而封建恶势力却不让他们结合。最后，林黛玉在久病中忧郁地死去。薛宝钗虽然获得了和贾宝玉结为夫妇的胜利，可是却没有赢得贾宝玉真正的爱情，反而成为封建社会另一种类型的牺牲品。《红楼梦》所描写的爱情是一种以反对封建主义（不仅是反对封建包办婚姻）为其思想内容的爱情，它通过贾宝玉、林黛玉恋爱的种种波折和贵族贾家由盛而衰的变化过程，深刻地揭露和谴责了中国封建社会的各种黑暗和罪恶。它是我国古典小说中最伟大的一部现实主义作品。

（朱仲玉）

洪昇　孔尚任

清初出现了许多戏曲家，其中著名的有洪昇和孔尚任。

洪昇（1645—1704），字昉思，号稗畦，钱塘（今浙江杭州）人。他的代表作是《长生殿》。《长生殿》取材于历史故事，以唐玄宗和杨贵妃两人的爱情为中心，比较全面地反映了唐朝"安史之乱"前后的社会情况。它描写了唐朝由盛而衰的过程，描写了当时的宫廷生活和官吏的贪暴，描写了内忧外患交迫下人民生活的痛苦，也描写了正义凛然的爱国人物。作品的相当一部分篇幅具有浪漫主义的色彩，但在主要情节上则是现实主义的。

孔尚任（1648—1718），字季重，号东塘，兖州曲阜（今山东曲阜）人。与洪昇齐名，世称南洪北孔。他的代表作是《桃花扇》。《桃花扇》通过李香君、侯朝宗悲欢离合的爱情故事，反映了南明弘光朝的社会现实和统治阶级内部的派系斗争，揭示了南明政权灭亡的原因。剧中人李香君是明末南京秦淮河边一个著名的歌妓，侯朝宗是与弘光朝的当权派马士英、阮大铖等奸臣处于对立地位的著名文人。奸臣的陷害，拆散了侯、李两人。侯朝宗被迫逃亡江北投奔史可法幕下，李香君在奸臣的威逼下坚贞不屈，誓死不再嫁。

孔尚任通过生花的妙笔，把侯、李的爱情生活和国家兴亡的命运紧密地结合了起来，从表面上看描写的是儿女情长，而在实际上写的却是亡国悲剧。不论在思想性上还是艺术性上，《桃花扇》都是一部富有现实主义色彩的杰出作品。

（朱仲玉）

本编讲的是中国古代的政治制度、经济生产、文化艺术、生活习俗等。在中华民族的漫长历史进程中，我们的祖先创造了令我们引以为傲的高度发达的物质文明和精神艺术。

第五编

古代风物

我国有文字记载的历史正式纪年

我国有文字记载的历史是从夏朝开始的。根据晋朝太康二年（281）在汲郡（今河南卫辉一带）战国魏墓中发现的《竹书纪年》一书的记载推算，夏朝大约创立于公元前21世纪或稍前一些，距离现在已有四千年光景。也就是说，我国有文字记载的历史已经有四千年之久了。

从夏朝创立开始，到西周厉王时止，虽然有可靠的历史记载做根据，能推算出帝王的世系和大约的年代，但这些年代都不是十分可靠的，因为当初并没有正式的纪年可以查考。周厉王以后，周朝有十三年没有王，由周公、召公两人摄政，摄政开始的第一年称为共和元年（公元前841），这是我国历史上有正式纪年的开始。

从周朝周公、召公摄政的共和元年起，到西汉武帝即位的前一年止，中国历史上虽然有了正式的纪年，但是还没有帝王的年号。汉武帝即位后，把开始的第一年定为建元元年（公元前140），"建元"就是我国历史上的第一个帝王年号。从此，我国历史上除朝代以外，还有了帝王的年号。帝王的年号少则一个，多则数个、十数个，没有一定的准则。从汉武帝建元元年起，历代帝王都各有年号，从来没有中断过。直到1911年，孙中山领导的辛亥革命推翻清朝的统治，结束了君主专制的制度以后，帝王年号才被废止。1912年被定为中华民国元年。但是，这个纪年法和世界上大多数国家采用公元的纪年法也不一致。中华人民共和国成立后，根据中国人民政治协商会议第一届全体会议的决议，决定采用公元纪年法纪年，从此，中国的纪年就和世界大多数国家通用的纪年完全一致了。

（朱仲玉）

我国历史上的朝代

从有文字记载的夏朝开始，我国历史上经历了夏、商、周、秦、汉、晋、隋、唐、宋、元、明、清等主要朝代。

夏朝的起讫年代没有可靠的文字记载，无法知道它确切的年代。根据有关资料来推算夏朝的世系，知道它传了十七个王，大约的年代是在公元前2100年前后到公元前1760年前后，一共存在了四百多年。

商朝的起讫年代至今也尚未明确，只知道它传了三十一个王，大约年代是公元前1760年前后到公元前1120年前后，一共存在了六百多年。

周朝分为好几个阶段。开始一段叫西周，从公元前1120年前后起，到公元前771年止，存在了约三百五十年。接下来的是东周，从公元前770年起，到公元前249年止，连头带尾共存在了五百二十二年。从东周的第一个国王平王迁都洛邑（公元前770）开始，到威烈王二十三年（公元前403）为止，诸侯称霸，称为春秋时代，春秋时代长三百六十多年；从威烈王二十三年起，到秦始皇统一中国（公元前221）止，七国争雄，称为战国时代（战国最后的二十八年东周已经灭亡），战国时代长一百八十多年（春秋、战国的起止年代，算法不一）。

秦朝从公元前221年统一中国起，到公元前207年灭亡止，只传了二代，连头带尾共十五年。

汉朝的前期称西汉，从公元前206年起（刘邦做皇帝是在公元前202年，从公元前206年到公元前202年为楚汉相争时期），到公元8年止，共存在了二百一十四年。8年，王莽称帝，改国号为"新"。23年，"新"灭亡。淮阳王刘玄在位三年（23—25）。汉朝的后期称东汉，从25年起，到220年止，共一百九十六年。

东汉以后、西晋统一以前，我国历史上出现了分裂局面。魏、蜀、吴三国鼎立，历史上称为三国时代。三国时代自220年曹丕称帝起，到280年东吴灭亡止，共六十一年。

晋朝也分西晋、东晋两个阶段。西晋从265年司马炎取代曹魏起，到316年，共五十二年。东晋从317年到420年，全长一百零四年。

从东晋灭亡到隋统一，这一段时期，历史上叫作南北朝时代，南北朝时代长一百七十年。

隋朝从589年统一中国算起（隋的建立为581年），到618年止，全长三十年。

唐朝从618年起，到907年止，全长二百九十年。

唐朝以后，我国历史上又出现了分裂局面，这个分裂时期历史上叫作五代十国时期。五代十国时期从907年唐灭亡算起到979年宋统一全国（宋的建立为960年）止，共七十三年。

宋朝也分为两个阶段，前一个阶段称北宋，从960年到1127年，共一百六十八。后一个阶段称南宋，从1127年到1279年，共一百五十三年。

元朝从1279年灭南宋起，到1368年止，全长九十年。

明朝从1368年起，到1644年止，全长二百七十七年。

清朝从1644年入关算起，到1911年辛亥革命时被推翻止，全长二百六十八年。

（朱仲玉）

我国的民族

我们伟大的祖国是一个以汉族为主体的统一的多民族国家。除汉族以外，还有55个少数民族。少数民族人口共约1.25亿，占全国总人口的8.89%（2020年人口普查数据）。

我国各少数民族都具有悠久的历史和丰富的文化。就拿百万以上人口的少数民族来说，在我国各种史书、方志上很早就记载着有关这些民族的生产、生活和风俗习惯等情况。我国历史上的元朝，就是以忽必烈为首的蒙古贵族在13世纪建立的。回族（又称回回）是13世纪以来迁入我国的部分中亚人、波斯人、阿拉伯人和7世纪以来少数久居我国的波斯人、阿拉伯人与汉族、维吾尔族、蒙古族等族人在长期相处的过程中发展而成的一个民族。藏族在汉文的古文献中称为吐蕃、西蕃、乌斯藏、唐古特、图伯特等。公元前3世纪至公元后3世纪，汉文史书上曾提到丁令（丁零、丁灵），4世纪到6世纪曾提到铁勒（敕勒、赤勒），这都是说的维吾尔族的远祖。从北魏到隋代称为乌护（乌纥）、韦纥（袁纥），唐宋时称为回纥、回鹘，元明时称为畏兀儿，都是维吾尔一词的不同音译。古代称居住在洞庭湖附近和沅江流域一带的居民为武陵蛮（五溪蛮），苗族就是他们的后裔。古代史籍记载的邛（qióng）都夷、滇、劳浸、靡莫和昆明都与彝族的源流有关，叟、爨（cuàn）、乌蛮和部分地区的白蛮是彝族的组成部分；直到元明以来，罗罗这个名称才逐渐普遍起来，并开始成为彝族的泛称。春秋时代的越人与今天壮族、傣族等族的源流有密切的关系，史籍上曾有陆梁、西瓯、骆越、乌浒、俚以及僚、俍（liáng）、侬、沙等不同称谓，便都是泛指壮族而言。布依族是由古代百越中的骆越一支发展起来的，《元史·地理志》里第一次出现了仲家的名称，就是布依族的祖先。朝鲜族是自19世纪中叶开始先后从朝鲜迁入我国东北的。远在周、秦时代，居住在东北松花江、牡丹江等流域的肃慎人，以及后来史书上所称的挹（yì）娄人、勿吉人、靺鞨（mò hé）人和10世纪后所称的女真人的一部分，都是满族的祖先。

（施联朱）

首都北京

北京在历史上正式成为首都，是从金政权贞元元年（1153）开始的。当时北京称燕京，金在此定都后，改称中都。

今天北京广安门内外大街，就是自东而西横贯金中都城的一条干路。中都的内城，位于今广安门以南，是金皇宫所在的地方。金亡后，元朝仍以这里为都城。由于金的中都城长期遭受战争破坏，残毁不堪，因此元朝的开国皇帝忽必烈在此定都后，索性放弃中都的旧城址，在它东北的旷野上另外兴建了一座新的都城，命名为大都。大都城的建筑工程主要分宫殿、城池、运河三部分。初期主要是宫殿的建筑，然后以宫城及其东西两面的太庙和社稷坛为基点，配建王府、官署，兴建街坊，最后开通大都的水路交通动脉——通惠河，使大都和大运河直接联系起来。经

1946年的天安门城楼前

过全国无数劳动人民二十几年的辛勤努力，一座规模宏大的新的大都城终于落成。新的大都城基本上为今天的北京城奠定了最初的基础。

1368年，朱元璋在南京做了皇帝，建立了明朝。这一年秋天，明军攻入大都，改称大都为北平。明成祖时，为了适应国内新的政治形势，决定把都城从南京迁到北平，改称北平为北京，并大规模营建北京。明朝北京城的修建工程，从成祖永乐二年（1404）开始，至永乐十八年（1420）完成，前后共费时十七年。就在北京营建工程完成的这一年，明成祖正式下令迁都。嘉靖三十二年（1553），为了便于防守的关系，明政府又给北京加筑部分外城。

明亡后，继明之后的清朝，仍旧以北京为都城。

（穆淑燕）

六大名都

西安、洛阳、开封、北京、南京、杭州，是我国历史上的六大名都。关于北京，已在前一题中专门讲过。这里，分别谈谈其他几个名都。

西安地处陕西关中平原渭水之滨，是我国古代文明的发祥地之一。公元前11世纪，周文王在今西安附近户县东建立丰京，文王的儿子武王又在今西安市长安区西南建立镐（hào）京。武王灭殷以后，建立了周朝，镐京成为周的国都，这是西安附近第一次出现全国性的政治中心城市。历史上把建都镐京的周称为西周。

公元前202年，西汉建立。汉于渭水南岸营建国都，取名叫长安（汉时长安在今陕西省西安市长安区西北）。西汉建立的二百年间，是长安的繁盛时期。这时，长安不仅是全国的政治、文化中心，而且是交通西域的枢纽。此后，前赵、前秦、后秦、西魏、北周，都以长安做过国都。

隋、唐两代，也都以长安为国都（隋在583年迁都大兴，仍在长安附近）。但隋、唐时的长安已不是汉长安旧城，其规模比汉长安城大得多。这个时期，特别是在唐代，长安是我国乃至全世界最大、最文明的一个城市。

洛阳位于河南省洛河北岸。周武王的儿子成王即位后，为了加强对东方殷遗民的统治，派周公旦在洛水之北营建洛邑，叫作东都。公元前770年，周平王把都城从镐京迁到洛邑。从此，历史上把迁都洛邑后的周称为东周。战国时洛邑被改称洛阳。东周是以洛阳为都城的第一个朝代。东周以后在洛阳建都的，有东汉、曹魏、西晋、北魏（北魏初都平城，孝文帝时始迁都洛阳）。隋、唐时期，虽然政治中心在长安，但隋、唐的皇帝如隋炀帝、唐太宗、唐高宗、武则天等都经常居住在洛阳。五代十国时，后唐也在洛阳建过都。

黄河中游南岸的开封，早在战国时期，就是魏国的都城，当时叫作大梁（战国时，魏的都城最初在安邑，魏惠王时始迁都大梁）。大梁在隋、唐时称为汴州。唐朝末年，朱温废掉唐朝皇帝，建立后梁，定都汴州，升汴州为开封府。后晋、后汉、后周也都在这里建都，把汴州称作东京。960年，赵匡胤发动兵变，建立宋朝（史称北宋），仍定都开封（宋亦称开封为东京）。北宋以开封为都城，达一百六十八年之久，这是开封的极盛时代。金灭北宋，称开封为汴京，后又改称南京，也曾一度定都于此。

山川雄伟的南京城，是我国最大的文化古都之一。三国时期，南京是东吴的国都，加上以后的东晋、宋、齐、梁、陈共六个朝代，都以南京为都城，所以南京被称为六朝古都。南京在东吴时叫作建业，从东晋到陈，称为建康。后来南唐也以它做过国都，改称江宁府。明朝初年，朱元璋定都南京，明成祖时迁都北京。太平天国革命时期，起义军攻下南京后，定都于此，改称天京。1927年，北伐军攻克南京，以南京为首都，在南京成立中华民国国民政府。1949年4月，人民解放军横渡长江，解放南京，成立南京市人民政府。1952年归为江苏省，并成为江苏省的省会。

景色如画的浙江杭州城，是闻名中外的游览胜地，也是我国历史上的著名古都。杭州曾做过五代十国时期吴越的都城。南宋时，杭州又成为南宋的首都。南宋称杭州为临安府。

（黎虎）

天干地支

天干就是甲、乙、丙、丁、戊、己、庚、辛、壬、癸。地支就是子、丑、寅、卯、辰、巳、午、未、申、酉、戌、亥。用天干、地支记载年、月、日，是我国人民长期以来的一种传统习惯，它的起源很早。根据地下发掘出来的商朝甲骨文，我们知道，那时已经有了用干支记日的办法。商朝距今三千多年，也就是说，用干支记日的办法，至少在三千年前就已经采用了。至于用干支记月、记年，则比较晚些。现在可以考查出来的干支纪年，是西周的共和元年（公元前841），那一年是庚申年。

用干支记载年、月、日的方法，是把天干和地支搭配起来，如甲子、乙丑、丙寅、丁卯、戊辰、己巳、庚午、辛未、壬申、癸酉。因为天干只有十个，而地支却有十二个，所以当搭配到癸酉年时，天干又得从头轮起，即搭配成为甲戌、乙亥。同样的道理，十二个地支全轮完以后，也得从头轮起。这样从头到尾周而复始地轮流，当天干轮完六遍的时候，地支正好轮完五遍；其年数整整是六十年，称为一个甲子或称一个花甲。因此，凡六十岁的老人或六十岁以上的老人，我们可以称他们为"花甲老人"或"年过花甲"的老人。

大约从西汉初年起，民间习惯上又把地支和十二生肖联系起来。它们之间的关系按顺序排列是：子鼠、丑牛、寅虎、卯兔、辰龙、巳蛇、午马、未羊、申猴、酉鸡、戌狗、亥猪。凡是在子年出生的人，无论是甲子或丙子，还是戊子、庚子或壬子，他的生肖都是鼠；在丑年出生的人，无论是乙丑或丁丑，还是己丑、辛丑或癸丑，他的生肖都是牛。别的生肖也依此类推。

用天干地支记载年、月、日，在我国历史上曾起过一定的作用，它为我们考查历史上的年代带来了很大的方便，因为从西周共和元年以来，许多重要的历史文献古籍，记载时间都是采用这个办法，而且历久相沿，从未间断过。

（朱仲玉）

我国历史上的土地制度

世界上各个民族，在它们各自的历史上都经历过一个以公有制为基础的原始公社的阶段。在这个阶段，土地属于公社所有。公社的成员共同耕种着他们的土地，也就共同享受他们共同劳动所取得的果实。

中国各族人民在历史上也都经过了这个阶段。就汉族说，大约传说中的黄帝、唐尧、虞舜时代就属于这个阶段，这时期的土地属于公社所有。最初，可能是公社里很多人都在一大片土地上进行耕种；其后，氏族公社里有了家庭，公社的土地就被划分成一块一块平均大小一样的小块，分给各个家庭去耕种，但土地仍是属于公社共同所有。秋收以后，土地仍恢复为一大片，明年耕种时再分。

土地制度的第一个变化，是由公社公有制变为国王（天子）、贵族所有制。国王、贵族是由氏族公社时期各氏族部落的大小酋长发展来的。这些人原来是由氏族部落成员选举出来管理氏族部落的公职事务的，随着贫富的分化和阶级的分化，这些大大小小的酋长们就把氏族公社的公有财产——其中最主要的是土地——窃据为己有，成为自己的私有财产。于是，他们也就变成了一群氏族贵族。氏族公社破坏，国家出现，他们就成为国王、贵族阶级。

汉族历史上何时从公社土地所有制进入国王、贵族土地所有制，现在还不十分清楚，但可以肯定的是，西周、春秋时期，土地是属于国王（周天子、各国诸侯）、贵族（卿、大夫）所有的。周天子、各国诸侯、卿、大夫等组成贵族阶级，他们都是土地所有者。直接耕种土地的农民，主要的是以前的公社成员，他们仍然依照传统的习惯耕种着按期分配来的每家大小平均的一块（一般是方块）土地。天子、诸侯可以把土地赐给他的卿、大夫，卿、大夫也可以把土地转给其他人，但耕种土地的农民却没有权力转让他们耕种着的土地。不过这些农民都是按照古老的传统习惯来耕种他们分来的土地的，贵族们似乎也不能赶他们离开这块土地。同时，这时期还没有土地买卖。

土地制度的第二次变化，是在春秋战国之际，这次变化是由周天子、诸侯、贵族土地所有制变为一般地主或农民小生产者所有的土地私有制。历史上有名的商鞅变法，就是这次土地制度变化的标志。

通过这次变化，一向按照传统习惯取得一块土地耕种的小生产者——农民，摆脱了传统习惯的束缚，取得了对其所耕种土地的更大支配权。他们有了可以出卖这块土地的权力，即史书上所说的"民得买卖"。但在这种土地私有制度下真正取得好处的却不是农民，而是地主阶级。地主阶级以政治的力量、经济的力量吞并农民的土地，使得绝大部分农民只有很少的土地，甚至陷于破产的境地。

从商鞅变法开始的这种土地私有制，在旧中国一直持续了几千年。在这期间，尽管耕种土地的农民就其身份而言，有时是自由民、奴隶，有时是农奴、佃户、雇农，但他们总是受地主的剥削压迫。全国绝大部分的土地掌握在地主阶级手里。

除地主阶级中的一般地主、贵族、官僚掌握的私有土地以外，历代统治者的国家政府或皇帝，还直接掌握一部分土地。这种土地在数量上，有时候也很大。各时期的国家政府或皇帝以不同的形式来管理、使用这部分土地。

在两汉时期，这种土地被称为"公田"，直接为皇帝所有。这部分土地数量很大，除大量耕地以外，全国的山岭、未开垦的草田，也都归皇帝所有。"公田"由皇帝"假"（租）给农民耕种。

魏晋南北朝到隋唐时期，国家政府掌握的土地更多，它们通过各种方式把土地分给农民耕种，并且用非经济的强制力量把农民束缚在土地上，不许他们随便迁移。

唐中叶以后，国家政府或皇帝仍保有大量的土地。他们一般都采用和当时一般地主经营土地方法差不多的形式来经营、管理这些土地。

这就是中华人民共和国成立以前几千年来汉族历史上土地制度发展变化的大体轮廓。最初阶段，土地属于氏族公社公有；西周、春秋时期，土地属于周天子及各国诸侯和卿、大夫贵族阶级所私有；商鞅变法以后，土地可以买卖，土地私有制进一步确立，但历代国家政府或皇帝仍然保有大量土地。

（何兹全）

我国历史上的赋税制度

战国时的孟子曾说过，夏、商、周三代的赋税制度是："夏后氏五十而贡，殷人七十而助，周人百亩而彻。"据传统的解说，五十、七十和百亩一样，指的是亩数。"贡"，有一定的数量规定，无论五十亩每年的收成如何，都要交这一定的数给国家。"助"是助耕公田。七十亩的收成全归个人，但要抽出一部分时间去耕种国家的田，公田的收获全归国家。"彻"是将百亩的收获交纳出十分之一给国家。"贡"和"助"也大约是什一（十分之一）。

孟子的话可能反映了一部分事实。从远古以来，原始公社就有一种老习惯，它把土地划成平均大小相等的块分给公社成员去耕种，公社成员把收获的一部分，譬如说十分之一，交给公社做公用开支。进入阶级社会，有了国家以后，剥削阶级的国家可能就把这种老习惯继承下来，把原来公社的收入变成国家对农民的赋税。中国历史何时由原始公社进入阶级社会，目前还不十分清楚，因此，至少夏代的"贡"，是否是赋税，还很难说。

春秋战国之际，土地私有制进一步确立。随着这种变化，赋税制度也跟着变化。田亩的租税分裂为田租和田税。田租是农民向地主交纳的地租，田税是土地所有者向国家交纳的赋税。

战国时期，七国分立，赋税制度发展变化情况相当复杂，难以细说。到两汉时期，定型为一种租赋徭役制度。"租"是田税（当时仍称田租），战国时是十分之一，两汉时一般是三十税一。"赋"是人头税，有"算赋"，有"口赋"；成年人出"算赋"，小孩出"口赋"。徭役包括兵役和力役。兵役在兵制题目下再谈，这里只说力役。汉代人民，从二十一岁到五十六岁，每人每年要向政府出一个月的役，称作"更"。不能"践更"（出役）的，要出钱，称作"更赋"。

两汉的租赋徭役制到魏晋南北朝和隋时，变为"户调制"。户调制是赋税以户为单位，按户来征收的制度。户调征收的是布、帛、丝、麻。曹魏时，田租还在户调之外，是按亩征收的。晋以后，田租也合并在户调之内，都按户征收。以北魏孝文帝时的赋税为例：这时的均田户，一夫一妇（一个小家庭）每年向国家要交户调帛一匹，粟二石。另外，随乡土所出，还要交些丝、麻等物。户调之外，自然少不了还有力役负担。

魏晋南北朝和隋的户调制度，唐初小有变动，出现了"租庸调制"。租庸调制基本上和户调制相同，不同的地方在于：①户调制是以户为征收单位，租庸调改为以丁为征收单位。②户调制时期，农民除交布帛丝麻和租物之外，还要出力役。租庸调制规定，力役可以折收"庸"。"庸"是实物，役一日折绢布三尺。

以户为征收单位的户调制和以丁为征收单位的租庸调制都是以均田制为基础的。有了均田，才能假定农民每家耕地大小差不多，来按户或丁征税。

唐中叶均田制破坏，租庸调制不能适应客观情况了，"两税法"出而代替租庸调。这是赋税制度的一大变化。

两税法的施行是在唐德宗建中元年（780）。两税法的内容是户税和地税，按每家资产多少来征收户税。按田亩多少征收地税。每年的税，分夏秋两季征收。夏输不过六月（阴历，下同），秋输不过十一月。征收的税以钱为主。租庸调制正式被取消。

租庸调到两税法的主要变化在什么地方呢？一个变化是：在租庸调制度下，丁无论贫富，田无论多少，都是按丁出租庸调。而按两税法，则资产多、田亩多的出租税多，资产少、田亩少的就出租税少。另一个变化是：租庸调是收实物，两税主要收钱。

从唐到宋，两税中依户征收的资产税逐渐分化出商税、间架（房屋）税，于是所谓资产也就逐渐集中于土地，所保留的仅是夏秋两征的形式，两税也就蜕变成为二税。二税一半收钱，一半收谷物。

赋税制度的又一次大变化，是在明朝后叶，即神宗万历九年（1581）。这一年，明朝政府实行了"一条鞭"新税法。"鞭"是"编"的意思。一条鞭法，就是把当时政府所征收的各种租税，以及按丁征收的劳役，统统编（归并）为一条，按地亩来征收。一概征收银。

一条鞭法实施一百三十多年后，到了清朝康熙、雍正年间（1711—1729左右）又出现"摊丁入亩"的税制改革。在阶级社会中，赋税制度一直在随着时代的发展而不停地变化。在实行两税法的时候，租庸调里所包括的劳役本来都归并到两税里去了的，但是不久，除两税之外，又有了丁役。一条鞭法实行后，本来是所有的税目都并而为一了的，之所以称作"一条鞭"也就是这个意思。但是并入一条鞭的丁银，不久又分离出来，因此到清初又来了个"摊丁入亩"。

赋税是统治者对人民的剥削，赋税制度的变化，也反映了历史发展的进步。变化中的进步，有两点可以指出：一是课税单位从户、丁、地，逐渐集中到地；二是赋税形态由劳役、实物、货币，逐渐集中到货币。它反映了人身依附关系的逐步减轻。

（何兹全）

我国古代兵役制

我国古代的兵制，可以从周代讲起。商以前，大约还是部落兵，氏族部落成员都有当兵的义务。

周代的兵，基本上仍然是部落兵，只有周族的贵族、自由民（除奴隶以外的居民）才有当兵的权利和义务。周时是车战，车是战斗的核心。看《左传》的记载，我们知道春秋时期，各诸侯国出兵，还是以"乘"为单位来计算军力大小的，比如说"七百乘""五百乘"等，意思就是指七百辆战车、五百辆战车。国越大越强，车数越多。

周族以外被周征服的各族人，大约还不服兵役，他们没有当兵的权利。

战国时期，兵制起了变化。战国以前，只见有用马拉车、拉东西的记载，还没有看见有关人骑马的记载。战国时，赵武灵王

辎车（汉代画像砖拓片）

胡服骑射，学会了匈奴人骑马打仗的技术，从此汉人历史上才开始有了骑兵。同时由于这时士兵的来源扩大，以前不服兵役的人，现在也服兵役了，步兵的地位显得日渐重要起来。由于骑兵的出现、步兵的增多，那种呆笨的车战方法逐渐被淘汰。骑兵、步兵逐渐成为主要的兵种。春秋时期，两国交战，出车多不过数百乘，若是超过千乘以上，那就要算很大的战争了，可是到战国时，参战双方动不动一来就是步骑几万人，甚至几十万人，这是以车战为主的春秋时代的人很难想象的。这个事实，反映了春秋战国时代作战方法的巨大变革。

经过战国时期的酝酿和发展，到秦汉统一国家时期，便出现了全国规模的"征兵制"。

就汉代来说，年满二十一岁到五十六岁的男子，每人一生都要服两年的兵役。一年在地方上，一年在京师或者在边疆。汉代守卫京师的兵，称为"南北军"；"南军"守卫宫廷，"北军"守卫京城。地方兵有"楼船"（水兵，多在江南）、"材官"（步兵，多在关东，即函谷关以东）和"骑士"（骑兵，多在北方边郡）的分别。汉代的兵役，不分贵贱，只要是编入户口册籍的人，都要负担。

魏晋时期出现了"世兵制"。

"世兵"就是世代为兵，父亲是兵，儿子就一定做兵。这种世兵制，一直延续到南北朝时期。这时期，兵民是分离的。民有民的户籍，民户归郡县管理；兵有兵籍，兵家称作"士家""军户"，士家、军户受军府管理。兵的身份是低的，必须经过放免，才能取得普通人的身份。

南北朝后期，在北朝又出现了"府兵制"。

北魏拓跋氏是鲜卑人，统一北中国时，还处在氏族部落向阶级社会过渡的阶段。拓跋部落联盟的成员，都有当兵的义务。北朝前期，北方的汉人一般不服兵役，只有拓跋鲜卑的部落兵。

北朝后期，北方分裂为东魏、西魏。西魏地居关中，地方经济比较落后，人口比较少，力量较弱。西魏执掌政权的宇文泰一方面吸收汉人为兵，另一方面仍采取鲜卑人的部落兵形式，创置了府兵制。

从创置（西魏时）到破坏（唐中叶），府兵制前后维持了二百多年的时间。但这制度并不是一成不变的。在西魏北周时，府兵制的部落形式很明显，有六个"柱国"率领全部军队，"柱国"就好像部落的酋长，其部下都得改从"柱国"之姓。府兵不属于郡县管辖，和民籍是分开的；他们只管打仗，不负担其他赋税的义务。唐时，全国置有六百多个府，关中即占二百六十多个。设府的地方，人民有当府兵的义务；不设府的地方，人民不服兵役。

到唐中叶以后，募兵制逐渐成为主要的兵制形式。

作为其他兵制的补充，在战国时期就出现了募兵制。汉武帝时期、东汉时期、南北朝时期，都有过募兵。募兵成为主要的兵制，是在唐中叶以后。特别是宋朝时候，统治者把招兵看成缓和阶级矛盾的妙法，养兵数目不断增加。宋仁宗时候，有兵一百二十多万人，其中禁军（中央军）就有八十多万人。

募兵是兵民分离的纯粹职业兵。

到了明朝，又有"卫所制"。军队组织有"卫""所"两级。一卫兵士有五千六百人，卫有指挥使。卫下有千户所，千户所下有百户所。小据点设所，大据点设卫。初设卫、所时，兵士来源，除明初现有的军队以外，以后主要是从人民中抽调来的。明朝卫、所的军人是世袭的，兵十有特殊的社会身份，称作"军户"。军户一般都参加屯田，军队的给养就由屯田来解决。卫所制有些像世兵制，又有些像府兵制。

清初的兵制是"八旗"兵。最初，一"旗"就是一个部落，八旗就是满族的部落联盟。八旗兵就是满族的部落兵。八旗制是清太祖努尔哈赤时逐步建立起来的。八旗的基层组织是"牛录"，一牛录为三百人。牛录之上有"甲喇"，甲喇之上有"固山"，固山即"旗"。牛录、甲喇、固山之长称"额真"，实即各级的大小酋长。随着满族的阶级分化，部落进入国家，八旗兵也就成为王公贵族的兵了。

清军入关后又有"绿营兵"，绿营兵是以汉人为基础组成的军队。

（何兹全）

世卿政治　官僚政治

在西周和春秋时期，政治上最高的统治者是周王，以下有各国诸侯，再下便是卿、大夫。他们之中人数最多的是卿、大夫阶层。卿、大夫有世代传袭的固定封土——"采邑"，又有固定的政治权力；他们在自己的"采邑"内聚族而居，可以筑城、设置军队，有家臣管理政事；他们还凭借着贵族的身份，世世代代地做官或执掌国政。这样的情况就叫世卿政治。

官僚政治是伴随着封建专制的中央集权国家的兴起而出现的，它发生于战国，形成于秦，在秦以后两千多年的封建社会里，一直在持续不断地发展与加强。我们从世卿政治与官僚政治的比较中，可以清楚地看出官僚政治主要具有两个特点：

第一，世卿政治下的卿、大夫都是贵族世袭的，不是贵族出身的人是不能做卿、大夫的。官僚政治下负实际行政责任的大小官吏，一般是不世袭的，也不一定是贵族，都由皇帝任命或由皇帝任命的官吏指派，皇帝对官吏可以随时任用、罢免和调迁。当然被任用的人都是地主贵族阶级出身的人或他们的知识分子，劳动人民出身的人很少有可能被任命当官的。

第二，官僚政治是用俸禄来代替世卿政治的"采邑"的，也就是说，依照官吏的地位和职务给予他们定量的谷物或货币，不再封给他们以"采邑"。

世卿政治表示国君权力的分裂，官僚政治显示皇帝权力的加强。皇帝对人民的统治，是一定要通过官僚系统来进行的。

（杨剑）

从秦汉到明清的中央官制

秦是中国历史上第一个统一的专制主义中央集权的国家，确定了皇帝至高无上的权力，并建立了比较严密的官制。就中央官制来说，秦置丞相、太尉、御史大夫等官职。丞相协助皇帝处理国家大政；太尉掌军事；御史大夫一方面负责管理皇帝的秘书工作，另一方面负责监察百官。此外还有"九卿"，职掌的大多是皇帝宫廷的私务。

西汉初年基本上仿照秦制。自汉武帝时起，皇帝常常通过内廷管理文书的"尚书署"亲自裁决政务，这就使丞相和御史大夫的职权逐渐缩减。随后，尚书署改为尚书台，成为皇帝的机要秘书处。原来的丞相、御史大夫、太尉逐渐改名为大司徒、大司空、大司马，合称"三公"。原御史大夫的属官"中丞"保留下来专司监察，以后称为"御史台"，中国历史上专职的监察机构，从此正式建立起来。到了东汉，正式发号施令的是尚书台，长官称尚书仆射（yè）。三公的权力更为削弱，只能办一些例行公事了。

东汉末，曹操为了掌握大权，自任丞相，并一度恢复御史大夫等官职。曹丕称帝后，感到东汉的尚书台权力太大，另设中书省，首长称为中书监、中书令，掌管机要，起草和发布诏令，逐渐成为事实上的宰相府。至于尚书台，则已成为执行机构，事务日益繁忙，开始分曹（分职治事的官署为"曹"）治事，设侍郎、郎中等官，综理各曹工作。这时，"三公"基本上成了功勋大臣的虚衔。

晋代将汉代的侍中寺改为门下省，作为皇帝的侍从、顾问机构，长官为侍中。侍中在秦汉时侍从皇帝左右，出入宫廷，应对顾问，并常代表皇帝与公卿辩论朝政，地位虽不高，因能接近皇帝，故显得很重要。到南北朝时，凡属重要政令，皇帝每每征取侍中的意见，这就使门下省也开始成为参与国家大政的部门了。

隋唐时期，中书省、门下省、尚书省（南北朝时由尚书台改称）同为国家最高政务机构，分别负责决策、审议和执行国家政务，三省长官中书令、侍中、尚书令同列宰相地位。与此同时，原尚书省诸曹正式确定为吏、户、礼、兵、刑、工六部，部下有司。部的首长称尚书，副首长称侍郎；各司正、副负责人称郎中、员外郎。

隋唐三省六部制的确立，是秦汉以来封建国家中央官制不断变化的结果。其组织较完整，分工较明确，可以看作是封建社会已经发展成熟的一个标志。

从隋唐至明清，六部制大体相沿，但是原来分立的三省到唐太宗以后却逐渐起了变化。由于唐太宗未做皇帝前曾当过尚书令，他做皇帝后，这个职务就空着不再授人。尚书省的长官，就只设左、右仆射；但不久左、右仆射成了听令执行的官员，不能再参决大政了。唐高宗时，常用别的官员以"同中书门下平章事"或"同中书门下三品"的名义参与朝政，执行宰相职务，中书令、侍中就不常设了。执行宰相职务的官员们常在"政事堂"商讨和办理国政。政事堂初设在门下省，后移中书省，改称"中书门下"。这样，政事堂就成了实际上的宰相府。五代除沿用唐制以外，又有枢密院（管理军事机密、边防、军马等事务）参与大政，首长称枢密使或知枢密院事。北宋以中书门下省为政事堂，简称中书，和枢密院分掌政务、军事，号称"二府"。元代中枢大政统一于中书省，首长为中书令，往往以太子充任，其次为左右丞相，下统诸部。此外，又在地方设行中书省为中书省的派出机构。因此，元代中书省的职权很重，至于枢密院，则大体上与宋相似。

明初废中书省，不设丞相，由皇帝直接处理国政，指挥六部。皇帝专制一切，由翰林院等机关选调几个官员，加以殿阁大学士的名义备顾问，办文墨。成祖时，选派大学士入午门内的文渊阁办公，参与机务，称为"内阁"。不过他们官位并不高，权势也还小。仁宗以后，内阁专任批答奏章，草拟诏令，品级渐高，权力渐增，极易假借皇帝的专制威力行事，号为"辅臣"，实际权势竟比历代的宰相还大。

清初仍然设置内阁，有三殿（保和、文华、武英）、三阁（体仁、文渊、东阁）大学士，但国家大政的决策机构是由满族最高贵族组成的"议政王大臣会议"，内阁职权低落。到了雍正年间，又另设置军机处，由满汉大臣任军机大臣，其下为军机处行走、学习行走等。军机处设于内廷，秉承皇帝意旨处理军国要务、官员任免和重要奏章。发布命令时，直接用军机大臣名义发出，称为"廷寄"。各地奏章也由军机处直达皇帝，不再经由内阁，于是内

明代官员画像

阁只办例行公事，内阁大学士也变得有点类似位尊而不重要的"三公"了。军机大臣由于亲近皇帝，综揽一切，名实俱重，是中国历史上封建专制集权中央官制的最高发展。

（陈继珉）

从秦汉到明清的地方官制

中国历史上专制主义中央集权封建国家的地方官制，也基本上是从秦朝统一后奠定下来的。

秦划分全国为三十六郡（后增至四十余郡），郡辖若干县，是二级制。郡置"守"，是行政长官；置"尉"，掌军事；置"监御史"（简称"监"），掌监察。大县置"令"，小县置"长"，为行政长官；县有"尉"，掌治安；有"丞"，辅佐县令或县长管理仓储、刑狱和文书。郡、县的行政长官都由皇帝直接任免，体现了专制主义中央集权的精神。

汉初承秦制，只改郡守为太守，郡尉为都尉。诸侯王国，官制略如中央。汉武帝为了加强中央对地方的控制，将全国划分为十三州（又称为部），每州设一刺史，奉皇帝诏巡察郡、国。到了汉成帝时，曾改刺史为州牧，以后或者仍然叫作刺史，或者再改称为州牧。但这时刺史或州牧只是监察官，官阶低于郡守；州（部）

也是监察区，不是行政区。东汉末年，改刺史为州牧，居郡守之上，掌握一州的军政大权，形同最高地方政权。

魏晋南北朝时期，地方政权基本上划分为州、郡、县三级。州的长官或称州牧或称刺史，主民政；县的长官一律改称为令。那时，有些外州刺史往往被加上"使持节都督某州军事"或"假持节都督某州军事"的头衔，并加号"将军"，权势很大。

隋取消郡，只存州县。隋末改州为郡，唐又改郡为州，都是两级制。唐又置十个监察区叫"道"，每道派高级京官一人，先后称黜陟使、按察使、采访处置使等，掌监察州、县官吏事，有权罢免或提升地方官吏。此外，隋唐时还合若干州为一军区，长官在隋称总管，在唐称都督。后来唐在边境军区置节度使，都带京官和御史大夫衔，集数州以至十余州的军政、民政、财政和监察诸权于一身，权势很大。"安史之乱"后，节度使势力扩大，割据独立，世称为"藩镇"。

宋代削藩镇，集权中央，节度使成为空衔，因地置不同名称的州、府、军、监，都有属县，仍然是二级制。州县政务都由中央另派京官带原衔出任，称"知某州军州事"（"州"指民政，"军"指地方军队）、"知某县事"，简称"知州""知县"。宋在两级行政机构外，又设立称为"路"的监察区。路有都转运使，负责监察吏治和收纳地方上缴中央的赋税；有提点刑狱，稽考一路的民刑案件；有提举司，长官称"提举某路常平公事"，管仓储和茶盐专卖；此外有经略安抚使或安抚使，掌一路的地方军事，按例都以当路的知州或知府充任，实为一路的军政长官。宋代一路设官分职很多，目的主要是为了分散权力，避免地方割据。

元代设州和县。州上有"道"，一种道是掌军政民政的宣慰使司，一种道是掌稽查司法的肃政廉访司，基本上可以看作一级行政机构。道之上有行中书省，作为中央中书省的派出机构，权力很大。这样，元代的地方官制就形成省、道、州、县四级制。

明初改行中书省为承宣布政使司（习惯上仍称为"省"），长官为布政使，掌民政和财政。此外，省级地方官署有提刑按察使司、都指挥使司，分掌刑狱和军事，与承宣布政使司合称"三司"。下有府或直隶州，长官为知府或知州；再下为县或州（散州），长官为知县或知州。这就正式形成地方政权的省、府（或直隶州）、县（或散州）三级制。省府之间有"道"，道员由布政使僚属参政、参议分理各道钱谷的称"分守道"；由按察使的佐官副使、佥（qiān）事分理各道司法事务的称"分巡道"，是一种监察性的小区。

明代由中央派监察御史到地方执行监察职权，称"巡按某处监察御史"，简称"巡按"。后来有"巡抚"。巡区有的为一省，有的为几省的边区，使原来的布政使和提刑按察使几乎成为属员。再后来，为了军事目的，地方上又有总督的设立，往往加衔兵部尚书或兵部侍郎以及都御史等名号。自从有了总督，巡抚又渐成为副手，有些地方甚至不设巡抚了。

清代的府州县制与明略同。清在一些情况特殊的地方，主要是少数民族聚居地区，设"厅"。厅的行政级和州相似，有直隶厅和散厅，但直隶厅很少辖有属县。府以上的道依然保留，并成为一级行政机构，道员也成为专设实官。省级则由总督或巡抚综理军民要政，成为固定的"封疆大吏"；布政使名义仍然保留，但已成为总督或巡抚的属员，专管税收、民政，称为藩台；按察使管司法，称为臬台。巡抚辖一省，总督辖一省或二三省。这就构成省、道、府（直隶州、直隶厅）、县（散州、散厅）的四级地方官制，甚至有五级的趋势了。

　　总的说来，秦汉至明清地方官制的郡（州）县二级变动不大。地方最高政权的名称、组织、职掌等，则历代很不相同，这是中央集权和地方分权矛盾的具体表现。

（陈继珉）

古代选拔制度

　　在我国历史上，剥削阶级的国家选拔官吏，是从战国时期开始的；春秋以前，是贵族世卿政治，做卿、大夫的都是世袭的贵族。

　　战国时，世卿政治逐渐遭到破坏；也就是说，贵族照例做卿、大夫的世袭制度，逐渐被打破。这个变化是这样来的：由于社会经济的发展，国家政治机构和行政区域的扩大，也由于贵族们的养尊处优渐渐失去管理政治的能力，贵族卿、大夫的职务逐渐由他们手下的陪臣来执行，地方行政也多由他们的家臣来担任。封建统治阶级为了调解他们的内部矛盾，更好地加强他们对劳动人民的统治，就逐渐打破了各级官吏的世袭制度，而采用选拔制度。商鞅在秦国的变法中把这个变化比较彻底地固定了下来。从此，中央政府和地方政府的官吏，都由国王从他认为有才能的人中选拔、任用。

秦朝以后，国家选拔官吏的办法，各时代不同，大体上可以分为三个时期：

一、两汉时期。这时期国家选拔官吏的办法，主要的是"察举"和"征辟"。在皇帝的命令下，中央政府的大官和地方政府的长官，都可以把他们认为有才能、有品德的人推荐给政府。这些被推荐的人，依他们的才能、品德，有"孝悌""力田""秀才""贤良""方正"等名称。后来地方推举渐渐制度化，各郡依照人口多少按比例推举不同数目的人，有一定规定。这种推举人才的办法，称为"察举"。除"察举"之外，皇帝和中央公卿大臣还可以特别"征""辟"有特殊名望和才能的人来做官。由皇帝提名的称为"征"，由公卿大臣提名的称为"辟"。这种选拔人才的办法，称为"征辟"。

从汉武帝起，国家设有专门研究儒家经典的博士官，博士官都有弟子，博士弟子经过考试及格，也可以做官。

另外，官吏子弟，可以依靠父亲的功勋，荫庇为"郎"（官名）；富家子弟，还可以用钱补官。

二、魏晋南北朝时期。这时期国家选拔官吏的办法，是所谓"九品中正"制。"中正"是官名，州郡设有大中正，县有小中正。做这些大小中正的都是各地方在中央政府做大官的人。"九品"是区分被评选人的等级，共分上中下三等，上上、上中、上下、中上、中中、中下、下上、下中、下下九级，故称"九品"。根据中正官的品评，来作为任用官吏的标准，这种制度在历史上就被称为"九品中正"制。这些大小中正们，定期把本地的人加上评语，评定等级，推荐给政府。魏晋南北朝时期，世家豪族在政治上、社会上都有很大的势力。在政府做官的多是世家豪族，做各地大小中正的也都是世家豪族，他们所推荐的人，能够被列为上品的自然也都是世家豪族。在晋时，已经出现了这样一句流行话，"上品无寒门，下品无势族"。所以，这时期九品中正制只起了为世家豪族阶层服务和巩固世家豪族政治地位的作用，实际上并不能选拔真正的人才参与政事。

三、隋唐至明清时期。这时期国家选拔官吏的办法，主要的是科举制。科举制是隋朝时候创立的，唐初制度更加完备。唐代取人有三种：主要的是"乡贡"，由州县保送，所以唐代科举也称"贡举"。除乡贡之外，还有"生徒"和"制举"。生徒是由学校保送的，制举是皇帝特开制科考试以选拔"非常之才"的。参加贡举的士子，先向州县报名，州县检查合格后，由州贡于中央，称为

"贡士"或"举人"。到京后，要分科考试。唐代以"明经""进士"两科考的人最多。进士考试严格，武则天以后，特别重文词，所以科举中又以考进士为荣。

科举制代替九品中正制，是由于阶级斗争和社会发展的结果。门阀世族衰落，非贵族出身的新兴地主阶层兴起，豪门世族在政治上独占优势的地位已经动摇，九品中正制也跟着倒台。在这种情况下，靠考试成绩、不靠门第的科举制度才应时而起。九品中正制是以门第取人，取人的大权掌握在大小中正手里；科举制是以学业取人，取人的大权掌握在皇帝手里。隋唐统一全国，中央政府的权力在不断扩大、发展，科举制就是适应中央集权的需要而产生的。这种制度一直实行到清朝末年，才为新式学堂所代替。

科举制度一方面是统治者选拔官吏的一种途径，另一方面也是封建专制政府牢笼知识分子使他们变成书呆子的一种手段。科举的办法越往后越繁琐，到明清时，规定考试要用所谓"八股文"，考生只能按一定规格来写文章，不准有丝毫发挥自己意见的余地，以致一切聪明才能均被束缚。唐太宗有一句话最足以说明科举制的这种作用。有一次唐太宗在宫门楼上，看见新进士们正低头哈腰、小心规矩地排着队走出来，便高兴忘形地说："天下英雄尽入吾彀（gòu）中矣！（天下英雄尽入我的圈套了！）"

（何兹全）

科举制度

我国古代科举制度开始于隋朝。隋文帝开皇七年（587），设立"秀才科"，叫各州每年选送三人，其中考取优秀的为秀才；隋炀帝时又建立"进士科"。这就是我国科举考试的开端。唐朝考试科目增加，有"秀才""明经""进士""俊士""明法""明字""明算"等科（以后其他科目仅存空名，只有"进士科"成为科举制度的唯一科目）；考试方法有"帖经"（只露出经书内容的某行，把上下文默填出来）、口试、诗赋等（其中诗文较重要，这和唐代诗歌盛行有关系）。武则天考阅武艺，又开始了武举。宋朝实行弥封卷；王安石时，停止诗赋，改考经义，叫考生各选《易》《诗》《书》《周礼》《礼记》一经，兼论《论语》《孟子》。元朝规定，"四书"以朱熹的章句集注为主，从此考生答卷时就不能随便发挥了。到了明清时代，对考生的束缚更为严紧，命题专用"五经""四书"的内容，答卷必须用古人的语气说话，连文章的写法也有一定的规格，字数也有一定的限制，这就是所谓"八股文"。

科举制度从隋开始，中间经过不断的发展、变化，到清光绪三十一年（1905）废止，在我国历史上共实行了一千三百多年。

明清两代，参加科举考试的人，有秀才、举人、进士、状元、榜眼、探花、翰林等称呼，根据对这些称呼的了解，可以帮助我们更清楚地认识这时期科举制度的大致轮廓。

原来，明清时代的科举考试分为"院试""乡试"和"会试""殿试"等几级。

院试以前，还要经过两道考试：即由知县主持的"县试"和由知府主持的"府试"。县试及格的考府试，府试及格的才有资格参加上一级的院试。

院试由清政府中央任命的提督学政（简称"学政"，俗称"学台"）主持，分"岁试"和"科试"两种。岁试的目的是考试"童生"（一般通例，凡应考者均称"童生"）的学业，又称"岁考"。童生经院试考试及格，即取得入学资格（俗称"进学"），称为"附学生员"（俗称"秀才"）。科试的目的是选送已入学的优等士子参加乡试，又称"科考"。院试在府城或直隶州的治所举行。

比院试高一级的考试叫乡试。乡试在南京、北京和各省城举行。乡试三年一考，在子、午、卯、酉年（也有因皇帝生日、登极等庆典加试的，叫"恩科"），叫作"大比之年"。考期在农历八月，故又称"秋闱（wéi，'闱'是考场的意思）"。乡试的主持者称"主考"，主考有正有副，正副主考都由皇帝任命。乡试录取的叫"举人"，俗称"孝廉"。乡试考第一的叫作"解元"。

比乡试再高一级的考试叫会试，在乡试的次年（丑、未、辰、戌年）春天（初定为阴历二月，后改为三月）举行，故又称"春闱"。考试地点在北京，由礼部主持，也称"礼闱"。参加会试的是各省的举人，考中的叫"贡士"（考第一的称"会元"）。贡士再经过复试（一般不会有落第的），就可参加殿试。

殿试（也叫"廷试"）是在会试后由皇帝亲自主持的一次考试。考期定在农历四月，在太和殿举行，考一场。殿试成绩分三甲：一甲取三人，赐进士及第，第一名叫"状元"（也叫"殿元"），第二名叫"榜眼"，第三名叫"探花"，合称"三鼎甲"。二甲取若干人，赐进士出身，其中第一名叫"传胪（lú）"。三甲取若干人，赐同进士出身。举人经过会试及殿试及格的都叫"进士"。读书人考到进士就算考到了头。

殿试揭晓时，在太和殿唱名，同时在长安街张挂榜文三天，"榜"用黄裱纸制成，称金榜。唱名后，一甲三人出午门（其余的进士由别门出宫），插花披红，在鼓乐仪仗和彩旗护拥下，骑马游街，然后回到住所。第二天，皇帝赐给新进士宴席，俗称"琼林宴"。黄梅戏《女驸马》里有一段唱词说："我也曾赴过琼林宴，我也曾打马御街前……"指的就是这些。

为了授给新进士官职，殿试后，还有一次"朝考"，按朝考的成绩，结合殿试及复试的名次，然后由皇帝决定分别授予何种官职。一甲三名在殿试后立即授官，状元授翰林院修撰，榜眼、探花授翰林院编修。二甲、三甲经朝考后，有的做翰林院的庶吉士，有的做主事、中书等京官，有的做知州、知县等地方官。凡进士经过朝考授予庶吉士官的，均称"翰林"。

（王克骏）

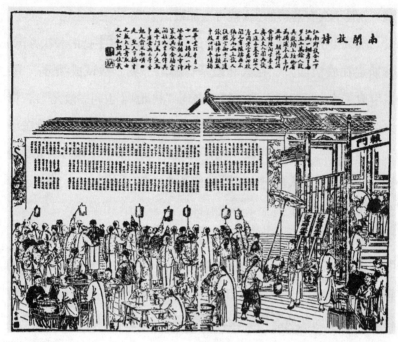

《南闱放榜图》

三教　九流

　　"三教"的说法起自三国时代，指的是儒、释、道三种教派。

　　本来，以孔子为创始人，后来又经孟子加以发扬的儒家学说，只是一种学术流派，并不是一种宗教。不过，从汉朝时候起，崇尚儒家的人，为了抬高孔子的地位，把儒家学说渲染得像宗教一样，并且在祭孔的大典中，大量地加入了宗教的仪式，因此，到了三国时代，就有人把儒家学派当作一种宗教来看待了。

释教是指释迦牟尼创设的佛教。佛教起源于印度，大约在汉朝时候传入中国。到三国时，信仰的人已经相当多，人们便把它和产生在中国的儒教、道教相提并论，成为儒、释、道三教。

道教是东汉时候创立的一种宗教，最初称"太平青领道"。其中有一派叫作五斗米教（天师道），创始人是张道陵（道教中所称的张天师）；另一派叫作太平道，可能也是太平青领道的一派，创始人就是领导东汉末年黄巾起义的张角。信道教的人讲究炼丹修道，寻找长生不死之法，这是和佛教的出世思想最大的不同点。道教的教义原来并不含有反抗封建统治者的意图，但是道教的组织却常被农民阶级利用来作为联络群众发动起义的工具。在唐朝，由于统治阶级的提倡，道教曾盛极一时。

"九流"的名称要比"三教"的名称出现得早些，在《汉书·艺文志》里，就已经有了这个名词。它指的是春秋战国时代互相争鸣的儒、墨、道、名、法、杂、农、阴阳、纵横九种学术流派。

儒、墨、道、名、法、阴阳六家，《诸子百家》一题中已经介绍过，不再重复。这里我们只简略谈谈杂、农、纵横三家。

杂家的代表人物是战国末年的秦相吕不韦。吕不韦门下有宾客三千，他集中众宾客的智慧，在秦王嬴政（就是统一六国的秦始皇）即位八年后编出了一部有名的大书——《吕氏春秋》，分"十二纪""八览""六论"，合共一百六十篇，二十余万字。这部书兼收并蓄了流行的各派学说，加以融会贯通，自成一家之言。

大体上讲，对于儒家和道家主要是采取尽量摄取的态度，对于墨家和法家则主要是采取批判的态度。它主张遵守儒家修身、齐家、治国、平天下的理论，重视道家的养身之道，反对墨家的"非乐""非攻"和法家的严刑峻法。它宣传统一的思想，鼓吹儒家的"禅让"之说。

农家的代表人物是战国时期的楚国人许行。《吕氏春秋》卷第二十六中有《上农》《任地》《辩土》诸篇，也可看作是农家学说的一部分。农家学派讲究农业生产技术，对于总结我国古代的农业经验，曾有过一定的贡献。

纵横家的代表人物有苏秦和张仪。他们讲究纵横捭阖（bǎi hé，分化或拉拢）的手段，或者辅助各国君主联强攻弱，或者辅助各国君主抑强扶弱。为了统治阶级的利益，他们的策略可以随时根据形势的变化而改变。他们都是战国时代著名的外交活动家。在《战国策》一书里，收录了不少纵横家游说各国的说词；这些说词，反映了这一学派在当时的活跃情况。

（朱仲玉）

我国古代主要的农作物

我们的祖先很早就已开始种植各种作物。甲骨文中有禾、黍、稷、稻等字，后来在先秦古籍中又有了"五谷""百谷"等说法。

所谓"五谷""百谷"等究竟指的是哪些作物，这是一个一直没有解决的问题。前人对此有过种种不同说法，直到今天，还没有得出一致的结论。

今天我们能看到的、最古的记载有关农业的书，是战国时代的著作《吕氏春秋》，其中讲到了禾、黍、稻、麻、菽（shū，豆类）、麦。这是先秦时期我国人民种植的几种最主要的作物。汉代的《氾（fán）胜之书》[1]以及北魏贾思勰的《齐民要术》里面所讲到的各种作物，主要的仍然是这六种。从古代农书中的具体描写可以断定，禾就是现代人平常所说的"谷子"（粟），它的粒实叫"小米"。那时，谷子是黄河流域广大人民的主要食粮；黍是酿酒的主要原料；麦和稻是供给贵族们食用的；豆类对缺少肉食的广大人民来说，是极好的副食品；麻则是一般人衣着的主要原料。由此看来，这六种作物之所以能成为我国古代种植对象的主体，绝不是偶然的。

谷原是各种谷类的统称，它的品种很多。先秦时期，稷被视为谷物的代表，它和象征土地的"社"合起来称为"社稷"，成为国家的代称。稷在今天北方许多地区俗称为"糜（méi）子"，在西北和长城内外一带种植特别普遍；这种作物能耐旱保收，生长期

1　氾胜之，西汉农学家。此书为氾胜之撰，约成书于公元前1世纪后期。——编注

较短是它的优点。据《齐民要术》上说，当时一般人把稷认作谷子，那可能是由于当时（南北朝时）长城以北的人大量移居中原，仍然保持了种稷的习惯；而黄河流域的人民长期过着朝不保夕的生活，也乐于跟着种植这种比较保收、早收的作物，因此便笼统地把稷叫成了谷子。不过稷的食用价值究竟抵不上谷子，故后来种植谷子的人比种植稷的人还是要多得多。至于黍，单产本不是很高，作为经常性主食又不大适宜，又由于以后做酒的原料品种增多了，它的种植面积也就相对地减小了。清朝吴其濬（jùn）在他的《植物名实图考》里面说，"大凡北方之谷，种粱者什七，种黍者什二，种穄（jì）者什或不得一焉。""粱"就是谷子，"穄"就是稷（糜子）；这里说的这三种作物的播种比例，的确是很长时期内北方的基本情况。

稻在古代也有好多种，古书上也有种种不同的名称。水稻的栽培是离不开水的，随着我国人民对江南的开发，三国以后，在水源充足的长江流域及其以南的地区，水稻的种植得到了飞速发展。水稻本是高产作物，再加上一年两熟以至三熟，所以它受到了广大农民的欢迎，成了南方人民的主要食粮。大约自五代以后，水稻的生产在全国所占的地位，逐渐超过了谷子而跃居首位。此点只要从历代漕（cáo，利用水道转运粮食）粮北运的发展情况就可看出。宋朝以后，长江流域几乎成为唯一提供漕粮的地区，就是很好的证明。而所谓漕粮，指的也几乎完全就是稻米。"苏湖熟，天下足"或"湖广熟，天下足"这一类谚语，便是这样流行起来的。

就全国范围而言，种植水稻的地区同时也就是农业最发达的地区，这样说丝毫也没有夸大的地方。

古人把大麦叫作"牟"，小麦叫作"来"。后者种得更多，尤其是冬小麦，古书上称为"宿麦"，一直是受到重视的。麦的产区主要在北方，播种面积比不上谷子。长城内外一带因为气候关系，向来只种春小麦。西北和西南山区的人多栽种"青稞"，那是一种春性裸大麦品种。

豆类作物的品种也非常多，主要是供人食用。农民们把豆类制成各种副食品，其中最普通的一种是豆腐。

我国虽然很早就知道了养蚕缫丝，但是广大人民穿着的原料最初主要还是麻。直到元明时期，棉花的种植逐渐推广，才代替了麻的地位。只有苎（zhù）麻，因为是织造夏布的重要原料，所以在南方种得还不少。

现在北方农民仍然喜欢种高粱，这种作物在古代叫作"蜀黍"或"蜀秫（shú）"，南方人叫它"芦穄"。它的种植开始得比较晚，《齐民要术》里面所说的"秫"，似乎并不是指它。普遍种植高粱大约是在唐代以后。这种作物不择地，不太需要施肥，抗旱、抗涝的能力较强，特别是它的高大的植株不但可以作为薪柴，而且又可充作农村的建筑材料和制造各种用具的原料，秫米还可酿酒，因为这个缘故，它能成为一般农家常年生产计划中几乎不可缺少的栽培对象。

玉蜀黍是16世纪中叶从国外引种进来的，当时没有受到重视，大约最初只种在瘠薄的田里或山坡上，没有能显示出它的高产优点来。过了大约两个世纪，到了清代中期，才开始被推广起来。从那时起，它就成为干旱地区最主要的种植对象之一，在一定程度上夺取了谷子的播种地域。

我国古代原来也有芋、山药等薯类作物，只是都不占重要位置。甘薯是在明朝末期从海外传进来的，比玉蜀黍还要晚些。

（王毓瑚）

四　大　发　明

我国古代的"四大发明"是造纸术、印刷术、指南针和火药。

纸出现以前，人们记事时，就把文字刻写在龟甲、兽骨或竹片、木板上，可是这些东西太笨重，既不便于阅读，更不便于携带。后来就有人把文字写在丝帛上，但是丝帛价钱太高，一般人用不起。为了解决这些困难，劳动人民终于发明了书写文字最方便的材料——纸。提到纸，过去有许多人认为是东汉时蔡伦发明的，其实，在西汉年间就已经有了麻纸和絮纸。麻纸是用麻类纤维制造的，1957年考古工作者在西安灞桥西汉前期的坟墓里发现了这种纸的残片，这可算是世界上现存最早的纸了。絮纸是用制作丝绵时的副产品丝絮制造的，制造丝绵的时候，先把煮过的蚕茧放到竹席上，浸到水里去，然后把蚕茧捣烂，其中完整的部分拿出来就是丝绵，破碎的部分，则紧紧地黏在竹席上，形成一层薄片，把它晒干，取下来就可以在上面写字，人们把这种薄片叫作絮纸。不过这两种纸的产量都很少，还是不能满足人们的需要。东汉和帝时，曾经领导工匠们为皇帝制造过各种器械的蔡伦，总结了前人造纸的经验，在105年，以树皮、麻头、破布、渔网为原料造纸。这些原料都容易找到，价钱也很低廉，造纸过程比以前更为简便，能够大量生产。蔡伦所创造的造纸方法得到了普遍推广。后来人们又进一步用竹子、芦苇、稻草、木材等植物的纤维制造出各式各样的纸，来满足各种不同的需要。纸的发明和改进，为文化的发展创造了有利条件。

印刷术还没有发明的时候，书籍都是人们一个字、一个字抄写的。抄书不仅速度慢，而且容易出错，为了克服这些缺点，在唐朝前期，人们根据拓碑和印章的道理，创造了"雕版印刷"的方法：先在木板上刻出反体字，然后在上面涂墨，再把纸铺在上面轻轻按压，这样木板上的字就印在纸上了。目前我们发现的最早的雕版印刷品是唐朝咸通九年（868）刻印的一卷《金刚经》。这卷《金刚经》长达一丈六尺，上面不仅有字，而且有图，刻印得非常精美。这说明，到唐朝后期，我国雕版印刷的技术已经达到很纯熟的程度了。雕版印刷比抄书要快得多，可是如果要印一部字数很多的书，仍然要花费很多时间，使用很多材料才能刻出一套板，而且只能印一种书，再印别的书还得重新刻板。北宋仁宗时候（1023—1063），富有创造精神的毕昇，经过苦心钻研，发明了一种新的印刷方法——"活字印刷术"。他用很细的黏土，做成许多方形小泥块，晒干以后，在每个小泥块上刻上一个反体字，然后用火烧硬，这就是"活字"。印书的时候，根据书籍内容的需要，把活字一行一行地排列起来，用蜡和竹松等东西，把排好的活字牢牢地黏在铁板上，这就做成了"活字版"，这个活字版就同雕版一样，可以用来印书了。印刷完毕，再把活字拆开保存起来，以备下次再排印其他书籍的时候使用。活字印刷术的推行，大大地节省了用在刻板上的时间和材料，提高了书籍的生产速度。后来，活字的材料逐步改进，由泥活字发展到木活字、铜活字，近代又通行铅活字。印刷术的发明和改进，推动了文化的传播。

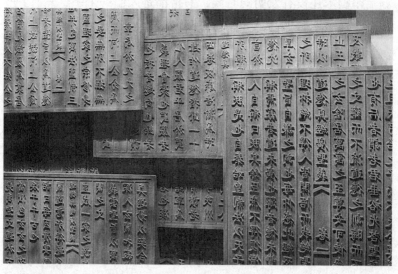

雕版印刷

指南针是利用磁石的指极性制成的。据古书记载，我国人民在战国时代就发现了磁石的指极性，并且把天然磁石琢磨成勺状的"司南"，放在特制的"地盘"上，使它自由转动，用勺把来指示南方。这可以算是世界上最早的指南仪器。但是，天然磁石容易丧失磁性，勺状的司南指示方向也不够准确。北宋时候，有人发明了人工磁铁，它和磁石一样具有指极的性能。最初，人们把人工磁铁片做成鱼的形状，使它漂在水面，鱼头就会自动地向着南方；后来又经过许多人的不断改进，把磁铁片做成针的样子，在它的中腰顶上一根小针，使它能够灵活地旋转，以便测定南北，这就成了指南针。指南针发明以后，被利用在航海上，促进了海上交通的发展。宋朝的航船东到朝鲜、日本，南到南洋各地，并且与西亚、东亚许多国家建立了密切的贸易关系，这是与指南针的发明和使用分不开的。

在唐朝初年，我国人民就发明了火药。古时候，有些人到深山里去，打算利用各种矿物和植物配合起来烧炼"仙丹"和金银，这些人被称为"炼丹家"。炼丹家在制药过程中发现：按照一定比例配合起来的硫磺、硝石和木炭，具有容易燃烧和容易爆炸的性质，烧炼时稍不小心，就会发生强烈的爆炸，发生熊熊的大火。因此，人们把这种容易着火的药，叫作"火药"。火药就这样被人制造出来了。唐朝末年，军事家开始把火药运用在战争中。宋朝时候，火药的制造有了进一步发展，火药的威力更强了。

中国古代的"四大发明"，都先后传入欧洲和世界各地，对世界文化的发展起到了积极作用。

（宋生）

弓箭 弩

在我国古籍记载里，认为弓箭是在传说中的黄帝时代发明的。其实这一发明比黄帝时代要久远得多，至少在中石器时期我们的祖先就已经开始使用弓箭了。

在我国各地发现的新石器时代的各个文化遗址中，都发现了各种各样制工精致的箭镞（zú，箭头），而且数量也很多。这些箭镞有用石材磨制的，有用兽骨或蚌壳磨成的。

箭镞的形式不一：有扁平柳叶形的，有三棱尖锥形的，也有四棱形的，有的镞尾带铤（dīng，箭头装入箭杆的部分），有的具有双翼。另外，在代表北方草原地区的细石器文化遗址中，还有一些极为精致的小石镞，一般长不过两厘米左右，都是用质地坚硬、色泽优美的石髓、玛瑙、碧玉等矽（xī）石类石材制成，颜色有红、黄、灰褐、绿、乳白等多种，还有半透明的，显得非常漂亮。以上这些发现，证明了新石器时代弓箭的运用已极为普遍。

弓箭的发明和使用，有很大的意义：它使狩猎的效果大为增加，给食物的获得，带来了一定的保证。

410

弓箭是一种利用弹力由弓、弦和箭组合而成的较复杂工具。拉开弓弦，使弓弯曲变形，把所施加的力储存进去；再放开弓弦，给弓以恢复原状的机会，于是它就把储存的力放了出去，这样便产生了动能。利用这一动能，就能把扣在弦上的箭弹射到距离很远的地方。因此，有人认为弓箭的使用，是人类懂得利用通过机械储存起来的能量的第一个事例。

　　到了商代，我们的祖先已经知道大量使用青铜箭镞，这种箭镞常是一种有脊带双翼的形式。以后，铜镞逐渐改进，杀伤力更强了。到战国时，铜镞的种类虽然很多，最主要的则是一种圆脊三翼的形式，三刃都很锋利，往往在镞尾带有长铤。战国末期，铁兵器出现；但因镞的体积小，不容易锻造，所以还是大量使用青铜镞，不过箭铤改为铁铸。汉代以后，铁镞的使用才日益广泛。到南北朝以后，就再也看不到用铜来做箭镞了。

　　造弓，很讲究取材，既要坚韧，又要有弹力。据《考工记》记载，有七种材料可以做良弓，以柘（zhè）树木做的弓为上品，其次是檍（yì）木、檿（yǎn）桑木、橘木等。后来做弓多用桦木，《武经总要》里就有"黄桦弓""白桦弓"等名目。

　　弩（nǔ）的原理和弓相同，只是力量更强，发射更远。我国大约在战国时，就已经发明了弩。

　　弩在发射时，是先把弦张在扳机上，射时扣压扳机，弦发箭出；这样弦在扳机上可以有一定时间，能够从容瞄准，射得更准。还有，弓只能用一个人两膀的拉力，弩则可以用脚蹬等办法，储入更多的弹力，不但射得很远，而且力量也很大，甚至还可以同时射出数目较多的箭。

根据考古发现的材料，得知汉代边境防守用的兵器中，以弓、弩为主，尤以弩的使用更为普遍。当时最常用的叫"具弩"，射力有八种不同的强度，其中以六石弩最常见，大约可射二百六十米，约合半华里。

到了宋代，又使用一种威力强大的"神臂弓"，实际也是一种弩。在曾公亮《武经总要》里记录了一些威力极大的"床子弩"，有"双弓床弩""小合蝉弩""三弓床弩"等。这种"床弩"，是用几张弓组合起来用绞车拉弦的，每一弩要用五人、七人到十余人拉。最强大的"三弓床弩"，又名"八牛弩"，要用七十人到上百人才能张开；所用的箭，是木杆铁羽，和枪一样粗大。在攻城时，用这种箭按高低依次射入城墙上，进攻的战士可以踏着露出的箭杆爬上城去，故又称之为"踏橛（jué）箭"。这种弩又可以在弦上安铁斗，斗内放几十支箭。这样绞发一次，就可以射中几十个敌人，威力很大。

（杨泓）

养蚕缫丝

养蚕缫丝是我们祖先的伟大创造之一。

历来，人们都把养蚕缫丝的发明归功于传说中的黄帝的妃子嫘（léi）祖。历代相传，说她曾经劝导人们种桑、养蚕，教会人们缫丝、织帛和制作衣裳。后来人们感激她，奉她为"先蚕"。实际上，养蚕缫丝和历史上其他许多重大发明一样，是千千万万劳动人民智慧的结晶，单靠一个人的力量是不能完成的。

　　1926年，考古工作者在山西夏县西阴村新石器时代遗址中，发现了半个茧壳。据研究，这个茧壳埋藏在坑的底部，那里的土色没有受扰的痕迹，不会是后来放入的；茧壳的断面极其平直，不像是自然破损，显然是经过人工割裂的。由此可见，我们祖先至少在四千多年以前，就懂得采集蚕茧来抽丝了。不过，那时究竟是利用野蚕茧抽丝还是利用家蚕茧抽丝，现在一时还难以做出肯定的结论。

　　在殷商时候的甲骨文里，已有"桑""蚕""丝""帛"等字。特别值得提出的是，其中还有一块把"桑""蚕"二字合刻在一起的甲骨片；"桑"字的字形好像用手摘桑叶的样子，"蚕"字的字形好像虫蠕动的形状。桑、蚕紧密地联系在一起，这表明，采桑是为了养蚕。这时，野蚕已变成家蚕，应该是无疑问的了。

　　随着养蚕缫丝技术的进步，我们祖先利用蚕丝制造出了各式各样的丝织品。现在能看到的最古老的丝织品，是中华人民共和国成立后在殷墟武官村大墓和大司空村大墓发掘出来的殷商绢帛和它的残迹。这块绢帛虽然经过长期埋藏已经褪了色，但是它那细致匀称的纹理，却显示了当时丝织技术的一定水平。

周朝时，桑树的种植非常普遍。《诗经》中有很多篇章都提到桑，如《魏风》的《十亩之间》篇写道（本书所引《诗经》的白话翻译，都是根据余冠英的《诗经选译》）：

> 一块桑地十亩大，
>
> 采桑人儿都息下。
>
> 走啊，和你同回家。
>
> 桑树连桑十亩外，
>
> 采桑人儿闲下来。
>
> 走啊，和你在一块。

有十亩大的桑田，许多人在一起采桑，说明蚕丝业在这个时期有了很大的发展。

另外，与丝织业有密切关系的染丝业，也在这时相应地发展起来。《诗经·豳（bīn）风·七月》篇说：

> 七月里伯劳（一种鸟名）还在唱，
>
> 八月里绩麻更要忙。
>
> 染出丝来有黑也有黄，
>
> 朱红色儿更漂亮，
>
> 得给那公子做衣裳。

缫丝（汉代画像砖拓片）

　　春秋战国时代，沿海和长江中下游地区，都出产丝织品。齐国的"齐纨（wán）"和鲁国的"鲁缟（gǎo）"，尤为著名。"齐纨""鲁缟"精细、轻薄，誉满全国，营销各地，很受欢迎。

　　汉朝时，丝织品有锦、绣、绫、罗、绮（qǐ）、纱等很多类别。根据文献的记载和发现的实物来看，有些丝织品上还织有各种鸟兽、植物以及自然天象的花纹和多种多样的几何形图案。有的上面除了花纹以外，还织有"延年益寿""长乐明光"等表示吉祥的文字。当时，汉政府在临淄还设立有专门的组织，集中了很多织工，来为皇室制作各种名贵的丝织品。

　　丝织品一向是帝王、贵族们的主要衣着原料，历代统治者为了满足自己的贪欲，都非常重视蚕丝的生产。战国时，孟子曾劝说梁惠王奖励农民种桑。据《吕氏春秋》卷第二十六《上农》篇记载，古代后妃们每年都要举行种桑、养蚕的仪式，以表示提倡蚕桑。秦汉以后，历代统治者也都采取奖励桑蚕的办法。

养蚕缫丝业起源于我国，传播于世界，它和我国古代四大发明一样，也是中国人民对人类文明的重大贡献之一。

（易惠中、宋生）

六 畜

六畜是指猪、马、牛、羊、鸡、犬。原来这些都是野生动物，由于人们的长期饲养才逐渐成为家畜。

考古学家根据黄河中下游地区新石器时代遗址中出土的动物骨骼判断："仰韶文化"时期，人们已经驯化了猪和犬；稍后的"龙山文化"时期，人们又驯化了马、牛、羊、鸡。通过对殷商甲骨文的研究，我们知道，最迟在三千多年前，这六种动物就已完全成为家畜。殷商时，奴隶喂养这些动物，除了满足奴隶主对毛皮和食用的需要以外，还用来作为奴隶主祭祀的祭品和殉葬的用品。商代奴隶主用来殉葬的牲畜数量是很大的，有时一次便多达三四百头，显然，这样大的数目，如果光靠临时猎取是很难办到的。甲骨文中，有"牢""庠（xiáng）""家"等字，字的写法很像牛、羊、豕住在屋里的样子，说明当时已有了牛棚、羊栏、猪圈等专门饲养家畜的地方。西周时，农业逐渐发达起来，但是畜牧业仍占相当重要的地位。据《楚辞·天问》篇记载，连周族的首领周文王，也曾披过蓑衣，拿过鞭子，做过牧人。《诗经·小雅·无羊》篇，有人认为是周宣王时的作品，它生动地描写了当时畜牧业的情况：

> 谁说你家羊儿少，
> 一群就是三百条。
> 谁说你家没有牛，
> 七尺黄牛九十头。
> 你的羊儿都来了，
> 羊儿犄角挨犄角。
> 你的牛儿都来了，
> 牛儿都把耳朵摇。

春秋战国时，贩卖家畜也成了唯利是图的商人们发财致富的途径之一。春秋末期弃官经商的大商人陶朱公（范蠡）曾说："子欲速富，当畜五牸（zì）。""五牸"就是牛、马、猪、羊、驴五种家畜的母畜。

在畜牧业发展的过程中，劳动人民积累了丰富的经验，出现了很多养牲畜的专家。如春秋时秦国的伯乐，就以相马出名。据说他能根据马的体形、外貌，一眼望去，就能评定出它的好坏。有这样一个故事：有一次，伯乐遇见一匹马拖着一辆盐车上高坡，

417

累得汗流满身，仍拖不上去；谁也不认为这是一匹好马，可是伯乐却断定这是一匹千里马。在他看来，这匹马之所以连一辆盐车都拖不动，不能怪马不好，应该怪它的主人对它使用不当、爱护不够。千里马的特长是善于驰走，拖盐车用不着跑得很快。假使好好地喂养它，爱惜它，使它身强体壮，用它来供骑乘，一定能发挥它善于驰走的优点。后来事实果然证明，这是一匹千里马。这个故事，一直被后世传为美谈；后世人常把有才能的人比作千里马，把善于发现人才的人比作伯乐，比喻的根源就是由此而来的。汉朝时，养羊能手卜式，和伯乐一样，也是一个常被后人称道的人物。据说他养羊十余年，羊群由一百多只繁殖到千余只，只只羊肥胖健壮。

　　饲养六畜与生产有密切的关系。其中尤以猪与人们生产、生活的关系更为密切。春秋战国以来，人们对于猪粪肥的肥效作用，评价极高。猪粪肥一直是我国农村主要的肥料之一。猪早熟易肥，因而是人们的主要肉食对象之一。战国时，孟子说过"一家人能养五只母鸡，两头母猪，老人们吃肉就不会发愁"这样的话，可见自古以来，在农村养猪就是受到极大重视的。马能负重，挽力强，役用价值很高，所以以前被列为六畜之首。起初，人们用它拉车；后来，被用来骑乘，它在古代交通中占有很重要的地位。牛，力量大，耐力强，是农村中普遍饲养的役畜。大约自殷商时起，它就被用来拉犁耕地。春秋时期，铁犁的应用，大大提高了牛耕的作用。汉武帝时，赵过改进了农具和耕作技术，大力推广牛耕，使牛耕的方法传播到边疆地区。从此，牛便成为我国古代农村中最重要的役畜。羊、犬、鸡也是古代农村中喜欢饲养的家畜。

（宋生、易惠中）

船　舶

船舶的出现在我国是极久远以前的事情。

最少在距今三千多年前的殷代，我们祖先就已经用船只装运财货到远地进行贸易。在一件当时的青铜饕餮（传说中的恶兽名）纹鼎里，有个铭文，形象如同一个人前后都挑着贝站在一只船上，船后面还有一只手持桨划船，正是一个生动有力的证明。

春秋战国时代，沿海的齐、燕、吴、越等国，都造船航海。齐景公曾乘船到海上游玩，过了六个月还不想回家。公元前485年，吴国的徐承领兵由海上进攻齐国，说明当时沿海的航路一定非常通畅。不过那时船的样子，我们还不十分清楚。河南汲县山彪镇战国墓葬出土的"水陆攻战纹铜鉴"上有乘船作战的图案，大致可以看出战国时的小船样子，船头和船尾都向上起翘，船内立着三四个佩剑的战士，双手握桨划船前进，图形十分生动。

近年来，我国考古工作者发现了不少两汉时期的船舶模型。长沙西汉墓里发现的一只木船，首尾微翘，船底呈弧形，上有三间舱房，两侧装有舷（xián）板，船上备有十六只长棹和一只刀形的舵。广州是当时有名的港口，在这里发现的船舶模型更多，其中有一只木船，看样子规模虽不大，只有四桨一舵和两间舱庐，可是有趣的是，船上安放了五个木俑，做出操桨握舵驾船前进的姿态，为我们研究这一时期的船舶交通提供了非常形象的材料。另一只东汉陶船，制作更精致，上面设有拱券顶的前舱和几间有起脊屋顶的座舱，船后还有一间望楼。船尾安有舵，船头设有锚。这样的大船，是可以出海的。看来这时的造船技术，较西汉时又前进了一步。

在古代，有的战船的规模很大。汉武帝时，已能建造十丈多高的楼船。西晋初年，王浚建造巨大的战舰，能载两千多战士，舰上设有楼橹、木城。隋朝的杨素，建造过名叫"五牙"的大舰，上有五层楼，共高一百多尺，船上前后左右都安装着撞击敌船用的"拍竿"，每根拍竿都有五十尺长。

专供统治阶级享乐的游艇，建造得华丽异常。汉成帝时，用沙棠木造船，并在船头上装饰云母，号称"云舟"。晋代大画家顾恺之画的《洛神赋图》里，有一只两层楼阁的大船，相当精美。隋炀帝巡游江都，建造了好几千只船。据《大业杂记》记载，最大的龙舟高四十五尺，阔五十尺，长二百尺，有舱房四层，上一层有正殿、内殿、东西朝堂和宽阔的走廊；中间两层共有一百六十个房间，都装饰得金碧辉煌。此外，又有皇后乘坐的"翔螭（chī，古代传说中一种没有角的龙）舟"，宫妃乘坐的"浮景舟"等，也都十分华美。船接着船，沿途排列了二百余里。

除了用帆、桨的船外，晋朝的祖冲之发明了一种"千里船"，在试航时，日行数百里，可能就是一种用转轮激水前进的"车船"。唐代的李皋，在洪州（今江西南昌）就造过有两个踏轮的战舰。这种车船，在宋代有了进一步发展，活跃于洞庭湖区域的杨幺起义军，就拥有许多精良的车船：小的四轮，大的十轮，最大的达到二十二轮。船上有两重或三重的楼，装有十多丈长的巨大拍竿，可以乘载上千人。

隋唐时代，专供漕运和经商的内河航船，一般载重量达到八九千石左右，甚至还有更大的。据《国史补》记载，唐大历、贞元年间（766—804），最大的俞大娘航船，养生、送死、婚嫁等事，都可在船上举行，操驾的船工就有好几百人之多。

最后，谈一谈古代的海船。据现有材料，可以肯定，至少在5世纪时，中国的商船便已经航行在东南亚一带，并且开辟了中国和阿拉伯之间的航线，同时可能已经远航到非洲了。唐宋以后，远洋航行更是日渐频繁，中国的商船一直活跃在太平洋、印度洋的广大海面上。

根据北宋徐兢的记载，当时出洋的客舟长十余丈，深三丈，阔两丈五尺，能装载二千斛粟。船上主要的舱房有一丈多高；船底呈尖劈状，便于破浪行驶。航行时主要靠风力，船上有两根大桅杆，大樯（qiáng）高十丈，头樯高八丈。风正向时，张布帆五十幅；风向稍偏，则利用左右翼的"利篷帆"；大樯顶上还有十幅小帆，名叫"野狐帆"，在风息时使用。船上又安有十个橹，以备进出港口或无风时使用。船上有正舵，还有副舵。每只船上用的水手，约需六十人。我国古代四大发明之一的指南针，这时也已应用于航海；船的首尾上都放有水上浮针，天气阴暗时就用它来定南北方向。宋宣和元年（1119）朱彧（yù）写的《萍洲可谈》里，也谈到了当时广州一些海船使用指南针的情形。

（杨泓）

瓷 器

瓷器是我国古代的伟大发明之一，它是从陶器演变来的，由无釉陶、釉陶，以至于发展为成功的瓷器，是有极其悠久的历史的。

"瓷"字在文献上，最早见于晋朝吕忱著的《字林》。嗣后在潘岳的《笙赋》中，更出现了"缥（piǎo）瓷"这样的名词。所谓"缥瓷"，就是淡青色的釉瓷。又晋人杜育的《荈（chuǎn）赋》中有"器择陶栋，出自东瓯"的话，东瓯就是现在的浙江温州，是当时烧造瓷器的地方。不过严格来说，这一时期还只能算是瓷器的过渡阶段。到了唐代，才能说是真正烧造、使用了瓷器。

我国瓷器的发展是以"青瓷"为主流的，下面我们试从考古发掘的材料以及传世的实物，略述它的起源和发展过程。

代表"仰韶文化"的彩陶，胎质坚细，器上有用赭、墨、红、白等颜色涂绘成的多样几何形图案花纹。1955年陕西西安半坡村出土的彩陶，上面还绘有鱼、鹿等花纹。代表"龙山文化"的黑陶，胎质细腻，器壁很薄，表里黑色，光亮有如涂漆。

1953年考古工作者在河南郑州二里冈发现了商代的釉陶器和一些碎片，它的骨胎坚硬，大部分是灰白色，类似"高岭土"，只因加入了石英，所以器表不甚平整。器物上的釉色呈青绿色或青黄色，釉水虽薄，可是却和胎骨结合紧密，烧制温度都在1000度以上。这种釉陶器，既可以说是瓷器的雏形，也可以说是瓷器的祖先。当然，如果要拿它和后世成熟时期的瓷器相比，那还是相差很远的。

1954年，考古工作者在陕西长安斗门镇、河南洛阳塔湾和江苏丹徒烟墩山等处，都发现了西周时期的釉陶器；尤其是1959年在安徽屯溪市（今黄山市）出土的釉陶器数量更多，器形也多种多样。西周釉陶的胎骨和釉色，一般与郑州二里冈的商代釉陶器差不多，但是有它的特点。

在浙江绍兴一带，近几十年来出土了大批战国时期的釉陶器，釉色黄绿而透明，器形大都模仿铜器。

1923年在河南信阳擂鼓台发现了东汉永元十一年（99）的古墓，出土了六件带有青灰、青绿透明釉色的壶、洗、碗、杯等接近瓷质的器物。1954年河南洛阳东汉墓内出土一件四系罐，浅青绿釉，胎坚而火候很高。这几件器物，可以说是原始青瓷。

魏晋、南北朝时期，青瓷烧造的技巧，已有显著的进步。1954年在南京市赵士冈发现了三国时吴国赤乌十四年（251）的青瓷虎子（盛溺器）。1958年在南京市北京路又发现了吴国甘露元年（265）款的青瓷熊灯，同时出土的还有一对青瓷卧羊，无论是在釉色上还是造型上，都相当的精美。1953年在江苏宜兴周处（死于晋元康九年，公元299）墓内发现一批青瓷，内有一件熏炉，上部镂空，顶有一立凤纽，在造型方面达到了很高的水平。1956年在湖北武昌发掘的齐永明三年（485）墓内，出土一件莲花盖尊，釉色润泽匀整，造型也很美。以上这些青瓷，其烧造地区虽然不同，但都属于南方青瓷系统。

1948年解放战争时期，在河北景县十八乱冢，发掘了北朝豪门世家的封氏墓群，出土了不少瓷器，多数都属于青瓷。其中以雕镶仰、复莲大尊为代表品，釉色青绿，堆积釉厚处，明亮如玻璃，在造型釉色方面，都不同于南方青瓷。

从唐朝以至五代，越窑（浙江绍兴、余姚古称越州，在这里烧制青瓷的窑，名为"越窑"）青瓷，达到了登峰造极的地步。烧制之精，图案之美，数量之大，都大大超越了前代。当时越窑青瓷，不只遍及全国，而且传播到日本、印度、波斯以及埃及等国。

宋代时越窑虽然衰落下去，但却出现了不少新窑，其中著名的如：龙泉窑（今浙江龙泉）、哥窑（也在龙泉），这是属于南方系统的。属于北方系统的则有官窑（这里所说的是指北宋官窑。北宋官窑据文献记载，说是在汴京烧造，不过至今在开封一带尚未

青花瓷

发现窑址）、耀州窑（在今陕西铜川）、汝窑（在今河南汝州）。特别是汝窑产的瓷器，釉色匀净，青色含粉，一般被公认是青瓷中最成功的产品。钧窑（在今河南禹州）也属于北方青瓷系统，其烧制年代可能在北宋末，而盛极于金，是青瓷中最突出的一个品种：它不只是单纯的一色青釉，有的还呈现出鲜艳的红斑，有的通体还呈现出润泽灿烂的玫瑰紫色。

白釉瓷器，在隋代已大量生产；到了唐代，更加精良。北方邢窑（在今河北内丘）出品的，是唐代白瓷中的典型。宋代的定窑（在今河北曲阳）白瓷，在装饰花纹上有印花、划花、锥花等多种。明代永乐时在景德镇烧制的半脱胎暗花甜白瓷器，精巧绝伦，达到了极高水平。

青花和彩瓷，在宋代已崭露头角；到明代，则逐渐达到成熟。永乐、宣德时期的青花瓷，成化时期的五彩、斗彩器，都可说是空前之作。清代康熙、雍正年间，又发明了粉彩，色调的深浅浓淡，可以运用自如，能在瓷器上绘制极为生动的各种题材的画面。往后又发明了珐琅彩，使器物上的画面更加绚丽鲜艳，把我国的造瓷工艺进一步推到了古代的最高水平。

（杨宗荣）

砖 瓦

　　古代建筑开始使用砖瓦，是人们物质生活上的一大进步。当远古社会发展到原始社会末期的时候，烧造陶器的技术虽然有所提高，但人们的住处仍旧是半露地面、半入土中的茅草房子。历史上传说夏禹所住的房子还是"茅茨（cí，指用茅或苇盖的屋顶）"，到了夏桀才有"瓦室"。

　　根据考古发掘的资料，知道瓦比砖出现的时间要早。近年在陕西岐山和西安的西周时期遗址中，都发现了板瓦。其制法是制成圆筒形的陶坯，然后剖开筒坯，入窑烧造。四剖为板瓦，对剖为筒瓦。古人称剖瓦为"削"，削开后谓之"瓦解"。可见造瓦是从制陶手工业分化、发展出来的。

　　河北省易县、山东省临淄、河南省洛阳等地的战国遗址中，曾有大量古瓦出土。有些筒瓦的前端，还带有半圆形的"瓦当"，"瓦当"上凸印着兽纹、鸟纹、云纹等图案。易县燕国下都遗址出土过一种大瓦，瓦身外面带有黼黻（fǔ fú）纹装饰。黼黻纹是古代丝织物的花纹，把这种纹饰用在瓦身，仿佛在瓦面上铺开了一匹锦缎。

　　西周时期使用在屋顶上的板瓦，可能只有一层仰瓦。到了战国时期，才出现了覆在两行仰瓦之间的筒瓦。至于又长又宽的黼黻纹大瓦，推测它不是用在屋顶上，而是覆在墙头上的，我们可以把它叫作"护墙瓦"。由于古代贵族们宫室住宅的围墙都是板筑的土墙，墙顶要有遮雨的设备，否则土墙容易坍毁，因而把一块一块的大瓦覆在墙头，连接起来，不但可以遮风挡雨，而且还可增加墙壁上面的装饰。护墙瓦上有时还可嵌置一排山形的带有兽纹的陶栏杆，这也可从易县燕国下都遗址出土的实物中得到证明。今天，带有栏杆的墙垣不多了，但护墙瓦的设置，在北京故宫的许多墙头上还可看到。

"瓦当"是屋檐前面筒瓦的瓦头，筒瓦有了瓦头，可以防止风雨侵蚀屋檐。秦代以前的"瓦当"多为半圆形，秦代以后，由半圆形演变为圆形，并出现了一些带有吉祥语句如"延年益寿""长生无极"和云纹、神兽纹等图案的"瓦当"。

唐宋以后，陶瓦被广泛使用，有些宫殿寺庙建筑，还用各色琉璃瓦覆顶，充分地体现了中国建筑艺术的特色。

砖的出现，也是和烧陶分不开的。各地出土的最早的陶砖，有方形砖、曲形砖和空心砖。它们都是战国时期的遗物。

最早的方形砖，和今天瓷砖的用法有些相似。在室内多用铺墁地面或包镶屋壁四周的下部。铺地砖多素面无花纹，包镶屋壁的砖多带有几何纹图案。曲形砖长约100厘米，从一端看去很像曲尺的形状，是专为包镶建筑台阶用的。每一个土阶的上面、前面用一块曲形砖覆盖严密，对加固土阶，作用很大。有些曲形砖的上面和前面，还有三角纹和山纹的图案。空心砖多作长方形扁平状，中空，长100至150厘米，表面有鸟兽、纺织物等纹饰。古人常用空心砖代替石块，砌成墓室，埋葬死者。我们把这种古墓叫"空心砖墓"。有的建筑物也把空心砖代替阶石使用。

由于早期陶砖的用法是包镶墙壁或台阶，所以古人称之为甓（pì，令甓或令壁）。

"砖"字出现较晚，东汉应劭的《风俗通义》中有"甃（zhòu，井壁），聚砖修井也"的记载。西晋时期的砖文上才见到"砖"字，如1953年江苏省宜兴西晋时期周处墓出土的陶砖，上面有"元康七年九月二十日阳羡所造，周前将军砖"的字样。当然，这一时期，"甓"字有人还在使用，如"陶侃运甓"的故事（指陶侃运砖锻炼身体的事），就是一例。

从隋唐起，举凡墓砖、仓砖、塔砖等，都自名为砖，"甓"字渐渐不为人所知了。

（史树青）

漆　器

漆是漆树上分泌的一种液体，是制造漆器的主要原料。这种液体，初呈乳灰色，接触空气以后，起氧化作用，表面逐渐变成栗壳色，干固以后，成黑褐色。漆本身具有高度的黏合性和防止水湿的效能。

我国用漆作为涂料，最早的文献记载，见于《韩非子·十过篇》。据《周礼》的记载，周代民间产漆，须向国家缴纳四分之一的赋税。《史记》还记载庄子曾做过漆园吏，可见战国时期国家管理漆园的生产，还设有专官。

漆器的出现，与木器的防腐有密切关系。考古工作者在发掘河南安阳商代贵族墓的时候，常常发现漆器的残痕。1950年中国科学院考古研究所在安阳武官村发现了很多雕花木器的朱漆印痕，木器虽已腐朽无存，但印在土上的朱漆花纹，还很鲜艳。中华人民共和国成立前，在安阳的西北岗，也发现过同样印在泥土上的残漆痕，从当时出土的情况来看，可能是漆鼓等物。商代还出现了青铜器镶嵌松绿石的技术，松绿石就是用漆液黏附在青铜器上面的。

1958年，湖北蕲春毛家咀出土一件西周早期的漆杯，在黑色和棕色的漆底上，绘有红彩；纹饰可分四组，每组都由云雷纹或回纹构成带状，第二组中还绘有圆涡纹，每组纹饰之间都用红色彩线间隔，制作十分精美。

周代贵族的车马饰物、兵甲弓矢，都用漆涂饰。在河南浚县的周墓中，曾发现过西周时期的这类漆器。《春秋谷梁传》中庄公二十二年有"丹桓公楹（yíng，柱子）"的记载，这是当时贵族们用丹漆（朱漆）漆饰楹柱的例证。

19世纪中叶，河南信阳、湖南长沙等地，都发现了大量春秋、战国时期的漆家具、生活用具、乐器、兵器附件等，种类繁多，纹饰工细，充分地说明了那时漆器手工艺的高度成就。这些漆器对战国以后漆器的制作和绘画艺术等方面的发展，有极大的启迪和推动作用。

我国是世界上发现漆料和制作漆器最早的国家。我们的祖先，在劳动生产中，很早就知道利用漆树的汁液；古代的兖州和豫州，都是有名的产漆的地方。从《史记·货殖列传》所记载的"陈夏千亩漆，与千户侯等"一类汉代谚语中，可以知道漆树的经济价值自古就是很大的。现在我国产漆的地区如湖北、四川、云南、贵州、湖南、江西、浙江、安徽、河南、陕西等省，年产量都很丰富。

（史树青）

煤　石油

煤和石油是现代重要的热力来源和工业原料，我国人民把它们应用到生活上和生产上，已经有了很久远的历史。

煤在古代叫"石涅"。我国最早的地理著作之一《山海经》，就明确地记载着"女床之山""女几之山"都出产石涅。《山海经》的著作年代，目前还没有定论，一般人认为可能是在战国时候写成的，到秦汉时候又做了增补。《山海经》的内容，虽然很多采自民间的地理传说，带有比较浓厚的神话色彩，但是它仍然在一定程度上反映了当时的情况，给我们了解古代的山川形势、物产分布和风俗习惯提供了不少有用的材料。据学者考证，"女几之山"在今天四川双流县附近。由此可见，大约在战国时候，至晚在秦汉时候，我国就发现了煤。

由于煤的颜色黝黑，人们曾经把它当作墨，用来写字。明朝学者陶宗仪在《辍耕录》一书中曾指出，古人"以石磨汁"而书，这种"石"就是煤。煤在古代又叫"石墨"（不是近代制铅笔用的石墨），直到东汉末年，这种用来写字的"石墨"，才逐渐被人造墨所代替。

人们很早就知道煤是可以燃烧的物质，并且很早就把它当作燃料来使用。1958年，河南巩义市铁生沟的群众在当地发现了一处西汉末年的冶铁遗址，在出土的实物中，最引人注意的是冶铁燃料中，有煤块和用煤末掺和黏土、石英制成的煤饼。考古学家们认为：煤用于冶炼比用于日常生活要晚一些，使用煤饼又要比使用煤块晚一些；而铁生沟冶铁遗址不仅把煤用于冶炼，并且还知道制成煤饼，这说明在西汉末年以前，我国人民用煤做燃料，已经有了很长的时间。

东汉末年，煤的使用有了进一步发展。据记载，曹操在邺县（今河北临漳县西）修筑了规模巨大的铜雀台、金虎台和冰井台三处别墅。其中冰井台有房屋一百四十间，台上有冰室，冰室内有井，井深十五丈，井里储藏着数十万斤煤。这段材料告诉我们，煤在那时候已经被大量使用了。

煤和木炭的颜色、用途相同，因此人们又把煤称为"石炭"。据宋朝学者庄季裕在《鸡肋篇》中记载，北宋时，石炭代替木柴，已经成了汴都（今河南开封）居民不可缺少的燃料。

石油在西汉时就被我国人民发现了。据《汉书·地理志》记载：上郡高奴县的洧（wěi）水，像油一样，可以燃烧。上郡高奴县就是今天陕西延长县一带，洧水是当地的一条河流。可能是由于地层压力的影响，埋藏地下的石油从地底涌出来，浮在洧水面上，看起来就像油一样。既然水面是石油，这种水当然可以燃烧。

在魏晋南北朝的时候，我国人民又在今天甘肃西部地方发现了石油。著名地理学家郦道元在《水经注》一书里指出：延寿南山出一种泉水，像煮的肉汁一样，燃烧起来非常明亮。延寿县在今天甘肃玉门市东南，这种"泉水"就是石油。《水经注》又指出：用这种"泉水""膏车"效果很好。所谓"膏车"，就是用它来做车轴的滑润剂。

唐朝李吉甫编著的《元和郡县志》里，记载了一个有趣的故事：北朝周武帝宣政年间（578），有一次突厥兵围攻酒泉，北周军队用石油去焚烧敌人的进攻器械，突厥兵不懂得石油的特点，急忙泼水营救，结果石油过水后燃烧得更加猛烈，突厥兵大败。

隋唐以后，人们不仅知道可以用石油来点灯，而且还知道可以用它的烟来制墨。宋朝人沈括在《梦溪笔谈》一书中说，用这类油烟所做的墨，黑光如漆，比松烟墨还要好。

（宋生）

酿 酒

我国人民究竟什么时候开始掌握酿酒技术这个问题，各种古书记载，说法很不统一。有的说远在黄帝时代，有的说远在尧、舜、禹时代——特别是禹时造酒的说法，比较普遍。《孟子》书中有"禹恶旨酒（美酒）"这样的句子；《吕氏春秋·勿躬篇》中有"仪狄作酒"这样的话，仪狄相传就是和禹同时的人；尤其在《战国策》一书中，把"禹恶旨酒"和"仪狄作酒"两件事，说得更加形象、具体。《战国策》说："昔者，帝女令仪狄作酒而美，进之禹。禹饮而甘之。曰：'后世必有以酒亡其国者'，遂疏仪狄，而绝旨酒。"黄帝、尧、舜、禹都是远古传说中的人物，具体离今多少年，不得而知。上述史实，其可信程度如何，当然值得研究。不过，这些传说可以说明，我国人民开始掌握酿酒技术为时必定很早。

在商朝甲骨文中，有不少关于商王用鬯（chàng）祭祀祖先的材料；鬯就是一种用黑小米酿成的香酒。《诗经》里有痛骂殷商贵族荒暴酗酒的篇章;《书经》里有周公告诫子孙不要学殷王乱喝酒的记载;在出土的殷代文物中,有很多爵、斝(jiǎ)、尊、卣(yǒu)、觚(gū)等青铜酒器。这一切,都可以作为这时期酿酒技术有了长足进步的佐证。

周朝设有"酒正""浆人""大酋"等专管酿造的酒官。同时在《周礼》书中,出现了"清酒"这样的名词。据学者研究,远古时期的人吃酒是"连酒糟一块儿吃的";所谓"清酒",大概是把糟粕除掉了的酒浆。这些事实,可以作为周朝时酿酒技术有了进一步发展的间接说明。

到春秋战国时,酒在各种祭祀、会盟、庆祝凯旋、接待使者等场合中,已经成了必不可少的东西。我们只要翻开《左传》《国语》《国策》《楚辞》等一类著作,就可以清楚地看到这一点。这时,酒的酿造在数量上和技术上都有了很大的发展。

秦汉以后,酿酒已逐渐成为中国封建社会的重要手工业之一。据《汉书·武帝本纪》记载,天汉三年(前98),汉政府曾一度下令把酒划做国家的专卖物资之一,禁止民间私自酿造和买卖。这个措施,反映了酒的生产已成为当时国家的一项重要财政收入,在经济上业已占据很重要的地位。

酒是由碳水化合物经过发酵作用而成的。淀粉虽是最常见的碳水化合物,但却不能与酵母菌直接起作用,它必须经过水解作用变成麦芽糖或葡萄糖之后,才能发酵造酒。我们的祖先,在很远很远的古代,就发明了一种酒曲;用酒曲造酒,可以将淀粉的糖化和酒化两个步骤结合起来，同时进行。这在酿酒技术上，是一项极重要的发明。秦汉以来，我国的制曲技术，已有了很高的成就。大约在宋朝的时候，我国人民在发酵工艺方面又作出了重大的贡献，这就是红曲的发明。红曲可以制豆腐乳，做红酒，还可以作为烹调食物的调味品和食品的染色剂。制红曲是很不容易的，因为红曲是由一种高温菌——"红米霉"的作用产生的，而这种"红米霉"的繁殖很慢，它在自然界里很容易被繁殖迅速的其他霉类所压倒；所以红曲的发明，可以说是我国古代人民的一种天才创造。

酒曲的种类增多，酒的品种也随之增多。我国有不少驰名国外的名酒，如绍兴黄酒、贵州茅台酒、山西汾酒、四川大曲酒等。下面我们简略谈谈这几种名酒的历史。

绍兴黄酒是浙江绍兴的特产，它的种类很多，"摊饭酒"是其中的代表。"摊饭酒"一般称为"花雕"，含酒精在百分之十到十三。绍兴酒的历史据有人推测，可以上溯到战国时代。不过，可靠的说法还是公元6世纪初。梁元帝萧绎在他所著的《金楼子》一书中，曾叙述自己年轻时一面读书一面喝山阴甜酒的故事。那时的山阴就是现在的绍兴。

茅台酒、汾酒、大曲酒都是经过加热蒸馏而得出的蒸馏酒，一般统称为烧酒，或叫白干酒。烧酒的酒精含量一般都在百分之六十以上。我国烧酒酿造的历史的确切年代，由于目前资料不足，一时还很难考证。据研究化学史的学者讲，四川烧酒的出现，最

晚可能在唐朝。其根据是唐朝诗人白居易和雍陶的诗里都提到了
"烧酒"这样的字句。如白居易诗"荔枝新熟鸡冠色，烧酒初闻琥
珀香"，雍陶诗"自到成都烧酒熟，不思身更入长安"等句便是。
白居易这两句诗，是从他的四川忠州《荔枝楼对酒》诗里摘出来
的，诗中所反映的情况，当然指的是四川。雍陶这两句诗，说的
地点已经指明是成都，大曲酒的产地在泸州，泸州离成都并不太
远。由此可见，远在唐朝的时候，在今四川地方，就能酿造像大
曲酒那样的烧酒了。贵州的茅台酒可能是吸取四川烧酒的经验而
发展起来的，它的历史比大曲酒应该晚不了多少。山西汾阳杏花
村出产的汾酒，根据当地的传说，其历史之悠久，也可以上溯到
唐朝。

（傅学卿）

糖

在先秦古书上，没有"糖"这个字，只有"糖"的同义字或近
义字，如饧（xíng）、饴（yí）、餹（táng）等。虽然名字不同，实际
上指的就是"糖"字。我们现在吃的糖，主要包括麦芽糖、蜂蜜和
蔗糖等几种。

麦芽糖是最容易制造的一种糖。植物种子（如大麦），在发芽

过程中，会产生糖化酵素，这种糖化酵素，会把淀粉水解变成麦芽糖，稍微加工，即可食用。所以，它的产生历史最早，而且直到今天，在广大的农村，还被普遍地制造。常见的"关东糖""糖稀""软饴""硬饴""皂糖"等，都属于麦芽糖。根据学者研究，麦芽糖的历史，可远推到三千年前的周朝。在《诗经》中，就提到了"饴"字。汉朝时，糖的制造，在质量上和制作技术上都达到了一定的水平。东汉的大学者郑玄批注《诗经·周颂》里"箫管备举"一句中的"箫"字，说是"如今卖饧者所吹也"。说明饧的制造和食用，在东汉年间就已经很普遍，以致有小贩挑着它吹着箫沿街叫卖了。不过，关于制糖的方法，在当时的古籍里还没有记载。直到5世纪北魏贾思勰的《齐民要术》一书中，才较为详细地描述了这种糖的制造方法；考证起来，和现今土法制造麦芽糖的方法大同小异。

蜂蜜在古时候有各种各样的名字，如"石蜜""土蜜""木蜜""石饴""岩蜜"等。这是因为古时候人们看见蜂房造在石头上、土洞里、树木上而误以为蜂蜜也会各有不同，所以才叫出了不同的名称。蜂蜜是天然产物，不须人工制造。很早以前，人们就知道采集蜂蜜来食用。据学者研究，春秋末期，诸侯之间，就有把蜂蜜作为礼品来赠送的。《楚辞·招魂》中，有"蜜饵"这个名词，"蜜饵"就是用蜂蜜和米粉做成的面团。可见我国人民早在春秋战国时代，就已经知道利用蜂蜜了。用蜂蜜浸渍的食物是我国的特产，大约在三国时期就已经有了，因为在《三国志》的《孙亮传》

里，有"蜜渍梅"的记载。古时的蜂蜜，都是由野生蜜蜂采集的，故产量有限，只有当人工养蜂盛行之后，蜂蜜的产量才大大增加。人工养蜂，有人研究，可能开始于晋朝。

蔗糖是最主要的食用糖，在现代化的糖业生产中，占据极重要的地位。我国南方各省，由于雨水充足，很适宜种植甘蔗。近千年来，甘蔗一直是我国南方重要的农作物之一。我国的甘蔗，种类很多，一般说来可分为三种：竹蔗、蚋蔗和红蔗。竹蔗和蚋蔗多用来制造白糖、冰糖和红糖；红蔗因产量有限，虽含糖量较大，但一般不用于制糖，多用来生吃。我国种植甘蔗的历史，由来已久，可能在战国时代即已开始。《楚辞·招魂》里，有"有柘（zhè）浆些"的句子，这里的"柘浆"，指的就是甘蔗汁。在《楚辞》里，"柘"字同于"蔗"字。至于用甘蔗做原料来制糖的开始年代和发展历史，古书记载多不一致，后世的看法也颇不统一。有人认为起源于汉朝，有人则认为开始于唐朝。化学史学者综合研究了蔗糖的发展史，认为：大约在东汉末年，我国南方的一些地方，已能制造蔗糖，只是技术水平还不高，质量还不够好。到了唐朝，因学习了外国的制糖方法，提高了技术，蔗糖的生产才有了发展，才能制造出较纯的白砂糖和冰糖，由此看来，我国的蔗糖制造，既有自己的发明创造，也吸取了外来的技术经验。

（傅学卿）

茶

在我国，茶作为一种普遍饮料，比起酒来要晚得多。

先秦古籍，没有"茶"字，只有"荼"（tú）字。"荼"是一种苦菜，也当"茶"字用。《尔雅·释木》篇说："槚（jiǎ），苦荼"。"槚"指的就是茶。有的古书讲，西汉以前，就已有《尔雅》这部书；还有的古书讲，孔子在世，也见过《尔雅》。根据这些线索推测，可知我国人民对于茶的认识，为时甚早。

认真讲，有关饮茶的可靠记载，当在西汉时。司马相如的《凡将篇》中有"荈（chuǎn）诧"二字，"荈诧"就是茶。王褒的《僮约》中提到了"武都（今甘肃陇南市武都区）买（当作卖）茶"的事，而武都就是当时中国最早的茶市场之一。

《三国志·韦曜传》中有个故事：吴国皇帝孙皓每宴臣下，要强迫人喝酒，不管能喝不能喝，都以七升为限。韦曜的酒量不过二升，过此不能多饮；他每次参加宴会，孙皓特别宽免他，密赐给他茶，允许他以茶代酒。茶既然能作为酒的代替品，说明三国时饮茶已不是什么稀罕的事。

魏晋南北朝时，一些皇亲贵族、地主官僚、士大夫知识分子和高级僧侣等，都嗜好饮茶，有的甚至嗜之成癖。东晋权臣桓温，招待宾客，不多备酒菜，主要用茶果。与桓温同时的谢安，往访吴兴太守陆纳，主人不预备酒食，只设置茶果款客。南朝和尚昙济道人，在八公山煮茶敬奉新安王子鸾和豫章王子尚；子尚饮后赞不绝口，认为味美无比，有如甘露。随着饮茶风气的盛行，这时期，反映茶的有关文学作品，也应时而兴。晋杜育写的《荈赋》和南朝文学家鲍照妹令晖写的《香茗赋》，就是咏茶的佳作。

唐朝时，饮茶风习更为普遍。封演的《封氏闻见记》，比较生动地记载了这方面的情况。据该书讲："人自怀挟，到处煮饮，从此转相仿效，遂成风俗……城市多开店铺，煎茶卖之，不问道俗，投钱取饮。其茶自江、淮而来，舟车相继，所在山积（意思说茶堆得像山一样高）。"城市多开卖茶的店铺，说明茶的消耗量增加，可以间接说明茶的生产和贸易的发达。这时，全国产茶的地区，包括今湖北、湖南、浙江、江苏、江西、安徽、福建、广东、四川、贵州等省。江西的浮梁就是著名的茶的集散中心之一。德宗贞元九年（793），唐政府接受张滂的建议，征收茶税，每年收入四十万贯。茶之有税，从此开始。这时期，反映在文学作品中有关茶的诗文，比前更多，并且还出现了像陆羽《茶经》这样重要的专著。《茶经》是我国古代茶史上一部很重要的作品，它比较全面系统地论述了从上古到唐这一阶段中国人民饮茶的历史、制茶的方法和产茶的地区，对后世许多有关论茶的著作有相当大的影响。据《太平御览》记载，陆羽从宋朝时起，就被人们尊之为茶神。宋代人蔡君谟（又名蔡襄），是一位茶鉴赏专家，著有《茶录》一书。他对于茶，具有丰富的学识，品茶的能力很高。据说有一年，福建建安能仁寺的和尚送给他一些精品茶，名叫"石岩白"，是寺里自产的珍品。过了一年多以后，蔡襄回到京师开封，去拜访朋友王禹玉；王禹玉用上好的茶招待他，他端着碗还没有喝，只用鼻子闻了闻，就说："这茶极像能仁寺的'石岩白'，你是怎么得到的？"主人听后，大加佩服，果然这茶也是能仁寺的和尚送的。在宋代，名茶的品类很多，有"蜜云龙""乔（yù）云龙""龙团""胜雪""玉液长春""龙苑报春""万春银叶"等多种名称，大约不下数十品。名茶种类的繁多，在一定程度上反映了制茶技术的进步。

元、明、清诸朝，饮茶的人，范围比前越发广泛。

元曲《玉壶春》中有这样的话："早晨起来七件事，柴、米、油、盐、酱、醋、茶。"把茶和柴米油盐等相提并论。元朝人喝茶，是直接用焙干的茶叶煎煮的，这一点与唐宋时人喝茶不同。唐宋时人是先把茶叶碾成细末，再和上油膏或杂以米粉、薯蓣（yù）之类，然后制成茶团、茶饼，饮用时再弄碎煎煮。显然，这样制作不仅很费功夫，而且会大大损害茶叶的原有香味。用茶叶代替茶团、茶饼，表明制茶技术水平有了进一步的提高。

古代男女结婚，以茶为礼；明清两代，承袭古制，女方接受男方的订婚聘礼，还叫作"吃茶"。边疆许多兄弟民族也有嗜茶的习惯，宋朝政府为了用茶交换他们的马匹，特设有专门的机构——提举茶马司，来管理这项工作。明清时，仍继续这种茶马的交易。通过这种交易，加强并发展了汉族和各兄弟民族之间经济、文化的关系。由此看来，茶，在这一时期，不仅是人们日常生活饮料，而且是缔结两姓婚约和沟通民族和好的珍贵媒介。

（谢承仁、易惠中、傅学卿）

汉　字

　　古时候，有人认为汉字是黄帝的史官仓颉创造的，所以长期流传着"仓颉造字"的说法，这种传说是不可靠的。文字是人们用以记录语言的符号和交流思想的工具，它只有通过广大群众的长期社会实践才能产生，单凭一个人的才能智慧是创造不了的。仓颉这个人，可能只是古代整理文字的一个代表人物。

　　文字产生以前，我们祖先曾经用图画来帮助记事，后来，这种图画越画越简单，就逐渐地脱离了具体事物的描绘，变成一种抽象的符号——象形文字了。象形文字就是最原始的文字。

　　我国最古老的汉字是商、周时代刻在龟甲、兽骨上的"甲骨文"和铸在钟、鼎等青铜器上的"钟鼎文"（又叫作"金文"），其中有很多字就是象形文字。象形文字笔画复杂，不便于书写，在两千七百多年前周宣王的时候，太史籀（zhòu）对甲骨文和钟鼎文进行了一次整齐划一的工作，制定了"大篆"。这种字体后来通行于秦国。保存到现在的"石鼓文"（刻在十面像鼓一样的石头上的文字），就是秦国所使用的"大篆"。

春秋战国时候，诸侯割据，政权分裂，汉字的写法很不一致。秦灭六国以后，为便于政令的推行，在李斯的主持下，简化了秦国的大篆，废除了各国的异体字，汉字得到统一，人们把这种统一后的汉字叫作"小篆"。秦始皇曾用这种字体在很多地方刻石碑宣扬自己的"威德"，像"泰山刻石"和"琅琊（láng yá）台刻石"，就是秦朝的遗物。

汉字经过周秦的两次改革，有了比较固定的写法，奠定了今天方块字的基础。

小篆的笔势是圆转的，书写起来比较麻烦，所以秦朝时候一般人写字多使用平直的画笔，这样一来，又形成了一种新字体，程邈适应人们的需要，把这种字体加以整理，就成为"隶书"。隶书到汉朝时候，经过文人的加工，增添了笔画的波捺，就显得工整又美观了。汉灵帝熹平年间（172—177），有人用这种字体把《尚书》《诗经》等书刻在四十多块石碑上，供人们抄写校对，成为有名的"熹平石经"。

为了提高写字的速度，在汉朝又出现了"草书"和"行书"。草书的笔画是连在一起的，往往随着每个字的体势一笔写成，一般人难以辨认。行书的笔画比较灵活自然，结构清晰，容易认识，应用很广。东汉时，张芝以草书闻名；东晋时，王羲之的行书达到了我国书法艺术的高峰，他们对后世的影响都很大。

今天我们普遍使用的楷书，也是在汉代产生的。楷书的字体

〔秦〕李斯小篆 — 会稽刻石

端正，笔画清楚，有"正书""真书"之称。唐、宋至清，历代统治者都把楷书规定为抄写官府文书和科举文章的正式字体，并且大加提倡，因之书法名家辈出，如唐朝的颜真卿、柳公权，宋朝的苏轼、米芾和元朝的赵孟頫（fǔ）等人，在楷书艺术上都有很多创造。

印刷术发明以后，刻印书籍也多使用楷书。经过长期演变，到明末清初逐渐出现了一种横轻竖重的方块字，可算是楷书的变体。由于它是从宋代刻书字体发展来的，所以人们称它为"宋体字"。

我国推行的简化汉字是汉字发展史上的一次重大改革。

（宋生）

少数民族文字

在我国多民族的大家庭里，除了汉族创制的汉字以外，在其他兄弟民族中，也有一些民族在很早以前就创制了自己的文字。在这些文字中，比较突出的有契丹族的契丹文，女真族的女真文，党项族的西夏文，突厥族的突厥文，回纥族的回纥文，藏族的藏文，蒙古族的蒙文和八思巴文，满族的满文等。

契丹文有大小字的区别。传说大字创于辽太祖阿保机，而由他的从侄耶律鲁和突吕不古二人赞襄作成。小字是阿保机的弟弟迭剌所制。现在已发现的有一千余字（重文不在内），但能认识的仅只数十字而已。契丹字大体上是采取汉字部首或者偏旁制成。书法上分篆书、正书、行书三种。这种文字一直应用到金初。

女真人本无文字，金政权建立之初还使用契丹文，以后才创造了自己的文字。女真文也分大小字。大字是金太宗命完颜希尹参照契丹文，根据汉字偏旁制成。小字是金熙宗时，即1138年时所创制。它在《女真译语》等书中有专门记录。这种文字直到元明各朝还在被一些地方使用。

西夏文按照史书的记载，是由西夏的建立者元昊所创制，以后又由野利仁荣加以改进而成。西夏文创制时，参照了汉字的构造，也是由部首与偏旁合成的，这种文字在14世纪中期还在某些地区被人应用。

突厥文的创制及早期的情况，还待研究。就目前所知，突厥文是一种拼音文字，字母一般为三十六个，有基本元音四个，辅音二十二个。

回纥文是一种拼音文字，计有字母三十余个，元音不多，而且多在应用中被省略，故不易辨别。用这种文字写成的纸卷、碑刻，在新疆出土很多。今天它和突厥文一样，只有少数专家才认得。

藏文产生于7世纪，也是一种拼音文字，共有三十个字母和四个元音符号。书写有楷书及草书两种。它的字义和文法，到11

世纪后逐渐完善起来，它一直被藏族所应用。

蒙古族建国以前没有文字，在与畏兀儿接触后，始用畏兀儿字母（回纥文字母）拼写自己的语言。忽必烈时，又命喇嘛八思巴依据藏文制成"蒙古新字"，即八思巴文。计有四十二个字母，包括元音十个，辅音三十二个，但学习与应用都较难。1307年喇嘛八合失又依据畏兀儿字母加以改进，这就基本上形成了今天使用的蒙古文。

满族兴起之初，曾一度借用蒙文，后在明万历二十七年（1599），由额尔德尼、噶盖等，参照蒙古文制成了一种满族文字。一般称它为"无圈点文字"或旧满文。清太宗时，又经达海改进，便成为"有圈点文字"，即新满文。满文是一种拼音文字，有元音六个，辅音十八个。

今天保存的用这些文字做的记录，是研究我国古代各族人民的生产、生活以及民族间友好往来的重要史料。

（王恒杰）

文房四宝

"文房四宝"是指笔、墨、纸、砚。

毛笔的起源，很难考证。从前曾广泛流传"蒙恬造笔"的说法，许多人认为笔是秦国的大将蒙恬创造的。这种说法很不可靠。据专家研究，新石器时代彩陶上的花纹就是用毛笔描绘的，殷商时候甲骨上的文字，也有用毛笔书写的痕迹。在古代文献资料中，如《诗经·静女》篇中就有"贻我彤管"的句子，有人认为"彤管"就是一种红管的毛笔。更重要的是实物的发现，1954年，考古工作者在湖南长沙左家公山的战国墓穴中，挖掘出一套写字工具，其中就有一支用上好兔箭毛制成的毛笔。可见，在秦以前，毛笔已经出现了，所谓"蒙恬造笔"，可能只是改进了毛笔的制造方法。秦以后，毛笔的使用日益广泛，毛笔的制造也愈加精良。三国的韦诞、唐朝的铁头、北宋的诸葛高，都是制笔的能手。据《大清一统志》记载：元代湖州笔工冯应科、陆文宝精于制笔，他们的制笔技术世代相传，不断发展，"湖笔"的称号闻名全国。至于湖笔究竟起源于何时，说法不一，有人认为是在元代，也有人认为是在南北朝时创始的。如果后一种说法可靠的话，那么湖笔的历史至今便已有一千多年了。

墨的产生，由来已久。东汉和帝时曾做过兰台令史的李尤认为：墨、砚这两件东西与文字同始于黄帝时代。可是这种说法缺乏事实根据，难以令人相信。据《庄子》一书记载：宋元君养了许多有名无实的画师，有一次宋元君召他们作画，这些人突然遇到考验，焦急万分，一个个挤眉眨眼，不知所措，只是在那里装模作样地"舐笔和墨"。这个故事表明，战国时候已经有墨，该是无疑问的了。古代制墨的原料和方法非常简单，据说就是采取天然的矿物"石墨"稍稍加工而成。至于用松烟、油烟、漆烟和胶制成的墨，那是后来才出现的。三国时著名的书法家皇象谈到墨时，有"多胶黝黑"的话，而制笔能手韦诞所做的墨也很出名，有"一点似漆"的称誉，可见墨的质量在三国时已经达到很高水平了。五代时，墨的制造获得进一步发展。据明朝陶宗仪的《辍耕录》记载：北方墨工奚廷珪和他的父亲奚超南迁，见到歙州地方松树很多，就定居下来制墨。由于他们不断地钻研、改进，所制的墨使用起来光泽如漆，受到南唐后主李煜的重视，奚超父子被封为墨官，并赐姓"李"。宋朝时，歙州改名徽州，制墨家潘谷所做的墨尤为精妙，"徽墨"这个名称也就开始流传下来了。

纸是我国古代的四大发明之一。从文献资料和出土文物看，西汉时代我国已经有了麻纸和絮纸。到了东汉中叶，蔡伦总结了前人造纸的经验，改进了造纸方法，纸的质量显著提高。东汉末年，左伯在这个基础上又有了新的创造，所做的纸更为精良，得到"妍妙辉光"的赞语。后来，造纸手工业在全国普遍发展起来，造纸技术不断提高，用以造纸的原料也愈来愈多，据宋朝苏易简的《文房四谱》记载：四川用麻、福建用嫩竹、北方用桑皮、浙江用麦稻秆、江苏用茧、湖北用楮（chǔ），能做出各式各样的纸，适应不同的需要。最适合于书写、绘画的要算是"宣纸"了。宣纸产于泾县，泾县唐代属宣州管辖。传说，蔡伦死后，他的弟子孔丹由于怀念师父，很想造一种特别好的纸为师父画像作纪念，但没有合适的原料，愿望始终不能实现。后来，他看见倒在山溪里的檀树，因年深日久，被水浸泡得发白，受到很大启发，于是想到利用檀树皮作纸，经过了多年的试验，终于获得成功。宣纸洁白、细密、柔韧，我国保存到现在的许多古代文献、书画就是用宣纸抄写、绘制的。

砚是研墨的工具。据《文房四谱》引伍缉之的《从征记》说，鲁国孔子庙中有一石砚，制作古朴，是孔子生前所用的东西。由此可见，秦以前已经有砚了。汉朝时，砚的制作达到了很高的水平。1956年，考古工作者在安徽太和县汉墓中发现了一些圆形石砚，其中就有一副砚制作得非常精美。整副的砚分盖、底两部分，砚盖外面隆起的提梁，雕出两条通体带鳞互相缠绕的长身兽；砚底鼎立的三足，刻着三组熊状的花纹；砚身披有各种美丽的纹饰。这不仅是一只合用的文房用品，而且还是一件很珍贵的艺术品。魏晋南北朝时候，制砚的材料非常广泛，除了一般的石砚以外，还有豪华的银砚和特制的铜砚、铁砚。到唐代，砚的种类更多，尤其是用汉未央宫瓦和魏铜雀台瓦制成的瓦砚，以及用绛州（今山西新绛）汾河泥烧制的澄泥砚，特别名贵。宋朝时，石砚普遍流行起来，在各种石砚中，以端州（今广东肇庆）地方出产的"端砚"最为人称道。端砚在唐代已有制造，到宋朝始闻名全国。它的石质温润细腻，色泽凝重，纹彩典雅，一向被书画家们视为珍宝。古代有许多珍爱端砚的故事，至今传为佳话。据记载，宋代大书法家米芾有一次到宫中为宋徽宗写一御屏；写完，徽宗看了赞叹不已，米芾乘机请求徽宗将刚才用过的端砚赐给他，徽宗答应以后，他急忙把端砚揣在怀里，弄得满身墨汁淋漓，引得徽宗大笑不止。

（宋生、易惠中）

书

我国最古的书，是春秋战国时代广泛流传的简策和版牍。简策是用竹片写的书，版牍是用木板写的书。"简"是指一种写字用的竹片，其长度有二尺四寸、一尺二寸、八寸等几种。把许多"简"编在一起叫作"策"，"策"也可以写成"册"。今天我们说书一册，上册、下册的"册"字，就是这样来的。

"版"是指写字用的木板，"牍"是指已经写了字的木板。版牍一般是用来写短文章的，往往一块版牍就是一篇文章。这是它和简策不同的地方。不过，在没有竹子的地方，也有用木板做成简策的。

简策和版牍上的字是用毛笔写上去的，写错了就用刀子削去。古书上说，孔子在编定《春秋》时，"笔则笔，削则削"，意思就是说，该加的就用毛笔加上去，该删的就用刀子把它削掉。可以想见，古时写一本书要比我们今天写一本书困难得多。

比简策和版牍稍晚一点的书是帛书，就是在用丝织成的帛上写的书。在帛上写书，可以按照文章的长短随时剪断，卷成一束。今天我们说书一卷，上卷、下卷的"卷"字，就是这样来的。

东汉时，造纸术经过蔡伦的改进以后，用纸做成的书就大量出现了。不过，当时印刷术还没有发明，一切书籍都还是手抄本。如果谁想要念书，还得先从人家那里把书借来，抄写后才有书念。这样不仅很费时间，而且很容易抄错。可见古人念一本书，在物质条件上，比起我们今天来，不知要困难多少。

大约在唐朝中期，或者说在9世纪前半期，雕版印刷术发明后，用雕版印刷的书就出现了。现在已经发现的我国第一本印刷的书，就是在前面讲到的唐懿宗咸通九年（868）印刷的《金刚经》。但是，这本最早印刷的书——《金刚经》，现在已经不在国内，陈列到外国（英国）的博物馆中去了。

（朱仲玉）

报　纸

我国最早的报纸应该算唐朝时候的"邸报"。不过这是一种属于政府公报性质的报纸，当然和现在的报纸性质还不完全相同。在《全唐诗话》中有这样一段故事：有个叫作韩翃（hóng）的人，住在家里没有工作，有一天半夜，忽然有人来敲门贺喜，说他已经被委任为郎中的官了。韩翃感到很愕然，说："你搞错了，没有这回事。"那人坚持道："没有错，我明明看见'邸报'上有你的名字。"这里所说的"邸报"，可以说就是一种报纸。

韩翃是唐朝代宗大历年间（766—779）的一个著名诗人，由此看来，我国早在一千二百年前就已经有了报纸。

另外还有一个有关"邸报"的记载，比《全唐诗话》中提到的更早，这就是《孙樵集》中所说的"开元邸报"。孙樵是唐朝后期人，有一次，他找到了一些"邸报"，"邸报"中所记载的事情，都不是他生活着的那个时代的事情，据他考证，那是唐玄宗开元年间（713—741）的事情。据此，我国最早的报纸出现的年代就又比大历年间提前了四五十年。

（朱仲玉）

锅　灶

四五十万年以前，生活在北京西南周口店的"中国猿人"，就已经掌握了火；猿人洞中那常年不熄灭的火堆，就是最原始的炉灶。当然，当时还没有什么锅子。

到了距现在四千多年以前的新石器时代，才出现了具有特定用途的"锅"和"灶"。因为当时人类已经能制造各种适用的石制工具，发明了烧造陶器的技术，学会了养牲畜、种庄稼……随着生产的发展，人类食物的品种日渐丰富，这样就促进了炊事用具的发展，各种各样的"锅""灶"便逐渐地完善起来。

近几年来，我国考古工作者发现了不少新石器时代的房屋遗址，屋子中间几乎都在地上挖有灶坑。下面我们举几个例子：在陕西西安半坡村，几乎掘出了"仰韶文化"的整个村落；在村落的房子里，多半是在中间正对着门道的地方挖掘灶坑，做成一个浅浅的瓢形。在陕西西部宝鸡北首岭的"仰韶文化"遗址里，也发现过同样的房子，房子里也有同样设备的灶坑。再如河南陕县庙底沟掘出的"仰韶文化"遗址里的房子，也是对着门道设置灶坑——为一种圆形的竖穴，深到一米左右。从全国各地的考古发现来看，当时差不多都把灶坑的位置安排在房屋的中心，这大约是既要利用灶坑中的火炊煮，又要利用它来取暖和照明的缘故。

在这样原始的灶坑上做饭、烧水，如果要用锅子就必须支架子或者把它吊起来，否则那是很不方便的。所以当时人们用的"锅"很特别，下面带着三条腿，这样放在灶坑上，才稳固；就是不放在灶坑上，只要在"锅"下面烧上柴火，也可以烹煮食物。这些三足"锅"的种类很多，其中一种叫鬲（lì），它下面的三条腿是中空的，像三条尖口袋，煮东西时把东西倒进去，火在三条袋足的中间烧，里面的东西很快就可以被煮好。另一种是"鼎"，是一种盆子或罐子样的东西，下面带着三条实心的腿，可以算是一只自己带有锅架子的"锅"。以上两种是古代人最常用的器物。鬲多用来煮饭，鼎大概常常用来煮肉、烧菜。现在做饭时蒸东西用笼屉，那时候用一种"甑（zèng）"，是一个底部穿有许多孔的大盆子，把它放在鬲或鼎上用来蒸饭的；后来干脆把甑和鬲接合起来制成一个完整的器皿，叫作"甗"（yǎn），是专门蒸东西用的自带蒸锅的"笼屉"。

这时候所使用的各种"锅"，都是用土烧成的陶器。由于所用陶土的质料和烧制时火候不一，有的呈红色，有的呈黄色，也有的呈灰色或黑色，等等。为了使烧制时陶胎内的水分容易逸去而避免产生裂纹，在制造陶胎时往往掺入许多砂，有时也用蚌壳末、云母屑等，在考古学上称这样的陶器叫"夹砂陶器"，它和现代的"砂锅"差不多。到了青铜时代，一部分"锅"虽然改铸成铜质的了，但陶制的仍旧很流行；直到铁器广泛使用以后，这些陶质的"锅子"才渐渐销形灭迹。大约在汉代，一般人家普遍使用现在这样高的炉灶，鬲、鼎等炊事用具不需要再带上很长的足，于是便被改变成为没有足的锅了。

在新石器时代，除了固定挖在地上的灶坑外，还有一种用陶土烧成的轻便小炉灶，使用起来很方便。在庙底沟的"仰韶文化"遗物中，就有一种夹砂红陶的灶。灶身像一个大的平底盆子，前面开着一个梯形的火门，灶下还有三个短足。灶口上部接近边沿的内壁上，有三个凸瘤，正好承接着放在灶上的扁陶釜（锅）。如果灶腔里烧上火，釜里就可以烧水或烹煮东西了。

（杨泓）

家 具

在原始社会里，人们过着最简单的生活，当然谈不到使用家具。当时人们休息是坐在地上或睡在地上的，因为地上很硬很潮，坐时睡时总要铺垫一些东西，比如植物的枝叶啦，或是兽皮啦，等等。当发明了编织技术以后，也自然会铺垫席子。这种"席"，如果也可以算做家具的话，就是室内最古老的家具。在我国古代，很长时间保持着席地坐卧的习俗，一直到汉代，席还是最常用的家具，人们在日常生活中仍还离不开它。那时一般的席是蒲草织的，好一些的加上绢帛的边缘，更贵重的还有用丝织的"绣茵"。

最早出现的家具还有床。殷代的甲骨文里，就有"床"字的形象。1957年在河南信阳发掘的战国时期的楚墓里，有不少雕饰精美的漆、木家具——床、几、案等，这是我国现存的年代较早的一组木制家具实物。出土的木床长2.18米，宽1.39米，四周围有栏杆，下面有六个足。床很矮，床足才高19厘米。到汉代，床还是比较矮的。在汉代的画像石和壁画里，常常有坐在床上的人物画像，有的床就是一个矮平台，有的下面有四足，它的用途和席一样广泛。

床上往往要张挂帐子，帐子的形制，一般多做成复斗形状。古诗《孔雀东南飞》中所说的"红罗复斗帐，四角垂香囊"的句子，指的就是这种形制的帐子。至于宫廷贵族们所用的帐子，自然就更加讲究，装饰也更为华美，帐顶往往饰有金莲，四角装有金龙口衔的彩色穗子。

席地而坐或坐在矮床上，如要饮食或书写，就临时放置案、几。案的形状，就像一个大托盘，下面有足。有作圆形的，下面有三足；有作长方形的，下面有四足。讲究的案是漆案，四角有铜饰。案一般都不太大，很轻，也不太高，一般不过20厘米。几是狭长形的，下面两端装足，在坐累了时可以倚伏在上面休息，称为"凭几"。晋代以后，流行一种凭几，几面作圆曲形，下面有三个兽蹄状的足，形式古朴、大方。

装藏东西，一般用箱子，也有立柜。河南陕县的东汉墓里，出土了一件绿釉陶柜模型，是方形的，下面有四足，上面有可以开启的柜门。

至于在室内作隔断的，除了帷幔外，还有屏风，这种屏风多安设在床的后面和两侧。另外还有一种"步障"，用布帛制成，也作隔断用。

魏晋以后，家具有了变化。这时，由于一般建筑物加高了，所以室内的陈设也相应地加高。例如，晋代大画家顾恺之画的《女史箴图》中，床的高度就和现代的差不多。另外，一些少数民族的用具也传入中原地区，例如在汉朝末年，北方少数民族的"胡床"传了进来，而且逐渐广泛流行。这种"胡床"，大约就是以后的"交椅"一类的东西，可能就是椅子的前身。

〔宋〕刘松年《撵茶图》，该图展示了桌椅家具已普及至人们日常生活中

　　最晚到唐代，出现了真正的椅子。1955年在西安发现了唐玄宗的宠臣高力士之兄高元珪的坟墓，墓室正壁上的人画像就是坐在椅子上的。敦煌的唐代壁画里，也画有椅子。看来这时椅子的样式结构还很古拙，都是仿效建筑中大木作手法。同时由敦煌的唐代壁画和传世的唐代绘画里，可以看到当时已使用了桌子，有简单的长方形板桌，也有制作精致的长桌。除了桌、椅外，也还有方凳等物。

　　桌椅一出现，人们逐渐改变了席地坐卧的方式，改为坐椅子、凳子了，这样也就引起了许多日常生活用具的变化，也引起了生活习俗方面的变革。从五代时南唐顾闳中绘的《韩熙载夜宴图》

中，可以看到当时的家具已很齐备，有椅子、鼓凳、桌子、矮几、大床、屏风等。但是这些家具还不像现在的家具那样，放置在室内一定的位置，而是用时放置，用毕即撤除。

到宋代，桌椅家具才普遍地使用起来。在河北巨鹿县宋城遗址中，掘出过北宋末年徽宗崇宁年间（1102—1106）的木制桌椅，这是很珍贵的发现，是我国现有的罕见的宋代实用木制家具。从宋代的绘画及墓葬里的壁画和殉葬的家具模型来看，这时家具的品种已经显著增多，除桌、椅以外，还有床、凳、屏风、高几、柜、衣架、巾架、曲足盆架、镜台等；并且在制作上也有了不少变化，上面还出现了华美的雕花饰件。

（杨泓）

跪　拜

在京剧中，老百姓见官得跪着，小官见大官得跪着，大官见皇帝也得跪着，跪之不足，有时还得拜上几拜，好像人们长着膝盖就是为着跪、拜似的，为什么会有这种礼节呢？

根据古书的记载，我们知道，原来戏台上的跪、拜，确实反映了古代人们的礼节。例如，清末大学士瞿鸿禨（jī）的日记里，就记载着清朝的官员们和皇帝、皇太后谈话的时候，都一溜子跪在地上，他们大多数人都年纪大了，听觉不好，跪在后边的听不清楚皇帝说的什么，就只好推推前边跪的人，问到底说的是什么。有的笔记还记着这些年老的大官，怕跪久了支持不住，特地在裤子中间加衬一些东西，名为护膝。而且，不只是宫廷、官府如此，民间也是这样的，如蔡邕（yōng）《饮马长城窟行》："长跪读素书，书上竟何如？"古诗："上山采蘼芜，下山逢故夫。长跪问故夫，新人复何如？"《后汉书·梁鸿传》说，孟光嫁给梁鸿，带了许多嫁妆，过门七天，梁鸿不跟她说话，孟光就跪在床下请罪。《孔雀东南飞》："府吏长跪告，伏惟启阿母。"可见妇女对男子、儿子对母亲也是有长跪的礼节的。

这到底是什么缘故呢？原来古代人是席地而坐的，那时候没有椅子、桌子之类的家具，不管人们在社会上地位的高低，都只能在地上铺一条席子，坐在地上。例如汉文帝和贾谊谈话，谈到夜半，谈得很投机，文帝不觉前席，坐得靠近贾谊一些，听取他的意见。至于三国时代管宁和华歆因为志趣不同，割席绝交，更是脍炙人口的故事。正因为人们日常生活，学习也罢，工作也罢，都是坐在地上的，所以跪、拜就成为表示礼节的方式了。宋朝朱熹对坐、跪、拜之间的关系，有很好的说明。他说：

古人坐着的时候，两膝着地，脚掌朝上，身子坐在脚掌上。要和人打招呼——肃拜，就拱两手到地；顿首呢，就把头顿于手上；稽首则不用手，而以头着地，这些礼节都是因为跪坐着而表示恭敬。至于跪和坐又有小小不同处：跪是膝着地，伸腰及股。

坐呢？膝着地，以臀着脚掌。跪有危义，坐则稍安。

从朱子的这段话来看，宋朝人已经弄不清跪、坐、拜的由来了，所以朱熹得作这番考证。

有人不免提出疑问，人们都坐在地上，又怎么能工作和吃饭呢？这也不必担心，古人想出了办法，制造了一种小几，放在席上，可用以写字、吃饭。梁鸿吃饭的时候，孟光准备好了一切，举案齐眉，把案举高到齐眉毛，以表示在封建社会的男尊女卑制度下，妻子对丈夫的尊敬。这个案是很小很轻的，要不然，像今天一般桌子那样大小，孟光就非是个大力士不可。

因为古代人们都是坐在地上的，所以就得讲清洁卫生，要不然，一地的灰尘，成天坐着，弄得很脏，成何体统？

到了汉朝后期，北方少数民族的一种家具 —— 胡床，传进来了，行军时使用非常方便，曹操就曾坐在胡床上指挥过作战。后来从胡床一变而为家庭使用的椅子，椅子高了，就得有较高的桌子，从此人们就离开了席子，不再席地而坐，改为坐椅子、凳子了。

人们的生活环境发生了很大的变化，但是，在席地而坐的时候所产生的反映封建等级制度和上下尊卑的礼节 —— 跪和拜却仍旧习惯性地继承下来，并且从此坐和跪拜分了家，跪和拜失去了和生活方式的任何联系，单纯地成为表示敬意和等级差别的礼节了。

（吴晗）

穿衣打扮

　　商朝人多穿齐膝短衣，扎着裤脚。衣着材料除麻、葛外，已有十分细致的绸子。奴隶主贵族的衣服上，多织绣花纹，连腰带、衣领和袖口也有花纹。贵族男子常戴帽子，有一种平顶式帽，到春秋战国还流行；汉代的"平巾帻（zé）"，就是从它发展而来的。妇女多梳顶心髻，横贯一支圆骨簪；有的还在头顶两旁斜插两支顶端带小鸟形的玉簪。大姑娘梳辫子，小孩子则梳两个小丫角儿。男女贵族身上都佩玉，玉被琢成各种小动物形象，最常见的一种为玉鱼。奴隶只能穿本色粗麻布或粗毛布衣服，光头无发，有的头上包巾子，缠得高高的，和现代西南苗族人一样。

　　到西周，统治阶级穿衣服，日益讲究宽大。周天子坐朝、敬天、办婚丧大事，衣服各不相同；由于迷信，出行还得按季节、定方向穿不同颜色的服装，配上相宜颜色的车马。穿皮毛也分等级，不能随便。猎户打得的珍贵的狐、獭（tǎ）、貂、鼠都得全部上缴，不能私下使用，也不许出卖。一般平民，年老的在名义上虽可穿绸衣，其实何尝穿得起？也只能和奴隶一样穿粗麻布或粗毛布短衣，极穷的只好穿草编的牛衣——即用冬天盖到牛身上的草编蓑衣！

　　春秋战国时代，贵族的生活越加奢侈，穿的衣服更加华丽，佩的玉也越发精致。剑是这个时期的新兵器，贵族为了自卫并表示阔气，经常还得有一把镶金嵌玉的宝剑，挂在腰间皮带上。皮带头有用铜或骨、玉做成的带钩绊住，讲究的带钩必用银镶金嵌玉做成，而且式样很多。男子成年必戴冠。贵族的冠高高上耸，有的又和倒覆的杯子相似（古代的杯子式样多是椭圆形）。年轻妇女梳辫子，梳法多种多样。有的妇女喜戴圆圈帽，而且还在颊边点一簇胭脂点（聚成三角形），眉毛画得浓浓的。女孩梳两条大辫子，向两边分开；穿的衣长度齐膝，下沿折成荷叶边。贵族男子流行八字须，两角微微上翘。武士则喜留大毛胡子。舞人无论男女，衣袖都极长。打猎人由于经常在丛林草泽中活动，衣裤特别紧小。

历史上所说的"赵武灵王胡服骑射"，所谓"胡服"，究竟是什么样子？根据现存有关材料推断，"胡服"的特征约有四点：①衣长齐膝，袖子很小；②腰间束有附带钩的皮带，可松可紧；③头上戴一顶用毛毡或皮革做的尖尖帽，和馄饨差不多（后来人把它叫"浑脱帽"，到唐代还一度流行）；④脚上穿着短筒皮靴。因为这样装束，骑在马上作战特别方便。

秦汉大一统局面出现后，衣服的式样也比较统一起来。统治者戴的冠，前梁高耸，向后倾斜，中空如桥；梁分一梁、三梁、五梁几种，上面另加金玉装饰，表示爵位等级。凡是有官爵的人，无分男女，还得把一条丈多长的丝绦（按品级颜色各不相同），折叠起来挂在右腰边，名叫"组绶（shòu）"。贵族男子这时已改佩环刀，普通男子头戴巾、帻。巾子多用来包裹头发，帻则如平顶帽，上加个"人"字形帽梁（不加帽梁就叫"平巾帻"）。汉代妇女已不再点三角形胭脂，但却常用黛（青黑色的颜料）石画眉毛；髻子向后梳成银锭式，向上梳的多加假发。年轻姑娘依旧梳辫子，也有松松绾（wǎn，盘绕起来打成结、扣）成一把，末后结成一小团，成个倒三角形的。这时期，最贵的衣服是白狐裘，春秋战国时就已价值千金。最贵的衣料是锦绣，上面有各种山云鸟兽花纹，比普通绸子贵二十倍。西北生产的细毛织物和西南生产的木棉布、细麻布，价格也和锦绣差不多，一匹要卖二两金子。当然，这些材料只有贵族用得起，一般劳动人民是连做梦也不敢想的。

魏晋以来，男子流行戴小冠，上下通行。"组绶"此时已名存实亡，玉佩制度也渐次失传。贵族身边的佩剑已改用木制，留个形式而已。红紫锦绣虽然依旧代表富贵，但统治阶级多喜欢穿浅素色衣服。帝王有时也戴白纱帽，一般官僚士大夫，多喜用白巾子裹头。在东晋贵族统治下的南方，普通衣料是用麻、葛，有的地方用"蕉布""竹子布""藤布"；高级的衣料是丝麻混合织物"紫丝布"和"花䌷"（shū）。在诸羌胡族贵族统治下的北方，统治者还是喜欢穿红着绿，先是短衣加披风，到北魏时改为宽袍大袖，唯帽子另做一纱笼套上，名叫"漆纱笼冠"。至于普通老百姓，无论南北，都是一样，始终穿短衣——不过北方人穿上衣有翻领的，穿裤子有在膝下扎带子的。这种装束，直到唐代还通行于西北。特别是翻领上衣，几乎成了唐代长安妇女最时髦的服装式样。

唐朝的服色，以柘黄为最高贵，红紫为上，蓝绿较次，黑褐最低，白无地位。由于名臣马周的建议和阎立本的设计，唐朝恢复了帝王的冕服，并制定了官服制度。官服除用不同颜色区分等级外，还用各种鸟衔各种花的图案来表示不同的官阶。通常服装，则为黑纱幞（fú）头，圆领小袖衣；红皮带（带头有等级之分），乌皮六合靴。幞头后边两条带子变化很多，或下垂，或上举，或斜耸一旁，或交叉在后，起初为梭子式，继而又为腰圆式……从五代起，这两条翅子始平直分向两边，宋代在这个基础上加以改进，便成了纱帽的定型样式。不当权的地主阶级及所谓隐逸、野老，多穿合领宽边衣，一般称为"直裰"。平民或仆役多戴尖毡帽，穿麻练鞋，且多把衣服撩起一角扎在腰间。妇女骑马出行，必戴"帷帽"，帽形如斗笠，前垂一片网帘（中唐以后此帽即少用）。女子的衣裙早期瘦而长，裙系在胸上；发髻向上高耸，发间插些小梳子，多的有五六把；面部化妆多在眉心贴个星点，眉旁各画一弯月牙。这时，中原一带的妇女喜着西域装，穿翻领小袖上衣，条纹裤，软锦蛮靴；有些妇女还喜梳蛮鬟椎髻，嘴唇涂上乌膏，着吐蕃装束。这时期，流行一种半袖短外褂，叫作"半臂"，清代的马褂和背心，都是由它发展而来的。

赵匡胤"黄袍加身"，做了宋朝的开国皇帝，复位衣服制度，衣带的等级就有二十八种之多。黄袍成了帝王的专用品，其他任何人都不许穿，穿了就算犯罪。规定的官服，有各种不同花色。每遇大朝会或重要节日，王公大臣们必须按照各自的品级，穿上各种锦袍。皇帝身边的御林军，也分穿不同花纹的染织绣衣。宫廷内更加奢侈，衣服、椅披、椅垫，都绣满花纹，甚至缀上珍珠。皇后的凤冠大大的，上面满是珠宝，并且还有用金银丝盘成整出《王母献寿》的故事的，等于把一台戏搬到了头上。贵族妇女的发髻和花冠，都以"大"为时髦，发上插的白角梳子有大到一尺二寸的。贵族妇女的便服流行瘦长，一种罩在裙子外面类似现代小袖对襟褂子式的大衣甚流行。衣着的配色，打破了唐代以红紫、蓝绿为主色的习惯，采用了各种间色，粉紫、黝紫、葱白、银灰、沉香色等，配合使用，色调显得十分鲜明；衣着的花纹，也由比较

〔唐〕周昉《簪花仕女图》

呆板的唐式图案改成了写生的折枝花样。男子官服仍是大袖宽袍，纱帽的两翅平直向两旁分升，这时已成定型。便服还是小袖圆领如唐式，但脚下多改穿丝鞋。退休在野的官僚，多穿"直裰"式衫子，戴方整高巾（又名"东坡巾"或"高士巾"，明代还流行）。棉布已逐渐增多，南方还有黄草布，受人重视。公差、仆役，多戴曲翅幞头，衣服还相当长，常撩起一角扎在腰带间。农民、手工业者、船夫，衣服越来越短，真正成了短衣汉子。

契丹、党项、女真族先后建立了辽、西夏、金政权，他们的生活习惯保留了浓厚的游牧民族的特色，在穿戴上和汉人不大相同。

467

契丹、女真男子，一般多穿过膝小袖衣，长筒靴子，佩豹皮弓囊。契丹人有的披发垂肩。女真人则多剃去顶发，留发一圈结成两个小辫子，下垂耳后。党项男子多穿团花锦袍，戴毡帽，腰间束唐式带子，上挂小刀、小火石等用物。女真妇女衣小袖左衽（衣襟）长衫，系一丝带，腰身小而下摆宽；戴尖顶锦帽，脑后垂两根带子。党项妇女多穿绣花翻领长袍。后来，由于辽、金统治者采用了宋代服制，所以契丹、女真族的装束和汉族的装束区别日益减少。绸缎也多是南方织的。

元朝的官服用龙蟒缎衣，等级的区别在龙爪的多少，爪分三、四、五不等，有法律规定，不许乱用。明清两代还依旧这样。在元代，便服还采用唐宋式样。一般人家居，衣多敞领露胸；出门则戴盔式折边帽或四楞帽，帽子用细藤编成。蒙古族男子多把顶发当额下垂一小绺，如个小桃子式，余发分编成两个大辫，绕成两个大环，垂在耳后。贵族妇女必戴姑姑冠；冠用青红绒锦做成，上缀珠玉，高约一尺，向前上耸，和直颈鹅头相似。平民妇女或奴婢，多头梳顶心髻，身穿黑褐色粗布、绢合领左衽袍了。长江上游已大量种植棉花，织成棉布。

明代，皇帝穿龙袍。大臣穿绣有"蟒""斗牛""飞鱼"等花纹的袍服，各按品级，不得随便。一般官服多为本色云缎，前胸后背各缀一块彩绣"补子"（官品不同，"补子"的彩绣也不同）。有品级的大官腰带间垂一长长丝绦，下面悬个四寸长象牙牌，作为入宫凭证。冬天上朝，必戴皮毛暖耳。普通衣服式样还多继承宋、元遗制，变化不大。这时结衣还用带子，不用纽扣。男子头上戴的巾，有一种像一块瓦式，名"纯阳巾"，明太祖定名为"四方平定巾"，读书人多戴它；另有一种帽子，用六片材料拼成，取名"六合一统帽"（喻义全国统一），小商贩和市民多戴它。妇女平时在家，常戴遮眉勒条；冬天有事出门，则戴"昭君套"式的皮风帽。女子有穿长背心的，这种背心样式和兵士的罩甲相近，故又叫"比甲"或"马甲"。

清代的服装打扮，不同于明代。明朝的男子一律蓄发绾髻，衣着讲究宽大，大体衣宽四尺，袖宽二尺，穿大统袜、浅面鞋；而清代的男子，则剃发垂辫（剃去周围的头发，把顶发编成辫子垂在背后），箭衣马蹄袖，深鞋紧袜。清代官员服用石青玄青缎子、宁绸、纱，做外褂，前后开衩，胸、背各缀"补子"（比明代的"补子"小一些）一方（只有亲王、郡王才能用圆形），上绣各种禽兽花纹，文官绣鸟，武官绣兽，随品级各有不同：一品文官绣仙鹤，武官绣麒麟；二品文官绣锦鸡，武官绣狮子；三品文官绣孔雀，武官绣豹子；四品文官绣云雀，武官绣老虎；五品文官绣白鹇（xián），武官绣熊……一般人戴的帽子有素冠、毡帽、便帽等几种。便帽即小帽，六瓣合缝，上缀一帽疙瘩，俗名西瓜皮帽。官员的礼帽分"暖帽"（冬天戴）、"凉帽"（夏天戴）两种，上面都有"顶子"，随着品级不同所戴的"顶子"颜色和质料也不同：一品官为红宝石顶，二品官为红珊瑚顶，三品官为亮蓝宝石顶，四品官为暗蓝宝石顶，五品官为亮白水晶顶……帽后都拖着一把孔雀翎，普通的无花纹，高级官僚的孔雀翎上才有"眼"，分一眼、二眼、三眼，

眼多表示尊贵。只有亲王或对统治阶级特别有功勋的大臣才被赏
戴三眼花翎。平民妇女服装，康熙、雍正时，时兴小袖、小云肩，
还近明式；乾隆以后，袖口日宽，有的竟肥大到一尺多，衣服渐
变宽变短。到晚清，城市妇女才不穿裙，但上衣的领子转高到一
寸以上。男子服式，袖管、腰身日益窄小，所谓京样衫子，把一
身裹得极紧，加上高领子、琵琶襟子、宽边大花坎肩，头戴瓜皮
小帽，手拿一根京八寸小烟管，算是当时的时髦打扮。一般地主、
商人和城市里有钱的市民，很多就是这样的装束。

（沈文）

音　乐

　　商代的乐器现在出土的已经很多，有磬、钟、鼓、铎、铃、埙
（xūn）等，大概都是商代后期的遗物。其中最大、最完整的一件是
1950年在河南安阳殷墟武官村大墓出土的大石磬，质地细腻，上
面刻着精美的虎形。商代已有"编磬""编钟"——把音高不同的
磬或钟分别编排在一起。河南辉县出土的陶埙能发十一个不同的
音。甲骨文中有"龠（yuè）"字，就字形看（指甲骨文字形，下同），
像原始的"排箫"；又有"乐"（樂）字，就字形看，像木架上张着
丝弦，因此有人认为它原来就是一种乐器。可以推断，商代的音

乐已经相当发达，而且还有了一定的乐律知识。

在商代，已经有了职业乐人（其中大部分是奴隶身份）。这种乐人，世世代代从事音乐工作，他们吸收和总结劳动人民在音乐活动方面的知识和经验，对于音乐艺术的提高，起了很大作用。人们在长期的音乐实践中探索到一些规律，因而导致音乐理论的形成；有了音乐理论，便更促进了音乐的发展。

音乐来自民间，是人民的辛勤劳动和无穷智能，孕育出音乐的精英华彩。社会不断地发展，人民生活不断地发生变化，新的音乐也就不断地涌现出来。

第一次大规模地搜集整理民间音乐开始于西周时期，到春秋时期告一段落。当时经过选择整理的一部分歌词，流传到今天，称为《诗经》。《诗经》中的作品，一部分是贵族的乐歌，大部分是各地的民歌。民歌中有砍伐檀树的劳动者在诅咒不劳而获的贵族，逃亡的人把统治者比作贪得无厌的大老鼠，从这里，我们听到了被压迫者反抗的号角声。

西周时期已经有"十二律"和"五声"的知识。"十二律"相当于西洋音乐的音名，代表十二个不同的标准音高。"五声"指宫、商、角、徵（zhǐ）、羽，代表音阶，相当于西洋音乐的唱名。"五声"之外，加上"变徵""变宫"，称为"七声"。

战国时代，楚国的音乐兴盛起来。诗人屈原搜集民歌进行加工，并以民歌为基础，创作新的诗篇，充满了热爱祖国和人民的热情。

楚国的音乐到西汉初年，仍然流行，当时称为"楚声"。汉武帝设立了一个音乐管理机构——乐府，广泛地搜集各地的民歌，加以整理。乐府曲大体上可以分为两类，即"鼓吹曲"和"相和歌"。"鼓吹曲"是军队、仪仗队和隆重的典礼上所用的音乐，"相和歌"是一般的流行歌曲。东汉继续搜集整理民间音乐，现在流传下来的汉乐府诗大部分是东汉的作品。

三国曹魏时期，"相和歌"中的三调发展起来，"瑟调以角为主，清调以商为主，平调以宫为主"。三调之中，"清调以商为主"，举"清商"以代表三调，所以称为"清商三调"。魏国设置"清商署"，掌管流行的乐舞。西晋继承了曹魏的音乐，音乐官署中也有"清商署"。魏晋"清商署"虽然由"清商三调"得名，但所演奏的音乐不会只限于"清商三调"，也必然吸收了当时的民歌，这些民歌大都出于北方各地区。

西晋灭亡后，晋元帝南渡，建立东晋政权。以"清商三调"为主的北方音乐，随着东晋政权到了江南，对南方的音乐必然有所影响。东晋之后，南方历宋、齐、梁、陈四朝，统称为南朝，国都都设在建康（今南京）。南朝的"新声"大体上包括"江南吴歌"和"荆楚西曲"两大类。前者是今江苏一带的民歌，后者是今湖南、湖北一带的民歌（因为这一带在建康的西方，所以称为"西曲"）。

晋室南渡后的北方，"清商三调"等乐曲仍然流行于民间。北魏搜集汉、魏以来的"相和歌""清商三调"，南朝的"吴歌"和"西曲"，以及杂舞曲等，统称为"清商乐"。"清商乐"或称"清乐"，成为汉代以来中原及南方各地传统音乐的总名称。这个时期，北方的音乐仍然是以汉族音乐为基本，由于时代的进展、民族的迁徙杂居，西域音乐陆续地传进来，正在酝酿一种融合各种因素的新音乐。所谓西域音乐，是指我国西部少数民族和中亚等地的音乐而言。

隋朝继承了南朝和北朝的文化。隋文帝时，由于准备整理音乐，曾引起对于音乐问题的一场争论。参加争论的大致分为三派：一、颜之推、苏夔（kuí）、何妥等排斥西域音乐，主张完全采用中原旧乐。二、郑译主张采用龟（qiū）兹（今新疆库车）琵琶七调的乐律，倾向西域音乐。三、万宝常主张以中原音乐为基本而吸收西域音乐。万宝常的老师是祖珽（tǐng），祖珽在北齐，他的父亲祖莹在北魏，都整理过音乐。祖珽说祖莹整理音乐的原则是"华戎兼采"。这次争论持续了好几年。历史证明，音乐的发展走的是"华戎兼采"的道路。

隋文帝设置"七部乐"，隋炀帝改为"九部乐"；"七部乐"或"九部乐"都是宫廷宴会时表演的节目。

唐代沿用隋代"九部乐"。到唐太宗贞观十四年（640）改为"十部乐"。其后，宫廷宴会又改用"坐部伎（通"技"，技艺）"和"立部伎"。"坐部伎"在堂上坐着演奏，"立部伎"在堂下站着演奏，节目都是融合各民族、各地区的音乐因素而创造的大型乐舞。唐玄宗开元二年（714），设立内、外教坊。教坊是为封建统治阶级享乐而设置的，但也是搜集乐舞并安置训练乐工的地方，同时也是传播乐舞的地方。当时著名的歌唱家李龟年和舞蹈家公孙大娘都是教坊的成员。

唐代的乐曲大体上可以分为两类：一般的乐曲称为"杂曲子"，具有一定规模的、结构复杂的大型乐曲称为"大曲"。乐人往往选择整齐的五言或七言诗配在乐曲里唱，诗人为乐曲作的歌词也都是五七言诗（个别乐曲也有六言歌词）；但后来也有人逐渐试验着依照乐曲的节拍而填写歌词，句子或长或短，当时称为"曲词"或"曲子词"，这就是"词"体的开端。词体中虽然还保存着一部分齐言诗的形式，但毕竟占少数。

北宋在音乐史上显示出一个新阶段：唐代以前，搜集整理音乐的工作掌握在官府手里；从北宋起，民间艺人的音乐和戏剧活动日渐加强，而官府管理音乐的力量日渐削弱。汴京（开封）的民间艺人已经有了固定的表演地方，叫作"瓦子"。瓦子里又分各种戏场，叫作"勾栏"。瓦子成了公共娱乐场合，非常热闹。南宋的首都临安（杭州）已有许多民间艺人团体，称为"社"，如"绯云社""遏云社"等。规模大的社拥有三百多人。两宋时代，填词唱词成了时代的风尚。在南宋偏安江南的时候，金统治下的北方广大地区，一方面继承了一部分北宋音乐，另一方面又产生了许多新的民间乐曲。

北宋出现了"杂剧"和"诸宫调"。用大曲的曲调演唱故事，逐渐形成杂剧。采用许多宫调不同的乐曲，分为若干组（每组宫调相同），来演唱故事，这种音乐形式称诸宫调。诸宫调运用起来极为灵活，而且听众也不会感觉单调，比用大曲又进了一步。南宋初年，宋杂剧及诸宫调和今浙江温州一带的民间歌曲相结合，演变成"温州杂剧"，也称"南戏"或"戏文"。金代董解元著的《西厢记》就是诸宫调体的代表作。

元代，北方民族又有迁徙流动，外国人迁入中国的也很多，因此中国音乐又增添了新的成分。宋金以来流传在北方的宋杂剧及诸宫调和北方的民间歌曲相结合，演变成"北剧"，即元杂剧。除了杂剧之外，还涌现了许多新民歌，历史上称为"散曲"。散曲包括"小令"和"套数"两类。小令即只曲[1]，套数由同一宫调的若干只曲组合而成。当时由于戏剧盛行，许多乐曲和舞蹈都被吸收在戏剧里，音乐和戏剧分不开。此后在城市里，单独演奏乐曲或表演舞蹈的机会就相对地减少了，这种情况到了明清时代更为显著。

明代，各地区由民间歌舞发展而成的地方戏也都兴盛起来。这时不但剧种多，而且戏剧 —— 特别是南戏的规模也达到成熟阶段。宋元南戏流传到江西弋（yì）阳一带，和当地的民间乐曲结合，产生了"弋阳腔"；南戏流传到江苏昆山一带，和当地的乐曲结合，产生了"昆山腔"（昆曲）。明末清初，弋阳腔和昆曲最为盛行。

明神宗万历二十四年（1596），朱载堉（yù）发明了"十二平均律"，比德国人魏克迈斯特的同样发明，约早一百年。万历二十八年（1600）意大利人利玛窦来中国传教，带来了"七十二弦琴"（钢

1　戏文中最基本的构成单位，宋元戏文中最常见。—— 编注

琴），并写成《西琴曲意》八章，但这时欧洲音乐对中国没有产生什么影响。

清代乾隆中期（18世纪中叶）以后，昆曲渐衰，而所谓"乱弹"者代之而兴。"乱弹"即指京腔、秦腔、弋阳腔、梆子腔、罗罗腔、二黄腔等，这些腔调里集中了不少优秀的民间乐曲。明清两代的乐谱保留下来的很多，而且有许多乐曲依然流传在民间。

清代宫廷宴乐中除了主要的乐舞之外，还先后吸收了边疆地区和邻国的乐舞八种："瓦尔喀乐"（吉林东部女真族中的一个部落），"朝鲜乐"，"蒙古乐"，"回部乐"（新疆），"番子乐"（西藏），"廓尔喀乐"（尼泊尔），"缅甸乐"，"安南乐"（越南）。

从鸦片战争以来，我们的民族文化——包括音乐在内，受到了严重摧残。中华人民共和国成立以后，由于国家的重视，它才被大规模地发掘整理，重新估价。传统音乐也得到了继承和发展，推陈出新。

（阴法鲁）

舞　蹈

我国舞蹈的起源，就考古发掘的材料推断，当不后于新石器时代。

476

据史书上讲，夏朝时，祀神之舞，已很发达。

殷墟出土的实物证明，在商朝，舞蹈已有乐器伴奏。考古工作者在殷墟土层中曾发现过印在泥土上的漆鼓花纹，说明殷代已经有了鼓。古语说"鼓之舞之"，鼓是一种舞蹈伴奏乐器，由于鼓的存在，可以推知舞的存在。在殷墟发现的大石磬，也是舞蹈伴奏乐器。《尚书》上说，"击石拊（fǔ，击、拍）石，百兽率舞"，这两句话描写的是古代人在狩猎之后，模仿百兽的动作，随着敲击的石盘节拍而起舞的一种情景。大概原始的"拟兽舞"，就是这样产生的。

到周代，有了"文舞"和"武舞"的区别。文舞和武舞的起源，都与人类的劳动生活有关。文舞手执羽（鸟羽之类）旄（máo，牛尾之类），是表演渔猎时代原始人类猎得猎物后抒发愉快心情的一种舞蹈；武舞是表演原始社会的人类与野兽做斗争或与敌人做斗争前的准备动作以及获胜后如何表示欢乐的一种舞蹈。这种舞，最看重步伐一致。"斗兽舞"也是武舞的一种，在周朝的铜器猎壶上，在汉朝的石刻画中，还可以看到以这种斗兽为题材的艺术形象。

古代舞蹈，到汉朝有了很大发展。汉武帝时，汉政府设有专门收集整理音乐歌舞的总机构——乐府。模仿兽类的拟兽舞，汉代仍然流行，东汉人张衡的《西京赋》中就有关于这种舞蹈的描写。汉代常见的舞蹈，有"长袖舞""折腰舞""盘舞""巾舞"等多种。

长袖舞和折腰舞在秦以前就已经有了。河南洛阳金村战国古墓中曾出土过雕刻一对长袖舞女的玉佩。安徽寿县战国楚墓中也发现过相类的玉制舞女。在湖南长沙的楚国墓里，曾发掘出一个上面绘有乐舞的漆奁（lián，妇女梳妆用的脂粉盒子），奁上的舞女像也是长袖。古代谚语说"楚王好细腰"，《楚辞》说"小腰秀颈"，腰细能增加舞的轻盈姿态，战国时楚国宫廷中细腰舞十分流行。汉朝的长袖舞、折腰舞，就是继承了楚国的舞蹈艺术而发展起来的。汉画中所表现的舞蹈女子，多是长袖细腰，有的舞女腰身甚至纤细到能向后蜷曲成环状。东汉傅毅《舞赋》中所讲的"体如游龙，袖如素蜺（ní，与'霓'字意义相同）"，形容的正是这种长袖细腰的舞姿。据《西京杂记》说，汉高祖刘邦的戚夫人擅长跳翘（qiáo，举起的意思）袖折腰之舞。什么叫翘袖折腰舞？据《汉书·张良传》记载，有一次刘邦对戚夫人说："你为我跳楚舞，我为你唱楚歌。"由此可见，所谓翘袖折腰舞，原来就是楚国宫廷中流行的长袖细腰舞。

　　盘舞是在盘鼓上跳舞。表演这种舞时，先在地上布置盘鼓（多用七个），然后舞人在鼓上跳舞。从汉朝到六朝，此舞一直很受欢迎。汉武梁祠石刻中，有舞人倒立舞于盘鼓上的画像，大概描绘的就是这种盘舞。

　　巾舞是持巾而舞，《宋书》说这种舞又名"公莫舞"。表演巾舞时，常连带表演"白纻（zhù）舞"。巾舞和白纻舞可能是一种同类的舞蹈。汉镜铭文中有"舞白纻（一种类似麻的植物，纤维可织布）"。这样的话，大概白纻舞也兴起于汉代。

此外，汉代还有鞞（bǐng）舞，不知起源于何时。鞞舞在南朝梁的名为鞞扇舞，舞者手执鞞扇，以助舞姿的蹁跹。至今流行在淮河流域一带的花鼓灯舞和流行在云南一带的花灯戏，舞人也是以手巾与扇子作为不可少的舞具，可能就是古代巾舞和鞞舞遗风的流传。

魏晋时代，设立乐府以收集整理民间歌舞，情况没有太大的改变。西晋亡后，晋统治者南迁，建立东晋政权，北方归各少数民族贵族统治；由于南北政治、经济发展的不同，文化生活和风习好尚的不同，因此南北的舞蹈艺术也便各有不同。

南北朝时，舞蹈艺术有了新的发展。

在南朝，乐舞艺术一方面继承了魏晋以来北方乐舞的传统，另一方面又吸取了江南地区民间乐舞的精华。这时期，流行在南方的舞蹈主要是雅舞和杂舞。雅舞的表演是在统治阶级祭祀天地祖先的场合，杂舞的表演是在一般宴会的场合。另外，这个时期在南方流行的"西曲歌"与"子夜吴歌"，其中也包括不少舞曲。西曲歌指的是传播在今河南、湖北、湖南一带的民歌。《古今乐录》讲，西曲歌有三十四曲，其中有十六曲为舞曲。这十六曲是：《石城乐》《乌夜啼》《莫愁乐》《估客乐》《襄阳乐》《三洲乐》《襄阳蹋铜蹄》《采桑度》《江陵乐》《青骢白马》《共戏乐》《安东平》《那呵滩》《孟珠》《翳（yì）乐》《寿阳乐》。十六曲中有不少是女子的情歌，可以推知这种舞必为女舞。西曲歌舞不是单人舞，而是队舞，原为十六人，到梁代减为八人。子夜吴歌是晋朝时吴（今江苏省）地女子子夜所作的情歌，也可作为舞曲，在民间流传很广。六朝和唐朝人的诗中，常把《子夜歌》和"前溪舞"连类并举，前溪舞是晋朝吴兴（在今浙江省）人沈充创作的一种舞蹈，在民间流传也很广。

在北朝，自北魏以来，即盛行鲜卑"北歌"：《慕容可汗》《吐谷浑》《部落稽》《巨鹿公主》《白净王太子》。北齐时，胡舞渐流行，其中有一种安乐舞，行列方正像城郭，是一种大型舞，北周把它叫作城舞。舞者八十人，舞时都罩上木制的彩绘兽面具，披着假发，穿戴着皮袄、皮帽。今天，在西藏的跳神舞中，我们还仿佛能看到这种舞蹈的风姿。在这时期，今新疆一带以及新疆以西的中亚地区，有不少乐工、舞人挟着自己精湛的技艺，先后东来；中原的人民，喜好他们的艺术，并且努力学习他们的艺术。在各族人民的长期文化交流中，中亚乐舞、新疆乐舞和中原地区原有乐舞相结合，另形成一种具有新风格的乐舞；这种乐舞，为以后隋的"九部乐"和唐的"十部乐"开辟了先路。尤可注意的是，这时期在北方出现了一些带有情节性的舞蹈，如《旧唐书·音乐志》和《乐府杂录》等书所记的"踏摇娘（《乐府杂录》作'苏中郎'）""兰陵王""拨头""苏幕遮"等舞便是。这些新舞的出现，更使中原地区的原有乐舞增添了生命的活力。

唐代，中国的封建文化发展到一个高峰，艺术的各方面，都取得很高成就。唐代的舞蹈，融合了国内各民族和印度、波斯等民族的舞蹈艺术，孕育发展，又有了新的创造。唐太宗设置的"十部乐"（包括舞），就是集当时乐舞之大成。唐玄宗时，新创制的

"霓裳羽衣舞"曲，在乐舞艺术上达到了很高的水平。安史之乱后，唐代的乐舞日渐衰落，"十部乐"也因政治上的剧烈动荡而散亡。五代十国时期，乐舞的兴盛和繁荣，始终赶不上唐朝。

宋代继承唐代的"大曲"，并加以发展，于是宋代的歌舞剧开始登场。宋代的大曲，有歌有舞，歌舞相间进行，而且按照"歌者不舞，舞者不歌"之例，歌人与舞人分司其事，此点与明以后的昆曲及各地方戏唱做兼能者有很大不同。大曲的演奏，大体可分三部分："散序""排遍""入破"。演奏前两部分，舞者不出场，至"入破"，演奏到达高潮，羯鼓、蛮鼓、大鼓与各种管弦乐齐奏，舞者入场，随着音乐的节拍，婆娑起舞。宋代大曲属于舞曲者，有"采莲舞""柘枝舞""花舞""剑舞""渔父舞"等多种。采莲舞和柘枝舞都是五人队舞，舞者多为女童。舞时有分作五方（东、南、西、北、中）的，有转作一行的，也有分为双行的。宋代的著名文人如郑仅、晁（cháo）补之、秦观、毛滂、洪适等，都有舞曲留世；文人们大量作舞曲，可见宋代的乐舞一定很兴盛。宋代有些舞曲，不仅带有故事情节，而且兼有宾白（歌唱之间的说白。两人对语叫"宾"，一人自语叫"白"）、念、唱。这种舞曲，为后世金代院本（剧本）与元代杂剧奠定了基础。

明清时代，舞蹈艺术融合于戏剧的表演中，成为正式的歌舞剧，盛行于南北各大都市。

（常任侠）

本编属于中国近代史，主要讲了两次鸦片战争的败绩以及太平天国运动。帝国主义的入侵让中国逐渐沦为半殖民地半封建社会，受尽屈辱。太平天国运动则体现了中国人民不屈不挠的斗争精神和坚强意志。

第六编

步入近代

中国近代史的开端

　　中国近代史是从1840年开始的，在这以前，中国社会是一个封建社会；在这以后，中国社会发生了一个很大的变化，一步一步地变成了半殖民地半封建社会。

　　1840年这一年，英国发动了侵略中国的"鸦片战争"，在这次战争以后，资本—帝国主义又接连不断地发动了很多次侵略中国的战争，像1957年的英法联军战争，1884年的中法战争，1894年的中日战争，1900年的英、美、德、法、俄、日、意、奥八国联军对中国的战争，等等。这些侵略者在用战争打败中国之后，强迫中国签订了许多不平等条约，侵占了中国许多领土，取得了很多经济、政治和军事的特权，任意在中国驻扎军队，开办工厂、银行，控制中国的海关、对外贸易、通商口岸，随便传教、办报纸、办学校以及进行其他文化侵略，等等。为了压制中国人民的反抗，侵略者还和中国的封建统治者勾结起来，使中国的封建地主阶级变为他们统治中国的支柱。就这样，中国从一个独立的国家，逐步地变成了一个半殖民地的国家。一部中国近代史，也就是帝国主义侵略中国、奴役中国人民的血腥历史。

　　在中国的封建社会中，小农业和手工业相结合的自给自足的经济占主要地位。那时，农民不但生产自己需要的农产品，而且生产自己需要的大部分手工业品，商品经济实际上并不发达。鸦片战争以后，封建经济在外国资本主义的冲击下受到了破坏，农民和手工业者大批地破产，商品经济有了发展；在封建经济受到破坏的同时，又出现了一种新的经济关系，就是资本主义的经济关系。随着资本主义经济的产生和初步发展，中国社会里除了原先的地主阶级和农民阶级之外，又出现了两个新的阶级：资产阶级和无产阶级。中国社会已经不是一个完整的封建社会，而是半封建社会了。

在帝国主义和封建势力的双重压迫下，中国的经济和政治始终得不到发展和进步，中国人民特别是农民一天天更加贫困。他们过着饥寒交迫的生活，政治上没有丝毫的权利。

鸦片战争以后的中国，就是这样从一个独立自主的封建国家，变成了中国封建势力统治下的半殖民地半封建国家，并且一天天走上了殖民地化的道路。

从外国侵略者向中国发动武装进攻的时候起，英勇不屈的中国人民也就同时开始了反抗外国侵略者及封建势力的斗争。鸦片战争、太平天国运动、中法战争、中日战争、戊戌变法、义和团运动以及辛亥革命，都是中国近代史上反抗外国侵略的光辉斗争，表现了中国人民反帝反封建的英勇斗争精神。所以，中国的近代史，又是中国人民不屈不挠地反抗帝国主义侵略和封建主义统治的光辉历史。

（汝丰）

鸦片战争

在19世纪初期，英国是当时世界上最发达的资本主义国家。英国资产阶级不但剥削和压迫本国人民，而且通过种种卑鄙恶毒的手段，剥削和压迫经济落后的国家的人民。他们占有很多殖民地，是殖民主义侵略强盗。

英国资本主义发展越快，它国内被剥削的广大人民就越贫困。生产出来的大量商品卖不出去，经济上就出现了危机。这种经济危机，从1825年开始，几乎每隔八年到十二年就要发生一次，这对英国资产阶级是非常严重的威胁。在这种情况下，他们迫切地需要在国外扩大商品推销市场，掠夺新的殖民地。地大物博、人口众多的中国，就成为英国侵略者眼中一块鲜美的肥肉。

早在清朝乾隆五十八年（1793），英国就曾经派了一个名叫马戛尔尼的特使到中国来，他向中国政府提出了开放通商口岸、割让岛屿、减低关税等无理要求，企图打开中国的大门，达到侵略中国的目的。这种严重损害中国主权的侵略要求遭到了拒绝。此后，在嘉庆二十一年（1816），英国又派了一个名叫阿美士德的人来到中国，重弹二十多年前马戛尔尼的老调，也同样被拒绝了。

英国侵略者要"文"的花招没有行通，又使出了"武"的手段。早在1808年，英国政府就曾经把它的十三艘兵舰开到我国广东海面，劫掠澳门，闯入虎门，后来被中国水师击退。阿美士德到中国来的时候，护送他的英国舰队也曾经在广东海面轰击中国炮台和船只。道光十二年（1832），英国东印度公司的雇员、在中国刺探情报的传教士郭士立，甚至狂妄地扬言"全中国的一千只师船，不堪一只兵舰的一击"，气焰十分嚣张。到了1833年，英国派出的第一任驻华商务监督律劳卑到达中国，他为了执行英国资产阶级的侵略意志，竟指挥兵舰侵入虎门要塞，发炮攻击，只是由于中国军队的反击，才狼狈退出。这些例子都表明了英国侵略者处心积虑地企图用一切手段打开中国门户的野心。

各种各样的办法都试过了，但中国的门户还没有被打开。怎么办呢？英国资产阶级最后竟然利用鸦片来作为掠夺和侵略中国的工具，把鸦片运到中国大量推销。1800年，输入中国的鸦片是4570箱，到了1838年，也就是鸦片战争爆发前两年，已经激增到40200箱了。这样，英国资产阶级得到了惊人的暴利，而中国人民则严重地受到了鸦片带来的祸害。

鸦片是一种毒品，俗名大烟，它含有大量吗啡和尼古丁，毒性很强，会使吸食者受到严重的摧残。吸食鸦片的人，中了毒以后，慢慢就变得身体虚弱，骨瘦如柴，精神萎靡；而且吸了就会上瘾，一旦不吸，就浑身瘫软，涕泪横流，像生了重病一样。所以，英国资产阶级在中国大量推销鸦片，是非常卑鄙恶毒的，它利用这种毒品一方面残害中国人民的身体健康；另一方面勾引吸食者上瘾，不断增大销售量，来攫取暴利。结果，不但使得中国人民日益衰弱和贫困，城市工商业和农村生产力遭到很大的破坏，而且使中国的货币（白银）大量地外流，国家的财政经济也出现了严重的危机。这种情况，引起了广大人民对鸦片贸易的激烈反对，清朝统治者为了维护自己的封建统治利益，才被迫进行了反对鸦片的斗争。

1838年底，清朝政府任命林则徐为钦差大臣到广州禁烟。林则徐禁烟十分坚决，他在人民的支持下，查缴和烧毁了运到中国的鸦片，并且要外国侵略者保证永远不再贩卖鸦片。禁烟斗争取得了很大的胜利。鸦片贸易是英国资产阶级侵略中国的重要手段，又是英国政府财政收入的重要来源，中国严禁鸦片，沉重地打击

广州"一口通商"时代

了他们。他们不肯善罢甘休，在千方百计地破坏禁烟失败后，就不顾一切地使用武力来实行侵略了。1840年6月，大批英国军队开到了中国，发动了武装进攻。为了保卫国家民族利益，林则徐在人民群众的支持下奋起抵抗，中英战争就这样爆发了。这次战争从1840年6月开始，到1842年8月结束。因为战争的爆发是由鸦片问题直接引起的，所以叫作鸦片战争。

这次战争，中国进行的是反侵略的民族自卫正义战争，英国侵略者遭受到沉重的打击。但是，当时的清朝封建统治者极端腐朽，他们被外国侵略者的洋枪大炮吓破了胆，最后向外国侵略者投降求和，中国因此失败了。清朝政府还和英国侵略者签订了屈辱的《南京条约》，出卖了国家民族的主权和利益。从此以后，中国人民在外国侵略者和本国封建势力的双重压迫之下，灾难更加深重了。

（汝丰）

林则徐虎门销烟

林则徐（1785—1850）是鸦片战争时期反抗外国侵略的民族英雄，一个伟大的爱国者。他是福建侯官（今福建福州）人，为官清廉，办事公正认真，深得老百姓的爱戴。

1837年至1838年他担任湖广总督时（总督是清朝的地方政府

最高长官。湖广总督管辖湖北、湖南两省），正是英国侵略者肆无忌惮地在中国贩卖鸦片的时候，鸦片贸易不但遍及沿海各省，就是在湖北、湖南这样的内地省份也非常猖獗。烟毒泛滥的祸害使人触目惊心。当时广大人民强烈地要求严禁鸦片，清朝政府中的一部分爱国官员，也纷纷提出禁烟的主张，林则徐就是其中最著名的一个。他在他所管辖的湖北、湖南两省雷厉风行地实行禁烟，大大地打击了吸毒者和贩毒者，得到了老百姓的热烈拥护。

但是，禁烟并不是一件简单的事情，这是一场尖锐复杂的反侵略斗争。它不仅受到英国侵略者的抗拒和破坏，而且还受到许多当权的大官僚的反对和阻挠。林则徐和许多主张禁烟的官员一起，与反对禁烟的官僚集团进行了斗争。他大声疾呼："如果不把鸦片严加禁绝，将来国家不但无人可以当兵，而且也将无钱维持财政开支。"林则徐是从维护封建统治利益出发而说这些话的；但禁烟的正义主张，反映了广大人民的要求，符合民族的利益，因而深得人心。清朝皇帝也不能不考虑，如果不禁鸦片，那么皇帝的宝座也将被鸦片冲垮，最后，不得不接受林则徐的主张，并且任命他为钦差大臣，到广州禁烟。林则徐深知在满朝贪污腐败的一片黑暗之中，禁烟会遇到很大的困难，但他以国家民族利益为重，勇敢地承担了这一重大而艰巨的使命。他向自己的师友们表示："祸福死生，早已置之度外"，定要尽一切努力，为国家除掉鸦片这一毒患。

道光十九年正月（1839年3月），林则徐到达广州，以禁烟为中心的反侵略斗争，从此进入了更加尖锐的新阶段。

广州是外国侵略者进行贩毒活动的中心，人民群众反对鸦片的斗争也最强烈。1838年底，广州当局曾经处决了一个中国的鸦片贩子，当时英美烟贩竟纠众阻拦，从事破坏，激起了群众的愤怒，有一万多人举行了示威，并且用石块把这些气焰嚣张的侵略分子赶走了。人民群众高昂的反抗精神，对林则徐是巨大的鼓舞。他到了广州后，庄严地向外国侵略者宣布了自己坚定不移的禁烟决心。他说："鸦片一天不禁绝，我就一天不回去，一定要全始全终，绝不半途而废。"

在禁烟斗争中，林则徐做了很仔细的调查和准备工作。到广州以前，他对广东鸦片走私的地点及鸦片贩子的姓名，都已大致调查清楚。到广州后，他一面加紧整顿防务，一面严办烟犯。他向外国烟贩宣布，必须在三天内把鸦片全部交出，并且要写下永远不再贩烟的书面保证，否则，查出来了，不但鸦片全部没收，贩毒者也要依法处死。这种严正不苟的态度，使外国侵略者十分害怕，但这些老奸巨猾的家伙仍然想尽种种办法，企图狡赖顽抗。英国商务监督查理·义律还特别赶到广州，亲自策划破坏。林则徐看穿了他们的阴谋，采取了断然措施。他一方面立即把企图潜逃的英国最大的鸦片贩子颠地截回，另一方面又派兵把外国毒贩的大本营——商馆封锁，把商馆与海上的交通也截断，还派水师在海面巡逻，严密监视外国船只的行动。同时，他又严峻地宣布外国侵略者违抗了禁烟命令，再一次通知他们把鸦片全部交出，否则就立即依法惩办。

在林则徐的坚决斗争下，外国侵略者的反抗和破坏被粉碎了！他们被迫交出了两万余箱鸦片，一共重2376254斤。1839年6月3日，林则徐下令把这些鸦片集中在虎门海滩销毁，一连烧了二十多天，才把所有的鸦片全部烧毁。这就是震惊世界，使外国侵略者胆寒的"虎门销烟"。

"虎门销烟"是一件惊天动地的壮举，它不仅是禁烟斗争的一个大胜利，也是中国人民反侵略斗争史上的第一个大胜利。它长了中国人民的革命斗志，灭了敌人的侵略威风。猖狂一时的侵略者万万没有想到会遭受这样沉重的打击，他们不得不暂时低下头来。

但是，贪得无厌的英国强盗是绝不甘心失败的。他们在进行了种种破坏和挑衅失败后，就不顾一切地采取武装侵略的手段了。

1840年6月，英国派出的舰队到达广州海面，向中国军队发动了进攻，鸦片战争爆发了。

在洋枪洋炮面前，林则徐承受着严峻的考验。他并没有被侵略者的武力吓倒。在战争爆发前，他一直认真备战，严密防守。这时，他又在各个要塞增添兵力，加强守卫，并且坐镇虎门，亲自指挥。他看到广大人民反侵略的意志十分坚定，相信"民心可用"，因此，他不但把沿海村庄的老百姓组织起来，加以训练，而且公开宣布，在外国侵略者进犯时，"准许人人持刀痛杀"，这就大大地鼓舞了广大人民奋起抗战的革命热情，也使他自己得到了最广泛、最有力的支持。

正是这样，进犯广东的英国侵略军在爱国军民的铜墙铁壁面前，一点办法也没有，到处碰得头破血流。特别是沿海渔民组成的突击队，常常趁月黑潮退，出其不意地乘着小船，用火箭、火罐、喷筒等火攻，使英国强盗吃尽了苦头。他们只好每天东漂西泊，不定行踪，夜里也不敢停下来，恐怕被火船突然袭击。最后，他们看到在广东占不到便宜，只好放弃进攻广东，而去侵犯福建、浙江。

可是，腐朽的清朝统治阶级，不但不敢发动人民群众，就算对林则徐这样的爱国者，也不加以信任和支持。当英国侵略军沿海北上，一直打到天津海口后，他们被洋枪洋炮吓破了胆，原来反对禁烟、主张妥协投降的那些大官僚又重新嚣张起来，硬说英国侵略者的进攻，是林则徐禁烟闯下的大祸，说什么只有惩办林则徐，才能避免战祸，等等。这时，昏庸无能的道光皇帝也吓坏了，他竟不分青红皂白，把林则徐的官职革掉，而把主张投降妥协最卖力气的直隶（今河北省）总督琦善，派去代替林则徐。鸦片战争终于因为清朝政府的腐败和妥协而失败了！

（汝丰）

关天培　陈化成

关天培和陈化成都是当兵出身的清军名将，在鸦片战争中，他们都在抵抗外国侵略者的战争中壮烈牺牲，在中国近代反侵略斗争中，用自己的鲜血，写下了悲壮的一页。

关天培是江苏淮安府山阳县（今江苏淮安）人。1834年（道光十四年），他调任广东水师提督（统辖全省海军的长官）。当时，外国侵略者在广东的挑衅活动日渐频繁，中国已经面临着日渐严重的武装威胁。关天培知道自己的任务十分艰巨，临行前，他先把妻子、母亲都送回故乡，自己只身赴任，决心应付任何事变。

到达广州后，他便积极地整顿海防，加修工事，勤练士兵，从不松懈，广东的防务大大加强了。在鸦片战争爆发前，英国侵略者屡次进行武装挑衅，都遭到了有力的反击，归于失败。

在抵抗外国侵略者的战斗中，关天培总是身先士卒，英勇奋战。特别是在1839年11月3日的"穿鼻洋自卫反击战"中，英国军舰集中火力向他的坐船轰击，一时硝烟弥漫，水浪如柱，但关天培毫不畏惧，仍然挺立桅前，挥刀督战。甚至敌人的炮弹打坏了船桅，他被桅木的破片所伤，还是奋不顾身地指挥部下发炮还击。经过两小时的激烈战斗，打得敌人纷纷落水，装有大炮二十尊的英舰"海阿新"号，也受了重创，最后只好狼狈逃走。

鸦片战争开始时，林则徐、关天培等坚决抵抗，英国侵略军在广东的进攻并未得逞。但是后来浙江定海失陷，英舰北驶，清朝统治者害怕起来，走上了投降的道路。林则徐被革掉了职务，投降派的琦善反而得到了重用。自此以后，局势就发生了变化。

琦善是彻彻底底的保守派，他以新任钦差大臣的身份到了广州以后，一意主和。为了求和，他竟在军事上实行撤防，把兵船裁减了三分之二，又把海口内的木排铁链等防御设备大部分拆除，至于招募来的渔民丁勇，他干脆全部解散了。像虎门这样的咽喉要地，则只留下了几百人驻守。在这种情况下，广东的形势已是危如累卵，而琦善却还以为只要答应割地赔款，就可以换来"太平统治"。

就在琦善做着"太平"梦的时候，英国的军舰在1841年1月7日，突然进攻沙角、大角两炮台。炮台守将陈连升等率领士兵英勇死战，但琦善不发援兵，最后陈连升壮烈牺牲，炮台也落入了敌手。从此，虎门要塞洞开，英军长驱直入。

1841年2月25日，英军大举进攻虎门。这时，虎门只有少数兵力分守各个炮台，防守力量不足。关天培一面坚守，一面派人到广州向琦善痛哭求援，很多官员也都全力恳求，但琦善仍然无动于衷，完全不理。关天培在求援落空的情况下，自知寡不敌众，于是抱着必死决心，率领仅有的微弱兵力，顽强奋战。第二天，英军发动了更大规模的攻势。他们集中了猛烈的炮火，疯狂地向关天培坐镇的靖远炮台轰击，战斗异常激烈。当天下午，琦善仍然不发援兵，关天培的部下大半都已经英勇牺牲了，他自己负伤十几处，鲜血淋漓，连衣甲都已湿透，但他仍然激励士兵，奋力苦战，自己还亲自发炮还击。这时，英军已经攻下另外两座炮台，绕道由背面攻上来，他毫不退缩，拔出战刀与敌人白刃相接，浴血死战。最后，敌人的一枚炮弹打来，这位六十二岁的老英雄，在抗击外国侵略者的英勇斗争中壮烈牺牲了。

陈化成也是清军中英勇善战的爱国老将，他是福建同安人。1840年鸦片战争爆发时，他已经年近七十，从福建调任江南提督，驻防在上海附近的吴淞。他治军很严，但对士兵非常爱护。他的作战经验很丰富，每战必奋勇当先，对敌人毫不容情，所以敌人都很害怕他，把他看作"陈老虎"。

1842年5月，英军攻陷浙江省的海防重镇乍浦，吴淞受到严重威胁。陈化成召集部下宣布抗敌决心，他说："我自从参军入伍，已近五十年，出生入死，难以数计。人人都有一死，为国而死，死亦何妨？只要我们没有怕死的心，那么敌人就不能不被消灭。"他又说："敌人依恃的不过是炮而已，但我们同样可以用炮来制服他。西台发炮，东台响应，敌人顾此失彼，胜利必属于我们。"将士们在他的激励之下，一个个斗志昂扬，决心誓死痛击胆敢来犯的侵略强盗。

1842年6月上旬，英国大批军舰集结吴淞口，准备发动大规模的进攻。这时，清朝另一个投降派两江总督牛鉴非常害怕，竟亲自去见陈化成，说英国军队锐不可当，不如准备财礼迎接犒赏，妥协了事。陈化成听到这种无耻的投降论调，非常愤慨，他表示绝不放弃战斗。

6月16日，英国军舰发起了猛烈的攻击。陈化成亲自驻守吴淞西炮台指挥战斗。战斗中，全体官兵英勇杀敌，击毁了敌舰两艘，狠狠地惩罚了侵略者。

就在这时，原来畏敌如虎的牛鉴知道打了胜仗，又耀武扬威地摆起全副仪仗出城观战，英军发现目标，就用大炮猛轰，牛鉴一听炮响，吓得一溜烟儿地逃跑了。后来英军打到南京，也正是他首先出面接洽投降，接着由耆（qí）英和伊里布接受了侵略者的全部条件，签订了屈辱的《南京条约》。

牛鉴的逃跑，严重地影响了军心，驻守吴淞东炮台的指挥官也跟着逃跑了，阵地最终被敌人占领。陈化成失去了呼应，而敌人的炮火这时更加猛烈。但是，陈化成仍然坚守阵地，寸步不移。他手持红旗，镇静如常地指挥守军作战，连续击伤几只敌舰。英军见久攻不下，改由侧面攻击，这时陈化成已经身受重伤，仍忍痛亲自发炮轰击敌人。等到侧攻的英军登上炮台，陈化成虽然中弹倒地，仍然奋起拔刀肉搏。但是，由于受伤太重，无力再战，终于光荣地牺牲了。临死之前，他还用微弱的气力低声叫着："不要怕！发炮！"

（汝丰）

三元里人民的抗英斗争

三元里前声若雷，千众万众同时来，
因义生愤愤生勇，众民合力强敌摧。
家室田庐须保卫，不待鼓声群作气，

497

妇女齐心亦健儿，犁锄在手皆兵器。

在第一次鸦片战争时，广州附近以三元里为中心的一百零三乡人民，对英国侵略军进行了英勇的斗争，上面的诗，就是当时诗人张维屏对这次斗争的描写和颂赞。

1841年5月（道光二十一年四月）英军逼近广州城，驻在广州的靖逆将军奕山，异常恐慌，派人出城向英军接洽投降。英军勒索了六百万元赎城费，还逼迫清军退出广州六十里，才肯撤兵。奕山答应了侵略者的条件，订立了投降条约。群众对清朝官僚的无耻投降非常不满，而英军又在广州城外恣意横行，无恶不作，这就更加激起了群众的愤怒。5月29日，英军闯到三元里，抢掠耕牛，奸淫妇女。群众奋起抗击，消灭了十几名侵略军。次日，斗争进入高潮，三元里和附近各乡群众大约五六千人，拿着长矛、大刀和农具，举起三元古庙的三星旗，浩浩荡荡地向英军占据的四方炮台进攻。这些侵略强盗完全没有料到会受到赤手空拳的老百姓的攻击，当他们被震天动地的怒吼惊醒，看到漫山遍野都是手持刀矛锄耙的人群，才知道大事不好，吓得不知所措，急急忙忙派出大队人马下山反扑。他们以为自己有洋枪大炮，只要冲下来，就能把群众吓跑。但机智勇敢的三元里人民打了一阵以后，就边战边走，把英国侵略军引到三元里的牛栏岗一带团团围住。英军看形势不利，拔脚想跑。但是，鼓角齐鸣，杀声震天，四面八方都是愤怒的中国人民，他们已经插翅难逃了。这时，闻声赶来的群众越聚越多，成千上万人，难以计数，连妇女儿童也都出来参战助威。中午，恰好雷雨大作，敌人的火药完全淋湿，洋枪失去作用。这些强盗狼狈极了，他们被大雨淋得像落汤鸡一样，外边有群众的包围，地下又满是泥水，又饿又冷，进退不得。有的伏在瓜棚架下面，浑身发抖；有的丢下洋枪，叩头流血求饶，"乞命之声震山谷"。相反，三元里乡民的斗志更加激昂，情绪更加高涨，他们精神抖擞，越战越勇。直到当天下午黄昏时分，雨越下越大，天也黑了，英国强盗才连爬带滚，摸着黑逃了回去。这一天，三元里人民依靠原始的武器，打死了英国官兵二百多名，还缴获了大批武器，取得了巨大的胜利。

牛栏岗的胜利，进一步鼓舞了人们的斗志。第二天一清早，就有两万多人高举着三星旗奔向四方炮台，把敌人密密麻麻地包围起来。英国强盗知道突围是没有用的，只好向腐朽的清朝政府求救。果然，一求就灵，奕山正害怕人民群众的斗争坏了他的投降大事，马上派广州知府余保纯，前来替英军解围。余保纯忘记了平日知府的威风，徒步到三元里，向群众鞠躬作揖，替英军讨饶，忽而恳求，忽而恐吓。但群众仍坚持不散，余保纯又去威胁参加斗争的士绅（旧社会称地方上有势力、有名望的地主或退职的官僚为士绅），这些人在他的恐吓下开始动摇，群众的情绪受到影响，终于陆陆续续散开了。这一场轰轰烈烈的伟大斗争，不但得不到清朝统治者的支持，反而被他们破坏断送了。

（鲁素）

499

《南京条约》

1842年，英国舰队开进长江，先后攻占吴淞、上海、镇江，并进围南京。清政府在侵略者的这种凶焰面前吓破了胆，决心更加公开地走向同人民群众的坚决抵抗相反的道路，向侵略者屈膝投降，并签订了中国近代史上第一个不平等条约——中英《江宁条约》。江宁就是现在的南京，所以《江宁条约》也叫《南京条约》。

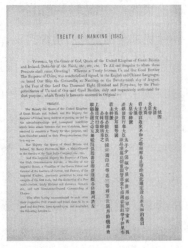

《南京条约》中英对照文本（其一）

《南京条约》共有十三款，主要有以下几条：①中国割让香港岛。从此以后，香港就成为英国侵略中国的军事和商业基地。②中国开放广州、厦门、福州、宁波、上海五处为通商口岸；在这些通商口岸，英国可以派驻领事等官。这样，封建中国的门户被打开了。③中国赔款两千一百万银元。④中国抽收进出口货的税率，要"秉公议定"。这就是协议关税的开始。有了协议关税的特权，英国资本家可以在中国市场上大量出售商品，来排挤中国的手工业生产，控制中国的市场，并且可以从中国掠取大量廉价的原料。

⑤英国商人在各口岸可以自由地和中国商人交易，不受任何限制。从此英国商人可以自由地和中国商人接触，选择和培养他们的代理人。

1843年英国政府又强迫清政府订立了中英《五口通商章程》和《五口通商附粘善后条款》(《虎门条约》)作为《南京条约》的附约，其中除了具体地规定了《南京条约》的一些细则外，还增加了一些新条款，主要有：①领事裁判权，规定凡英国人和中国人交涉词讼，"其英人如何科罪，由英国议定章程法律，发给管事官照办"。这就是说英国人在中国犯罪，不受中国法律制裁。有这一条规定，侵略者就可以在中国领土上横行无忌了。②片面的最惠国条款，规定中国政府"将来设有新恩施及各国，应准英人一体均沾"。根据这个条例，任何侵略者在中国获得特权，英国同样可以享受。

总之，《南京条约》是中国近代历史上第一个不平等条约，从此，中国丧失了独立国家的地位，开始一步一步地走向半殖民地半封建社会。

（美珍）

《望厦条约》

19世纪初期，美国的经济发展虽然还远远不能和英国相比，甚至比法国也落后得多。但是，美国侵略中国和其他亚洲国家的活动却十分积极。

和英国侵略者一样，美国早就把鸦片作为侵略和掠夺中国的主要工具。英国烟贩在中国大规模贩毒的同时，美国烟贩的活动也十分猖獗。当时在广州的美商，除了一家例外，其余全部经营鸦片贸易。从嘉庆十一年到道光十四年（1806—1834），仅仅根据海关报告，美国烟贩从土耳其运入广州的鸦片就有8901箱。实际上，美国烟贩贩运鸦片主要是依靠走私，因此，他们运到中国的鸦片要比上述的数量多得多。只是由于英国垄断了印度这样一个鸦片的最大产地，所以美国当时在对华鸦片贸易中，才仅次于英国而居第二位。

在鸦片走私活动中，美国毒贩的手段并不比英国逊色。美国烟贩的贩毒船只，常常悬挂着美国国旗作为掩护，或者把大批鸦片装到棺材里，冒称船上水手的死尸，抬到陆上发售。甚至特别制造一种船只，叫作"鸦片飞剪号"，实行武装走私。这种特制的走私船只，行驶迅速，武装齐全。有一个美国人描写一只叫作"安特洛甫号"的这种"飞剪号"船说："每一边装置大炮两座，船中装置汤姆炮一座，船桅四面满列长枪，船舱内有大箱，贮备大量手枪及刀剑。"当碰到中国的缉私船时，"鸦片飞剪号"就公开进行武装对抗。

在鸦片战争时期，美国虽然由于力量不足，没有直接参加武装侵略，但是，从一开始，他们就和英国狼狈为奸，积极支持英国发动侵略战争，成为英国侵略者有力的帮凶。

　　还在鸦片战争爆发之前，美国商人就曾经积极帮助英国侵略者破坏中国的禁烟运动。英国商务监督查理·义律在虎门销烟后敢于长期禁止英商具结进港，主要就是倚仗美国商人的帮助。当时美商代运、代销、代购，包办了英国在华的进出口商务，使得英国对华贸易并未因为拒绝进港而受到任何影响，因此义律才能有恃无恐，肆无忌惮地进行顽抗。他曾亲自对美国旗昌洋行（当时美国烟贩在中国最大的一个贩毒组织）经理福士表示：如果没有美国商人帮忙，他早就会为了贸易利益而具结进港了。

　　美国传教士十分积极地参加了这场侵略活动，他们乘坐贩运鸦片的"飞剪号"来到中国，胡说什么"鸦片无害于中国人，像酒无害于美国人一样"，把杀人不见血的毒品，说成就像在愉快的野餐中饮一杯甜酒一样。其目的无非是要在鸦片的麻醉之外，再加上一种精神的麻醉。1839年，有一个在广州活动的美国医生彼得·巴驾还写信给林则徐，劝林则徐"不要动武"，忘记"过去的一切仇恨"。鸦片战争爆发后，他们又极力为英国侵略者辩护。曾经担任美国总统的亚当姆斯在1841年发表演说，认为英国发动侵略战争是完全正当的，而在中国的美国传教士纳维斯则更加狂热地为这次侵略战争喝彩，他大叫大嚷："不管正当不正当，这次战争是按照神意用以开创我们与这个广大帝国关系的新纪元的。"

　　美国之所以极力充当英国的帮凶，根本目的是企图通过这次战争，趁火打劫，攫取侵略特权。早在1839年5月，在广州的美国商人看到英国发动侵略战争已不可避免，就曾经上书美国政府，要求立即联合英、法等国采取行动，以便"中国如果有好处给了别国"时，"美国也可以同样得到好处"。所以，《南京条约》签订后，美国看见英国得到了那么多的利益，非常眼红，立刻跟踪而来，利用清朝政府战败的惧外心理，从事讹诈和勒索。

1843年5月，美国政府派顾盛为专使，统率战舰三艘，前来胁迫中国订约。1844年2月，顾盛到达澳门，就威胁说美国舰队正源源而来，如果清政府不接受美国的要求，就"有使中国人民再尝战祸之必要"。清政府被美国的战争威胁所吓倒，1844年7月3日，派耆英和顾盛在澳门附近的望厦村，签订了美国侵略中国的第一个不平等条约——中美《望厦条约》。

中美《望厦条约》共34款，除包括了中英《南京条约》所载的特权外，还增加了许多新条款，主要内容有下面四点：

一、肯定了"利益均沾"的原则。在《望厦条约》中规定，中国如果给其他侵略者任何特权和利益，美国要"一体均沾"，也就是说，美国也可以取得同样的一份。这就等于从清政府手里拿到了一张无限期出卖中国主权的支票，美国可以任意取得所有侵略者在中国所取得的特权和利益。此后，其他侵略者纷纷要求给予"利益均沾"的特权，"利益均沾"成为各国侵略者侵略中国的共同基础，中国成为各国侵略者共同宰割的对象。

二、剥夺了中国的关税主权。《南京条约》规定海关税则由中英"秉公议定"，《望厦条约》就更进一步规定，中国海关税则的改变，要得到美国领事的允许。从此，外国领事掌握了中国海关税率改变的大权。正是这样，整个19世纪，外国货物进口，都按照值百抽五，或低于值百抽五的税率纳税，一直没有改变，大大有利于侵略者对中国人民的经济掠夺。

三、彻底地破坏了中国司法主权。《望厦条约》把订约国人不受中国法律制裁的领事裁判权的范围，由刑事扩大到民事，由五口扩大到其他各地，由有约国人扩大到无约国人，彻底地破坏了中国的司法主权。美国和其他国家的侵略分子，在领事庇护下，可以为所欲为，不受中国法律的制裁。

四、进一步地破坏了中国领海主权。《望厦条约》以前，只有外国兵舰可以在五个通商口岸停泊。《望厦条约》把商船也包括在内，从此，外国的兵舰、商船可以在中国的通商口岸横冲直撞。

总之，《望厦条约》比《南京条约》更进一步地破坏了中国的主权和独立，它给中国人民带来了更深重的灾难。

（杨遵道）

拜上帝会

"拜上帝会"是由太平天国农民革命运动的杰出领袖洪秀全所创立的一个革命农民组织。这个组织，在宣传革命思想、动员和团结农民革命群众以及后来促进农民革命战争的发展方面，起了极其重大的作用。

早在鸦片战争以前，由于严重的土地兼并和贫富的日益悬殊，地主阶级和农民阶级间的矛盾就已相当尖锐。鸦片战争后，一方面，封建统治者为了支出大量战费和赔款，大大加重了对于劳动人民的剥削；另一方面，外国侵略者利用特权，无情地吸吮着中国人民的膏血。劳动人民啼饥号寒，挣扎在死亡的边缘。他们为了生存，就只有起来斗争，而鸦片战争中清朝所暴露出来的武装力量的腐败情形，又加强了劳动人民起来斗争的勇气和信心。所以，鸦片战争后，全国各地的反封建斗争渐趋高涨。据不完全统计，在1843年到1850年间，规模较大的群众起义和骚动事件，就有七十多起，几乎遍及内地各省。特别是广东、广西、湖南一带，由于受到鸦片战争的直接影响，社会动荡特别剧烈，所以阶级斗争也最为尖锐。但是，遍布这些地区的农民斗争，由于缺乏严密的组织和统一的领导，各自为战，所以往往是"随起随灭，随灭随起"。斗争的发展要求建立一个农民的革命组织，"拜上帝会"就在这种形势下产生了。

"拜上帝会"的创始人洪秀全，是广东花县（今广州花都区）人。1814年1月11日出生于一个中农的家庭，父兄都以耕田谋生。秀全七岁入私塾读书，聪颖异常，五六年间，就能熟读"四书""五经"。后来又自读中国史籍，但不久即因家境贫困而辍学，在家帮助父兄耕田。随后他受聘为本村塾师。洪秀全自幼生长在农村，

洪秀全

又直接参加过农业劳动，因而对农民的痛苦和要求有较多的了解。他从十六岁起，屡次赴广州应试，都没有考中，很受刺激；在鸦片战争中，他亲眼看到清政府的腐朽无能和广州人民英勇抗英的伟大力量。这一切，促使他逐渐产生了反清革命的思想。

1843年，洪秀全最后一次去广州应试，又没有考取。回家以后，他偶然翻看了一本前几年去广州应试时得到的书——《劝世良言》。在这本宣传基督教的小册子上，得到了启示，他觉得可以利用其中所说的一些宗教形式来进行发动和组织群众的工作，开展革命活动。于是，他自称是天父耶和华之子，基督之弟，下凡拯救世人，创立了"拜上帝会"。

最早参加"拜上帝会"的是冯云山。他是洪秀全的同乡，是"拜上帝会"的得力的组织者和宣传者。最初，他们两人在家附近各村镇间活动，吸收会众。道光二十四年（1844）洪秀全和冯云山远出到广西贵县（今广西贵港）传教。不久，洪秀全回花县，冯云山继续在广西桂平县（今广西桂平）的紫荆山区进行艰苦的宣传组织活动。回到花县的洪秀全，在1845年至1847年间，著述了《原道救世歌》《原道醒世训》《原道觉世训》等作品，进一步阐述了"拜上帝会"的教义。在这些作品中，洪秀全利用了基督教的一神教思想，宣布只有真神"皇上帝"是天下最高的主宰，而地主阶级在精神上统治农民的一切神仙菩萨、妖魔鬼怪，都只是"阎罗妖"的化身。洪秀全号召人民独拜真神皇上帝，击灭阎罗妖。实际上这是用宗教的语言号召农民进行反对封建剥削和压迫的斗争。洪秀全在作品中，还巧妙地把原始基督教义和中国农民朴素的平等、平均思想结合起来，提出了"天下多男子，尽是兄弟之辈；天下多女子，尽是姊妹之群"的朴素的平等主张。他宣布人们在上帝面前是一律平等的，号召人们去改变极不平等的现实世界，为实现"天下一家，共享太平"的理想社会而斗争。洪秀全在宗教外衣下所提出的反封建的革命思想，在百余年前，对长期受着残酷的封建剥削和压迫的中国农民来说，正是他们梦寐以求的理想，因此"拜上帝会"很快便成为组织农民进行反封建斗争的有力武器。当1847年洪秀全到达紫荆山区时，"拜上帝会"已拥有会员三千余人。"拜上帝会"的群众在洪秀全、冯云山等领导下，同当地的地主武装团练展开了斗争。1851年1月11日，终于爆发了金田起义，开始了伟大的太平天国农民革命运动。

（马汝珩）

金田起义

金田村位于广西桂平县紫荆山南麓，这个地方万峰重叠，形势险要。太平天国革命运动就是在这儿爆发的。

洪秀全、冯云山等在广东花县创立了拜上帝会之后，就致力于发动和团结群众的工作。他们先后在广东、广西许多地方，特别是在紫荆山地区的农民和手工业工人中间，进行了长期而艰难的革命宣传和组织活动。后来成为太平天国重要领袖的杨秀清、萧朝贵、石达开等相继加入，拜上帝会的革命力量迅速发展壮大。洪秀全等秘密地建立了军队，制造了军械，筹备了军费，规定了纪律，一支革命队伍逐渐形成了，金田村成为巩固的革命据点。

在这期间，拜上帝会与地主武装 —— 团练以及清军屡次发生冲突。武装起义已渐趋成熟，洪秀全就向各地拜上帝会群众发布了向金田村团营（集中）的命令。先后到达金田的有一万余人，男女都有，其中以农民为最多，其次是手工业工人，也有一部分游民、知识分子和个别的地主、商人。在这些革命群众中，以汉族为多数，同时也包括不少壮族、瑶族、苗族等少数民族中的贫苦劳动者。这是一支以农民为主体的，有不同阶层、不同民族参加的革命武装。

当拜上帝会会众向金田集中时，金田村的形势十分紧张，拜上帝会和团练、清军的冲突更加尖锐频繁。洪秀全、冯云山为了避免清军的追踪，躲到离金田百里以外的平南县花洲胡以晃家中，不料被清方侦知，清朝军队包围了花洲。团聚在金田村的拜上帝会会众得讯，在杨秀清等率领下前往营救，一战大败清军，迎接洪秀全等回到金田。于是就在洪秀全诞辰那天，即道光三十年十二月初十（1851年1月11日）正式宣布起义，建号太平天国，这就是历史上有名的金田起义。

金田起义后，太平军在金田村附近勇猛顽强地战斗，屡次挫败了在兵力上占优势的清军，于咸丰元年闰八月初一（1851年9月25日）占领了永安州城（今广西蒙山）。洪秀全在金田起义后不久已称天王；攻下永安后，又封杨秀清为东王，萧朝贵为西王，冯云山为南王，韦昌辉为北王，石达开为翼王，太平天国建立了一个比较稳固的领导核心；同时又订立了各种制度，揭发了暗藏在革命队伍中的奸细，革命力量进一步巩固了。

太平军所发动的武装斗争，在清廷方面引起了很大震动，他们调集了大批军队，对太平军围堵追袭，企图尽早把它扼杀在摇篮之中。这些军队虽然兵员多、武器好、粮食足，但是士气低落，纪律松弛，将帅间矛盾重重，战斗力很差。在团结一致、勇敢善战的农民军面前，可谓束手无策。

1852年4月初，太平军又突破了清军的包围，长驱北上。6月克全州，入湖南。9月太平军猛攻长沙不克，转道益阳、岳州，向湖北挺进。1853年1月，太平军占领了湖北省城武昌。

太平军在湖南、湖北进军途中，一方面和清军进行殊死的战斗，另一方面杀逐官吏和土豪劣绅，焚毁田契债券，对封建统治秩序进行革命的扫荡；同时把财物散给贫民。因此，各地贫苦群众纷纷参军，革命队伍迅速扩大。太平军刚进入湖南时，不过五六千人，但占领武昌后，太平军的队伍已增加了许多倍。可惜太平天国的两个重要领导人——南王冯云山和西王萧朝贵先后在全州、长沙壮烈牺牲，这是太平天国革命的重大损失。

太平军占领武昌后，即乘胜前进，顺长江东下，水陆并发，清军望风披靡，不战而溃。太平军克九江，下安庆，取芜湖，1853年3月19日，一举攻克了江南第一大城市——南京。

太平天国在攻下南京以前，没有固定的根据地；攻下南京后，正式在这里定都，把南京改名为"天京"。从这个时候起，直到1864年7月19日天京陷落止，这里就一直成为太平天国的政治中心。

（张革非）

《天朝田亩制度》

太平天国在定都天京以后，颁布了《天朝田亩制度》，它是太平天国进行革命和建国的伟大纲领。

《天朝田亩制度》这个文件集中反映了中国封建时代广大被压迫、被剥削的农民群众的斗争要求。文件规定一切土地财产都不应该私有，在这个原则之下，地主阶级的私有土地当然应该没收，分配给农民耕种。文件规定："天下田，天下人同耕"，将所有土地按好坏和产量分为九等，按人口多寡和劳力强弱，平均分配。妇女也可以和男子一样分到土地。

《天朝田亩制度》还规定，每家种桑织布，养鸡养猪，每二十五家设置木匠、石匠等搞副业和手工业生产。每年全部收成除留给自用外，其余都归国库，个人不得私有。婚丧嫁娶由国库开支，老幼无依的人由国家抚养，丰荒相济，彼此帮助，建立一个"有田同耕，有饭同食，有衣同穿，有钱同使，无处不均匀，无人不饱暖"的人间乐园。

《天朝田亩制度》又规定兵民合一的社会组织和守土乡官制，它的内容是：以家庭为基本组织细胞，每二十五家为一个单位，设一两司马，四两司马设一卒长，五卒长设一旅帅，五旅帅设一师帅，五师帅设一军帅，一军共一万三千一百五十六家，每年每家出一人为伍卒，战时杀敌，平时为农。军帅以下称乡官，军帅以上设监军、总制，称守土官。

按照这种组织制度，每二十五家自成一个独立的政治、经济的基层单位，统辖于两司马之下。两司马的权力很广泛，从组织生产到居民消费，以及军事、民政、财经、司法、教育、礼仪、宗教无所不管。其中特别规定："力农者有赏，惰农者有罚"，奖励

太平天国洪秀全玉玺

好好生产和安定社会秩序。两司马的权力虽然很广泛，但规定有严密的保举升贬制度，以杜绝破坏分子从中弄权作恶。好官可以随时提升，坏官也可以及时撤掉。

这些都是太平天国农民革命英雄们在《天朝田亩制度》中所规定的革命和建国的纲领。这个纲领有着彻底地反对封建制度的革命意义，它激发了广大的农民群众起来进行革命斗争。许多农民对地主不交租或少交地租，这在一定程度上打击了封建势力，并使农民不同程度地得到了一些好处。但是《天朝田亩制度》企图废除私有财产，取消商品流通，这在当时生产力还很落后并且没有无产阶级进行领导的情况下，是一种不切实际的空想，是不符合当时历史发展要求的，因此也是行不通的。《天朝田亩制度》所规定的平分土地的办法，在当时也没有实行。

（张革非）

太平天国的北伐

咸丰三年四月（1853年5月）初，由李开芳、林凤祥等率领的两万余名太平军从扬州出发，太平天国史上可歌可泣的北伐战争正式开始。

北伐军在初期进军非常顺利，几个月内，经安徽、进河南、渡黄河，转入山西，折而进至直隶（河北），真是势如破竹，锐不可当。可惜在渡黄河的时候，由于船少人多，一个星期才渡过一万多人，还有三分之一的军队在南岸受到清军阻击，只得退回天京。北伐军没有全军渡河，在一定程度上削弱了战斗力量。

1853年10月底，北伐军以迅雷不及掩耳的速度，克静海、独流，前锋进抵天津西南数十里的杨柳青，北京大震。清朝皇帝把财物都运往热河，准备逃跑。大小官员纷纷出城逃避，北京乱成一团。在清廷统治的生死存亡关头，封建统治者调集了最精锐的军队，前往防堵北伐军。天津地区的地主富商，也出于阶级仇恨，自动组织起团练武装，以阻挡北伐军的进攻。这时正是隆冬季节，北方天寒地冻，太平军缺乏寒衣粮草，给北伐军增加了很大的困难。1854年年初，北伐军进攻天津不下，便南下阜城，等待天京的援军。

北伐军在天津受挫的消息传到天京，天京方面就积极抽调兵力，组织援军。北伐援军于1854年2月4日从安庆出发，3月在丰工抢渡黄河，进入山东境内。山东当时灾情严重，饥民遍野，太平军经过这里，群众纷纷参加进来，这就大大增强了北伐援军的力量。4月间，他们就攻下了山东北部重镇临清州，这里离阜城只有二百多里，两军的会师已是指日可望了。可惜援军没有能继续北上和北伐军会合。清军撤出临清时，烧毁了所有不能劫走的粮草，这时又包围临清，断绝了城中的接济。北伐援军中新参加的群众大都没有受到严格的整顿训练，更缺乏革命的教育和锻炼。许多新兵到了临清州，见到大军粮草一时接济不上，竟然动摇起来，纪律松弛，纷纷逃散。北伐援军的领导和太平军的老战士屡加劝阻也约束无效，队伍一时陷入紊乱状态。在这种情况下，北伐援军只好撤出临清。在撤退的路上，援军曾经一度打败追击的清军，但是后来终于被清军各个击破。

当北伐援军到达临清州的消息传来，李开芳、林凤祥等非常高兴。他们组织兵力于1854年5月初从阜城突围到达直隶东光之东西连镇，并决定由林凤祥留守连镇，李开芳率马队二千多人进入山东高唐州迎接援军。李开芳到这里才知道北伐援军已经失败。他们不但得不到支持，反而使林、李两军从此分开，各自孤军作战，力量更加单薄。但是林凤祥仍然率领几千太平军和清军展开无数次血战，坚守连镇十一个月。残暴的清将僧格林沁在连镇周围四十里筑围墙，挖深壕，包围连镇，又挖开河水灌入城内。太平军弹尽粮绝，最后以吃树皮充饥。在这极端困苦的情况下，他们仍然坚贞不屈，战斗到底。1855年3月林凤祥率余部突围，不幸被俘，被敌人用极刑杀害。临刑时，他怒目看伤处，满怀着对于清廷的深仇大恨，英勇就义。李开芳在高唐州也一直坚决抵抗清军的围攻，后来突围到茌平县的冯官屯。清军在攻破连镇后，便集中全力进攻冯官屯。僧格林沁又用老办法引运河水灌入城内，李开芳在突围中被捕，1855年6月在北京英勇就义。临死之时，他"笑语如常，旁若无人"，异常从容镇定。与此同时，北伐军全体将士也都壮烈牺牲，北伐战争终于失败了。

北伐军经历了江苏、安徽、河南、山西、直隶、山东六省，在没有根据地和缺乏粮食军火的情况下，转战几千里，连克州县数十个，给清朝统治以严重打击，也给长江流域太平军的活动创造了有利条件。最后，北伐军以极微薄的兵力，坚守孤城达一年之久，才在战斗到最后一人的情形下宣告失败。

（美珍）

杨韦事件

咸丰六年（1856），太平天国定都天京已经三年，这时期，太平军一方面举行了西征、北伐，把革命继续向前推进；另一方面立法建制，安定社会秩序，巩固革命政权，革命形势是大好的。但是，农民阶级的许多弱点在革命胜利时期也愈来愈显露出来了，如保守、狭隘、自私等观念反映到政治作风上，就发展为闹宗派、闹个人权威等不良倾向。太平天国领导者没有能力解决这一问题，最终甚至爆发了领导集团之间争夺权力的派别斗争，这个斗争最后导致领导集团的公开分裂，这就是发生在1856年9月的"杨韦事件"。

这时期太平天国的领导核心除了天王洪秀全外，还有东王杨秀清，北王韦昌辉，翼王石达开，燕王秦日纲，豫王胡以晃等。他们在革命初起时，能团结一致，保持艰苦朴素、朝气蓬勃的革命作风，但到天京后，就逐渐起了变化。天王洪秀全在革命发动时期，表现了伟大的毅力和创造精神，但后来就逐渐沉醉于豪华的宫廷生活，很少过问政事，军政大权都掌握在东王杨秀清手中。杨秀清出身于极贫苦的雇工家庭，从小就成了孤儿，随伯父在紫荆山区种山烧炭过日子，为人刚强有胆识，常常领导人们反抗贪官污吏的勒索，成为烧炭工人的领袖，后来参加了拜上帝会，共谋革命。杨秀清有着卓越的军事和政治才能，他对于太平天国革命曾经有过很大的贡献。自从他被封为东王后，他就成为实际领导太平天国革命事业的最高指挥。太平天国之所以能有那样巨大的发展，杨秀清的领导曾经起过重大的作用。但是，定都天京后，他逐渐骄傲自满起来，看不起洪秀全，甚至假借天父下凡附在他身上的名义要杖责洪秀全，对其他各王也加以排挤，随意斥责，对部下严刑苛罚，引起天王和许多将领的不满。这些情形都被北王韦昌辉看在眼里。这时，他表面上对杨秀清表示特别恭顺，却早已拉拢了一批不满杨秀清的诸王和高级将领，密谋伺机杀死杨秀清，篡夺革命政权。

1856年夏天，正当革命在军事上达到全盛的时候，杨秀清决定逼迫洪秀全让位，要求洪秀全封他为"万岁"。洪秀全表面上答应了，却立即秘密派人召回在江西督师的韦昌辉、在武昌督师的石达开和在丹阳督师的秦日纲，准备对付杨秀清。韦昌辉一接到命令，认为时机已到，立即率心腹部队三千人赶回天京。1856年9月2日深夜，韦昌辉到达天京，立即包围了东王府，杀死了杨秀清及其全家。此后又借搜捕"东党"为名，乘机扩大事变，继续捕杀了两万多名优秀的干部。天京城内人心惶惶，造成了一种恐怖局面。10月间，正在武昌督师的石达开听到消息，连忙赶回天京，责备韦昌辉不该滥杀无辜。可是韦昌辉竟又想杀死石达开，石达开只好半夜缒城逃出天京，结果石达开在京的全家老小都被杀害了。韦昌辉这种极端阴险狠毒的残暴行为，引起了太平军全体官兵和百姓的愤慨。11月间，石达开在安庆起兵，要求洪秀全顺从民意杀死韦昌辉。洪秀全被迫把韦昌辉杀死了，同时杀死了秦日纲、胡以晃等二百多人。韦昌辉在天京将近三个月的恐怖统治这才算结束了。

经过这场大屠杀，太平天国的许多优秀干部牺牲了，太平军的实力大受损伤，太平天国革命形势从此逆转，开始由胜利发展走向停滞和衰落了。

（美珍）

石 达 开

　　石达开（1830—1863），广西贵县（今广西贵港）人。他很早就参加了拜上帝会，在贵县地区积极开展反清宣传和组织工作。金田起义时，他带领一支拥有三千多名武装齐全、训练有素的队伍加入了太平军，成为太平军的主力部队。金田起义后，石达开一直和萧朝贵带领着先锋队在最前线作战。两个人都以勇猛无敌著称，军功卓著。天王洪秀全在永安封王时，年仅二十岁的石达开便被封为翼王，成为太平军领袖之一。咸丰二年七月（1852年9月），萧朝贵在战斗中不幸牺牲，从此先锋队的总指挥就由石达开担任。他率领大军沿江东下，破汉阳，下武昌，攻安庆，克南京，大小数百战，每战必胜，为全军的胜利前进打开了通道。这些胜利的取得，根本原因固然是太平军全体将士英勇奋战的结果，但作为军事指挥员的石达开在战争中所锻炼出来的卓越的军事才能，也应该是一个重要的因素。石达开在指挥作战的时候，善于审度军情敌势，正确制定作战策略，采用机动灵活的战术，避敌锋芒，攻敌弱点，出奇制胜，所以战果辉煌。

　　太平天国定都天京后，石达开又亲率大军西征，西征的目的是收复太平军在进攻南京时放弃的长江上游各地，以便扩展太平天国占领区，更好地巩固天京。1854年，石达开带领太平军在安徽一举克复了二十二个州县，扩大了太平天国在安徽的地方政权。1855年1月，由曾国藩率领的湘军围攻九江。为了和湘军争夺长江上游，石达开又奉命率军西上。石达开进驻湖口指挥时，先扼守据点，坚壁高垒，不和敌人决战。一到晚上则虚声恫吓，骚扰敌人。如此月余，弄得湘军求战不得而又疲惫不堪。于是石达开故意撤开湖口守兵，把一部分湘军水师诱入湖内，然后封锁湖口。湘军水师被截成两段后，太平军再用小船火攻外江的湘军水师，取得了湖口九江大捷。石达开乘胜西进，又一次攻克了武汉。

1855年10月，湘军兵力集中于武汉外围，攻打武汉，江西敌人防守空虚。于是石达开采取了攻江西以救武昌的战略，率大军从湖北进入江西，连克袁州、瑞州、临江、吉安等地，迫使曾国藩退入南昌困守。江西十三府中的八府五十余州县都落入了太平军手中，围困武昌的湘军也不战自溃了。

1856年9月间，"杨韦事件"发生，不久，洪秀全下令杀死了韦昌辉，石达开回到天京。当时"全朝同举翼王提理政务"，并且"人家喜其义气，推为义王"。石达开的辅政，深得全体军民的衷心拥戴。可是洪秀全猜疑他，不肯信任他，并且封了自己的兄弟洪仁达、洪仁发为王来牵制他、排挤他。在这种情况下，石达开便于1857年5月负气出走，离开天京，带领了一大批军队，脱离太平天国的领导远征四川去了。他的军队先后转战于江西、浙江、福建、湖南、广西、湖北、贵州等省，直到同治二年（1863）才到云南边境，折入四川。5月，石达开率军到大渡河边紫打地（今安顺场），未及渡河，即为清军围住。这里地势险恶，前有大渡河，左有松林河。石达开的军队陷入了绝境，数次突围，都未能成功，坚持了二十余日，军队伤亡很重。在这种情况下，石达开竟幻想牺牲一己，换取清廷对于他部下将士的宽宥，便将自己捆绑起来，到清营中去。但清军是非常狠毒的，他们绝不放过任何残杀革命力量的机会，终于卑鄙毒辣地将石达开军队两千余人全部残杀了，石达开也于1863年6月25日在成都被杀害。

（美珍）

曾国藩　湘军

太平天国以天京为中心，占领了长江流域许多重要城镇和地区，摧毁了这些地区的封建政权，沉重地打击了封建势力，整个清朝的封建统治有摇摇欲坠之势。在这尖锐的阶级斗争的形势下，整个地主阶级都动员起来，一致对付革命农民。但是，原来主要是掌握在满族地主手中的清朝常备军——八旗军和绿营兵，这时已腐朽不堪，几乎完全丧失了战斗力，在太平军铁拳的打击下，七零八落，屡战屡败。因此，清朝政府便不得不更多地依靠汉族地主的力量，号召各个地方的"士绅"，自行组织地主武装——团练，就地抵抗农民革命军。曾国藩就是在这种情势下，以办团练为名，得到了重用。

　　曾国藩（1811—1872），湖南湘乡人。出身于地主家庭，从小深受封建教育。道光十八年（1838），他考中进士，后来拜在穆彰阿的门下，到道光末年已升官为礼部侍郎。咸丰三年（1853），曾国藩因丧母在家，这时正是太平军出广西，经湖南、湖北向南京进军的时候，清政府任命他帮助湖南巡抚督办团练。曾国藩全力从事这项事业。在镇压农民起义中，因为他杀人杀得太多，像剃头发一样，所以人们把他叫作"曾剃头"。他自己也曾向皇帝表白说，为了平定太平天国运动，即使"身得残忍严酷之名，亦不敢辞"。

　　曾国藩在团练的基础上建立了"湘军"。湘军士兵以营官自招为原则，每个营只服从营官一人，全军只服从曾国藩，就这样形

《剿灭粤匪图》

成了一种严密的隶属关系。

　　1854年2月，湘军练成了一支包括陆军和水师的一万七千余人的队伍，于是曾国藩便正式出师与太平军作战。他发布了"讨粤匪檄文"，号召为保卫"孔孟圣道"、保卫清朝封建统治而战。但缺乏战斗经验的湘军，在太平军的打击下，连遭惨败。湘军的重要将领塔齐布、罗泽南等先后被击毙，水师战船也不断溃败，损失极重。曾国藩又惊又急，曾三次要投水寻死，都被随从救出。一直到太平天国发生内讧，力量削弱，湘军才逃过覆灭的危险，获得了重整力量的机会。

　　1860年，清朝政府任命曾国藩为两江总督，统辖江苏、安徽、江西、浙江四省军务。曾国藩得到了清朝政府的倚重，掌握了军政大权，发挥了高超的才能，把国内封建势力和外国势力联合起来，先后夺回了太平天国占领的长江流域的许多重要城市，最后终于在1864年攻陷了太平天国首都天京。天京陷落，素称富庶的天京，变成了一片瓦砾。

（张革非）

陈玉成　李秀成

　　杨韦事件后，杨秀清被杀，石达开出走，一时形成了"朝中无将，国内无人"的危急局面。把革命危局支撑下来、担负起太平天国后期的主要军事重任的是两个青年将领英王陈玉成（1837—1862）和忠王李秀成（1823—1864）。

陈玉成，广西藤县人，贫雇农出身。他十四岁跟随叔父陈承到金田村参加了太平军，十八岁就带兵在前线作战，勇猛善战，为太平天国革命立过不少功劳。咸丰六年正月（1856年2月），镇江被围急，他被派去援救。他乘坐一条小船，冲破密密包围的清军水师，和镇江守将吴如孝会合起来内外夹攻，把清军打得大败，解除了镇江的危局。

杨韦事件后，陈玉成毅然承担起革命的重担。他联合李秀成军先后打垮了湘军精锐李续宾部，击溃了清朝江北、江南两大营，稳定了长江上游的战局，解除了天京的危机。1859年，天王因他战功卓著，封他为英王。

1860年，曾国藩在做了长期的准备之后，调出他的主要兵力大举进攻安庆。安庆是保卫天京的一个极为重要的军事据点。陈玉成为了打破湘军对安庆的围困，决定先进攻武昌，直捣湘军的后方，以便迫使包围安庆的湘军回救武昌，使安庆之围不攻自破。1861年，陈玉成率大军从安徽的霍山向湖北挺进，经过十二天的日夜行军和战斗，迫近武昌。武昌城内反革命催促包围安庆的湘军回军救援，陈玉成解救安庆的计划即将实现。英军在这种形势下竟然出面干涉，阻止太平军进攻武昌。结果太平军停止了向武昌的进军，英军的干涉拯救了武昌的守军，也帮助了包围安庆的湘军。安庆的形势越来越紧张，湘军日夜围攻，陈玉成千里奔波，三次浴血苦战，救援安庆，都因众寡不敌，没有成功。1861年9月初，安庆失守。陈玉成退守到寿州时，由于叛徒苗沛霖出卖，被捕。同治元年五月初八（1862年6月4日）他在河南延津被杀害，牺牲时才二十六岁。

李秀成和陈玉成同乡，也是出生在一个极其贫苦的农民家庭，常常过着挨饿受冻的日子。1851年9月，太平军路过藤县时，他全家都参加了革命。李秀成是一位天才的军事家和政治家。1853年秋天，他跟随翼王石达开西征，在安徽根据地，他一面带兵英勇作战，取得很大胜利；一面辅佐石达开整顿地方政事，帮助人民恢复生产、安定生活，广大群众都很爱戴他。

杨韦事件以后，他和陈玉成共同担负起革命重担，成为太平天国后期的两大军事支柱。1857年后，他一直和陈玉成并肩作战，奔走长江南北，狠狠打击清军，收复失地。1860年（咸丰十年）春，在攻破江南大营后，他乘胜率军东进，连克常州、无锡、苏州、嘉兴，解放了江苏省、浙江省的大部分地区，把这些地区变成支撑后期太平天国革命的主要根据地。李秀成又在各地建立地方政权，救济难民；颁发田凭，把无主土地交给佃户；减轻税收，扶植工商业；镇压反革命叛乱，稳定地方秩序，这些措施得到了广大人民的热烈拥护。

1858年年底，滁州守将李昭寿和江浦守将薛之元相继叛变投敌，天京受困。李秀成知道后，急忙赶回天京，镇守浦口，他极力扼住天京北岸的门户，防止敌人袭击。叛徒李昭寿派人送信给李秀成，企图诱使李秀成投降清朝，恰巧天王派侍卫查营，送信人被侍卫捕获。天王见信，对李秀成产生了怀疑，下令断绝天京和浦口间的交通，不准李秀成的官兵来往天京。李秀成保卫天京的决心并没有因此动摇，他仍然坚守岗位，注视着敌人的动静。经过二十多天的考察，天王终于认识到李秀成的忠诚，深受感动，就用黄缎亲写"万古忠义"四字赐给李秀成，并封他为忠王。

1860年后，李秀成又亲率大军和英法美外国侵略军展开多次的激烈战斗，每战必胜，杀死杀伤大量敌人，缴获大批洋枪洋炮，狠狠地教训了外国侵略者。

陈玉成牺牲后，曾国荃的湘军顺江直下，包围天京，外国侵

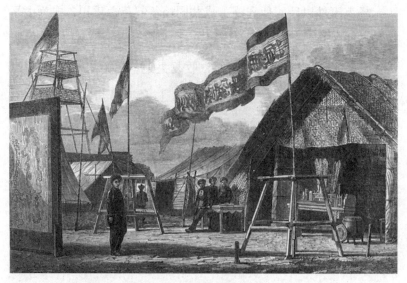

1864年，《伦敦新闻画报》描绘了忠王李秀成在苏州的营帐

略军不断增援帮助清军，攻打江浙根据地。在中外反动势力联合进攻下，革命形势急转直下，江浙战场相继瓦解。李秀成虽然昼夜奔波，努力挽救，还是无力从根本上扭转局势。1864年6月洪秀全逝世，7月，天京陷落，李秀成辞别了老母妻儿，带着洪秀全的儿子突围出走，不幸在天京东南的荒山中，为清军所俘。这年的（同治三年）8月7日，李秀成被封建统治者残忍地杀害了。

（美珍）

太平军大败"洋枪队"

1860年（咸丰十年）5月，太平军打破了清军包围天京的所谓"江南大营"，接着就乘胜东进。在杰出的军事将领李秀成的指挥下，不到五十天的时间便攻克丹阳、常州、苏州、嘉定、青浦等重要城镇，兵锋直指上海。这时防守上海的清军只有两千多人，太平军大兵压境，震惊中外。聚集在上海的官僚、买办们，通过上海地方的封建官吏，和外国侵略者勾结起来，共同对付太平军。在美国驻上海领事的授意之下，以美国华尔为首，募集了一批包括美、英、法、德、意等国的士兵，组织了一支以中国的地主富商出钱、外国侵略者出枪出人的武装 —— 洋枪队。

洋枪队组成以后，就立即向正往上海前进的太平军进攻。

1860年8月，华尔带领"洋枪队"进攻青浦的太平军，但"第一仗就被太平军打得大败"。据李秀成叙述，这一仗"杀死鬼兵六七百人，得其洋枪二千余条，得其大炮十余条，得洋庄（一种旧式洋炮）一百余口，得其舟只数百余条"。华尔本人也受了重伤，只得狼狈地逃回上海。

外国侵略者并不甘心于失败，他们又招募了一批中外亡命之徒，把洋枪队扩大到五千余人。1862年1月，李秀成第二次进攻上海，上海人民纷纷起来响应太平军。这次，英国海军司令何伯、法国海军司令卜罗德公开出来组织侵略联军，并且把李鸿章的军队运到上海来配合"洋枪队"向太平军大举反扑。在高桥一战中，太平军将士们顽强地抗击着强大的敌人武装，把他们打得落花流水、抱头鼠窜，几乎抓住了何伯和华尔。英国驻上海的领事麦华陀报告说："幸而那个地方有一只小船，他们得以乘船逃走，不然，一定被太平军捉去了。"

洋枪队在太平军面前屡战屡败，但在手无寸铁的老百姓面前，却异常凶狠残暴。据记载，高桥战斗时，洋枪队"第一件事即纵兵抢劫"。这些侵略强盗"拿取银子多到不能不抛弃一部分，士兵们拿取之物超过他们所能携带的"。他们还野蛮地烧杀奸淫，洋枪队的头子华尔就曾亲手把捉到的太平军"斩首开膛"，来满足他的残杀的兽欲。侵略强盗这样放肆地欺负和屠杀中国百姓，清朝封建统治者却对他们感激涕零，竟赏华尔参将衔，并且把洋枪队改名为"常胜军"。

1862年5月，李秀成亲率大军第三次进攻上海。5月17日，太平军与常胜军会战于太仓城下，当天未分胜负。第二天，又"开兵大战"，结果又将常胜军打得大败。常胜军被斩的有几百人，逃走落水而死的有千余人，被缴获大炮洋枪不计其数。在战斗中，太平军还活捉了华尔的副手法尔思德。太平军愈战愈强，大军直抵上海城郊的徐家汇、虹桥、法华镇等处。英法干涉军从此龟缩在上海城内，不敢再出来迎战。李秀成说："那时洋鬼并不敢与我见仗，战则即败。"曾国藩在给皇帝的奏折中也不得不承认，"夷人之畏长毛（长毛是对太平军的侮称）亦与我同，委而去之，真情毕露"。不久，在浙东战场上，太平军打死了这个双手沾满中国百姓鲜血的刽子手华尔。

太平军与常胜军海战

手执土枪刀矛的太平军英勇地抗击装备着最新式洋枪洋炮的外国侵略军，并且取得了伟大的胜利。可惜当李秀成大败"洋枪队"，包围了上海城的时候，天京正十分危急，李秀成不得不回援天京，侵略军才得到死里逃生的机会。

（美珍）

《资政新篇》

《资政新篇》是太平天国干王洪仁玕的作品。洪仁玕（1822—1864）是洪秀全的族弟，他是拜上帝会最早的信徒之一。金田起义的时候，他来不及赶去参加，以后清政府要缉捕洪氏家族，他不能在原籍安居，遂逃往香港。在香港，他与外国传教士有较多的接触，受到了一些西方资本主义的思想影响。咸丰四年（1854），他跑到上海，企图奔赴天京，因为苏、常一带道路被清军阻隔，未能如愿，只得又回到香港。1858年6月，他又乔装成商人离开香港，从广州经江西，于次年4月到达天京。洪秀全见到他非常高兴，十分器重他，不久封他为干王，总理全国政事。

洪仁玕在当时是个思想比较新颖、知识比较丰富的人物。他在总理太平天国政事后，励精图治，整顿纲纪，并向洪秀全提出了一个带有资本主义色彩的革新政治、发展工商业的纲领，这就是《资政新篇》。其主要内容包括政治和经济两个方面：在政治方面，他提出加强统一领导，使"权归于一"；兴乡官，设乡兵，健全地方政权和地方武装；开办新闻事业，设立不受一般官吏节制的"新闻官"和意见箱借以沟通群众的意见，使"上下通情"；兴办医院、跛盲聋哑院、鳏（guān）寡孤独院等社会福利事业；成立士民公会以拯困扶危，以及办理教育等主张。在经济方面，他提出兴办近代工矿交通企业：开矿山，办工厂，设邮局，开银行，发行纸币，仿造火轮车、轮船，奖励创造发明等。此外，还主张与外国自由通商，平等往来。除这些建设性的主张之外，《资政新篇》还提出了一些革除弊政的方案，如反对贪污舞弊，取缔迷信、溺婴或贩卖子女，禁止吸食鸦片和游手好闲等。从《资政新篇》的内容中可以看出：洪仁玕想在太平天国农民革命中实行一些资本主义性质的措施，这对当时中国的封建社会来说，是有进步意义的。但是，一方面，由于洪仁玕长期脱离了革命的实践，对农民群众的强烈要求和革命斗争的迫切需要缺乏认识，所以《资政新篇》里根本没有触及土地问题这样一个最根本的问题；另一方面，由于中国这时还没有出现资本主义和资产阶级，还缺少实现《资政新篇》中提出的各种政策的社会条件和阶级基础。所以，这个文件就不能为农民群众所接受，因此没有，也不可能产生什么实际效果。

天京失陷时，洪仁玕正在安徽，在这里，他会合了洪秀全之子，并前往浙江，1864年9月折往江西。10月9日，洪仁玕被清军袭击俘获，11月23日在南昌英勇就义。死前，他慷慨地说："得失生死，付之于天。文天祥就是我的榜样！"

（美珍）

小 刀 会

以前，贫苦的劳动群众为了反抗统治阶级的压迫，为了患难时的互相援助，常常进行秘密结社。小刀会就是秘密结社的一种，它是势力很大的天地会的一个支派。据传是在道光二十九年（1849）于厦门创立的，后来在广州、上海、宁波等地发展组织，参加者大多是农民、手工业工人、水手、失业劳动者和游民。

太平天国革命的胜利发展，鼓舞着各地人民的斗争。小刀会也在太平军的影响下发动了武装起义，其中规模最大、坚持最久的是上海的小刀会起义。

咸丰三年八月初五（1853年9月7日），在太平军定都天京后不久，上海的小刀会在刘丽川的领导下发动了武装起义。起义军杀死了上海知县袁祖德，活捉了上海道台吴健彰，迅速地占领了上海城。

这一次起义组织得很好。起义以后，小刀会立即发布告示，一面指斥清政府的罪恶，一面申明纪律，安定社会秩序。很多群众热烈地参加队伍，没有武器，就"削竹为枪，斩木为兵"，很快就发展到一万多人。起义的第二天，上海附近青浦、嘉定等地的农民领袖周立春又带领四千人赶来参加战斗，声势更为壮大。起义的群众头裹红巾，身披红带，手执红旗，上海变成了一个义军的城市。

上海小刀会起义给了清政府沉重的打击，清政府只得从原来包围天京的江南大营中抽调军队，前往镇压。但是，小刀会斗争得十分英勇。清军包围了上海城一年多，发动了无数次的攻城战，都被起义军坚决击退了。后来起义军粮尽弹绝，清军想趁此机会，引诱起义军投降。小刀会杀死了前来诱降的奸细，坚持革命气节，毫不妥协。

这时，列强便凶恶地对革命进行公开干涉。首先，法国领事荒谬地要求小刀会撤离上海。当这个无理要求被拒绝后，英、法、美三国便联合起来，在上海城与租界之间，筑造围墙，以切断小刀会的给养。最后，列强的军队更直接地以军舰大炮向起义军进攻。起义军对付列强也像对付清军一样，给予坚决的回击。在一次战斗中，"当场有法军十三人阵亡，另有三十余人受伤"。

小刀会的领导者刘丽川曾数次派人向太平天国报告起义经过，并表示愿意接受太平天国的领导，共同作战。但此时太平军战事紧张，没有力量东顾，小刀会只能孤军奋战。1855年2月17日，这支英勇的起义军终于在中外联合武装的进攻下失败。上海城失陷，刘丽川牺牲。小刀会的余部在潘金珠率领下转战到达天京，参加了太平军，继续进行战斗。

除了上海以外，福建的小刀会也于1853年5月在黄位、黄得美等领导下发动了武装斗争，并且曾占领了厦门等重要城市，直至1858年才被镇压下去。

（文海）

大 成 国

在太平天国革命发生后的第四年，即咸丰四年（1854），两广（广东、广西）地区的人民在天地会领导下发动了一次规模巨大的反清革命运动，建立了"大成国"。

"大成国"反清起义的火把最先从广东佛山镇燃起，不久便蔓延到两广各地，主要领袖是陈开和李文茂。陈开是广东佛山镇人，出身于贫苦家庭。他曾替人打工度日，又曾当过船工，是天地会的一名领袖。1854年7月，陈开和其他一些天地会领袖在佛山镇率众起义。起义群众以"红巾为识"，因此被清廷辱骂为"红巾贼"或"红头贼"。起义发动后，很快就占据了佛山镇，并得到了李文茂领导的另一支天地会起义军的响应。

李文茂，广东鹤山人，是当时粤剧的著名艺人，天地会中有名的拳师。陈开在佛山率众起义后，李文茂便领导群众在广州的北郊佛岭举起了义旗，响应陈开起义军。

起义的形势发展得异常迅速，不到十天的时间，起义军就打下了"西至梧州，北至韶州，东至惠、潮，南至高廉"的十几个州县。陈、李两支起义军围攻广州达半年之久，有力地打击了广州的清军。但当时两广总督叶名琛集中了外军和团练的力量，向起义军进行反扑，因而使起义军一时遭到挫败，不得不由广东转入当时革命高涨的广西地区。

陈开、李文茂率军转入广西后，在肇庆会合了广西天地会梁培友、伍百吉、吴超等部的起义军，乘船沿西江西进，一路攻梧州，过藤县，并进攻浔州府。经过三个月的"环攻"，起义军终于攻克了浔州城，革命的力量又恢复壮大起来。

起义军攻占浔州府城后，便建立起革命的政权，国号"大成"，并改浔州为"秀京"。起义领袖陈开自称镇南王，李文茂称平靖王。又设官分职，蓄发易服，颁布了一些保护人民利益的政策、法令，初步地组成了"大成国"的革命政权。1856年至1857年间，"大成国"起义军以浔州为中心，分路出征，向四周扩展：李文茂亲率大军北伐，攻占了柳州、罗城、融县与庆远等地，接着，又"掠清流，袭思管，屯太坪，柳、庆二府，蔓延殆遍"，使起义势力得到迅速的发展；陈开也亲率大军东征，攻占了梧州；另有一军西征，先后攻占了横州、永淳、南宁等地；与此同时，早在1853年起义的壮族领袖黄鼎凤，率领壮汉人民已攻占了上林、宾州等地，并接受了"大成国"隆国公的封号，率领部众加入"大成国"，因而使起义势力更加壮大。这时"大成国"的势力范围，已控制了东到梧州、西至南宁、南至容岑、北抵柳州的广大地区，一时形成了广西人民革命的高潮。

"大成国"起义的胜利发展，是同全国革命形势的高涨分不开的。太平军在金田起义后，于广西各地转战，曾消灭了不少的清军，太平军离开广西后，又吸住了大批的清军。这就给起义军的顺利发展造成了有利的条件；同时在太平天国革命的鼓舞推动下，广西壮汉人民又不断掀起革命的浪潮。当时在广西，除了"大成国"起义势力以外，在广西东北部有朱洪英领导的天地会起义军，以灌阳为根据地，建立了"升平天国"；在广西的南部有陈金刚率领的广东起义军；在广西的西部有壮族领袖吴凌云、吴亚终父子领导的壮汉人民起义军，以新宁、太平为根据地，建立起"延陵国"的起义政权。这些起义势力无一不有力地打击着清廷。特别是1859年石达开部太平军返回广西后，使广西各地的起义军更加活跃起来。这种高涨的革命形势，也给"大成国"起义的胜利发展带来了有利的客观条件。

"大成国"和其他各支起义军没有很好地利用这种十分有利的革命形势，协同作战，共同对敌，而是"各自为部，不相援应"。太平军石达开部返回广西后，"大成国"也未能同太平军很好地合作。就连"大成国"内部，也不够团结，一些领袖，往往因个人利益的冲突而产生分裂。如和陈开在广东共同起义的陈显良，因"未得封王""有不服之心"，后来竟脱离"大成国"返回广东；再如，

1858年定北王梁昌与平西王区润不和，梁昌被逐，逃回广东合浦，结果被当地团练逮捕杀害；区润后来也因内部不和被其部下所杀。起义军内部的这种不团结严重地削弱了起义军的战斗力量。

1858年后，起义军在清军与团练的猛攻下，柳州等重要根据地相继失守，李文茂率军一度转入贵州黎平府地区，但由于当地保守势力猖獗，又退返广西。不久李文茂便败死于怀远山中。1861年，"大成国"多年经营的根据地浔州，被清军攻陷，陈开逃出浔州不久，也被地主团练所杀害。至此"大成国"的轰轰烈烈的反清起义，终于失败了。

（马汝珩）

捻 军

"捻军"是与太平天国同时的一支农民起义军的名字。捻军起义爆发在咸丰三年（1853），到同治七年（1868）失败，前后与清军相持达十六年之久。

捻军最初的活动地区主要在安徽、河南一带。早在19世纪初期，这个地区的饥饿贫困的农民和一些失业游民，由于不堪封建政权的压迫，便一股一股地联合起来，打击地主富户。最初，人们称他们为"捻子"。后来，参加的群众越来越多，逐渐形成一种群众性的组织，因此，就出现"捻党"的名字，活动地区也逐渐扩展到山东、江苏等地。这时捻党组织很分散，"结则为捻，散则为民"，时分时合。太平天国革命发生后，大大地推动了各个地区的农民斗争，捻党也迅速地发展起来，并逐渐形成了以张乐行、龚得树等为领导的几支主要力量。

捻军骑兵与清军作战

1853年太平天国的大军进入安徽，同年5月又举行北伐，沿途大大打击了长江以北各地清军的势力。在太平军的掩护和影响下，安徽、河南、苏北、山东等地捻党纷纷起义，号为"捻军"。起义之初，捻军支派很多，力量分散，经常被清军各个击破。为了改变这种不利的情况，1855年各地捻党首领大会于安徽雉河集（涡阳），推张乐行为盟主，称"大汉明命王"，各地的捻军都听从他的指挥调遣。这次会议是捻军起义的一个转折点。从此，捻军开始从分散作战转变为有统一指挥的联合战斗。结果在战斗中取得很大胜利，初步建立起豫皖根据地，势力波及整个淮河流域，人数发展到几十万。

1856年年底，捻军在河南、安徽交界的三河尖地区与清军作战，而太平军则正在淮河以南桐城、六安等地与清军作战。捻军要巩固豫皖根据地，太平军要巩固淮南地区。从当时的形势看来，只有两军会合才能取得胜利，在这种情况下，张乐行采取了正确的军事路线，毅然率军南下，于1857年3月与太平军在安徽霍邱会师。从此以后，捻军与太平军进入联合作战时期，张乐行正式接受太平天国的领导，太平天国封他为"征北主将""沃王"。太平天国的后期将领陈玉成和李秀成与捻军始终保持着密切的联系。这两支旗帜不同的农民革命军共同战斗，给了封建统治者以沉重的打击。

1861年后，由于太平军在安庆保卫战中失败，使淮南战区处于极为不利的形势，张乐行只得率领捻军渡淮北上，重新回到雉河集，结束了与太平军在淮南长达五年的联合作战时期。但在同治元年四月（1862年5月），张乐行还曾经准备在寿州拦截陈玉成的囚车，救出自己的战友，结果没有成功。由于捻军失掉了太平军的支持，1862年后，斗争极为艰苦。清政府派僧格林沁率领着蒙古骑兵作为镇压捻军的主力。1863年3月，捻军的根据地雉河集被清军占领，捻军的领袖张乐行被僧格林沁杀害。捻军虽然失去了根据地，失掉了领袖，但是，捻军的斗争并没有结束。张乐行的侄儿张宗禹又带领队伍重新收复了雉河集，团结捻军余部继续与清军战斗。

1864年太平天国首都天京失陷后，原被陈玉成派出远征西北的一支太平军，回师东下，与捻军联合。太平军的将领赖文光被推为捻军首领。这时期的捻军与以前不同，它发展成了一支正规化的战斗部队，有统一的领导，有独立作战的战略方针，更重要的是，它在整个抗清斗争中，已经不是单纯起着一种配合作用，而成了一支主力军。捻军为了反击僧格林沁的骑兵，便"易步为骑"，以骑兵为主，转战于安徽、河南、山东、江苏等地。1865年5月，终于在山东菏泽彻底击溃了僧格林沁的骑兵。

从1864年到1866年，捻军的战果是辉煌的，对清政府的打击是沉重的。可是尽管捻军取得了如此重大的胜利，但太平天国革命已经失败，全国的革命形势渐趋低潮。清廷也得以集中力量专门对付捻军了。在这种情形下，赖文光决定将捻军分成两支，以便互相呼应、互相声援。1866年秋天，捻军开始分为赖文光所领导的东捻和张宗禹所领导的西捻。但这样分兵的结果，却更加削弱了捻军的力量。

东捻军转战在山东、河南、湖北等地，计划从湖北入四川。东捻军曾经在湖北把李鸿章的淮军打得狼狈不堪，在山东又攻破清军与英法侵略军的联合防线。但是，由于他们东西奔驰，经常处在战斗中，力量不断削弱却又得不到支持与补充，终于在同治六年（1867）底在山东被击败。次年初，赖文光在江苏被俘就义。

西捻军于1866年进入陕西，计划联合西北回民起义军，然后在川陕间与东捻军会师。西捻军转战于陕西、山西一带，并曾长驱直入河北，引起清廷极大的震动。但是，自从东捻军被镇压后，镇压农民起义的李鸿章、左宗棠与英法侵略军联合攻击西捻军。

西捻军在优势敌人的围攻下，屡战不利，最后于1868年8月在山东茌平抢渡运河时被击败，许多捻军将领都壮烈牺牲。

（马金科）

张秀眉　杜文秀　李文学

太平天国革命时期，贵州、云南的少数民族人民，曾经响应太平天国革命，掀起了许多次的反清起义斗争，其中以张秀眉领导的贵州苗民起义、杜文秀领导的云南回民起义和李文学领导的哀牢山彝族人民起义为最大。

张秀眉，贵州台拱厅（今贵州台江）人，出身于苗族的贫苦农民家庭。咸丰五年（1855）领导当地苗族人民发动了反清起义，起义军很快占领了凯里、施秉、都匀、黄平等城市，起义势力震撼了整个苗疆。在起义军控制的范围内，苗族人民把清政府在苗区建立的用以镇压苗民的堡垒，全部平毁，并且夺回了过去被苗、汉地主阶级霸占去的土地，分给农民耕种。起义军还和汉族白莲教系统的"号军"联合，共同抵抗清军。1860年太平军石达开部从湖南进入贵州，苗民起义军也配合作战，围攻贵阳，有力地打击了清军，使革命形势得到空前的发展。

贵州苗民起义以后不久，1856年云南各地的回族人民也举行了大规模的反清运动。其中以杜文秀领导的一支起义军最为强大，他们以大理为中心，活动于云南西部。杜文秀在大理建立了元帅府，被推为兵马大元帅，设立了文武官职，成立了与清政府相对抗的起义政权。大理政权在杜文秀领导下，实行了联合汉族及其他各族的改善民族关系的政策，同时还进行了一系列恢复社会生产和减轻人民负担的措施：如减轻赋税、取消地方苛派、严格吏治军纪、鼓动手工业和发展贸易等，因而博得滇西各族人民的支持。到同治六年（1867）杜文秀大举东征昆明前，起义军已占领了五十余座城池，控制了云南大半个省。

差不多和杜文秀领导云南回民起义同时，出身于彝族雇农的李文学，1856年5月在哀牢山区的天生营，率领彝、汉各族人民起义。起义军提出"铲除赃官、杀绝庄主"的口号，表现了哀牢山彝、汉各族农民反抗清朝封建统治的决心。起义群众共推李文学为"彝家兵马大元帅"，在密滴村设立了帅府，作为领导起义的中心。起义军在李文学的领导下，同当地的封建势力展开了坚决的斗争，实行了"庶民原耕庄主之田，悉归庶民所有"的革命措施，改善了各族人民的生活，并有力地配合了云南回民起义军抗击清军，因而使革命势力不断扩大，到1868年起义军已控制了哀牢山北部的广大地区。

1864年太平天国革命失败，国内革命形势发生了显著的变化，清政府在帝国主义进一步的援助下，调集了大批清军，镇压贵州与云南的少数民族起义运动。苗民起义军在清军的血腥镇压下，1872年最后失败，张秀眉被俘牺牲。云南回民起义军于1869年东征昆明失败后，起义势力一蹶不振，1872年也被清军镇压下去，杜文秀服毒自杀。1872年李文学率领彝族起义军援救杜文秀，不幸兵败被俘，1874年遇害。同年，清军攻陷彝族起义中心 —— 密滴村，哀牢山彝族起义最后也失败了。

（马汝珩）

宋景诗

宋景诗是山东堂邑人，他家几代以来，都是贫农。咸丰四年（1854），宋景诗三十岁的时候，曾和许多农民一起，到离家乡十余里的冠县迎接过太平天国的北伐军。很多农民投入了太平军，跟着北上了。宋景诗带着对革命的向往和对地主满腔仇恨的心情，回到了家乡。

他的家乡和当时中国的其他农村一样，充满着贫困、饥饿、灾荒，造成这种灾难的主要原因是地主、官府的残酷压榨。因此，他的家乡的农民也和其他各地的农民一样，具有反抗、斗争、革命的要求。这种要求，在太平天国和捻军斗争的鼓舞下，更加强烈了。

1860年，农民们因为连年灾荒，连吃糠咽菜都很困难，官府却还要增收农民的赋税。于是，山东各地农民到处掀起了抗粮运动。堂邑周围的农民群众在宋景诗的领导下，集合了万余人进行反抗。

1861年3月29日，宋景诗带领群众打进了冠县县城，焚烧衙署，劫放狱囚，开仓取粟，救济穷民，正式举起了武装起义的旗帜，这支起义军叫作"黑旗军"。

　　和黑旗军同时起义的，还有属于白莲教系统的黄旗军、红旗军、白旗军、绿旗军等，宋景诗与他们联络配合得很好。他们提出了"替天行道""劫富济贫"的口号，到处受到贫苦农民的拥护和支持。因此，在不到三个月的时间里，各支起义军先后攻占了山东西北部的十三个县城，声势盛大。

　　清廷见起义军发展迅速，起义地区又靠近京城，十分害怕，便赶快调集了数万大军，兵分三路，想用压倒性的优势兵力扑灭革命力量。在这种情形下，起义军遭到了暂时的挫折。

　　同治元年（1863），宋景诗重整旗鼓，带着队伍回到了家乡附近的临清。

　　在家乡等着他们的，不仅有清政府的官军，而且还有当地地主阶级自己组织起来的武装——"团练"。这些团练武装，都是由当地的恶霸土豪所掌握，对革命农民抱着很深的阶级仇恨，其中尤以杨鸣谦领导的"柳林团"和王二香领导的"冈屯团"最为凶狠毒辣。黑旗军对这两个"民团""白天打，黑夜打，见天儿打"，打得这两个凶狠的地主武装，龟缩在圩（wéi）子里不敢伸头，杨鸣谦和王二香也被宋景诗用计杀死。从此以后，黑旗军又连续战胜了清军的多次进攻，取得了很大的胜利。

　　黑旗军的纪律是很好的。他们规定：不许敲诈民财，不许占住民宅，不许奸盗邪淫。走路行军绝对不踩庄稼，到一个地方只在野外扎营，不进村庄。黑旗军每到一处，都先出告示安民，公卖公买，不赊不拿，并把逃亡地主的土地和粮食，分给贫苦农民耕种、食用。所以，人民群众对于黑旗军爱护备至：妇女们为黑旗军巡风；小孩们为黑旗军遛马；打仗时，农民们扬土助阵。正因为如此，后来黑旗军虽只剩两千多人，仍然能屡次打退三四万反动武装的攻击。

清朝统治者为了拔去这个眼中钉，最后调动了它的王牌军——僧格林沁的队伍和直隶总督刘长佑的队伍，联合起来向黑旗军进攻。1863年9月21日，两军会战。反动派的优势兵力逼使黑旗军不得不撤退。撤退时，宋景诗叫人在圩子上遍插旌旗，锣鼓不停。第二天僧格林沁扑进圩子，只见绵羊倒悬，羊蹄击鼓，老牛曳车，车插旌旗，而起义军却早已不见了。

可惜从此以后，起义军就兵分四散，有一部分被清军击败，另一部分人，在宋景诗率领下，和捻军会合起来，继续战斗。

（宫明）

第二次鸦片战争

在咸丰六年到十年（1856—1860），英、法侵略者向中国发动了一次侵略战争。由于这次战争发生的原因和性质都和第一次鸦片战争相同，所以叫作第二次鸦片战争。

通过第一次鸦片战争，外国侵略者虽然打开了中国闭关自守的门户，取得了一定的侵略权利，但由于当时中国自给自足的自然经济破坏得比较缓慢，外国商品对中国输入的增加速度，远不能使外国侵略者满意。清政府虽然在第一次鸦片战争中被打败并且签订了屈辱的条约，但它为了维护"天朝"的体面和减少人民的反抗，还不敢公开地站到侵略者方面去，因而和外国侵略者仍存在着一定的矛盾。伟大的太平天国革命运动的蓬勃发展，也使侵略者感到有丧失在华既得权益的可能。为了进一步扩大在中国的侵略权益，使清政府百依百顺地为自己的侵略政策服务，外国侵略者便决定再一次向清政府动用武力，通过一打一拉的方式，达到上述侵略目的。

第二次鸦片战争是由英国侵略者制造"亚罗"号事件直接引起的。1856年10月，广州水师在广州附近停泊的中国船"亚罗"号上逮捕海盗，这本是中国的内政，但是，英国驻广州领事巴夏礼却以该船曾在香港登记（事实上登记证已过期），应受英国保护为借口，硬说中国水师在搜船时侮辱了英国国旗，向两广总督叶名琛提出释放全部水手、赔礼道歉并允许英国人进入广州等无理要求，蓄意发动武装挑衅，最后终于爆发了战争。

1857年7月，英国全权大臣额尔金率领一支海陆军到香港。法国也以"西林教案"（1853年，法国天主教神甫马赖在广西西林县进行侵略活动。1856年，西林知县迫于人民公愤，依法将马赖处死）为借口，命葛罗为全权大臣率军来华。美、俄两国也派公使和英国联系，表示支持英、法两国，以便趁火打劫。

1857年12月，由于叶名琛不修战备，英法联军攻陷了广州，叶名琛被俘，但英法侵略联军立即遭到广州人民和团练的反抗。1858年4月，英、法、美、俄四国使臣北上至大沽口外和清政府代表谈判。英、法两国在谈判中故意制造问题，使谈判破裂。5月英、法侵略者攻陷大沽炮台，直扑天津。清政府忙派桂良、花沙纳为钦差大臣去天津议和，与侵略者订立了《天津条约》。1859年6月，英、法侵略者借口交换条约批准书，又率军舰到大沽口外，拒绝清政府指定的由北塘登陆的路线，炮轰大沽炮台。守军奋起抵抗，击沉英、法兵船十余只。侵略军退回上海，经过一番休整

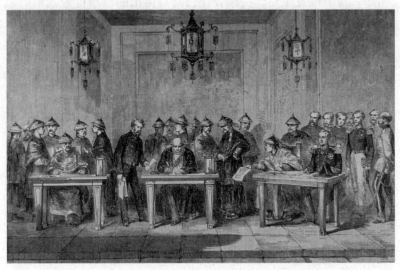

签订《天津条约》，签订者左起分别为花沙纳、额尔金、桂良、英海军上将西摩尔

之后，于1860年8月再度攻陷大沽、天津，直逼北京。咸丰帝仓皇逃往热河。侵略军攻占圆明园，园内金银珠宝和珍贵文物被掠夺一空，随后他们又纵火焚烧，使这座瑰丽的园林化为一堆瓦砾。侵略军焚毁圆明园后，跟着进占北京，恭亲王奕訢代表清政府和英、法议和，接受了侵略者的一切要求，于1860年10月签订了《北京条约》。《北京条约》和《天津条约》主要规定：①外国得派公使驻北京。②增辟牛庄（营口）、登州（烟台）、台南、淡水、潮州（汕头）、琼州、汉口、九江、南京、镇江、天津等口岸。③割九龙给英国。④赔英、法军费各白银八百万两。⑤准许外国人在内地自由传教，等等。

美国在第二次鸦片战争中，始终是英、法侵略者的帮凶。当"亚罗"号事件发生后，美国公使巴驾对英国的侵略行为表示"完全热忱地赞成"，而且保证要和英国"行动一致"，积极支持英国发动战争挑衅。英国海军开始进攻广州，美国海军也马上尾随而来。美国三艘军舰借口护侨，在驶向广州途中竟发炮攻击猎德炮台。巴驾自己承认，这种行动是"帮助英国"的。但是，当战争已经扩大之后，美国一方面继续对英、法表示坚决的支持和合作，另一方面却又向清朝政府唱起和平的调子，表示友谊，以一个和事佬的假面目出现。实际上，美国已经看准了腐朽的清朝统治者不堪一击，所以乐得借刀杀人，等着坐收渔利。1857年春，美国派列卫廉为驻华公使，带着美国政府关于联合英、法行动，逼迫清政府修约的训令，一方面鼓励英、法打，另一方面又威逼清朝和，使出了最阴险毒辣的两面手法，最后终于在《天津条约》和《北京条约》中，"分沾"了"利益"。曾经是美国国务院历史顾问的德涅特也不能不供认说："美国代表在国际政治中从来没有扮演过比这更无耻的角色了。"在第二次鸦片战争中，美国侵略者虽然想尽办法，要把自己打扮得像一个和平天使，但是它的双手沾满了杀人的鲜血，这是永远也洗不掉的。

第二次鸦片战争后，不仅外国侵略者扩大了在中国的侵略权益；而且由于外国公使驻京，侵略者与清统治者开始直接接触，使清政府越来越受外国势力的控制，成为外国侵略者统治中国的驯服工具，从而进一步加深了中国社会的半殖民地化。

（马汝珩）

圆 明 园

北京西郊，从西苑到西山一带，风景非常秀丽。远在八百年前，封建的王侯世家便在这里营建起行宫别苑，作为他们行乐的场所。清朝雍正皇帝即位，正式决定把这一带定为夏宫所在，扩建了不少避暑宫殿。到了乾隆皇帝时，更大集全国名匠，从事兴建。乾隆皇帝在位六十年，就没有一天停止过营建。清政府向人民尽情勒索，花费了数以亿万计的钱财，驱使着千百万民工日夜地劳动，终于建成了一座世界上少有的宏伟美丽的人工宫苑（从前把帝王的花园叫作苑），这就是圆明园。

圆明园包括最主要的三个园：圆明园、万春园和长春园，所以也叫圆明三园，其中以圆明园为最大。此外还有很多属园，散布在圆明园的东、西、南三面，其中有香山的静宜园，玉泉山的静明园、清漪园（后来的颐和园就是在这基础上建筑起来的）、近春园、熙春园（清华园内）和勺园、蔚秀园等。这些园以圆明园为中心，连绵二十多里，在这一带地方，举目所见，一片山水林园，殿阁亭台，非常壮丽。

圆明园是中国劳动人民智慧和血汗的结晶，是中国园林艺术的典范。园中有庄严宏伟的殿堂，也有玲珑轻巧的楼阁亭台、曲径回廊；有象征热闹街市的“买卖街”，也有象征农村景色的“山村”。园中有很多景物是仿照各地的名胜，如杭州西湖的平湖秋月、雷峰夕照，海宁的安澜园，苏州的狮子林等著名园景建造的。漫步园中，有如游历在祖国的天南地北。园中还有很多景物是仿照古代诗人画家的诗情画意建造的。如蓬莱瑶台、武陵春色等，使人置身其中，仿佛进入了那些诗人画家的幻想境界。所有的景物都是依着自然的湖山精心设计的，整个布局非常和谐。

圆明园不但建筑宏丽，而且还收藏着无数珍贵的历史文物，上自先秦时代的鼎彝礼器，下至唐、宋、元、明、清的历代名人书画，所以也可以说是当时世界上一个宏大的博物馆。

可是，我国千万劳动人民凭血汗修造起来的这座杰出的建筑精华，却惨遭那些自称为"欧洲文明者"的彻底破坏。

1860年，英、法侵略者打到北京城，强盗们进入圆明园以后，大肆抢劫。每个强盗都腰囊累累，满载出园。当强盗们抢走了所能抢走的东西，破坏了所能破坏的东西以后，为了掩饰这个罪恶野蛮的行为，强盗头子便下令烧毁全园，一时烟雾弥漫，火光冲天，火势历三昼夜不熄。这个世界上的名园，就这样在侵略者的野蛮焚掠下，化为焦土。圆明园的毁灭是中国文化史上无可估量的损失，也是人类文化史上无可估量的损失。

（美珍）

北京政变

咸丰十一年（1861），清朝贵族统治者内部发生了一次争夺权力的斗争。以慈禧太后为首的贵族集团在这次斗争中获胜，夺得了清朝最高统治权力，这就是"北京政变"。政变以后，中国最腐朽的封建统治势力和外国资本主义势力勾结起来，组成了同盟，并且联合镇压了太平天国运动，把中国进一步推向了半殖民地、半封建的深渊。

第二次鸦片战争爆发以后，腐朽的清朝军队被英、法侵略军打得丢盔卸甲，节节溃败。1860年8月，驻守大沽的清军主帅僧格林沁不战而逃，侵略军不费吹灰之力就占领了天津，到了9月底，侵略军逼近北京。这时，清朝统治者乱成一团，咸丰皇帝也吓得丧魂失魄，急急忙忙带着他的宠妃叶赫那拉氏（慈禧太后），率领着一班亲信大臣逃到热河躲了起来。咸丰的弟弟恭亲王奕䜣受命留在北京观看风色，进行求降乞和的勾当，最后签订了丧权辱国的《北京条约》。

《北京条约》签订后，英法两国得到了比第一次鸦片战争还多得多的特权，他们对奕䜣在订约过程中"有求必应"的奴才相十分赞赏，不断地加以扶植。当时太平天国正在轰轰烈烈地进行着革命斗争，这不但对腐朽的清朝封建统治是致命的危险，而且对英法两国已经取得的特权利益也是严重的威胁，因此，这些侵略强盗为了保住这个已经屈服了的政权，就决心要消灭抗清势力。《北京条约》刚一签订，他们就迫不及待地立刻表示愿意出兵帮助清朝镇压太平天国革命。

当时清朝的实权主要掌握在跟着咸丰皇帝逃到热河去的载垣、端华、肃顺等人手中，这些人在镇压革命这一点上，和外国侵略者的要求是完全一致的，但他们对列强还很不放心，唯恐外国侵略者借机改变清朝的封建统治，所以不敢轻易地"借师助剿"。这样，他们就在中外反动势力合作的道路上，成为外国侵略者最讨厌的障碍。当时的英国驻华公使甚至说："只消朝廷不在北京，怡亲王（载垣）、端华、肃顺继续掌政，我们就不能说中国人民已确实承受了条约（指《北京条约》）。"因此，他们极力寻找机会扶持最忠实的利益代言人来掌握政权。

1861年8月，咸丰皇帝在热河病死，他的儿子载淳当了皇帝（同治皇帝）。这个皇帝当时年仅六岁，他的母亲慈禧太后，有很强烈的权力欲望，很想利用皇帝年幼的机会，夺取清朝的最高统治权力。她先授意一些支持她的官僚，建议由她"垂帘听政"，也就是说由她来实际掌握政权。但载垣等人以清朝从来还没有太后垂帘听政的例子为理由，极力反对。慈禧的野心未能实现，怀恨在心，就暗地里与奕䜣建立了联系，阴谋发动政变，宫廷中的矛盾斗争日益尖锐。外国侵略者认为这是一个绝好的机会，极力支持奕䜣去怂恿慈禧回到北京制造政变，并且保证回来后绝不对她有任何刁难。

10月，奕䜣从北京到热河，与慈禧密商政变，并且拉拢了在北京、天津掌握兵权的兵部侍郎胜保同谋。一切准备就绪，11月1日，慈禧回到了北京。第二天，政变就发生了。他们将载垣、端华、肃顺等逮捕起来，处以死刑，同时宣布拥护慈禧太后垂帘听政。从此，慈禧登上了清朝最高统治者的宝座，奕䜣也被任命为议政王大臣辅政事，发动政变有功的桂良、文祥等人，也都做了军机大臣。政变成功，以慈禧太后为首，一个更腐朽、更黑暗的封建统治政权建立起来了。

外国侵略者对"北京政变"早就抱有希望，美国公使曾经说："我们应以温和协调的态度获致恭亲王及其同僚的信任，消除他们的惊恐，使最高权力落到他们手里去。"现在，他们对政变的成功当然更加高兴。这位公使兴高采烈地说，"这个令人感觉满意的结果，全是几个月来私人交际所造成的"，毫不掩饰地承认这次政变是在他们支持下搞成的。

通过"北京政变"，中外势力开始结合起来了。1862年年初，清朝统治者决定向英、法等国"借师助剿"，公开勾结列强来镇压革命。

（汝丰）

总理各国事务衙门

鸦片战争以后，清政府为了适应外国侵略者的需要，设立了"五口通商大臣"这个新职位，办理对外交涉事务，先后由两广总督和两江总督兼任。一直到1860年，清政府都没有设立和外国侵略者办理外交和商务的专门机构。

1860年以后，中外势力为了共同镇压太平天国革命而勾结起来。外国侵略者派遣了公使、领事、传教士到中国，加强了对清政府的控制，并且在清政府内部培养了奕䜣等代理人。这时外国侵略者发现，还缺少一个更加得力的机构来贯彻它们的侵略意图。

最会看洋人脸色办事的恭亲王奕䜣，为了投合列强的心意，主动地奏准设立"专一其事"地办理外交和通商事务的机构。1861年1月20日，总理各国事务衙门（简称总理衙门）成立。

总理衙门成立之初，只管外交、商务，后来随着外国势力的扩大，它的权力也一天天扩大，逐渐总揽了财政、军事、教育、矿务、交通等方面的大权，并且由奕䜣等这样显要的满洲贵族亲自主持，实际上总理衙门已发展成为清政府的"内阁"。

　　总理衙门的经费几乎完全靠洋人控制的海关供给，总理衙门的人员升官快、待遇高、地位突出。这种特殊现象，曾引起别的衙门的不满。最后，连皇帝也不得不出来为总理衙门辩护解释。皇帝的辩解很干脆，他说："总理衙门，办理的都是外国事情，自然和别的衙门不同。"办理外国事情的衙门就可以与众不同，这种不同，恰恰表现了这个机构的半殖民地的性质。

　　清政府专门成立一个高级机构来处理与侵略者利益相关的问题，并且通过这个机构来满足侵略者的要求和贯彻侵略者的意志，

总理各国事务衙门

这当然使外国侵略者称心如意。英、法公使在听到这个消息后，就"欣喜非常"，认为这是"数十年求之不得"的，他们大为赞赏奕䜣想出来的联合中外势力的"最妙良法"。

总理衙门是中外势力结合的产物，它的成立是清政府统治机构半殖民地化的一个明显标志。从1861年总理衙门成立，到光绪二十七年（1901）改为外务部，在这四十年间，它始终是联合中外势力的总机构，是清政府对外交涉的场所。

（杨遵道）

租　界

列强为了把中国变成它们的半殖民地和殖民地，曾经对中国发动许多次侵略战争，强迫中国订立了许多不平等条约。根据这些不平等条约，它们控制了中国一切重要的通商口岸，并把许多通商口岸划出一部分土地作为它们直接管理的地方——这些地方就成了所谓的"租界"。

英国首先引用道光二十三年（1843年10月）中英《虎门条约》关于外国人在各通商口岸租地建屋的规定，在1845年年底诱骗上海官吏公布了《上海土地章程》，确定了英国人租地办法，在中国神圣的领土上建立了第一个租界。当时根据土地章程规定，土地主权仍然属于中国，中国业主可以收取一定租金，中国政府有干预租界内行政的权力。到了19世纪50年代以后，外国侵略者得寸进尺，进一步排斥了中国政府在上海租界内行使行政、司法、警察和收税的权力，在租界内建立了一套殖民地的管理制度。上海租界俨然成为一个"国中之国"。

随着外国侵略势力的扩张，租界界址不断扩大，租界的数目日益增多。英、美、德、法、俄、日等国，曾先后在上海、广州、厦门、福州、天津、镇江、汉口、九江、芜湖、重庆、杭州、苏州、沙市、鼓浪屿、长沙等地设立了租界。

外国侵略者把租界作为走私偷运、贩卖毒品、残害和掠夺中国人民的基地。租界内烟窟、妓院、赌场林立，例如1856年上海法租界的预算中，烟窟、妓院、赌场的执照收入，占全部预算收

上海租界

入的一半。

租界是外国人在华投资的集中地，1894年前，外国侵略者在中国非法设立的工厂、船坞、银行等大都集中在租界区，租界成为控制中国金融财政，利用中国廉价劳动力和原料，榨取中国人民脂膏的地盘。

租界又是外国侵略者从事罪恶勾当，在经济上盘剥中国人民，在政治上奴役中国人民的堡垒。在租界内，外国侵略者为非作歹，为所欲为，形成一个个"国家中的国家"。

中国人民一直反对外国侵略者在中国设立租界。早在1927年，中国人民就在北伐战争取得胜利的形势之下，英勇地驱逐外国侵略者，收回了汉口、九江的租界，开始了收回租界运动。同一年，国民党叛变了革命，成为列强的利益代言人，因此，有些租界在形式上是收回了，但实际上没有改变租界的性质。直到1949年，随着中国人民革命的胜利，租界才被彻底清除。

（杨遵道）

中国海关

海关是国家对于进出国境的一切货物进行监督检查、征收关税并执行查禁走私任务的国家行政管理机关。一个国家的海关，好像是这个国家的大门。海关的管理权，好像是大门的钥匙。大门的钥匙怎能由外国侵略者掌管呢？可是近代中国大门的钥匙，长期以来掌握在英国手里。那么，中国的海关管理权是怎样落入外族手中的呢？

早在1842年的中英《南京条约》里就规定，英国商人缴纳进出口的货税，要"秉公议定"。这个规定已经开始破坏中国海关的自主权。

1853年上海小刀会起义，占领上海县城，驻上海的英、美、法三国领事，趁机派兵侵占了设在上海租界内的中国海关，夺取了中国海关的行政权。为了控制中国海关，英、美之间发生了尖锐的斗争。最后，英、美、法在共同控制中国海关这一点上达成妥协，并联合一致对上海地方政府进行威胁、利诱，迫使上海官吏接受英、美、法三国领事各派一个税务司管理上海海关、主持税收工作的要求。1854年6月29日，英、美、法三国领事和上海道吴健彰订立了有关上海海关的协定。7月12日，根据协议，由英、美、法各派一员组成三人关税管理委员会，由此霸占了上海海关的税收工作，侵略者就这样轻易地攫取了上海海关的行政管理权。此后，外国侵略者积极活动，企图把上海半殖民地的海关制度推广到各通商口岸。

1859年，野心勃勃的英国税务司李泰国，经过上海道买办官僚薛焕的保举，被两江总督任命为总税务司，并得到了选募各通商口岸税务司的权力。这样李泰国抓到海关的用人大权，确立了英国人在海关中的统治地位，并在广州建立了由英国人控制的海关制度。

同治二年（1863），英国人赫德继李泰国为总税务司。赫德是一个八面玲珑、阴险狡猾的侵略分子。他一方面在保持英国对中国海关领导权的条件下，按各国在华势力的大小，任用了其他各国的税务司，对中国海关实行共管，缓和了各侵略者之间的矛盾，取得了其他侵略者的支持；另一方面，在清政府财政十分困难的情况下，他又把海关收入的一部分交给清政府，用来延续清政府的统治，镇压中国人民的起义，从而赢得了清政府对他的宠爱和信任。在中外反革命势力的支持下，赫德成为一个不倒翁，连续把持中国海关管理权达四十多年之久。在他的任期内，赫德一手制定了一套半殖民地的海关制度，并把这种制度推广到其他通商口岸。

外国侵略者把持了中国海关的管理权，掌握了中国大门的钥匙，这不仅大大地便利了外国侵略者对中国实行经济侵略，而且总税务司和税务司们的地位很特殊，一方面是"洋人"，是帝国主义的代表；另一方面又算是清政府雇用的人员。这种地位使他们既为清朝官僚所畏惧，而又容易取得官僚们的信任。因此他们比起外交官、传教士有着更合适的身份来参与和支配中国的政治和外交。在19世纪末，这些掌握中国海关管理权的洋员，任意控制中国的内政外交，包揽其他权力，他们对于推行帝国主义的侵略政策，促使清政权的半殖民化起了重大的作用。

（杨遵道）

本编从中法战争、甲午战争，讲到八国联军侵华，中国完全沦为半殖民地半封建社会，成为任人宰割的羔羊。

第七编

存亡继绝

洋务运动

在太平天国革命时期，封建统治阶级中的一部分人，为了镇压农民革命，采用西方资本主义的一些技术制造枪炮，以武装军队。太平天国革命失败后，这一部分统治者进一步认识到，为了保持封建主义的统治，必须更多地学习一点西方资本主义的物质文明，当时人们把这叫作"办洋务"，而这一部分统治者也就被称为"洋务派"。洋务派的主要人物，有奕䜣、曾国藩、左宗棠、李鸿章、张之洞等，他们实际上是地主阶级当权派中最早带有买办倾向的一部分人。洋务派所进行的一些活动，在历史上被称作"洋务运动"。"洋务运动"的实质，是要求在旧的封建统治的基础上，增加一些资本主义的皮毛，来稳定封建主义的统治地位。

"洋务运动"大致可以分成三个阶段：

第一阶段从1864年太平天国革命失败到19世纪70年代初。在这个阶段，洋务的重点集中在军事工业方面。洋务派先后办了江南制造局、金陵机器局、福州船政局、天津机器局等几个军事工厂，制造新式武器，以便继续武装军队，大力镇压当时尚在坚持斗争的捻军和回民起义。但这些军事工业从设计施工、机器装备、生产技术一直到原料燃料的供应，完全都要依靠外国。而且经营管理混乱腐败，生产成本十分昂贵，连李鸿章自己也说："中国造船之银，倍于外洋购船之价。"生产出来的武器军舰，质量很坏，除了屠杀手无寸铁的老百姓之外，不可能用来应付任何外来侵略。

从19世纪70年代初期到中法战争（1883—1885）是"洋务运动"的第二阶段。这个时期外国侵略势力加紧了对中国的进攻，日本、英国、沙皇俄国、法国纷纷侵占中国的边疆地区。洋务派为了应付这种局势，直接向外国购置了许多枪炮，并先后向英、德、美、法购买大小舰艇数十艘，建立了北洋舰队。同时，为了筹集经费，培养洋务人才，还经营了一些采矿、运输、电报、教育等事业。当然，这些事业在技术、装备、原料等方面仍不得不依靠列强。洋务派在进行这些活动时，标榜的口号是"求强"，但依靠帝国主义当然不可能真正使中国强盛起来。实际上，洋务派

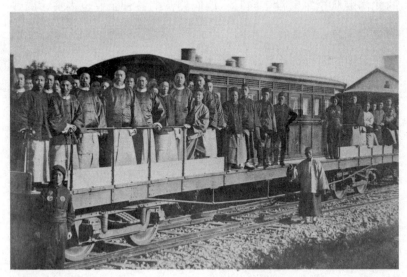

李鸿章视察唐山铁路

在对外交涉和对外战争中，一直采取妥协投降的方针，大量地出卖了中国的主权。

"洋务运动"的第三个阶段是从中法战争到中日甲午战争（1894）。在这个阶段中，洋务派把重点从"求强"转为"求富"。他们大力投资于纺织、铁路、炼钢等工业部门。李鸿章主办的上海织布局、华盛纱厂、漠河金矿、津榆铁路等，张之洞主办的汉阳铁厂、大冶铁矿、马鞍山煤矿等，都是在这个阶段中先后开办的主要企业。但也像"求强"的口号只是个虚假的幌子一样，洋务派的"求富"也并不是真正的求国家之富，而是求他们个人之富。这些工矿企业成为洋务派官僚发财致富的利源。

1894年，爆发了中日甲午战争。在战争中，洋务派大力经营的北洋舰队全军覆没。同时，他们经营的各种企业也因贪污腐败而奄奄一息。洋务派散布的"求强""求富"的神话幻灭了，他们腐朽卖国的面目日益暴露，"洋务运动"也就此破产。

（马金科）

天津教案

外国侵略者在用军事、政治、经济等手段侵略中国的同时，为了麻醉中国人民的精神，摧毁中国人民的反抗意志，还加紧进行了文化侵略。"传教"就是外国资本主义进行文化侵略的一个重要手段。侵略者派了很多"传教士",披着宗教外衣来到中国搜集情报,甚至霸占田产,包揽词讼,残杀良善。中国人民对于这些无恶不作的"传教士"恨之入骨,在19世纪下半期,曾经掀起过许多次反洋教斗争,天津教案就是其中著名的一次。

天津人民在第二次鸦片战争中曾遭到英法侵略联军的屠杀和蹂躏,战后十年间,又受尽了外国侵略者的欺压,新仇旧恨积压在心头。同治九年(1870),以教堂拐骗小孩为导火线,终于爆发了轰动中外的反侵略斗争,一般称为"天津教案"。

1870年,在天津破获了许多起拐骗小孩的案件,都和法国天主堂育婴堂有关。1870年6月21日,天津地方官到教堂查问拐骗小孩的罪犯王三,教堂中的法国教士不仅隐藏罪犯,并向聚集于教堂周围的群众挑衅,引起了冲突。法国驻天津领事丰大业,要求清朝三口通商大臣崇厚派兵镇压,崇厚也已照办,可是丰大业认为崇厚派兵太少,镇压不力,大为不满,手执双枪,怒气冲冲地跑到崇厚衙门,一见崇厚就叫嚷说:"听说老百姓想要我的命,你先给我死!"接着就举枪向崇厚开火,未中,又在崇厚衙门大打出手。

丰大业侮辱和枪击中国官吏的消息很快传开,几千名愤怒的群众聚集街头。丰大业行凶未遂,在回领事馆途中,十分骄横嚣张,他的秘书西蒙挥舞着利剑在前开路,向群众挑衅。后来,当他们遇到天津县官刘杰时,丰大业不分青红皂白,开枪射击,打死刘杰的随从,西蒙也随之向群众开火。这时,群众已忍无可忍,一拥而上打死了丰大业和西蒙。接着鸣锣聚众，烧毁了法国在三岔河口的洋楼，即有名的"望海楼"，并打死无恶不作的法国教士十多人，其他国籍教士、商人七人。

来势迅猛的"天津教案"发生后，吓得列强坐卧不安，惶惶不可终日。法、英、美、俄、德、比、西等七国，在中国人民反抗斗争的怒火面前，狼狈为奸，联合一起，一面对清政府施加外交压力，一面把英、美、法等国舰队集中至烟台与天津海口，对清政府进行战争恫吓。法国趁机提出无理条件，声称清政府如不接受，就要把天津变成焦土，态度十分蛮横。

清政府在洋大人的压力面前惊慌失措，立即派曾国藩到天津"查办"，办理结果还是向法国道歉、赔款，还把天津知府、知县等官员二十五人充军，并且随随便便把十六个无辜的老百姓处死，"以服洋人之心"。

（杨遵道）

中法战争

侵占越南并且以越南作为基地入侵中国，这是近代历史上法国历届资产阶级政府的一贯政策。

中越两国人民自古以来就结下了深厚的友谊。这种友谊，在法国侵略的威胁面前，在反侵略斗争的共同要求的基础上，使中越两国人民更加紧密地联系起来了。

19世纪60年代，法国侵占了越南南部后，马上把侵略的矛头指向越南北部和中国西南部。同治十二年（1873）底和光绪八年（1882）四月，法国对越南发动了两次武装进攻，妄想建立一个包括越南和中国西南地区的所谓"东方帝国"。越南人民对法国的武装侵略进行了坚决的斗争。同时，刘永福率领的广西农民起义军——黑旗军，应越南阮朝政府的要求，也和越南人民并肩作战，坚决抗击入侵的法军。在越中人民的打击下，法国的两个侵略军头子安邺和李维业在河内城边先后被击毙。

法国侵略者不甘心于自己的失败，蓄意扩大侵略战争，决心把战火烧到中国境内。这时清朝政府应越南政府之请，也派兵到越南。1883年12月，法军在越南山西向清军和黑旗军联合防守的阵地发动进攻，开始了中法战争。

战争进行了一年多，在越南战场上，法国侵略军受到越南人民和黑旗军及清军官兵的英勇抵抗。法国政府为了呼应越南的战局，又派海军在中国沿海进行海盗式的骚扰。

到1885年3月底，越南战场的法国侵略军在越南和中国军民英勇的抗击之下，全线崩溃。在越南战场的东线，清军老将冯子材在镇南关（今友谊关）和谅山大败法军，势如破竹地节节胜利进军。在东线大捷的同时，越南战场的西线也频传捷报，黑旗军等在临洮痛打了法军，加之越南各地人民的抗法起义风起云涌，更给法国侵略军以沉重的打击。就在前线胜利进军声中，卖国投降的清政府和法国政府加紧谈判，最后竟在1885年6月9日签订了屈辱的投降条约。中法战争以后，中国的边疆危机进一步加深了。

为什么这次战争前线打了胜仗反而签订了屈辱的条约呢？最根本的原因在于清政府的无能和腐朽。

当时，清政府的统治机构已腐朽透顶，政治上十分专制，经济上百孔千疮，军事上也一团糟。1884年，在越南北宁、太原、兴化的清军不战而逃；1884年7月，福建官吏不采取任何抵抗行动，就让敌人的战舰开进了闽江，使中国海军遭到失败；1885年2月，广西巡抚潘鼎新在越南谅山的大溃退，几乎使法军长驱直入广西。这些都是在清政府投降路线指导下发生的事情。

当前线官兵违反投降派的意愿，在中国和越南人民支持下英勇抵抗，大败法军，获得镇南关和谅山的辉煌胜利时，清政府不是去扩大战果，反而把前线的胜利，作为投降的资本，他们匆匆忙忙"借谅山一胜之威"，和法国侵略者签订了屈辱的条约。前线官兵用鲜血换来的胜利果实，就这样轻易地被葬送掉。

在整个战争过程中，英、美等帝国主义一直没有停止过诱降活动。他们一面装作公正人进行"调停"，一面却供给法军燃料、军火、粮食，替法国修理船舰，供给法军军事情报和领水人员，甚至英、美的国旗也成了法军的"遮凶布"，其军舰和商船更成了法国舰队的掩护。当帝国主义看到它们的诱降和对法援助并不能阻止中国人民的胜利时，在中国当海关总税务司的英国人赫德就挺身而出，胁迫昏庸而腐败的清政府对法妥协，造成了"中国不败而败，法国不胜而胜"的局面。

（林敦奎）

中国工人阶级第一次大规模的反帝斗争

在1884年中法战争中，中国工人阶级掀起了第一次大规模的反帝斗争。

1884年，正当中国人民反对法国侵略的斗争激烈进行的时候，英国侵略者和法国串通一气，允许法国利用香港停泊和修理战船，补充军用物资。香港英国殖民当局这种袒护法国侵略者的罪恶活动，引起了中国人民的无比愤怒，在香港的中国工人尤其不能容忍。1884年9月3日，一艘在侵略战争中受了伤的法国兵船"加利桑尼亚尔"号驶入香港船坞，打算进行修理。中国船舶修造工人坚决拒绝修理这艘屠杀中国人民的敌舰，并且立即举行罢工，从而揭开了这次反帝斗争的序幕。

9月14日，又有一艘法国水雷炮艇"阿塔兰特"号开进香港，这一次工人群众决定采取进一步的行动，乘机烧毁这艘强盗船只，吓得法国强盗连夜开船惊惶逃走。

中国船舶修造工人的爱国行动，得到了香港其他各业工人的积极支持和热烈响应，他们广泛地展开了反对法国侵略者的斗争，搬运工人不给法国兵船运送燃料，民艇工人拒绝替法国商船起卸货物，

569

就是在法国轮船公司做工的华工, 也纷纷辞职, 团结一致, 共同对敌。

事后, 香港英国殖民当局无理逮捕了十一名拒运法货的民艇工人, 并撤销了许多民艇执照。殖民当局的这种高压手段, 更加激起了工人的愤慨, 罢工斗争越发如火燎原地扩大起来, 到了10月3日, 罢工斗争达到高潮, 工人群众举行了一次规模空前的示威运动。这个时候, 英国殖民当局, 出动全副武装的警察, 向手无寸铁的示威群众开枪射击, 当场杀害了一名工人, 大批工人被逮捕。但是, 中国工人阶级在敌人的进攻面前, 没有被吓倒, 没有被压服, 他们继续高举反帝的旗帜, 进行英勇不屈的斗争。10月5日, 东区的码头工人又计划举行示威, 10月7日, 九龙区油麻地的工人进行示威运动, 以支持香港地区工人的斗争。

这一次香港工人的罢工斗争, 从1884年9月3日开始一直坚持到10月7日, 前后共计35天, 最后迫使英国殖民当局不得不低下头来, 释放被捕的工人, 宣布不干涉工人 "不装法货" 的正义行动, 斗争取得了伟大的胜利。

（林敦奎）

甲午战争 《马关条约》

"甲午战争" 是日本在美英资本主义的支持下发动的一次侵略

中国的战争。

中国的东邻日本，原先也是个封建国家，受到西方资本主义国家的侵略。1868年，日本发生了一场不彻底、不完全的资产阶级改革——"明治维新"，建立了地主和资产阶级的联合统治。明治维新后，日本的资本主义得到了比较迅速的发展，但封建势力并未彻底铲除，阶级关系十分紧张，农民和工人不断发动武装起义和罢工斗争。日本的统治阶级为了转移国内斗争的视线，为了扩大商品市场、掠夺原料和资金，便把对外扩张定为国策，把中国和朝鲜作为它侵略的目标。

这时，美国为了趁机在中国和朝鲜伸展自己的势力，英国为了利用日本的力量牵制垂涎中国东北已久的沙皇俄国，都在暗中支持和帮助日本对朝鲜和中国的侵略。

在这种情形下，日本政府千方百计地把自己的政治、经济和军事力量渗入朝鲜，同时积极寻找向中国挑衅的机会，以便掀起一场大规模的侵略战争。

1894年1月，朝鲜农民发动了大规模的武装起义。朝鲜的封建统治者请求清政府出兵镇压。日本政府觉得这是趁机挑衅的大好机会，也假意竭力怂恿清政府出兵朝鲜。在清政府派叶志超率军入朝以后，日本政府又马上翻转脸来，借口清政府出兵，也派了许多军队侵入朝鲜，有意造成战争冲突的紧张局势。清政府建议中日两国军队同时撤出朝鲜，遭到日本的蛮横拒绝。在这种情况下，中朝两国人民一致要求出兵抵抗日本的侵略。但是，主持清政府外交的李鸿章对这些要求置之不理，而把希望寄托于英、俄等帝国主义的调停上，对日本步步退让。7月25日，日本海军突然袭击护送陆军去朝鲜的中国海军。四天后，又向在朝鲜成欢驿的中国陆军发动进攻，挑起了中日战争。1894年是旧历甲午年，所以这次战争叫中日甲午战争。

9月12日，日本军队又进一步向朝鲜平壤发动了猛烈的攻击。协助守城的清军和朝鲜人民一道，进行了英勇的抵抗。防守北城玄武门的清将左宝贵战死，清军总指挥叶志超贪生怕死，命令他的军队从平壤撤退，并一口气逃回了中国。

接着在9月17日，清军北洋舰队在黄海海面上，与日本舰队发生了一场激烈的海战。战斗经历了五个小时，中国的海军士兵和一些爱国将领英勇奋战，打伤日舰多艘，并使日旗舰"松岛"号受了重伤，清军战舰损失四艘，最后日舰不敢恋战，向南退走。

《马关条约》的签订

10月，日本侵略军把战火进一步烧向中国边境，一路从朝鲜北部渡鸭绿江；另一路从辽东半岛东岸登陆，进犯大连和旅顺。11月7日，大连不战而失。接着日本又于11月18日向旅顺进兵。这里的清军守将接受了清政府的不抵抗命令，临阵脱逃，一些爱国官兵虽然进行了抵抗，但因没有后援，也失败了。

　　日本侵略军进入中国领土后，疯狂地杀害中国人民。旅顺市军民被杀得只剩下三十二人。侵略军野蛮、残暴的兽行，激起了辽东人民的极大愤怒，人民都起来和侵略军展开斗争。他们在斗争中发出豪言壮语："宁做中华断头鬼，不做倭寇屈膝人。"

　　日本进攻辽东半岛时，清政府仍不积极进行抵抗，却在美国的指使下无耻地进行求和活动。1895年1月20日，日军在山东半岛登陆，先后攻下了威海卫南北两岸的炮台，形成了从海、陆两路对威海卫港内北洋舰队的包围。港内北洋舰队的爱国官兵，曾经几次要求出海抗敌，李鸿章为了保存他的实力，却下令不许舰只出港迎敌。舰队受包围时，官兵们不顾李鸿章的命令，进行了英勇的抵抗。但因力量薄弱以及舰上"洋员"和卖国分子的破坏，最后，北洋舰队被日本歼灭了。

　　中国人民和爱国士兵，在战争中进行了英勇的斗争，由于清政府采取了不抵抗的方针，致使中国的局势无法挽回。1895年3月，清政府派李鸿章为代表，到日本马关进行谈判。4月17日，签订了丧权辱国的《马关条约》。这个条约规定了中国向日本赔款二亿两白银；割让中国大片领土，包括辽东半岛、台湾和澎湖列岛给日本；允许外国人在中国通商口岸自由开办工厂；开放沙市、重庆、苏州、杭州为商埠等。后来，俄、法、德三国从自己的侵略利益出发，不甘心让日本独自占领辽东半岛，进行干涉，结果，中国以白银三千万两向日本"赎回"辽东半岛。

（余西文）

邓 世 昌

中日甲午战争中，中国人民为了抗击日本侵略者，曾经进行了英勇的斗争。广大劳动人民和清军士兵，以及一部分爱国将领，在凶恶残暴的民族敌人面前，奋不顾身，顽强战斗，写下了很多可歌可泣、气壮山河的光辉篇章。邓世昌就是在甲午战争中慷慨殉国的一位民族英雄。

邓世昌在1849年（一说1855年）出生在广东省的番禺县（今广州市番禺区）。广东是和外国资本主义侵略势力接触最早的地区，也是中国人民最先进行反帝斗争的重要地区。年幼的邓世昌，在这样的环境里生长，亲眼看到了外国侵略者的强暴，国家民族的苦难，以及人民群众英勇的反侵略斗争。所有这些，不但给他留下了深刻的印象，而且使他从小便痛恨外国侵略者，萌生着爱国思想。邓世昌刚满十四岁，就抱着学好本领、反抗外国侵略的志愿，考进了福州船政学堂。他发愤苦读，成为这个学校成绩优秀的学生。

从福州船政学堂毕业后，邓世昌在北洋水师的舰队里工作，历任"振威""扬威""致远"等舰的管带（舰长）。他治军严整、办事认真，并刻苦钻研海军业务，在当时腐败的北洋水师中可以说是凤毛麟角。1887年，邓世昌奉派到英国接带新舰"致远""靖远""经远""来远"等回国。在归航途中，他不畏险阻，不怕惊涛骇浪，抓紧时间，指挥这些新舰进行实地演习，使全体将士受到了一次很好的锻炼。

1894年，日本帝国主义在美国的支持下发动了侵略朝鲜和中国的战争，邓世昌积极地投入反帝斗争的伟大行列，站在抗日战争的最前线，领导士兵，挥戈杀敌。

1894年9月17日，中国北洋舰队在黄海突然遭到日本舰队的袭击，双方展开了激烈的海战。在敌人的进攻面前，中国舰队的大部分官兵，临危不惧，沉着应战，狠狠地打击敌人，使日本旗舰"松岛"等三艘受了重伤。特别是在邓世昌指挥下的"致远"舰的全体官兵，在战斗中表现得格外英勇。"致远"舰在几小时的浴血苦战中，不幸中弹受伤，船身倾斜，弹药将尽。在这样的情况下，邓世昌激励兵士，大声疾呼："我们从军卫国，生死早已置之度外。现在情况十分危急，今天正是我们为祖国牺牲的时候了！我们虽然牺牲了，但可以壮国家的声威，也就达到了报国的目的！"他看到全舰士兵都同心同德，就下令"致远"舰开足马力，向敌人最凶猛的先锋舰"吉野"猛撞，准备和他们同归于尽。但不幸的是，"致远"中途被敌人的鱼雷击中，他们的壮志未遂，全舰二百五十人都壮烈地为国牺牲。

据记载说，"致远"沉船时，邓世昌坠入水中，还大呼"杀敌"不绝。还有的记载说邓世昌入水后，曾被他的一个随从救了起来，但邓世昌看到全船战士都沉没了，他自己也"义不独生"，又重新跳入海中。

（林敦奎）

台湾人民的抗日斗争

《马关条约》签订后，割让台湾的消息传了出来。台湾人民个个都非常悲愤。1895年4月20日（《马关条约》签订后三天），台北人民鸣锣罢市，表示反对日本侵占台湾和清政府的投降卖国。他们还发誓："宁愿人人战死，也绝不愿意拱手把台湾让给日本。"

这时，台南的守将正是当年在中法战争中打败过法国侵略军的黑旗军将领刘永福。他听到清政府出卖祖国的领土后，非常气愤，决心和台湾人民一道，奋起抵抗日本的侵略。台湾人民热烈拥护刘永福领导抗日，他们在各地组织了许多支义军队伍，团结在刘永福周围，并肩战斗。

5月底，日本侵略军开始踏上台北土地，向南进攻。黑旗军和以徐骧、吴汤兴为首的台湾义军充分利用了当地多山的地势，把敌人引入深山密林中的包围圈。侵略军一进入圈套，他们就手持大刀、长矛和鸟枪，从四面八方向敌人杀来，把敌人打得落花流水。

　　8月，彰化和云林先后失守，同时，义军的粮食和弹药日益不足。刘永福曾几次派人到大陆求援，他们得到了大陆爱国人民的热烈支持，不少人要求参加抗日斗争。但是，卖国的清政府却下令军民"不得丝毫接济台湾"，还封锁了大陆到台湾的航运。

　　台湾军民虽然遇到了许多困难，却并没有被困难吓倒。云林失守后，嘉义危急，刘永福调军增援，黄荣邦、简精华等率义民军助战，收复云林一带，军威复振。侵台日军遭到严重打击，日本政府急派大军来台。10月，在布袋、枋寮先后登陆，配合陆路南犯的日军分三路进攻台南。黑旗军和义军在饷械极度困难的条件下仍坚持战斗到最后，义军大部分战死，徐骧也在一次激战中英勇牺牲了。10月19日，刘永福被迫退回大陆，台湾被日本占领了。

　　1896年年初，台中义民柯铁率领一部分抗日民众，在嘉义东北大坪顶坚持斗争，不断地给来犯敌人以打击，赢得了"铁虎"的称号。同时，台北、台南人民也展开了攻打城市、袭击官衙的斗争，此伏彼起地打击着侵略者。此后，在漫长的半个世纪中，台湾人民反抗日本侵占台湾的斗争，始终没有停止过。

（余西文）

帝国主义在中国划分的势力范围

甲午战争以后，日本通过《马关条约》，不但取得了中国的大量赔款，侵占了中国的大块土地，而且还得到了在中国直接投资设厂的特权。根据"利益均沾"的侵略原则，其他各国也同样可以享受这个特权。过去列强就已在中国开办了一些工厂，为什么它们还要特别把这一点在条约中明文规定下来呢？原来，这里反映着世界形势的一个重要变化。

19世纪末期，世界上主要资本主义国家已经进入了帝国主义阶段。以前，资本主义国家对于中国的经济侵略，以商品输出为主。它们强迫中国开商埠，把持中国海关，夺取中国内河航行权，都是为了方便对中国输出商品。到了帝国主义阶段，它们的经济侵略已从商品输出为主改变为以资本输出为主，《马关条约》中明文规定外国可以随意在中国通商口岸投资设厂，就是这个变化的一个反映。

为了输出资本，帝国主义不仅要在中国开设工厂，而且还要抢夺铁路修筑权，垄断矿山开采权，并且进一步要求在中国划定自己的势力范围。甲午战争以后，各帝国主义国家在中国纷纷争夺势力范围，使中国的民族危机达到空前严重的地步。

光绪二十一年（1895），法国首先夺占中国云南边境上的一些地区，迫使清政府开放云南的河口、思茅为商埠，并取得在广东、

瓜分中国

广西、云南三省的开矿权。

沙皇俄国在1896年，从清政府手中取得在黑龙江和吉林两省境内修筑中东铁路的权利，并取得对铁路沿线地区的管理权。

英国在1897年，以"永租"的名义，强占了中国云南的猛卯三角地区，并取得了在广东西江的航行权，还迫使清政府开放广西梧州和广东三水为商埠。

法国在1897年，又迫使清政府宣布海南岛不割让给他国，实际上是把海南岛作为它的势力范围。

帝国主义各国对中国的这种侵略和掠夺，到了1897年年底，更加激烈起来。这年11月，德国借口传教士在山东曹州被杀，派军队强占了胶州湾，并取得在山东修筑胶济铁路和在铁路沿线开采矿山的权利，从此德国便把山东划为自己的势力范围。在这以后，帝国主义各国更加紧了在中国划分势力范围的争夺。

沙皇俄国在1897年12月，借口德国占据胶州湾，派军舰侵占了旅顺。1898年3月，迫使清政府把旅顺和大连"租借"给沙皇俄国，并且取得了修筑中东铁路支线（哈尔滨至旅顺）的权利。从此，沙皇俄国便以东三省（黑龙江、吉林、辽宁三省）和内蒙古为它的势力范围。

法国在1898年4月，借口沙皇俄国占据旅顺、大连，强行"租借"了广州湾，同时还取得了滇越铁路的修筑权，并迫使清政府宣布广东、广西、云南"不割让给他国"，实际上是把云南和两广的一部分地区作为它的势力范围。

英国在1898年6月，以法国占据广州湾为借口，强行"租借"了九龙半岛。7月，又以俄国占据旅顺、大连为借口，租占威海卫，并且取得津浦铁路南段（峄县至浦口）的修筑权，同时还迫使清政府宣布长江流域各省及两广的一部分"不割让给他国"，这一广大地区便成为英国的势力范围。

日本除了侵占了台湾以外，在1898年，又强迫清政府答应将福建省作为它的势力范围。

19世纪末，帝国主义各国在中国划分了这么多势力范围，把中国的大片领土作为它们的侵略根据地，抢夺了中国许多重要港口和铁路、矿山，从而形成了帝国主义瓜分中国的险恶形势。

（荣国汉）

门户开放

"门户开放"政策是在光绪二十五年（1899）由美国政府以照会的形式提出来的。甲午战争后，帝国主义国家利用《马关条约》规定的种种特权，一个接一个地在"利益均沾"的借口下，在中国领土上开设工厂，掠夺开矿和筑路权，更在中国领土上强占"租借地"和划分"势力范围"，等等。这时，只有美国，因为正忙于夺取西班牙殖民地古巴、波多黎各和菲律宾的侵略战争，没有能够抽出手来，在中国也捞上一把。1899年，当美国结束了对西班牙的战争后，已来晚了一步，中国沿海和西南一些地区都被其他帝国主义侵占了。美帝国主义决心改变这种局势。当时的美国总统麦金莱露骨地说："中国沿海土地有落入外人手中者，此种重要变局吾美不能袖手旁观……苟欲不受占有中国土地之强国的排挤，非参与华事不可。"为了达到这个目的，以便逐渐变各国势力范围为它独占的势力范围，并最后完全奴役和统治中国，它在这一年9月，提出了"门户开放"政策。

这个政策的主要内容规定：各国互相承认在中国的"势力范围""租借地"和通商口岸的既得利益，彼此不得干涉；在这些"势力范围"里，各国船只的入港费和铁路运费，都不得高于占有这些"势力范围"的国家的入港费和铁路运费。也就是说，在"列强"

的"势力范围"之内，美国应该取得"通商和航行"的"平等待遇"。

很显然，美帝提出的所谓"门户开放"政策，就是要把中国的"门户"向一切帝国主义国家都"开放"，这是因为美帝害怕把中国变为某几个帝国主义国家直接控制的地方，就妨碍或排挤了自己对中国的进一步侵略。因此，美国提出"门户开放"政策，是企图通过这个政策，使美国插足到其他帝国主义国家的"势力范围"内，分享其他帝国主义的侵略利益；同时，更企图凭着自己的经济优势，逐渐地排斥其他帝国主义，达到把中国变成它独占的殖民地的目的。

当时，英国、法国、俄国以及其他帝国主义国家相互之间的矛盾很多、竞争很激烈。在这种情况下，他们为了调和彼此之间的矛盾，相继接受了美国这个"门户开放"的主张。美国所提出的"门户开放"政策使各个帝国主义国家结成了侵略中国的同盟，中国更加被推上遭受帝国主义瓜分的险恶处境了。

（佘西文）

公 车 上 书

"公车上书"是指1895年康有为（1858—1927）领导的一次举人上书皇帝的请愿运动。

光绪二十一年三月（1895年4月），腐朽的清政府准备和日本订立《马关条约》的消息传到北京。当时各省的举人正在北京参加会试，听到了这个消息后，非常气愤。特别是台湾籍的举人，听到自己的家乡将被出卖，更是愤怒万分。大家反侵略的情绪极为高涨。

广东举人康有为，早在1888年，就曾经上书皇帝，请求变法，但受到了顽固派官僚的阻碍，没有结果。这一次他看到群情激昂，正是鼓动上书的大好机会。于是他和他的学生梁启超等四处联络，约集十八省举人，在松筠庵开会。开会那天，盛况空前，到会的有一千多人。个个情绪激愤，公推康有为起草奏疏。康有为赶了一天两夜，写成了给光绪皇帝的万言书。在万言书上签名的，据说有一千三百多人。除了送给皇帝之外，还把这份万言书，辗转

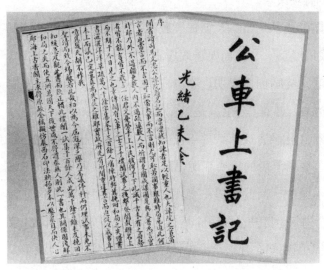

《公车上书记》

传抄，很快传播开来，轰动了北京。因为当时又把进京考试的举人称为"公车"（汉代地方上举荐人才，由公家备车送往首都，后来就用"公车"来称呼进京考试的举人），所以这次上书就被称作"公车上书"。

在这份万言书里，康有为慷慨陈词，提出了"拒约、迁都、变法"等主张。他指出如果割让台湾，就会引起英、俄、法等列强来瓜分中国，因此必须拒绝在条约上签字。他要求皇帝亲下诏书，检讨国家政策得失，提拔能干的人才，鼓励人民发奋图强；迁都到长安；训练一支强大的陆海军，增强国防，准备长期抗战。同时又强调指出，这些措施只不过是暂时应敌的办法，如果要从根本上使国家富强起来，那就必须进行"变法"，也就是进行政治、经济、文化的各项改革。

康有为提出要从"富国、养民、教民"三方面着手。"富国、养民"就是发展经济。一方面要清政府积极修筑铁路，开发矿山，制造机器轮船，奖励创造发明，举办邮政，发行钞票；另一方面要"务农、劝工、惠商"，也就是鼓励人民去经营农、工、商业。"教民"是进行文化教育改革，要求开办学堂，设立报馆。他还强调指出，中国贫弱落后的重要根源是政治上君与臣隔绝，臣与民隔绝，上下不通气，因此他提出要用"议郎"制度来改变这种情况。办法是全国每十万户公举一个博古通今、直言敢谏的人做"议郎"，作为皇帝的顾问，凡遇重大事情，由皇帝召集议郎会议于太和门，根据大多数意见做出决定，付诸实行。这个办法，有一些模仿西方资产阶级国家议会的意思。康有为提出的这些主张，实际上是一种带有资产阶级性质的改良主义纲领，它反映了刚刚形成的资产阶级和一些开明地主的要求。

1895年5月2日，举人们把这份万言书送到都察院（清政府的最高监察机关），可是都察院却推说皇帝已经在条约上盖了印，拒绝把万言书进呈给皇帝。

"公车上书"虽然没有能够阻止《马关条约》的签订，皇帝也没有看到，但是它的全文，被辗转传诵，上海、广州等地还特地刊行了《公车上书记》广为宣传。各省的举人回去之后，也或多或少地传播了这些主张。于是，"公车上书"所提出的资产阶级改良主义的政治改革要求，广泛地传播开来，康有为也成为全国瞩目的改良派的领袖人物。

（王德一）

强学会　保国会

"公车上书"以后，康有为等觉得要继续宣传变法维新，开通风气，推动改良主义的政治运动，就必须把人联络起来，并且建立一个比较固定的组织。因此，1895年8月，由康有为发起，在北京成立了"强学会"。参加强学会的有一千多人，声势盛大。

强学会的宗旨是"求中国自强之学"。在康有为起草的强学会序文中，叙述了帝国主义虎视眈眈地想瓜分中国的危急情状，要求培养人才，讲求学业，以便御侮图强。强学会成立后，每十日集会一次，每次都有人演说。演说的内容也主要是叙说国家民族的危机，宣传变法图强的办法。

为了"推广京师之会"，康有为等又到上海组织"强学分会"。上海强学分会在章程中规定主要办四件事：①译印图书，②发行报纸，③开图书馆，④设博物院。分会成立后，出版了《强学报》，每日印一小册，免费分发给读者，宣传变法维新。

然而，这年冬天，李鸿章指使他的亲家、御史杨崇伊参劾（检举告发）强学会，说是私立会党，议论朝政，应该禁止。慈禧太后闻奏立即下令封闭北京强学会和上海强学分会。

强学会虽被封禁，但它的影响却很大。维新思想在很多知识分子和一部分官僚中很快传播开来。在北京还有一些人暗暗地组织小的学会，几天集会一次，进行活动。上海、广东、湖南等地的维新活动也纷纷开展起来。全国各地弥漫了变法维新空气。

康有为在强学会被禁后，就离开北京，回到了广东老家讲学，团聚维新人才。到了1897年冬，德国强占了胶州湾，接着其他各帝国主义也纷纷强占中国土地，民族危机达到空前严重的地步。康有为见此情形，立刻从广东赶到北京，一方面继续向皇帝上书请求变法，另一方面又在京城士大夫中间积极活动，准备重新组织学会。他先劝说各省旅京人士，组织地方性的学会，如由他自己发起组织了"粤学会",由杨锐等发起组织了"蜀学会",由杨深秀等发起组织了"陕学会",由林旭等发起组织了"闽学会"等。

在这些地方性学会的基础上,康有为又筹划组建了一个全国性的大会。这时刚好各省举人又来到北京应试,康有为等便邀集各省举人和北京的一些士大夫组织了"保国会"。

1898年4月,保国会正式成立。开成立大会时,楼上楼下都坐满了人,康有为发表演说,慷慨激昂,听的人很多都流下了眼泪。

保国会先后开了三次会,影响越来越大,这就引起了封建顽固势力的嫉恨。有些人特地印了"驳保国会"的小册子;有些人故意制造谣言,攻击保国会;有些守旧官僚就上奏章弹劾保国会;甚至有些顽固派专门组织了"非保国会",和保国会对抗。

在这种情形下,保国会的发起人之一、投机官僚李盛铎见势不妙,竟然自己上疏弹劾保国会。同时,守旧大臣刚毅等也极力主张查禁保国会。但这时,封建统治集团中以不当权的光绪皇帝为首的一派,表示支持维新运动,并且不顾以慈禧太后为首的顽固派的反对,下令实行变法,施行新政,发动了"戊戌变法"(1898年是旧历戊戌年)。查禁保国会的事也就搁置了下来。不过,保国会虽然没有被正式查禁,在封建顽固势力的竭力破坏下,也就此停止了活动,实际上等于在无形中解散了。

（秦汉）

《时务报》

梁启超（1873—1929）是康有为的学生，维新变法运动杰出的宣传家。他所主编的《时务报》，是宣传变法维新影响最大的一张报纸。

当时维新派很注意组织学会、开办学堂和出版报纸的工作。上海强学分会被封闭后，由汪康年等提议，以强学分会的余款，筹办《时务报》。1896年8月9日，《时务报》正式创刊，由汪康年任经理，梁启超任主笔。每十日出版一册，每册二十余页，内容以宣传"变法图存"为宗旨。

《时务报》出版后，接连地刊载了许多批评封建政治、鼓吹变法维新的文章。特别是梁启超写的一些论著，如著名的《变法通议》等，见解新颖，文字生动，很受读者欢迎。几月之间，竟营销一万七千多份，卅中国有报纸以来的最高纪录。一个反对维新运动的封建文人记载说：《时务报》上的文字，痛快淋漓，说出了好多人想说又不敢说的话，江淮河汉之间，很多人都喜欢它文字新奇，争着传诵。从这里也可以见到《时务报》影响之大了。难怪有人说，维新派的议论得以盛行，是"始于《时务报》"。

《时务报》既风行海内，主笔梁启超也因之"名重一时"，人们谈起变法维新，常常把康有为和梁启超合称"康梁"。梁启超在宣传康有为的变法维新思想中，的确有很大的功劳。

但《时务报》在经济上主要是靠洋务派官僚张之洞的捐助，张之洞对于《时务报》上的激烈言论，很不满意，常常干涉《时务报》，甚至不准有些文章在《时务报》上发表。经理汪康年本来曾是张之洞的幕僚，他经常秉承张之洞的意志，因此和梁启超发生意见分歧。1897年冬，梁启超辞去《时务报》主笔职务，到湖南就任时务学堂总教习。《时务报》便由汪康年一人主持。不久，戊戌变法发生，《时务报》改为官报，官报还没有办起来，戊戌维新运动就失败了。

（叶黄）

严　复

严复（1853—1921）字又陵，又字几道，福建侯官人。1877年至1879年留学英国，学习海军。他在留学期间，读了许多西方资产阶级哲学和社会科学方面的著作，逐渐接受了资产阶级民主思想。

19世纪末，帝国主义掀起了瓜分中国的狂潮，中国面临亡国的危机。在这种形势的刺激下，严复主张向西方资本主义国家学习，按照西方国家的模样，来改变中国的政治制度，以挽救中国的民族危亡,使中国富强起来。

在戊戌变法时期,他参加了维新运动。当时他写了不少提倡维新变法的文章,如《辟韩》和《原强》等。他在《辟韩》中,把封建社会里神圣不可侵犯的君主,斥责为"大盗",并且指出君主有绝对专制的权力,并不是什么"承受天命",而是"大盗窃国"。他在《原强》中,提出了废除封建专制政治,实行君主立宪的政治主张,这些主张和要求在当时是有一定的进步意义的。

严复认为要变法图强,就必须向西方资本主义国家学习,为此他翻译了许多西方资产阶级的著作,如赫胥黎的《天演论》、亚当·斯密的《原富》和孟德斯鸠的《法意》等书。这些书比较系统地介绍了西方资产阶级政治、经济、哲学等方面的学说以及某些自然科学知识,成为当时中国新兴资产阶级跟封建专制主义进行斗争的重要思想武器。

这些书中,《天演论》在当时的影响最大。赫胥黎在这本书中把英国生物学家达尔文关于生物进化的学说,用来解释人类社会的发展变化,认为人类社会也像生物界一样,适合"物竞天择"和"弱肉强食,适者生存"的规律,这就是说,人类相互之间存在生存竞争,在竞争中,只有能适应时势的,才可以生存下去。严复发挥了这个论点,认为国家与国家之间也是一个竞争的局面,在竞争中谁最强硬有力,谁就能获得优胜,就可以生存下去;否则就要遭到强者的吞并,以至灭亡。他认为当时中国正处在和其他国家争生存的环境之中,如果中国不努力争取自己的生存,就要永远沦为西方国家的奴隶。他呼吁，中国要想自强，就只有赶快起来，向西方资本主义国家学习，实行维新变法。

严复在19世纪末中国民族危亡的严重关头，翻译了《天演论》，并借此大声疾呼变法图强，这在当时的历史条件下，有着一定的积极作用，它使人们感到必须努力奋发图强，中国才能得救。

戊戌变法失败后，事实证明改良主义道路在半殖民地半封建社会的中国是走不通的，资产阶级革命派开始了革命活动，但是严复仍坚持改良，反对革命。辛亥革命后他投靠窃国大盗袁世凯，甚至为袁世凯的称帝捧场效劳。在五四运动时期他又提倡复古"尊孔"，反对新文化运动。这些都说明，戊戌变法后的严复没有跟上时代的脚步，而逐渐变成落后和思想腐朽的人物了。

（荣国汉）

百日维新

"百日维新"又称"戊戌变法"，是1898年（旧历戊戌年）发生的一次资产阶级改良主义政治运动。

"公车上书"以后，康有为等维新派到处组织学会，创办报纸，宣传变法主张。改良主义运动有了很大发展，赞成变法的人越来越多，1898年时，全国有学会、学堂、报馆三百多所。这时候，中国被帝国主义瓜分的危险更加迫近。这年二月，康有为从广州赶到北京，第五次向光绪皇帝上书，恳切地说，如果再不变法，不但国亡民危，就是皇帝想做普通老百姓都要做不成了。

这时清政府内部分成了两派：一派是"后党"，就是以慈禧太后（西太后）为首，掌握着实权的顽固派和洋务派大官僚集团。他们在勾结外国侵略强盗镇压太平天国革命，以及后来的一系列政治活动中，得出了一条反革命经验，就是对外投降帝国主义、对内镇压人民，一心一意投靠帝国主义以维持封建统治。只要保住他们对于中国人民的统治地位，他们哪管国家的存亡、人民的死活？所以这些人坚决反对一切政治上的革新。另一派是以光绪皇帝和他的老师翁同龢为首的少数官僚集团，称为"帝党"。原来同治皇帝在1875年死去之后，慈禧太后选中同治的一个年仅四岁的堂弟继承皇位，改年号为光绪，自己再一次"垂帘听政"，独揽大权。1889年，光绪已经十八岁，慈禧在表面上宣布由光绪"亲政"，但实际上她仍旧牢牢地控制着朝廷的一切权力，光绪依旧只是一个傀儡皇帝。光绪对慈禧太后独揽大权十分不满，也不甘心看着后党卖国，断送清朝江山，使自己做"亡国之君"，所以希望经过变法，引进新人来夺取实权，排斥后党，救亡图存。因此，康有为的话深深打动了光绪，他决心支持维新派的变法活动。

接着，康有为又上了一个全面筹划变法步骤的奏折，进一步要求光绪立即向群臣表明变法决心，吸收维新派人士参加政权，大力改革政治机构，实行君主立宪。光绪也亲自召见了康有为，

康有为与梁启超

详细倾听了他的变法意见。到了6月11日，光绪正式下令宣布变法。在维新派的影响和直接参加下，从6月11日到9月21日，光绪皇帝一连下了几十道实行新政的命令，对封建的政治、经济和文化教育等各个方面进行改革。这些改革的主要内容是：经济方面，在中央设立矿务铁路总局、农工商总局，各省设商务局；提倡设农会、商会等民间团体；保护和奖励农工商业等。政治方面，鼓励人民创办报纸，给予一定的言论、出版自由；裁撤一部分无用的衙门和官员。文教方面，废除八股，改革考试制度；在北京设立大学堂，各地设立中小学堂；设立译书局，奖励科学著作和发明。军事方面，裁减旧式军队，训练新式的陆海军，加强国防，等等。

这些命令雪片似的颁布下去，在全国引起很大震动。支持的人固然不少，可是反对的人更占优势。除了中央以慈禧太后为首的反动集团之外，在各省的地方大吏绝大部分也都是守旧官僚，他们仗着慈禧太后为靠山，根本就不理睬这些改革命令。加上那成千上万的盼着"金榜题名"来升官发财的秀才、举人，那遍布全国反对一切新事物的地主士绅，那被裁撤的衙门的大小官吏等一切旧势力，都极力反对变法。各色各样的顽固守旧的势力结成了一个反维新的联合阵线。但维新派除了拥有一个毫无实权的名义上的皇帝之外，丝毫没有与顽固派较量的实际力量。他们既不敢依靠人民群众，自己手里又不掌握着军队。因此，维新运动虽然表面上轰轰烈烈，其实却随时有被顽固派扼杀的可能。果然，到9月21日，慈禧太后发动政变，把光绪囚在中南海四面环水的瀛台，废除了一切新政法令，杀害了一些维新人士。维新派最重要的人物康有为、梁启超逃亡国外。这次资产阶级改良主义的政治改革只进行了一百零三天，就在旧势力的反攻下失败了，这就是历史上有名的"百日维新"。

（王德一）

戊戌六君子

光绪二十四年八月十三日（1898年9月28日），以慈禧太后为首的顽固派，屠杀了积极参与维新运动的谭嗣同、林旭、杨锐、刘光第、杨深秀和康广仁。历史上把他们叫作"戊戌六君子"。在这六个人中间，谭嗣同是一个最杰出的人物，他的思想最为激进。

谭嗣同，字复生，号壮飞，湖南浏阳人，同治四年（1865）出生在北京。他的青年时代，正当帝国主义加紧侵略中国的时候。特别是中日甲午战争以后，民族危机日益深重，维新思想有了进一步的发展，很多爱国知识分子纷纷要求变法图存。谭嗣同也积极主张变法维新，在湖南浏阳发起设立学会，集合维新志士讲求变法救亡的道理。后来他到了南京，和在上海主办《时务报》鼓吹变法的梁启超取得密切联系，经常为《时务报》撰稿。

1897年他写成了代表他的社会政治思想和哲学思想的名著——《仁学》。在这本书里，他尖锐地抨击了封建君主专制统治，热烈要求进行资本主义的政治改革，发展资本主义经济。同时，他还深刻地批判了封建的伦理道德观念，大胆地发出了冲决封建网罗的号召。当然，在这本著作里也表露了他想不根本推翻封建制度而发展资本主义的改良主义幻想。

就在这一年，他回到维新运动已经发展起来的湖南长沙，参加维新活动，和梁启超、唐才常等共同主办"时务学堂"，并担任《湘报》主编，在报纸上宣传变法理论，抨击清廷暴政。

1898年6月，在维新浪潮的推动下，光绪帝正式下令实行变法。谭嗣同、林旭、杨锐、刘光第都被任命为军机处的"章京"（"军机处"是清代专门秉承皇帝意旨，处理军国要政的中央最高权力机构。"章京"是一种负责具体工作的较低级的官职），专门帮助光绪皇帝推行新政，负责批阅奏折，草拟诏书等工作。

顽固派不能容忍变法维新运动的进一步发展，慈禧太后等正在积极筹划政变。维新派深感局势严重，推举谭嗣同去游说握有重兵的袁世凯，以武力保卫光绪帝，粉碎顽固派的阴谋。但是，袁世凯却向顽固派告密，出卖了维新派。慈禧太后立即发动了政变，一面囚禁光绪帝，一面搜捕维新派。谭嗣同、林旭、杨锐、刘光第、杨深秀、康广仁先后被捕。后来，慈禧太后就把这六个人杀害了。

谭嗣同临死时，神色自若，慷慨从容，并且留下了十六个字的临终语："有心杀贼，无力回天；死得其所，快哉快哉！""有心杀贼"道出了他反抗黑暗的封建专制主义统治的决心，"无力回天"反映了他走改良主义道路所造成的悲剧命运，后面两句话，表明了他为争取祖国进步而奋斗的不怕流血牺牲的英雄气概。

（方攸翰）

《大同书》

《大同书》是康有为所写的一本书。在这本书里，康有为精心地设计了一个未来美好社会的蓝图——"大同世界"。康有为的"大同世界"只是一个不切实际的幻想。

《大同书》一共分十部（也就是十章）。在第一章里，康有为详细地描写了人世间的种种苦难，揭露了现实生活的种种黑暗和不合理。这些描写和揭露，一方面表现了康有为对于劳苦大众的深切同情，譬如他说："农民们一年到头，辛苦劳作，但是全家人却饥寒交迫。"又说："每逢荒年，农民们收成很少，地主还要追讨租米，交不上租就要被关进监牢。"但另外一方面，他又大肆宣传富人、贵人也有各种苦难，用这种宣传来抹煞阶级对立，掩盖造成劳动人民痛苦的社会根源。

康有为宣传男女老幼、富贵贫贱都逃不脱各种各样的苦难，目的是要说明，只有实行了他的"大同世界"的方案，才能使人人幸福。在其余的九章里，康有为向人们详细地展示了"大同世界"的美妙前景。根据他的描写，在大同世界里，人人都只有欢乐，没有忧愁。农工商业都归公有，再也没有个人的私产。生产力高度发展，每个人一天只要劳动三四个小时甚至一二个小时就可以生产出充足的东西，其余的时间，都可以用来"游乐读书"。一个人从诞生起，就由社会抚育，长到六岁就上学读书，二十岁以后就工作劳动，年老了进养老院享福。到那个时候，人人相亲相爱，再没有互相欺压、互相仇恨……

康有为说，"大同世界"的到来，不必经过阶级斗争，不必经过革命。因为在他看来，阶级斗争和革命要流血，要破坏，是很可怕的。最好的办法是，由一些聪明的"仁人"广泛地宣传大同世界的好处，吸引人心，"大势既倡，人望之如流水之就下"，等到大家都赞成"大同"了，大同世界就自然会到来。因为要经过慢慢地宣传，要等所有的人都赞成，所以他说，大同世界的到来得等到千年之后。

在阶级社会里，剥削阶级绝不会经过"宣传"就放弃剥削，反动的统治阶级绝不会经过"宣传"就自动退出历史舞台。因此，康有为的大同世界是永远也实现不了的。

（秦汉）

义和团运动

神助拳，义和团，

只因鬼子闹中原……

兵法艺，都学全，

要平鬼子不费难。

拆铁道，拔电杆，

紧接毁坏火轮船。

大法国，心胆寒，

英美德俄势萧然。

这是光绪二十六年（1900）义和团运动时广泛流传的歌谣，它表达了中国人民起来驱除帝国主义侵略者的坚强意志。

义和团原名义和拳，是白莲教的一个支派，主要在山东西部秘密流传，信神练功。到19世纪末叶，广大人民日益高涨的反帝斗争，就通过义和团这一组织形式开展起来。

义和团先在山东开始斗争，打败了前来镇压的清朝官兵，迫使山东巡抚毓贤承认了义和团的合法地位，并提出"扶清灭洋"的口号，把斗争矛头主要指向帝国主义。

帝国主义这时便指使清政府改派练有新式陆军的袁世凯做山东巡抚，以便通过袁世凯镇压人民的反帝斗争。1900年春天，义和团从山东逐渐扩展到直隶（今河北省）一带。广大乡村的贫苦农民、运河沿岸的失业工人和京津等地的城市劳动者踊跃参加，妇女群众也积极组织起来。同时，山西、内蒙古和东北各地也都纷纷建立了义和团的组织，南方各省也有许多地方起来响应。面对中国人民的反帝斗争，列强公然派兵进行武装干涉。

清政府是不敢开罪列强的，对于从农民中自发兴起的义和团，一开始即视为"乱民""拳匪"，一再下令"剿办"。但是义和团冲破了清政府的镇压，迅速发展起来。以暴风骤雨一般的浩大声势，压倒了清政府的气焰，并最终攻入北京和天津，控制了清朝的心脏地区。这使得清政府惊惶失措，感到若不从表面改变态度，避开义和团运动的打击锋芒，那么自己首先就有被推翻的危险。于是它暂时收起了镇压政策，转而宣称义和团是义民，并于该年的6月21日对帝国主义"宣战"。但在几天以后便又偷偷地电令驻在外国的使臣向各帝国主义解释"苦衷"，请求谅解，并保证对于这些坚决反帝的"乱民"，还是要想办法"惩办"的。

随后，英、美、法、德、俄、日、奥、意八个帝国主义国家派来了侵略军，大举向中国人民进攻。慈禧太后的本来面目也跟着显露出来，她在逃往西安的路上大骂义和团是"拳匪"，并命令清政府的官兵协助帝国主义侵略军"剿办"义和团。在内外势力的联合屠杀之下，声势浩大的义和团运动失败了。

（张守常）

八国联军

帝国主义历来仇视各国人民的革命运动。义和团运动爆发后，帝国主义更加咬牙切齿，由英、美、德、日、俄、法、意、奥八个帝国主义国家组成了"八国联军"进行公开的武装干涉。1900年（旧历庚子年）8月13日晚上，侵略军闯到北京城下。14日，中国的部分爱国军队依托城墙，在北京城东面的齐化门（朝阳门）——东直门一线，和日、俄侵略军苦战了一天，杀伤敌人近五百人。这一天下午，英国侵略军从防备空虚的广渠门攻入北京外城，并进入了内城的使馆区（天安门的左前方东交民巷一带），15日，北京城里部分军队和义和团仍在继续巷战，但已不能挽救北京城的陷落。

一贯欺内媚外的封建统治者慈禧太后，根本没有抵抗的决心，到了这时，丢下了北京的人民，化装成农妇从西直门逃走了。平日作威作福的官吏，有的早已逃散；没有逃散成的，也只顾自己身家，想方设法弄了洋文护照作保命符；还有一班更加无耻的家伙，帮着侵略者欺负人民。

从北京陷落的那一天起，全城就陷入了极度恐怖的境地。这群自夸为"文明人"的侵略强盗，在北京城里干下了世界近代历史上罕见的野蛮行为。侵略者一进北京，就放纵军队公开大抢三天，三天过后，抢劫仍没有停止。人们家里的金银、首饰、粮食和一切值钱的东西，都被抢光，搬不动的家具则被劈为柴火烧掉。在各国使馆和军营里，抢劫的东西堆积如山，侵略强盗都抢着进行分赃和买卖赃物。皇宫府库里保存的许多珍贵文物也纷纷被劫运到国外。靠近英国使馆的翰林院，保存着我国大量的珍贵历史文献，不少被放火烧掉，剩下来的也被帝国主义各国囊括而去。直到现在，美国的纽约、英国的伦敦和法国的巴黎仍收存着这些赃物。此外，政府机关的钱财、仓库的粮食，更是被洗劫一空。这群强盗在大肆抢劫的同时，又疯狂地进行屠杀，奸污妇女。他们公开命令：作战时，如果碰到中国人，无论男女老幼，一律"格杀勿论"。进入北京以后，看到行迹稍有可疑的就指为义和团，立刻加以杀害。这些兽军到处掳掠和奸淫妇女，连老妪幼女也不能免。所有这些血腥的罪行，说明自命"文明"的帝国主义强盗，是何等的凶残、野蛮！

（章明）

八国联军穿过午门进入紫禁城

《辛丑条约》

帝国主义国家在镇压义和团运动之后，强迫清政府签订了《辛丑条约》。这是帝国主义加在中国人民身上的又一条沉重的锁链。

清政府在义和团的巨大压力下，表面上向帝国主义各国"宣战"，暗地里却千方百计地破坏义和团运动，积极向帝国主义谋求妥协。1900年7月14日，天津失陷以后，清政府更加慌了手脚，于8月7日任命李鸿章为全权大臣，正式向帝国主义乞和。

帝国主义各国本来想用武力直接瓜分中国，但中国人民顽强英勇的斗争，教训了他们，迫使他们不敢动手。同时，这伙心怀鬼胎的强盗，彼此各有打算，互不相让，矛盾重重，这也使得他们需要继续利用和维持清朝政府，并通过这个听话的傀儡，间接地统治中国人民。

1900年12月，帝国主义各国（除了出兵的英、美、法、德、日、俄、意、奥八国之外，又加上比利时、荷兰、西班牙三国）向清政府提出《议和大纲》十二条，以后又根据这个大纲订立详细条款，于1901年9月7日在北京正式签字。1901年这一年是旧历辛丑年，所以这个条约又叫《辛丑条约》。

《辛丑条约》全文共十二款（另有附件十九件），主要内容有：

一、惩办"得罪"帝国主义的官员，上自亲王下至府县地方官，被监禁、流放、处死的有一百多人。同时还要派亲王、大臣到德国、日本去道歉赔罪。

二、清政府明令禁止中国人民建立和参加抵抗帝国主义的各种组织。各地方官对于人民的反抗外国侵略的活动，如不立时镇压，实时撤职查办。

三、赔款四亿五千万两白银，从1902年1月1日算起，分三十九年还清。加上利息，共九亿八千多万两白银。

四、在北京东交民巷一带设使馆区，帝国主义各国可以在使馆区驻兵。中国人不准在使馆区内居住。

五、大沽炮台以及北京到天津海口的各个炮台一律拆毁。

六、北京到山海关间铁路沿线十二处，各国可以驻兵。

（章明）

东南互保

义和团运动期间，清朝中央政权在人民斗争的强大压力下，为了保持自己的统治地位，不得不在表面上向帝国主义各国"宣战"。在北方几省义和团运动的推动下，南方各省人民也在酝酿着大规模的反帝斗争。这时，一直把长江流域看作自己势力范围的英国，为了保持它在这个地区的侵略利益，不使反帝运动在这个地区发展起来，决定联合长江流域的军阀官僚共同行动。

6月中旬，英国政府向两江总督刘坤一和湖广总督张之洞表示，愿意以武力支持他们"维持长江秩序"。当月26日，由大买办盛宣怀出面，刘坤一和张之洞更与上海的各国领事商定了《东南互保章程》。章程规定："上海租界归各国共同保护，长江及苏杭内地均归各督抚保护，两不相扰，以保全中外商人生命产业为主。"根据这个章程，另外还拟定了《保护上海租界城厢内外章程》，规定"租界内华人以及产业应由各国巡防保护，租界外洋人教堂教民，应由中国官妥为巡防保护"，对于"聚众滋事"的人，要"一体严拿，交地方官从重严办"。

根据《东南互保章程》，在两江总督所辖的江苏、江西、安徽和湖广总督所辖的湖北、湖南等东南地区的五个省份内，共同镇压义和团运动，实行"互保"。

后来，两广总督李鸿章、闽浙总督许应骙和山东巡抚袁世凯等军阀官僚，也都表示和东南各省采取一致态度，在他们所辖的地区内加强对义和团的镇压。

"互保"的局面，在义和团运动期间在东南各省一直保持着。在这期间，英国曾陆续派遣军舰开往上海、南京和汉口等沿江口岸，帮助当地督抚镇压人民的反帝运动。

"东南互保"的实行，使东南各省人民的反帝运动受到了压制和阻碍，没有能够发展成为大规模的反抗斗争，一定程度上也保障当地的社会秩序。

（荣国汉）

颐 和 园

颐和园是在北京西北近郊区的一所大型园林建筑。园内以万寿山和昆明湖为主，在湖山之间建有各式各样的楼台殿阁、亭榭桥廊，再点缀上松柏花木，使自然山水与人工布置结合得极为谐和，气象壮丽而境界幽美，体现了我国园林艺术家和建筑工人的高度智慧和杰出技能。

这里原名清漪园，是1750年清朝的乾隆皇帝下令修建的。这年，他为了给他的母亲庆祝六十岁"万寿"，在这里的瓮山上修建大报恩延寿寺，改瓮山名为万寿山。在山前的湖水东岸筑堤蓄水，使湖增大，模仿汉武帝在长安凿昆明池练水军的故事，也在这里观看水操，并命名为昆明湖。这一处湖山，从此便成了圆明园附近的又一所禁苑。

咸丰十年（1860）英法联军侵入北京，焚毁圆明园，清漪园也同时被毁。十几年以后，慈禧太后想修复圆明园，供她游乐，但因需款太大，未能进行。又过了十几年，慈禧太后在建立海军以加强国防的名义下，责成各省年年拨解巨款，而暗地从中提取经费，于1888年重修清漪园，作为她"颐养天年"的地方，园名也改为颐和园。她搜刮了人民大量的膏脂血汗，修成了这个华美壮丽的庭园，供她一人享受游乐。1894年，中日甲午战争爆发，李鸿章负责经营的北洋舰队全军覆没，中国海陆军大败。第二年签订《马关条约》，割地赔款，丧权辱国，全国人民正悲愤莫名的时候，慈禧太后却仍旧安然地在颐和园避暑度夏。当时民间曾传述一副对联来表达他们的满腔愤懑：

> 台湾岛已割日本，
> 颐和园又搭天棚！

1900年，八国联军侵入北京，颐和园又遭到侵略军的破坏，慈禧太后从西安回来之后再予修整。清政府被推翻后，颐和园于1924年被辟为公园。但在北洋军阀、国民党和日伪统治时期，管理不善，日渐残破。中华人民共和国成立后，这所园林回到了人民手中。为了保护这一所大型园林建筑遗产，经过大力修整，颐和园面貌焕然一新。颐和园经过园林建筑艺术家和能工巧匠的精心创造后，获得了新的青春生命，每日以清爽愉快的风貌接待着成千上万的游人。

（张守常）

慈禧太后

慈禧太后（1834—1908）出身于满族贵族家庭，称叶赫那拉氏。咸丰元年（1851）她十七岁时，被选进皇宫，成为清朝咸丰皇帝的嫔妃。初封"懿贵人"，是嫔妃的第五级。后来晋封为"懿嫔"。1856年时，她生了儿子载淳，随即晋封为"懿妃"。第二年又晋封为"懿贵妃"，仅次于一级的"皇贵妃"，列为宫廷中嫔妃的第二级了。她的"地位"扶摇直上，使她有机会参与政事，并产生了掌握统治权力的欲望。1861年咸丰皇帝死去，她的儿子载淳才六岁，便继承了帝位，这就是同治皇帝。同治皇帝的年龄很小，不能掌管国家政事，她就以皇太后的身份，打破清朝成例，实行"垂帘听政"，称为慈禧太后（或称西太后）。

慈禧太后为了巩固她的统治地位，头一件事就是联络奕訢等洋务派势力，取得帝国主义的同情与支持，用阴谋手段发动了1861年的"北京政变"，把当时掌握清朝政府中央实权的满族亲贵载垣、端华、肃顺等"议政王大臣"处死，消灭了她的政敌。接着，又使用各种手段，培植她的党羽爪牙，在她周围形成了一个由许多满族亲贵和一部分汉族地主官僚组成的"后党"。

慈禧太后刚刚打倒了她的政敌，巩固了自己的统治地位，就立刻把大屠杀的刀锋指向了正在轰轰烈烈展开斗争的太平天国和捻军，她十分明确地宣称，这些革命农民是她的"心腹之害"。她迫不及待地和英法侵略者勾结起来，让那些火烧圆明园、抢劫京津、屠杀中国人民、犯下滔天大罪的侵略军队，来镇压中国人民。在慈禧的主持下，中外反革命势力对太平天国革命运动进行了联合进攻，终于在1864年将太平天国革命镇压下去了。不久以后，又血腥地镇压了捻军以及各地的人民起义。慈禧太后就这样扼杀了中国近代史上的第一次革命高潮，取得了封建统治的暂时稳定。

慈禧太后勾结外国侵略者镇压了人民起义以后，就一方面尽量地宣扬她镇压人民的"功勋"，挂出一面"同治中兴"的招牌；另一方面极力铺张挥霍，追逐骄奢淫逸的生活。她最宠爱的太监，先有安德海，后有李莲英，"招权纳贿"，肆行搜刮，以供挥霍，把宫廷弄得乌烟瘴气。今日宴会，明日赏赐，"天天过年，夜夜元宵"。除了宫廷靡费之外，她进一步大兴土木，劳民伤财。例如，修建颐和园，据说，"土木之费，几七千万，穷极奢侈"。其实修建颐和园的花费，远远超过此数。因为除挪用了"筹设海军经费"三千六百万两之外，还得加上各地官僚从人民身上搜刮来向她"报效"的许多银钱。1894年，慈禧太后为了庆祝她自己的六十岁生日，下令各省准备景物"点景"。从紫禁城到颐和园的路上，各省分布"点景"，实际成了一次铺张浪费的大比赛。

慈禧太后整日生活在骄奢淫逸之中，对于日益严重的民族危机，根本不闻不问，相反地，她还常常把外国侵略势力当作保护她统治地位的靠山。因此，她对外政策的原则就是屈辱投降，卖国求荣。她和她的集团曾经公开说过，他们对于外国侵略者的方针是"量中华之物力，结与国之欢心"。1885年，中国军民在抗击法国侵略的战争中，和越南人民一道，在镇南关（今友谊关）一带打退了敌人的进攻，并且乘胜追击逃敌，取得了辉煌的胜利。但是以慈禧为首的清朝统治集团却把胜利作为议和的阶梯，提出"乘胜即收"的投降卖国论调，立即结束战争，并和法国签订和约，使中国丧失了大量主权利益。

在中日甲午战争中，中国进行的是正义的民族自卫战争，而且军事力量并不弱于日本，但是慈禧太后及其统治集团执行卖国投降的政策，始终对战争抱着消极态度，不做战争准备，却把希望寄托在别国的干涉和调解

慈禧太后

上，到处求人。结果战机全失，海陆军遭到惨败，还签订了割地赔款的《马关条约》，使中国又丧失了大量的主权利益。

在义和团反抗八国联军的战争中，慈禧太后统治集团害怕义和团强大的反帝反封建拳头打到自己身上。他们一面假意表示支持义和团的反帝斗争，企图利用帝国主义达到消灭义和团的目的，另一面却又积极准备投降帝国主义。八国联军打到北京，慈禧太后立即逃往西安，她在逃跑的路上下令清军配合帝国主义屠杀义和团，完全公开地和外国侵略者结合起来。李鸿章、奕劻执行着慈禧太后的对外方针，于1901年签订了丧权辱国的《辛丑条约》，彻底地出卖中国、出卖人民。慈禧太后就这样阴险狠毒地反对和

破坏民族自卫战争，又一次扑灭了中国近代史上第二次革命高潮。

中日甲午战争后，中国面临着被瓜分的危机。代表中国资产阶级要求的知识分子和一部分中小士大夫，掀起1898年的戊戌变法运动。企图通过自上而下的改良主义的变法道路，使中国摆脱被瓜分的危机，走上独立富强的道路。戊戌变法在当时的历史条件下，具有进步性。但慈禧太后统治集团，根本拒绝和害怕在政治上做任何改革。她纠合封建顽固势力，反对变法，反对进步，并暗中布置力量，又一次采取宫廷政变的手段，把光绪皇帝囚禁起来，废除维新政令，大肆捕杀戊戌变法的志士，扼杀了维新运动。

义和团运动后，资产阶级民主革命运动迅速地发展起来，形成了中国近代历史上的第三次革命高潮。直至1911年，终于爆发了辛亥革命，推翻了腐朽的清王朝。而慈禧太后比那个封建朝廷更早地结束了自己的生命，于1908年就在革命高涨的形势下死去了。

（袁定中）

帝国主义在中国开设的银行

帝国主义在中国开设银行，是它们对中国进行经济侵略和政治侵略的重要手段。

最早在中国开设银行的是英国。鸦片战争以后，英国资本主义把大量的纺织品、鸦片烟和其他商品运入中国，又从中国掠取丝、茶运回本国，他们通过这种掠夺性贸易获取暴利，剥削中国人民。为了办理大量款项的汇兑和周转，以便进行这样的贸易，他们便开始在中国筹设银行。1848年，他们在上海设立了第一家外国银行——东方银行的分行，中文名字叫作"丽如银行"。

1854年，英国又设立了"有利银行"，1857年设立了"麦加利银行"。后来，麦加利银行又在汉口、天津、广东、福州、青岛等地先后设立了分行。这些银行成立后，营业很兴盛，获得了高额的利润。特别是麦加利银行，更成为英国在中国最老的金融侵略机构。

第二次鸦片战争之后，英、法等资本主义国家取得了更多的侵略特权，接着，英、美、法等国又帮助清朝封建政权镇压了太平天国革命运动。在这种形势下，侵略强盗们准备对中国进行更大规模的经济侵略活动。1867年，在香港的英国资本家联合了当地一部分德国、美国商人，共同创立了"汇丰银行"，次年还在上海设立了分行。后来，汇丰银行就逐步发展成为英国对中国进行经济侵略的大本营。

据一个外国人的统计，英国银行"在中国支店的数目，1870年有十七个，1880年有十九个，1890年有三十个；它们的联合资本，在1880年时达一千六百八十一万英镑"。在这些银行中，势力最大的是汇丰银行，"它为了英国人的利益而用不正当的手段操纵贸易"，而且成了"压倒一切的财政势力"。

与此同时，其他一些资本主义国家也不甘落后，纷纷在中国开设银行。如：1863年前后，法国的法兰西银行在香港和上海设立了分行；1872年，德国的德意志银行也在上海设立了分行；1889年，德国十三家银行合资在上海创设了"德华银行"，资本达白银五百万两。

　　到了19世纪末期，世界主要资本主义国家先后发展到帝国主义阶段，它们对中国的经济侵略已不只是商品输出，而日益注重于资本输出了。各帝国主义国家更加积极地在中国开设银行。银行的作用也根本改变了，它的主要任务已不是一般的为商品输出服务，而成为帝国主义垄断资本输出的指挥机构和执行机构了。

　　1893年，日本的横滨正金银行在上海开设了分行。1895年，沙皇俄国成立了华俄道胜银行。1899年，法国的东方汇理银行在上海成立分行。1902年，美帝国主义对中国进行经济侵略的大本营——花旗银行的上海分行正式开业。

　　这些银行成立之后，不但经营一般的银行业务，而且垄断了中国的财政金融。它们掌握了清朝政府的借款（甲午战后，清政府为偿付巨额赔款，向外国大举借债，各帝国主义国家在借款给清政府时取得很多权益），投资于铁路和矿山，发行纸币，操纵市场。例如，华俄道胜银行在章程中擅自规定："在中国境内承包税收；经营有关中国国库的各项业务；在中国政府授权之下，发行货币，偿付中国政府所负的债息；修建中国境内的铁路及安装电线"等。

据统计，一直到中华人民共和国成立之前，帝国主义在中国先后设立过的银行共有八十多家。直到中华人民共和国成立，帝国主义垄断中国财政金融的状况才被消灭。

（任红）

退款兴学

1901年，帝国主义强盗在镇压了中国人民伟大的反帝爱国运动——义和团运动以后，强迫清朝政府订立了《辛丑条约》。帝国主义强盗向中国勒索了大批"赔款"。这批"赔款"就是历史上所说的"庚子赔款"。同其他帝国主义一样，美帝国主义在镇压义和团运动的血泊中，也捞得一笔为数不小的赔款。

1909年，美国政府把从中国掠夺去的"庚子赔款"的一部分，用来在中国兴办学校，"培养"中国的留学生，"教育"中国学生。这就是所谓的"退款兴学"。一贯处心积虑侵略中国的美帝国主义，为什么这时居然大发"善心"，竟"帮助"中国发展教育事业呢？原来美帝国主义在实行"退款兴学"手法的后面，隐藏着一个巨大的侵略阴谋。

1900年的义和团运动，沉重地打击了外国侵略者。同其他帝国主义一样，美国侵略者发觉单靠武力是不能征服具有光荣革命传统的中国人民的，他们决定配合使用武装侵略和精神侵略这两种不同的侵略方式。于是就开始酝酿"退款兴学"的侵略方案，企图用这种办法达到在政治上、思想上麻醉和俘虏中国人民的目的。1905年，由于美国虐待华工引起了中国人民的反美爱国运动，中国人民以抵制美货和经济绝交手段，给了美帝国主义重大的打击。1907年，一个长期在中国传教的美国教士明恩溥出版了《今日的中国与美国》一书，积极鼓吹"退款兴学"的主张。他在这本书里还转引了1906年美国伊里诺州大学校长詹姆士给美国总统的《备忘录》。詹姆士在《备忘录》里毫不隐讳地道出了"退款兴学"方案的侵略目的，他说："哪一个国家能做到教育这一代的青年中国人，哪一个国家就将由于这方面所支付的努力，而在道义的、智力的和商业的影响上，取回最大可能的收获。如果美国在三十五年前已经做到把中国学生的潮流引向这一个国家来，并能使这个潮流继续扩大，那么，我们现在一定能够使用最圆满和最巧妙的方式，来控制中国的发展——这就是说，通过那从智力上与精神上支配中国的领袖的方式。"接着，他更加露骨地说："为了扩张精神上的影响而花一些钱，即使从纯粹物质意义上来说，也能够比别的方法收获得更多。商业追随精神上的支配，是比追随军旗更可靠的。"詹姆士的言论，已把美国"退款兴学"的阴谋实质，不打自招地供认出来了。

可见，美国侵略者"退还庚子赔款"的目的不是别的，而是为了对中国实行更为阴险毒辣的精神与文化上的侵略政策。美帝国主义对中国的精神侵略，不止于在中国办学校，同时还扩及精神、文化领域的各个方面，"由宗教事业而推广到'慈善'事业和文化事业"。

（马汝珩）

本编叙述了中华民国艰难诞生的历程，在这一时期，中国工人阶级的壮大也给中华民族的复兴带来了新的希望，一部中国近代史就是中华民族反帝反封建不屈斗争的辛酸奋斗史。

第八编

走向共和

新政预备立宪

从义和团运动以后，一次新的革命高潮立即在酝酿着，各地农民的斗争此伏彼起，资产阶级革命派领导的革命运动也迅速地发展起来。

在这样的形势下，清政府已经不能照旧地统治下去了。为了挽救它的统治，清政府在1901年就发布了"变法"的通告，宣布要实行所谓"新政"。

"练兵筹饷"是"新政"的主要内容。为了加强镇压人民的武装，清政府在中央新设"练兵处"，在地方设立"督练公所"，编练新军；并且设立"巡警部"，举办警政。为了搜刮钱财，清政府又增添了许多名目的捐税，加紧敲诈和勒索人民——这是"筹饷"的唯一手段。

为了讨好列强，清政府还把原来的总理衙门改为外务部，列为政府各部之首，并且颁布了一系列有关保护外国资本在华特权的章程，进一步出卖国家的主权。

为了拉拢当时新兴的民族资产阶级，清政府还采取了一些向民族资产阶级让步的措施，包括：设立商部、学部，制定实业章程，废八股，停科举，设学堂，派遣留学生等。

从以上这些"新政"措施可以看出，清政府实行"新政"的目的，一则是做出姿态，表示自己要"革新政治"，企图用这些办法来欺骗人民，缓和人民的革命情绪，并拉拢民族资产阶级；二则是为了讨好帝国主义，通过实行"新政"和帝国主义进一步勾结起来；三则是想通过"新政"加强封建统治力量。

可是，清政府的"新政"并不能挽救它的垂危命运。1903年后，宣传革命的书报杂志像雨后春笋一样出现，革命团体也纷纷成立，各地人民的反抗斗争更是风起云涌。清政府越来越深地陷入摇摇欲坠的境地。

在革命运动蓬勃开展的同时，民族资产阶级中一部分上层分子却竭力要求清政府实行"立宪"，企图用改良的办法来对抗革命，以保存清朝统治，并使自己挤进这个政权中去。清政府为了抵制革命，拉拢资产阶级上层，便又装出一副准备实行"立宪"的姿态，想用这种办法来逃脱革命风暴的袭击。

1905年（光绪三十一年），清政府玩弄"立宪"的骗局，派遣亲贵载泽等五大臣出国"考察宪政"。但是人民早看穿了清政府的这一花招。革命志士吴樾就曾写文章揭露"立宪"的阴谋，并在五大臣启程的那天揣着炸弹到车站去炸他们，因炸弹爆炸过早，吴樾被捕牺牲。五大臣吓破了胆，有两个再也不敢出头，清政府只得重新拼凑了五大臣出洋。1906年载泽等回国奏请立宪，说它可以固帝位、减外患、除内乱，还说，今天立宪只不过是"明示宗旨"，至于真正实行立宪的时间尽可推迟。清政府自然很中意，当年9月宣布"预备仿行立宪"。接着，一面下令在中央筹设"资政院"，并在各省设"咨议局"；一面却以改革官制为立宪第一步的名义，积极推行由皇族独揽大权的政策，还加紧编练新式军队，加强武装力量。"预备立宪"的骗局要开了。

资产阶级改良派全力拥护清政府的预备立宪，他们在江苏、浙江、湖南、湖北、广东等地筹备立宪机构，并向清政府请愿要求早日召开国会；流亡海外的康有为、梁启超等也声嘶力竭地摇旗呐喊，请求立宪，因此，历史上又称他们是"立宪派"。这时，全国人民的反抗斗争和革命党人的武装起义也进一步发展了，清政府被迫在1908年8月又颁布了一个《钦定宪法大纲》，并宣布预备立宪期为九年。这个既是"钦定"又是"宪法"的非驴非马的"大纲"，一共有二十三条，其中十四条规定皇帝享有至高无上的权力，人民实际上得不到任何真正的权利。

"立宪派"为了取得政治地位，在1910年2月到10月，由各省派代表到北京连续三次请求清政府开国会、组内阁。他们向封建朝廷叩头请愿，痛哭流涕，却得不到清政府的半点怜悯。只是在国内革命形势更加发展的压力下，清政府才在1911年5月成立了一个内阁，因为主要阁员都是皇族，人们管它叫"皇族内阁"。不久，辛亥革命爆发，这场丑剧才没有继续演下去。

（吕翼祖）

派遣留学生

中国近代史上最早的留学生是容闳，他于咸丰四年（1854）从美国耶鲁大学毕业。不过，清政府正式派留学生到外国留学是从同治十一年（1872）开始的。

1840年以前，外强中干的清朝统治，表面上还是一个强大的封建国家，但实际上十分衰弱，早已危机四伏了。清朝统治者一方面自以为是天朝上国，对当时已经进入资本主义社会的西方国家很看不起；另一方面又很害怕本国人民与外国接触，深恐由此招来"内忧""外患"，危害自己的统治。所以，它严格地采取了"闭关锁国"的政策，也就是拒绝和外国往来的政策。

鸦片战争爆发后，西方国家对中国发动了武装侵略，昏庸无能的清政府无力抵抗，"闭关政策"被"炮舰政策"冲破了。清朝统治者被洋枪洋炮吓破了胆，变得卑躬屈节，对洋大人恭顺起来，但同时他们也发现洋枪洋炮对镇压人民的反抗和维护封建统治大有用处。因此，便兴办军火工厂，制造枪炮轮船，以加强统治力量。同时，为了学会这方面的本领，清政府决定派遣留学生出国留学。

从1872年起，清政府每年派遣三十名十三岁至十五岁幼童去美国留学，四年之中，一共派出了一百二十名。原定留学期限是十五年，后来清朝统治者发现这些幼童受过几年美国教育之后，举止行动与中国封建统治阶级的礼教习俗大相背离，感到大为不安。因此在1881年，又下令一律撤回。这样，派遣留学生一事就中断了一个时期。但不久由于培养封建统治工具的需要，又恢复了。

清政府早期派遣的留学生的人数不多，主要派往欧美各国，学习军火生产的技术和军事。甲午战争以后，留学生人数逐渐增多，学习的内容也从军事扩大到农业、工业、商业和矿冶、铁路工程等方面。

派遣留学生的极盛时期是在义和团运动被镇压以后。当时清政府为挽救垂死的封建专制统治，实行了一套骗人的"新政"，并且为此向外国，特别是日本大批派遣留学生。全国广大知识分子，

留美幼童

这时基于对外国的侵略和清政府的统治的不满，也纷纷自费出国留学，寻求救国的办法。一时间留学外国蔚为风气，留学生之多，达到了空前的程度。其中以去日本的为最多，在1906年达到了一万二三千人，去欧美的也不下几千人。

列强对中国实行军事的、政治的、经济的侵略的同时，也注重文化上的侵略。在日本，不但为接纳中国留学生设立了许多学校，而且还派了大批特务在留学生中大肆活动。后来，美国也为了侵略的需要，从"庚子赔款"中拿出一部分来，名曰"退还赔款"，用来作为培养留美学生的费用。

但是，事情恰好走向了列强和清朝统治者所希望的反面，除了少数一部分人甘心替其服务，媚外卖国，成为毫无骨气的民族败类外，大部分留学生都是爱国的，不但不肯为保守势力效力，而且为祖国的独立和进步，作出了贡献。许多留学生回国以后，致力于中国的社会改革，把西方文化介绍到中国来，如严复翻译了许多资本主义社会学说的著作，并且参加了戊戌维新运动。还有许多人从事于祖国的建设事业，如第一批留美学生中的詹天佑，在中国铁路建设上，创造了很大的成绩，成为清末杰出的工程师。特别是在辛亥革命时期，大部分留日学生投身到革命的洪流之中，成为辛亥革命的先锋、骨干或领导人物，对于推翻清朝统治的旧民主主义革命，起了一定的作用。

（鲁素）

日俄战争

义和团运动失败后，列强对中国的侵略更加深入和剧烈了，中国的东北是它们争夺得非常激烈的地区。列强之间，明争暗斗，互不相让，矛盾十分尖锐，后来发展到必须用武力来解决的程度，终于在1904年爆发了日俄战争。

义和团运动期间，沙皇俄国以武力侵占了中国东北，直到日俄战争前，大部分东北地区，还处在沙皇俄国的军事占领之下。日本对东北早有野心，力图排挤沙俄，取代它在中国这个地区的侵略地位。美国企图利用日本达到它插足东北的目的，英国则害怕沙俄在中国势力的发展，影响它在中国的侵略利益，也积极支持日本。1902年1月，英国和日本结成了反对俄国的军事同盟。1904年2月7日，日本军队突然袭击在旅顺口的俄国舰队，战争爆发了。

日俄战争从开始到结束都是在中国领土上进行的，目的是抢夺中国的东北。腐朽透顶的清政府不但不采取任何保卫国家领土和主权的措施，反而宣布在战争中"严守中立"，把辽河以东的地区划作战场，听凭日俄两国军队在东北残杀中国人民，劫掠财物，焚毁房屋，破坏生产，并且严令各地官吏加紧监视和镇压反抗的人民。

这一场战争，打了将近一年零七个月，最后俄国被打败了。

1905年9月，日俄两国代表在美国的朴茨茅斯缔结和约，这就是《朴茨茅斯条约》，条约的主要内容是沙皇政府同意把在中国东三省的一部分侵略权益转让给日本，其中包括旅（顺）大（连）租借地，长春到大连的铁路（所谓"南满铁路"），及与这些租借地和铁路有关的一切权利。清政府不但不反对，并且还送给日本很多额外利益。

（美珍）

英国侵略西藏

英国侵略者自从把印度变为殖民地后，就野心勃勃地企图通过印度进占我国西南广阔富饶的边疆地区——西藏。19世纪60年代后，英国侵略者就从印度派遣了大批特务间谍扮作传教士和商人，潜入西藏，搜集情报，做进攻西藏的准备。1888年，英国侵略者公然派出军队，向西藏实行武装侵略，曾遭到西藏人民英勇的抗击。

1903年12月，英国侵略者发动了大规模的新的武装进攻。侵略军一踏上西藏土地，立即遇到西藏军民的英勇反击。藏族人民不分男女老幼，拿起土枪、土炮、大刀、长矛，甚至"恶多"（这是平时打鸟、打牲口用的，为一包小石头和一条绳子，用时把石头用绳缠起用力甩出），奋勇战斗，誓死保卫祖国，保卫家园。

江孜的保卫战最为英勇壮烈。江孜是西藏中心拉萨的屏障，藏族人民在这里布下了天罗地网，英勇阻击敌人。进攻江孜的侵略军被西藏人民和西藏地方军队包围了两个多月，最后，率领这支侵略军的军官只带领了三四十个卫兵趁夜逃出重围。

1904年6月中旬，英国重新拼凑的侵略军，携带各种新式武器，再次向江孜进犯。守卫在江孜的西藏地方军队和藏族人民一道重新布置战斗，第一天就在乃尼寺把侵略军打退。第二天，侵略军用大炮把乃尼寺的围墙轰倒，从缺口爬进寺内。寺内守军，个个手持大刀，奋勇杀敌，经过两小时的白刃战，杀死敌人多名，后来因侵略军愈聚愈多，才杀出重围退出乃尼寺。他们退到江孜城内，和守卫在那里的军队会合，利用江孜城内制高点的有利地势，向进城的侵略军英勇反击。侵略军用大炮、机枪几次发动了猛攻，都失败了。不幸，正在紧张战斗之时，军队的火药库突然失火爆炸，敌人趁机发动总攻。守在山上的军队在弹尽药绝的情况下，用石头坚持战斗，打退了敌人好几次进攻，直到最后，才边打边撤。等敌人集中火力冲到山顶时，山上已空无一人了。

江孜失守后，7月14日，英国侵略军开始向拉萨进攻。这时，达赖十三世已经出走，而清政府驻藏大臣有泰又存心媚外，不支持抗战，所以，虽然西藏的人民和士兵曾经英勇抵抗，但侵略军很快就侵入了拉萨（8月3日）。

侵略军在西藏各地杀人放火，奸淫抢掠，破坏寺庙，无恶不作。藏民游击队不时出没于拉萨城内和郊区，不断地给敌人以意料不到的袭击。侵略者饱尝了藏族人民的铁拳，知道不可能长期占领西藏土地，便急急忙忙逼迫西藏部分地方官吏签订所谓《拉萨条约》，匆匆退走。

《拉萨条约》规定给英国侵略者在西藏保有极广泛的经济、政治特权，严重损害了中国主权，激起了全国人民，首先是西藏人民的坚决反对。清政府对此条约也不予承认。1906年中英双方重订条约，英国侵略者虽然取得了一些侵略利益，但它企图分割中国领土 —— 西藏的阴谋终于遭到失败。

（美珍）

中国同盟会

中国同盟会（简称同盟会）是孙中山建立的革命组织。早在同盟会成立以前，资产阶级和小资产阶级知识分子的革命活动，随着全国革命形势的发展，已日益活跃起来。他们组成了许多革命的小团体，分散于国内外。其中影响较大的有兴中会、华兴会和光复会。兴中会是孙中山于1894年在檀香山创立的革命组织，曾在广州和惠州组织起义，产生了不小的影响。华兴会是黄兴、陈天华、宋教仁等于1904年在长沙建立的，它主要联络湖南会党，活动于湖南、湖北一带。光复会是蔡元培、章炳麟、陶成章等于1904年在上海组织的，活动于江苏、浙江一带。这些革命小团体，各自分散活动，行动互不一致。

1905年7月，孙中山从欧洲抵达日本。在全国革命日趋高涨的形势下，孙中山感到各革命小团体的分散活动，不利于革命斗争的开展，有必要把它们统一起来，汇集成一股巨大的革命力量。8月20日，孙中山联合各革命团体的领导人黄兴、宋教仁等在东京集会，会上决定以兴中会、华兴会为基础联合光复会，成立一个统一的革命组织——中国同盟会。推孙中山为总理，并通过了孙中山提出的"驱除鞑虏，恢复中华，建立民国，平均地权"的政治纲领。

同盟会的成员比较复杂，它包括小资产阶级（中小商人、留学生）、资产阶级、工人和农民（主要是会党中的成员）、华侨，以及地主阶级中的反清分子。他们是在推翻清朝统治这一共同要求的基础上联合起

《民报》

来的，虽然暂时都表示承认同盟会的纲领，但在超出推翻清朝统治这一点以外，彼此在政治思想上便产生了分歧。

同盟会成立后，创立了《民报》作为机关刊物，宣传自己的政治纲领，同改良派进行了激烈的论战。在国内各地也建立了组织，联络会党与新军，发动过多次武装起义，一直到发动辛亥革命，用武装力量推翻了清朝封建专制主义的反动统治。

（马汝珩）

三民主义

三民主义是我国近代民主革命的先行者孙中山提出的。孙中山（1866—1925），名文，号逸仙，广东省香山县（今广东中山）翠亨村人，出生在一个农民家庭。他幼年就喜欢听洪秀全、杨秀清的故事，向往太平天国革命。后来他依靠其经营畜牧业发了家的哥哥生活，先后在檀香山和香港接受资本主义教育，耳濡目染，产生了憧憬西方资产阶级"文明"的思想。19世纪末和20世纪初，帝国主义的疯狂侵略和我国人民波澜壮阔的反抗斗争，激发了孙中山"倾覆清廷，创立民国"的志愿。1894年，他到檀香山联络华侨，成立了革命团体兴中会。次年2月他返回香港成立兴中会，提出了"驱除鞑虏，恢复中华，创立合众政府"的纲领，开始为建立资产阶级共和国的理想而斗争。到了1904年前后，他又把这个纲领丰富和发展为"驱除鞑虏，恢复中华，建立民国，平均地权"。1905年，同盟会成立时，接受了这个口号为纲领。孙中山把这个纲领称为三民主义，即民族主义、民权主义和民生主义。

孙中山倡导民族主义，是为了进行反对满洲贵族专制统治的民族革命。"驱除鞑虏"并不是要驱逐满族人民，而是要推翻以满洲贵族为最高统治者的清政府。孙中山虽然是一位真诚的爱国者，但是他所代表的民族资产阶级的软弱性，使得他没有能够提出反对帝国主义侵略，以实现民族的真正独立的战斗口号，这成为他的民族主义的一个缺陷。

孙中山倡导民权主义，目的在于进行推翻"君主专制政体"，建立"民主立宪政体"的政治革命。孙中山认为，中国几千年来的君主专制政体都不是"平等自由的"，都是"国民所不堪受的"，所以，只有民族革命还不行，必须同时进行政治革命，才能实现资产阶级民主共和国的理想。按照孙中山的想法，到了那个时候，凡国民都是平等的，都有参政权，议会由民选议员组成，总统由国民公选，制定中华民国宪法，人人共守，"敢有帝制自为者，天下共击之"，要求推翻君主专制制度，建立资产阶级民主共和国，这在当时的政治思想中是一个很大的进步。

孙中山倡导民生主义，是因为看到欧美资本主义国家的贫富悬殊和社会革命的兴起，以为只要"平均地权"，就可以使中国避免重蹈欧美的覆辙，预防将来发生社会主义革命。按照他的想法，所谓"平均地权"并非要从根本上触动封建的土地制度,"夺富民之田为己有",而只是由国家核实地价,原价仍归原主,革命后因社会进步所增涨的地价,将通过征收地价税的方法收归国有。这种做法正是为资本主义的迅速发展创造了条件,因为这能限制地主对土地价格的垄断,使土地更适合于工商业的发展。

上面介绍的,是辛亥革命时期孙中山的三民主义,即旧三民主义。旧三民主义是旧的半殖民地半封建社会资产阶级民主革命的行动纲领,是团结当时一切反对清朝统治、反对外国侵略的人们为建立资产阶级共和国而奋斗的旗帜。1924年,孙中山对三民主义重新做了解释,获得了新的历史特点:民族主义以反对帝国主义为主要内容;民权主义主张民权"为一般平民所共有";民生主义在主张平均地权和节制资本之外,还提出了"耕者有其田"的主张。这样,旧三民主义就发展成了联俄、联共、扶助农工三大政策的新三民主义。

（苑书义）

保 皇 会

戊戌政变后,梁启超、康有为先后逃到日本东京,他们并没有从维新运动的失败中吸取到教训,在政治上仍然坚持钻改良主义这条死胡同。那时，革命思想已经在国内外广泛传播，孙中山建立的革命团体兴中会也有了发展。康有为、梁启超等为了抵制革命的兴起，就公开树起保皇的旗帜，成立了保皇会。他们以拥戴光绪皇帝、反对慈禧太后、鼓吹君主立宪制度为宗旨，在日本、美洲、南洋各地的华侨中建立组织，进行活动。保皇会用诡辩的词句把君主立宪的反动主张涂饰起来，说什么"名为保皇，实则革命"，迷惑了不少爱国的青年知识分子，就是孙中山所领导的革命团体兴中会中也有不少会员受到欺骗，竟被拉到保皇会里去了。保皇会还在海外各地大力发展组织、兴办报刊，专门搞宣传保皇、吹捧立宪和破坏革命的勾当。其中，梁启超在东京主办的《新民丛报》是保皇会的喉舌，它的宣传使不少人在思想上分不清改良和革命的界限，对革命思想的传播起了极有害的作用。很显然，如果不粉碎保皇会的宣传，不战胜《新民丛报》的影响，革命的发动就要受到极大的障碍，甚至一时成为不可能。因此，一场思想战线上的大斗争，已经是不可避免的了。

1905年8月，同盟会成立，接着出版了它的机关报——《民报》。以孙中山为首的革命党人逐期在《民报》上发表论文，宣扬资产阶级的革命道理，介绍西方资产阶级革命时期的进步学说，同时也刊登揭穿改良派嘴脸的文章。这样，革命派的同盟会跟改良派的保皇会就分别以《民报》和《新民丛报》为主要阵地，展开了要革命还是要改良的激烈论战。

论战的主要问题有三个方面：

一、要不要革命。改良派是反对革命的，他们要保皇立宪，说革命会带来"内乱"，招致列强瓜分，要爱国就不能革命。革命派认为要爱国就要革命，并且指出推翻清政府，正是为了救中国，拯救国家民族的危亡；清政府是卖国的政府，一日不打倒它，瓜分危机一日不除。还指出改良派嘴里的爱国，就是爱充当"洋奴"的清政府。

二、要不要民主共和制度。改良派是反对民主共和制度的，他们极力主张君主立宪，说中国人恶劣，不配实行民主共和制度，只能请求皇帝实行君主立宪。革命派要民主共和，说中国人并不恶劣而是清政府恶劣，还揭露了改良派这种说法是给清政府的封建专制统治打掩护。他们用"中国之蟊贼""国民之公敌"来声讨改良派。

三、要不要改变土地制度。改良派要维护封建土地制度，谩骂革命派的"平均地权"主张是为乞丐、流氓着想，是想煽动"下等社会"的人起来骚动，实行起来会破坏社会秩序。革命派要平均地权，说平均地权是为了追求革命的平等社会，不是破坏社会秩序。改良派维护封建剥削秩序和仇恨人民的面目在这一点上完全暴露了，他们的活动就遭到了更多人的反对。

经过这一场大论战，革命派在理论战线上击败了改良派，使得革命思想大大地扩展开来，促进了革命形势进一步的发展。

（吕翼祖）

《革命军》《警世钟》《猛回头》

《革命军》为邹容所著，《警世钟》和《猛回头》为陈天华所著。邹容和陈天华都是清末著名的资产阶级民主革命宣传家。

邹容（1885—1905）字蔚丹，四川巴县（今重庆）人，出身于商人家庭。1902年留学日本，并积极参加当时留学生的革命活动。1903年回国，与章太炎一道从事革命宣传工作，后因着《革命军》一书被捕入狱，1905年病死于狱中，年仅二十一岁。

陈天华（1875—1905）字星台，号思黄，湖南新化人，出身于贫寒家庭。1903年留学日本，1904年与黄兴等组织革命团体华兴会。1905年，孙中山领导的同盟会在东京成立，陈天华是它的发起人之一，并参加书记部工作。《民报》创刊，他又参加了编辑工作，后因日本政府颁布取缔中国留学生规则，他忧愤交集，投海自杀，年仅三十一岁。

邹容在1903年5月写成的《革命军》一书中，用通俗的文字宣传了革命的民主思想。在这本书里，他大胆揭露了清朝的封建专制统治是使中华民族陷入帝国主义瓜分危机的根源；并且指出革命是"世界之公理"，是顺天应人，符合时代潮流的。他大声疾呼，中国人民要想摆脱清朝封建统治的压迫，在世界上取得独立富强的地位，就必须起来革命。他根据西方资产阶级革命时期的政治学说，提出了建立资产阶级共和国的政治纲领，并把这个国家称为"中华共和国"。他认为，这个国家应该是独立和民主自由的国家，不许侵略者沾染中国丝毫的权利，永远根绝封建主义君主专制制度。主张全国人民不分男女，都享有言论、思想、出版的自由以及选举、被选举的权利；同时也都负有纳税、服兵役和忠于建设新国家的义务。他还认为，新政府的任务就在于保护人民的权利，如果政府侵犯人民的权利，人民不仅有权利而且有义务立即起来革命，重建新政府。他号召人民为在中国建立这样的资产阶级共和国而起来进行长期、艰苦的革命斗争。

陈天华在1903年末撰写的《警世钟》和《猛回头》中，运用了群众喜闻乐见的说唱形式及浅显的白话文，宣传了激烈的反帝爱国的革命思想。在这两本书里，他着重地指出由于帝国主义对中国进行的政治、经济、文化等各方面的侵略，已经使中国人民完全丧失了自由，人民处于被奴役的地位。为了改变这种悲惨的境遇，他大声疾呼："改条约，复政权，完全独立"（《猛回头》），并认为"须知事到如今，断不能再讲预备救中国了，只有死死苦战，才能救得中国"（《警世钟》）。因此他号召："洋人若来，奉劝各人把胆子放大，全不要怕他。读书的放了笔，耕田的放了犁耙，做生意的放了职业，做手艺的放了器具。齐把刀子磨快，子药上足，同饮一杯血酒，呼的呼，喊的喊，万众直前，杀那洋鬼子，杀那投降洋鬼子的二毛子。"（《警世钟》）他呼吁妇女要和男子一样，为保卫祖国的独立自由和捍卫民族的生存权利，对帝国主义进行顽强的战斗。他还指出清政府已经成为帝国主义驯服的工具，要想抵抗帝国主义的侵略，就必须推翻清朝专制统治，"这中国，哪一点，还有我份！这朝廷，原是个，名存实亡。替洋人，做一个，守土官长；压制我，众汉人，拱手降洋。"（《猛回头》）因此他号召人们革命到底，争取独立自由，"或排外，或革命，舍死做去；父而子，子而孙，永远不忘。这目的，总有时，自然达到"（《猛回头》）。

邹容着重地宣传了反对封建专制主义的民主主义思想，而陈天华则着重地宣传了反帝爱国的革命思想。虽然二者有所区别，但这三本书都充满着爱国感情和不可屈服的革命意志，在辛亥革命时期都曾起过巨大的作用。

（全国华）

《苏报》案

"《苏报》案"是1903年在资产阶级民主革命形势正日趋高涨的情况下发生的。

义和团运动后，一方面民族危机空前严重，另一方面清政府的卖国面目彻底暴露，于是，革命形势开始出现了新的高涨。这时资产阶级在政治上已经分成改良与革命两个显然不同的派别。

到20世纪初，资产阶级革命派逐渐成为一支影响较大的革命力量。许多革命志士在国内和国外成立了革命小团体，并纷纷出版书刊杂志，宣传和鼓动革命。《苏报》，就是在上海发行的一个宣传革命思想的报刊。

《苏报》的主办人陈范，是清朝的退职官吏。《苏报》最初标榜的是改良主义思想，后来在革命派的影响下，逐渐倾向革命，并且与当时的革命小团体——爱国学社建立了密切的联系，实际上成了爱国学社的机关报。

爱国学社是1902年由蔡元培等在上海组成的，形式上类似学校，吸引许多资产阶级和小资产阶级的青年知识分子入学，由当时著名的学者章太炎等做教员，实际上却是用来宣传革命思想，团结革命力量的一种组织形式。

1903年5月以后，《苏报》陆续刊登了许多激烈地宣传革命的文章，旗帜更为鲜明。当时，邹容的《革命军》在上海出版，章太炎的《驳康有为论革命书》也公开发表。这两篇极其犀利的革命文字问世之后，立即产生了很大的影响，引起了清政府的敌视。接着，《苏报》节录了《驳康有为论革命书》中痛骂清朝统治者和揭露康有为改良主义的一段文字发表，并且发表文章，介绍《革命军》的内容，向读者推荐《革命军》。这一系列激烈的革命宣传和它所产生的影响，使清政府恐慌和震怒，便公然采取镇压手段，下令封闭《苏报》，逮捕章太炎、邹容等人。

但是，《苏报》社设在租界内，清政府不敢轻举妄动，便请求帝国主义帮助镇压。1903年6月底，帝国主义的"工部局"封闭了《苏报》，逮捕了章太炎；当天晚上，邹容自动到"工部局"投案。他们被捕后，清政府曾要求帝国主义引渡，但是，由于列强坚持自己在中国的特权，不同意引渡，结果就在租界的法庭（会审公廨）上开审。清政府在帝国主义的法庭上以原告的身份去控告革命党人，这种情况彻底暴露了它的依附于帝国主义、和人民为敌的面目。当时章太炎就曾指出："这次事件是清政府公开与四万万人民为敌的事件。"最后，租界法庭判决章太炎三年徒刑，邹容两年徒刑，并查封了《苏报》。帝国主义还通知各地领事：禁止中国人在租界内办报纸宣传革命和出版革命书籍。

章太炎、邹容在帝国主义监狱中，仍然坚持斗争。章太炎在狱中写了《答新闻报记者问》，在这篇文章中他满怀信心地说："四万万人民都会同情我们，而公理一定会战胜的。"他在狱中还参与组织"光复会"的筹划工作。但是邹容在帝国主义监狱生活的折磨下，于1905年4月3日病死在狱中，年仅二十一岁。1906年章太炎刑满后出狱，便动身前往日本东京，参加了孙中山先生所组织的同盟会，主编《民报》。但后来他和孙中山意见不合，脱离了《民报》。辛亥革命以后，他对中国革命的前途逐渐丧失信心，思想消极退化，提倡复古，钻研佛学。此后，逐渐从一个早期的资产阶级民主主义革命者倒退为一个政治上、思想上极其保守的人物。

"《苏报》案"发生后，邹容的《革命军》风行国内外，发行数量达到了清末革命书刊发行的第一位，使革命思想在国内外产生了广泛的影响。

（马金科）

秋　瑾

秋瑾

秋瑾（1875—1907）是清末有名的资产阶级女革命家，字璇卿，别字竞雄，又称鉴湖女侠，浙江绍兴人。她出身于封建官僚家庭，幼时读书很聪明，能写一手好诗文。二十二岁时，在家庭的包办下，与湖南湘潭的封建官僚子弟王廷钧结婚。

秋瑾受到封建家庭的束缚，时常感到愤愤不平。后来看到清政府的腐朽卖国和帝国主义的野蛮侵略，便逐渐产生了为妇女谋求解放和推翻清朝腐朽统治的宏大志愿。1900年，她住在北京，亲眼看到帝国主义侵略中国的无数暴行，更加强了从事革命的决心。她在《致某君书》里就坚决地说："吾自庚子（指1900年八国联军侵入北京事件）以来，已置吾生命于不顾，即不获成功而死，亦吾所不悔也。"可见这时她已下定了为革命情愿牺牲自己生命的决心。在这种强烈的革命思想推动下，1904年，秋瑾毅然决然地冲破封建家庭的樊笼，离开了丈夫和子女，只身去日本留学，开始踏上了革命生活的道路。

在日本留学期间，秋瑾积极地进行革命活动，与革命党人刘道一等组织了秘密团体"十人会"。1905年，孙中山由欧洲到日本，成立了同盟会，秋瑾立即加入，被推为评议部评议员和浙江省主盟人。她还联络当时留日的女同志，组织"共爱会"，自己担任会长。清政府勾结日本政府，颁布取缔中国留学生规则，压迫留日学生，秋瑾愤然返归祖国，在上海创办中国公学。1906年，由徐锡麟介绍，加入了光复会。和一些同志在上海设立革命机关，并主持了《中国女报》，进行革命宣传活动。

1906年，同盟会发动了萍（乡）浏（阳）醴（陵）起义，全国革命形势汹涌澎湃。这时秋瑾返回绍兴，主持大通学堂。大通学堂原为徐锡麟、陶成章等创办，是光复会训练干部、组织群众的革命据点。在大通学堂，秋瑾为了进一步训练革命力量，成立了"体育会"，招纳会党群众和革命青年，进行军事操练，并积极联络浙江各地的会党，组成"光复军"，推徐锡麟为首领，秋瑾任协领，积极地进行起义的筹备工作。

1907年5月间，徐锡麟准备在安庆起义，约秋瑾同期于浙江的金华、处州等地响应。但徐锡麟起义计划先期泄露，7月6日，徐锡麟仓促地刺杀安徽巡抚恩铭，在安庆发动起义。由于准备不够充分，起义很快失败，徐锡麟也被捕牺牲了。安庆起义的失败，使秋瑾主持的浙江地区起义计划完全泄露，形势十分危急。当时有人劝秋瑾暂时走避，秋瑾毅然地拒绝说："我怕死就不会出来革命，革命要流血才会成功……我决不离开绍兴。"

1907年7月13日，清军包围大通学堂，经过一场激烈战斗，终因寡不敌众，大通学堂学生的抵抗失败了，清军逮捕了秋瑾。审讯时，敌人虽用酷刑逼供，但秋瑾坚贞不屈，没有吐露半点革命机密，只坚决回答清吏说："革命党的事，不必多问！"清朝官吏只好伪造供词，捏造罪证，草草结案。7月15日，秋瑾于绍兴轩亭口英勇就义，死时年仅三十三岁。

（马汝珩）

中国最早的铁路

中国最早的铁路，是1881年修成的唐胥铁路，从唐山到胥各庄，计十八里。修筑的目的是便利开平煤矿向外运煤，把煤矿同运河衔接起来。以后，这段铁路逐渐由两端向东西延伸，断断续续地，到了1911年，京沪铁路才全部修通。

在这以前，外国侵略者很早就想在中国修铁路。他们知道，不仅铁路本身可以营利，更重要的是铁路可用来推销他们的商品，掠夺中国的农产品和丰富的自然资源。同时，筑成铁路对他们进一步扩大政治和军事侵略，也将提供更为方便的条件。所以，在1864年，就有一个叫作史提芬森的英国人，做了一份中国铁路系统计划，送给清政府。这个铁路计划是：以汉口为中心，东至上海，通向太平洋，西经四川、云南，通往英国当时的殖民地印度，大体上是沿着长江，用一条横贯东西的铁路，把中国纳入英国的殖民体系中去。清政府拒绝了英国人的这份计划，说如果要修铁路，中国人会自己来修的。腐朽落后的清政府拒绝这份计划的真正原因，并不是为了保卫国家主权，而是害怕帝国主义修了铁路，威胁自己的封建统治。第二年，另一个叫作杜兰德的英国人，在北京宣武门外，私自修起了一条一里左右的轻便铁路，用来打动清政府。清政府不但不为所动，而且下令将之拆除。可是英国人并没有死心，1876年，又在上海吴淞间，擅自修了一条淞沪轻便铁路。清政府发觉后，非常生气，提出强烈抗议，经过许多交涉，才用二十八万五千两银子买了过来，全部拆除，把器材丢在海里。这样，外国侵略者的目的没有达到，清政府对这种新式交通工具，也没有发生兴趣。不过此后不久，在清政府内部，关于修铁路的问题，却发生了很大的争论。这一争论一直持续了近二十年。

　　争论的一方是守旧派官僚，他们从极其落后和自私的心理出发，担心铁路修成之后，原来的旧商路都要废弃，商税就要减少。

他们还特别害怕铁路修成以后，原来的船工车夫大批失业，这些人会起来造反，反对自己的统治。更可笑的是，他们还说：火车冒烟要烧坏庄稼，架桥梁，开山洞，移坟墓，会破坏风水，使祖宗之灵不安，山川之神不宁，等等。

另一方主张修铁路的开始只是少数人，主要是一些洋务派官僚。他们在内政外交上都很有势力，是当时的实力派。他们认为，修铁路既便于调运军队，又便于转运粮食，对加强封建政府对人民的统治，是一项非常重要的和必需的措施。同时，这些洋务派官僚知道，兴办铁路不但可以为列强效力，加强相互之间的勾结，提高自己的政治地位；而且能够从中渔利，大发横财。因此，尽管朝廷内外舆论激烈反对，他们还是坚持要修。

在这场统治阶级的内部争论中，清政府对修路的政策也反反复复，动摇不定。比如前面说到的唐胥铁路的修筑，起初本来批准了，但是还未动工，又改变主意，不许修建了。后来再次同意修建了，可是仍然不准使用机车。所以唐胥铁路在开始的时候，竟出现了用骡马拉着列车在轨道上行走的怪现象。

经过洋务派的力争，守旧派的阻挠逐渐被战胜了，然而清政府筹不出资金，不能大举兴办铁路。主持修筑铁路的洋务派官僚非常腐败，办不好事情，已经修建的铁路，效率很差。特别是外国侵略势力，通过不平等条约和借款，攫取了在中国修筑铁路的特权，几乎完全控制了铁路的修造和经营管理，这就更加妨碍了中国铁路事业的正常发展。所以在清末，中国自办的铁路，不但少得可怜，而且办得很糟。百分之九十以上的铁路都直接或间接落在帝国主义控制之下。

（潘喆）

保 路 运 动

保路运动又称"铁路风潮"，是广东、湖南、湖北、四川等省人民反对清政府将民办的川汉、粤汉铁路（合称为湖广铁路）出卖给帝国主义的群众运动。

帝国主义为了进一步奴役中国人民和掠夺中国财富，从19世纪末以来，便开始对中国进行铁路投资，争夺铁路的修筑权。粤汉、川汉铁路是沟通南北和深入内地的两条重要干线，因而就成为帝国主义争夺的目标。

早在1898年，大买办盛宣怀和美国就订立合同，借美金四千万元，把粤汉、川汉铁路的修筑权让给美帝国主义。这个卖国行为立即遭到群众的坚决反对。后来经过广大人民，特别是广东、四川、湖南、湖北四省人民和绅商的长期斗争，才收归自办。当时，由于清政府缺乏财力，一般工商业者的经济力量又很薄弱，无力筹划筑路经费，因此，便采用征集"民股"的办法，由地方政府在税收项下附加租股、米捐股、盐捐股来聚集资金。负担最重的是广大穷苦的劳动人民，他们挣扎在饥饿线上，还要在苛捐杂税的重重剥削之外，勉力缴纳"股金"，甚至为此卖儿卖女。当时四川有一首歌谣里说："最可怜的是庄稼汉，一两粮食就要出这项钱"，正是当时情况的真实反映。经过几年的筹集，铁路股本已收集了不少，四川、广东收到一半以上，粤汉铁路已开始修筑，川汉铁路从宜昌到万县的一段也已动工，从当时实际情况来看，这两条铁路是可以自力修成的。但是，帝国主义不肯让中国自己修成铁路，它们利用清政府财政困难进行要挟。1911年1月，清政府在大买办盛宣怀的"利用外资开发实业"的建议下，又大借外债，和美、英、法、德组成的四国银行团订立了铁路借款合同，宣布铁路干线国有政策。

根据借款合同，美、英、法、德等帝国主义不但掌握了路权，而且还要以湖南、湖北两省的盐税厘金作为抵押，所以，所谓铁路"国有"，不但剥夺了中国人自办铁路的主权，而且实际上是把全部川汉、粤汉铁路完全拍卖给帝国主义了！广大人民在两路筹办的时期内，吃尽了苦头，现在看到清政府公然出卖路权，更加愤恨；许多绅商也因铁路国有损害了他们的利益，非常不满，于是，一个具有广泛群众基础的、轰轰烈烈的保路运动爆发了。

保路运动是由民族资产阶级上层的代表立宪派发起的。他们叩头请愿，向清政府请求"收回成命"。湖南的绅商，聚集于咨议局开会，散发传单，指责铁路国有政策。湖北绅商派代表去北京请愿。广东也召开粤汉路股东会议，要求维持商办。四川成都的立宪派要市民供奉光绪帝神位，并从光绪帝的立宪论旨中摘出"庶政公诸舆论""铁路准归商办"两句话作为口号，表示他们不反对朝廷，只为"争路"的政治态度。

在各省绅商向清政府请愿的同时，各省的广大人民突破请愿运动的限制，掀起了激烈的反抗斗争。四川各府州县遍设保路同志会，参加者数十万人；万余湖南长沙、株洲工人举行了罢工示威，湖南学生也举行罢课；数千湖北宜昌筑路工人与清军发生了武装冲突；留日学生也声援保路运动，提出"路存与存，路亡与亡"的口号；旅美的广东华侨也集会反对，决议："粤路股银，皆人民血汗……有劫夺商路者，格杀勿论。"这时，革命党人乘机展开活动，湖北詹大悲在《大江报》上发表文章，鼓吹革命；同盟会员陈少白在香港主办的《中国日报》及其他港报，都刊载了反对铁路国有的言论，抨击清政府。

在保路运动中，以四川人民的反抗最为激烈。工人、农民、学生、市民纷纷投身到运动中来。在四川总督赵尔丰用武力血腥镇压成都请愿市民而造成"成都惨案"之后，四川人民更被激怒了，保路运动很快发展成为声势浩大的武装起义。同盟会积极地展开了革命活动。同盟会员龙鸣剑、王天杰等人联合哥老会，组成保路同志军，占据了一些州县，围攻成都，邻近各州县的农民也纷起响应。当时，回到四川工作的同盟会员吴永珊（玉章）也于荣县组织起义，而且一度宣布独立，建立革命政权。这样，就更促进了革命形势的高涨。就在四川人民展开声势浩大的武装斗争，而清政府加紧镇压的时候，1911年10月，湖北新军中的革命党人（文学社、共进会）发动了武昌起义，辛亥革命爆发了。

（马汝珩）

黄花岗七十二烈士

同盟会成立以后，曾多次发动武装起义，结果都失败了。到1910年春，部分革命领导者如黄兴等，对革命前途产生了悲观失望的情绪。为了鼓舞士气，准备再举，孙中山召集他们在马来西亚的槟榔屿开会。孙中山鼓励大家说："今日革命风潮已盛，民心归向我们，只要我们意志不衰，困难是挡不住我们前进的！"经过讨论，大家决定：1911年春在广州集合各省革命之精英，发动大规模起义，先占广州，再由黄兴统率一军出湖南湖北，由赵声带领一军出江西攻南京，两军会师长江，然后长驱北上直捣北京，倾覆清廷。

会后，一部分革命党人到南洋和欧美各地，向华侨募集革命经费，经过革命党人的宣传鼓动，各地爱国侨胞，都积极捐款相助，有的人甚至变卖家产以助之。这次捐款共得十几万元，经费问题基本解决。1910年底，黄兴、赵声等返回香港，着手筹备起义，成立了领导机关——"统筹部"，黄兴任部长，赵声为副部长，

黄花岗起义浮雕

统一领导起义的准备工作。接着，革命党人纷纷潜入广州，熟悉环境，刺探敌情，还设立了许多秘密机关。为了转运军火，他们常常将女同志打扮成新娘，利用花轿来抬运枪支、炸弹。经过几个月的筹划，准备工作大体上就绪，革命党人摩拳擦掌，只等一声号令，就发动起义。

起义的日期原定在1911年4月13日，不料在4月8日发生了革命党人温生才刺杀广州将军孚琦的事件（他本来计划刺杀水师提督李准，结果刺中的是孚琦），清廷立即加强了戒备，广州戒严，并且到处搜捕革命党人。这样，原定的起义计划受到了影响。

以后，形势日有变化，起义日期几次改变，最后确定在4月

27日发动起义。

4月27日下午，黄兴在小东营住所召集了队伍，每人发给白毛巾一块，缠在左臂作为标志。许多革命党人抱定为革命牺牲的决心，事先写好了绝命书，如林觉民给他父亲写的绝笔信说："儿死矣！唯累大人吃苦，弟妹缺衣食耳。然大有补于全国同胞也。"起义即将发动，白发苍苍的谭人凤赶到，要求加入，黄兴婉言拒绝说："先生年老，后方尚需人照料，这是决死队，望老先生不要去。"谭人凤很生气地说："你们不怕牺牲，难道唯独我怕死吗？"黄兴等很受感动，只好发给他两支手枪。

下午五点半钟，螺号齐鸣，起义的时间到了。革命队伍人人精神抖擞，斗志昂扬。黄兴率领先锋队直扑总督衙门，两广总督张鸣岐闻风逃跑，黄兴等找不到张鸣岐，就放起火来，当他们退出衙门的时候，碰到了敌人的大队人马。林时爽误信其中有革命党人，便挺身向前，企图晓以大义，不幸，话未说完，便中弹牺牲了。接着，激烈的战斗开始了。革命党人数虽少，但人人奋勇当先，十分英勇，给敌人很大打击。如喻云纪等一路，先由后面进攻总督衙门，后又攻打督练公所，喻云纪胸前挂着满满一筐炸弹，所向披靡，敌人十分害怕。不过，由于革命党人没有发动广大群众参加斗争，仍然以单纯的军事行动为主，结果，在寡不敌众的情况下，牺牲很大，不得不退出战斗，起义终告失败。

这次起义，因为是在阴历三月二十九日发动的，所以叫作辛亥三月二十九日广州起义。在这次起义中，许多革命党人壮烈牺牲，一部分人被捕后英勇就义。后来广州人民收得尸体七十二具，合葬于黄花岗。因此，这次起义又称作"黄花岗起义"。

（胡俊明）

文学社　共进会

文学社和共进会是两个资产阶级性质的革命团体，是武昌起义的发动者。

文学社，1911年1月成立于武昌，它是同盟会在湖北新军中的革命团体（新军是清政府采用新式武器装备的，以"西法"编练起来的一支近代化的军队），领导人蒋翊武（社长，同盟会员）、王宪章（副社长）、刘尧澄（评议部长，同盟会员）等都是贫寒家庭出身的知识分子。他们投身行伍，在新军士兵中进行了艰苦的革命宣传和组织工作，同时还出版《大江报》，公开宣传民主革命思想，他们曾以"大乱者救中国之药石也""亡中国者和平也"等为题发表评论，猛烈地抨击清政府，热情地赞美革命。文学社的这些活动大大加强了新军士兵的革命情绪，不到半年，参加文学社的便从八百余人骤增至五千人以上。

共进会于1907年秋成立于日本东京，组织者是同盟会内一部分和会党有联系的会员，如四川张伯祥，湖北刘公、孙武，湖南焦达峰等。他们希望借此改变同盟会与会党隔绝的局面，把全国所有的会党通通联合起来。共进会的入会誓词与同盟会相同，其中只有"平均地权"改为"平均人权"。当时的解释是："满人压迫汉人，人权不平均，所以要平均人权。"其实当时压迫"汉人"和其他各族人民的，除了以满族贵族为首的反动统治者以外，还有帝国主义。1908年秋，共进会着手派人回国，"运动军队，运动会党"。第二年春天，孙武回到武汉，创立了共进会鄂部总会，以孙中山名义相号召，积极开展活动。他们联络会党群众秘密编成五镇（一镇相当于一师）军队，准备待机起事。但因会党不受约束，编制未成，起义计划即遭破坏。从此共进会鄂部总会便将工作重心从会党转向新军，希望依靠新军为主力，以会党做补充，争取武装起义的胜利。

文学社和共进会的基本成员都是新军士兵。当时湖北新军共约一万六千人，参加文学社的有五千多人，有两千多人参加了共进会；文学社和共进会在各标、营、队都建立了比较严密的代表制度，因而在事实上已经控制了湖北的新军。这就为武昌起义的迅速胜利创造了条件。

文学社和共进会本来是各自为政、不相统属的。同盟会领导人谭人凤曾经劝导他们要"和衷共济，相辅而行"。加上革命形势的突飞猛进，客观上也要求他们尽快联合起来。因而他们几经磋商，终于在1911年8月建立了暂时的联盟，成立了临时组织，刘公任总理部总理，孙武、蒋翊武分任军务部正副部长，并组成总指挥部，蒋翊武任总司令，孙武为参谋长，统一领导起义的准备工作。武昌起义就是依靠这个联盟发动的。武昌起义后，文学社社员全体加入同盟会，共进会会员有的参加了同盟会，有的另组民社，和同盟会分庭抗礼。

（苑书义）

武昌起义

武昌起义发生在1911年10月10日。这次起义是中国资产阶级、小资产阶级和广大的人民群众，为反对帝国主义的代言人——清朝封建政权而掀起的革命斗争，是在同盟会的影响和湖北革命团体文学社、共进会的直接组织领导下进行的。

自1905年孙中山领导组织了同盟会以后，中国革命运动进入了一个新的发展时期。到了1911年，革命高潮已经到来。这一年春天，紧接在全国各地爆发的抢米、抗捐、抗税的斗争之后，又爆发了轰轰烈烈的广州（黄花岗）起义，接着，两湖、四川、广东等地人民又掀起了汹涌澎湃的保路运动。清朝反动统治好比一所即将倒塌的破屋，完全呈现出土崩瓦解之势。

湖北在中国近代史上历来是一个重要的革命地区。武汉素称九省通衢，既是清廷统治的心腹要地，也是革命势力活动的中心之一。在这里，早在1904年便成立了革命团体"科学补习所"，以后又有日知会、共进会等革命团体的建立。同盟会成立后，曾经派人到这里成立湖北分会，与日知会建立了联系。日知会很重视革命的宣传组织工作，他们在当地的新军中曾经做了许多深入、细致的工作。以后成立的军队同盟会、群治学社、振武学社、文学社等，几乎都是新军中的革命组织。文学社继承着日知会的传统，他们不但在新军中发展了很多革命同志，而且培养了一批骨干力量。当时湖北新军约有一万六千人，参加文学社的就有五千多人，还有许多参加了共进会。共进会主要在会党中做工作，在下层群众中很有影响。由于这两个革命团体的积极努力，湖北地区的革命运动获得了深厚的群众基础和良好的条件。

"保路运动"爆发以后，文学社和共进会认为发动起义的时机已经成熟，便于八月间组成湖北革命军总指挥部，推定文学社负责人蒋翊武为总司令，共进会负责人孙武为参谋长，刘尧澄、彭楚藩等为军事筹备员，筹划起义工作，并定于中秋节（10月6日）起义。后因准备不及，又决定将起义日期推后十天。

10月9日孙武等在汉口俄租界宝善里十四号制造炸弹，不慎失事，弹药爆炸。孙武头部受伤被送入医院，其余各人被迫仓促转移。该处所藏准备起义的旗帜、符号、文告、印信等物，为闻声赶来的军警搜去，起义领导机关及其主要人物因此暴露。清政府立即派军警四处搜捕。蒋翊武看到事机危迫，发出紧急命令，决定当晚十二时举行起义。规定由南湖炮队在晚间十二时鸣炮为号，城内外新军各标营听到炮声一齐动作。这时，刘尧澄、彭楚藩、杨洪胜等先后被捕，形势已十分紧张，但起义命令没有送到、信炮未发，各标营还在等待观望。

刘尧澄、彭楚藩、杨洪胜被捕后，表现了革命英雄坚贞不屈的高贵品质。他们在敌人的酷刑之下，毫不动摇，直到10月10日清晨湖广总督瑞澄下令杀害他们，仍然坚定不移，高呼革命口号，从容就义。三烈士被害后，瑞澄等一面继续搜捕革命党人，一面严禁新军各标各营互相往来，情况更加紧急。

清廷以为恐怖的屠杀足以遏制革命的爆发，然而事实恰好相反，革命热情高涨的广大新军士兵，怀着满腔愤怒，自发地起来进行武装反抗。当天晚上（10月10日），驻武昌城内黄土坡的第

武昌起义

八镇所属工程第八营，革命党人熊秉坤、金兆龙等打响了第一枪，轰轰烈烈的武昌起义，就这样开始了。

起义发动以后，熊秉坤等率众直奔楚望台军械局。把守军械局的工程营士兵纷纷加入起义队伍，大大加强了起义士兵的战斗力和信心。驻守军械局的工程营左队队官吴兆麟，曾经参加过革命团体日知会，被推为临时总指挥，带领队伍往攻总督衙门。这时各标营新军革命士兵听到枪炮声和工程第八营起义的消息后，也都纷纷起义，声势更加浩大。在猛烈的攻击下，瑞澄破墙而逃，跑到停泊在长江的楚豫兵舰上躲了起来。第八镇统制张彪闻变后也逃往汉口刘家庙。经过一夜战斗，到11日拂晓，武昌就被革命军全部占领了。

起义取得了第一步的巨大胜利后，如何建立一个革命的政权，就成为刻不容缓的大事。然而，起义的士兵在当时还不能认识到由自己掌握政权的重大意义。在他们看来，新的革命政权的领导者，应该是社会上有声望的人物。当时，孙中山还在国外，起义前原推定的总司令蒋翊武因机关破坏逃亡在外，孙武又因制造炸弹受伤，还在医院治疗，各标营代表资历较浅，而且各不相下。怎么办呢？一时都拿不出主意。这时立宪党人就乘虚而入，他们推荐了曾经杀害起义士兵的原清军协统（相当于旅长）黎元洪，认为他是最合适的人选。当天午后就在立宪派首领汤化龙的主持之下，开会决定成立湖北军政府，以黎元洪为都督，汤化龙为民政总长。这样，起义后第一个建立起来的革命政权，就被封建官僚和立宪派分子窃据了重要的职位。

在广大人民的响应和支持下，革命形势在全国范围内迅猛地向前发展，到了11月下旬，全国二十四个省区，已经有十四个省先后宣布独立。腐败不堪的卖国的清政府，终于被推翻了，两千多年的封建帝制也从此结束。

（应清）

中华民国的成立

武昌起义以后，各省纷纷响应。到11月间，全国绝大多数省份都已宣告独立，与清政府断绝关系。清政府陷入土崩瓦解的局面。客观形势要求有一个统一的领导机构，作为革命的领导中心。

11月初，宣告独立的各省的代表开始商讨组织临时中央政府。12月29日选举孙中山为临时大总统，1912年元旦，孙中山在南京宣誓就职，宣告成立临时中央政府，中华民国正式诞生。

中华民国的诞生不仅宣布了统治中国两千多年的封建君主专制制度的死刑，而且在广大群众面前树立了资产阶级共和国的具体形象，从而使民主共和国的观念深入人心。但是中华民国并不是在彻底打碎旧的国家机器的基础上建立起来的。辛亥革命并没有触动旧的封建的、半封建的、半殖民地的经济和政治制度，而且领导这次革命的资产阶级既没有掌握一支革命武装作为支柱，又不能充分发动群众，尤其是以农民群众来作为自己依靠的力量。因此，中华民国虽宣告成立，但是它如同建筑在沙滩上的房屋一样，没有什么基础，在帝国主义和封建势力的反击之下，很快就只剩下一个空名，而实际上仍为大地主、大买办阶级统治的国家。

从中华民国的诞生开始，帝国主义便采取了种种卑劣手段，力图绞杀它。在经济上，它们一方面扣留革命势力管辖地区的全部海关收入，另一方面对北洋军阀的头子、大地主、大买办的代表人物袁世凯给予大量的经济援助。在外交上，一方面拒绝承认中华民国，另一方面极力扶持袁世凯窃夺政权。不仅如此，帝国主义还以军事行动恫吓革命派，长江上集中着英、日、美、德各国的军舰，日、俄两国还把军队直接开入东北，企图乘机打劫。

袁世凯由于得到了帝国主义的支持，便肆无忌惮地对革命派实行一打一拉的狡猾伎俩，向革命猖狂进攻。混入革命的立宪派则联合资产阶级右派（妥协派）逼迫孙中山向袁世凯妥协，叫嚷如果不向袁世凯让步，就有亡国的危险。孙中山在中外反革命势力的夹攻和妥协派的压力下，表示如果清帝退位，袁世凯宣布赞成共和，誓守参议院所定的《临时约法》，即选袁世凯为临时大总统。袁世凯便抓住机会，逼迫清帝于1912年2月12日宣布退位，并致电南京政府声明拥护共和。南京参议院这时只好选举袁世凯为临时大总统。

孙中山被迫与袁世凯妥协，但对袁世凯是存有戒心的。因此，在辞去临时大总统的职位时，就提出了一些条件来束缚袁世凯。然而，因为没有实力做后盾，这些条件不但没有什么约束的力量，而且很快就被袁世凯用狡猾手段破坏了。3月10日，袁世凯在北京就任临时大总统。4月5日参议院又议决将临时政府迁到北京。中国人民经过长期努力而争得的革命果实，就这样被大地主、大买办的代表人物袁世凯所篡夺。

（全国华）

《中华民国临时约法》

《中华民国临时约法》（以下简称《临时约法》）是在1912年3月，经南京临时参议院制定，由中华民国第一任临时大总统孙中山颁布的一部法律。这是一部具有资产阶级共和国宪法性质的法律。

《临时约法》是辛亥革命的重要成果之一。清朝末年，中国人民为了争取国家的独立和民主，进行了不懈的斗争。以康有为为首的资产阶级改良派，发动了著名的戊戌变法运动，幻想在保持清朝统治的基础上，实行君主立宪，结果，遭到了清政府的镇压而失败，改良主义的道路并没有走通。以孙中山为首的资产阶级革命派和改良派不同，他们的理想是从根本上推翻清朝的统治和封建君主专制制度，在中国实行资产阶级的民主政治。因此他们采取了革命的手段，屡蹶屡起地进行武装斗争，终于推动了辛亥革命的爆发。这次革命推翻了清朝的统治，结束了中国两千多年来的封建帝制，产生了中华民国和以孙中山为首的革命的南京临时政府。有了这个胜利，资产阶级革命派才能把自己的理想制成法律，并且把它颁布出来。因此，《临时约法》是革命斗争的产物。

《临时约法》一共七章五十六条，主要内容可以分成三个方面：

第一，规定了国家的政权性质。约法明确规定："中华民国之主权，属于国民全体。"宣布了中国已不再是皇帝或少数人垄断的专制国家，而是"国民全体"的民主的国家。

第二，规定了国民的民主权利。约法写下了国民有言论、著作、出版、集会、结社等自由权，有保有财产和营业的自由权，有选举和被选举权等。

第三，规定了国家的政治制度。中国资产阶级革命派为了防止专制独裁的再现，采取了内阁制。约法规定由参议院、临时大总统、国务员和法院行使国家的统治权，对临时大总统的权力做了限制。临时大总统不但要执行参议院的决议，而且还要受国务员的制约。参议院是国家的立法机关，由各省选派的议员组成，有权议决一切法律，决定国家大政。临时大总统由参议院选举产生，代表临时政府，总揽一切政务。但临时大总统在制定官制官规、任命国务员和外交使节、宣战媾和、缔结条约以及宣告大赦等问题上，都必须取得参议院的同意。国务总理和各部总长都称为国务员，国务员辅佐临时大总统担当政府工作。临时大总统在提出法律案、公布法律和发布命令时，需要由国务员副署，表明国务员也要负其责任。临时大总统和国务员的这种关系，就是内阁制的体现。

可惜，《临时约法》最终并没有得到实现。辛亥革命是一次不彻底的革命，革命的果实不久就被帝国主义和封建势力的代表袁世凯窃夺了。袁世凯窃取政权之后，为了恢复封建的独裁统治，立即破坏了资产阶级民主共和的原则，撕毁了《临时约法》，把中华民国变成一块空招牌。

（潘喆）

袁 世 凯

袁世凯（1859—1916）是河南项城人，号慰亭，别号容庵。他的伯祖父袁甲三是清朝的大官僚，在太平天国时期，以镇压捻军出名。袁保中（袁世凯生父）在老家仗势作恶，是当地地主武装的首领。袁世凯从小就过继给他的叔父袁保庆做儿子，袁保庆亦在清朝军队中当官，长期跟随袁甲三镇压革命。

袁世凯年轻时候是一个花花公子，整天游手好闲，寻欢作乐，学会了一套流氓无赖的本领。他为人十分阴险、奸诈，无恶不作。

在其生父、叔父都死去以后，他参加科举屡试不中，这才跟随着他叔父的一个朋友到军队中当了一名很低的文职官员，开始了他的政治生涯。

袁世凯原先只是一个微不足道的小官，但因为他很会钻营拍马，又谙于洋务，很合李鸿章的心意，就逐渐得到了重用。中日战争后，他被派到天津附近的小站训练新式陆军，从此掌握了一支军队，有了发家的本钱。以后，他就靠着这支反动武装，从事反革命活动，步步高升。

1898年，袁世凯向慈禧太后告密，使康有为等领导的戊戌变法运动遭到镇压而失败。1900年，他又帮助列强在山东镇压义和团运动。这样，就更加得到了清朝统治者和帝国主义的赏识。1901年，李鸿章临死时，特地向清朝皇帝推荐袁世凯为直隶总督兼北洋大臣。从此他成为清朝统治集团中很有权势的一个大官僚了。

为了报答帝国主义和中国封建统治者的赏识和提拔，袁世凯一方面继续扩充军队，增强自己的实力，另一方面更加紧了反革命活动。1905年，他镇压了反美爱国运动，此后又在轰轰烈烈的收回路权运动（收回帝国主义在中国修筑铁路的特权）中，不顾中国人民的反对，和英、德两国订立津浦铁路借款合同，和英国订立沪杭甬铁路合同。

1911年武昌起义爆发，清朝统治迅速走向崩溃。帝国主义看到这种情况，决心另找代言人来代替清朝统治者。他们认为袁世凯是最合适的人物。但这时的袁世凯因为满洲贵族的排挤，已经被迫辞职，赋闲在家。于是帝国主义就极力制造言论，说收拾残局"非袁不可"。清朝统治者这时已经走投无路，见帝国主义如此推重袁世凯，权衡轻重，觉得除了起用袁世凯也别无他法。于是，袁世凯在1911年11月，被重新起用，担任内阁总理大臣，掌握军政大权。帝国主义看到他们中意的人选上了台，非常满意，英国政府甚至在袁世凯就任之前，就迫不及待地表示"这样的政府将会得到我们所能给予的一切援助。"

　　袁世凯在帝国主义支持下上台后，立即着手对付革命势力。他知道在当时那样高涨的革命形势之下，光用武力不可能把革命镇压下去，于是施展了阴险诡诈的两面派手法：一方面派他的北洋军向革命军猛攻，以武力相威胁；另一方面又虚伪地表示愿意和革命派谈判议和，放出"和平"的烟幕。这种一打一拉，软硬兼施的手法非常毒辣。革命派果然被袁世凯的"和平"伪装蒙蔽了。他们没有识破袁世凯的面目，反而以为袁世凯倾向革命，可以利用，因而接受了和平谈判，甚至推迟了临时大总统的选举，虚位以待袁世凯倒戈反正。

　　1911年12月18日，双方开始谈判。在谈判中，帝国主义一直给予袁世凯极大的支持。它们表面上伪装中立，实际上却张牙舞爪，对谈判横加干涉。谈判才一开始，英美等六国就联合发出照会，威胁革命派必须尽速和解，以后又动员帝国主义报纸，制造舆论压力，硬说谈判如果破裂，要由革命派负责，甚至表示如果谈判不成功，就要实行武装干涉。谈判期间，革命派在南京成立了中华民国临时政府，选举了孙中山为临时大总统，帝国主义非常恐惧，于是更加恶毒地进行攻击，英国甚至阴谋支持袁世凯在北方另组临时政府来对抗。由于中国资产阶级的软弱性，革命派经不住帝国主义的威胁、讹诈，对袁世凯抱有很大幻想，被迫节节退让，最后以袁世凯逼清帝退位，就选他做临时大总统为条件，达成了协议。

袁世凯的和平欺骗手法达到了目的，1912年2月，他就转过来逼迫清朝皇帝退了位，孙中山也就按照协议让出了临时大总统的职位。

（汝丰）

宋教仁

宋教仁是辛亥革命时期的一个资产阶级政治活动家。

1904年，宋教仁和黄兴等一起在长沙创立了革命团体"华兴会"。这个革命团体成立以后，就决定于该年阴历十月慈禧太后的生日那天，在湖南发动起义。但是，由于计划被泄露，起义没有成功。参加起义的革命者被清政府到处追捕，宋教仁在国内无法存身，只好逃亡日本。1905年，孙中山在日本联合"华兴会""光复会"等革命团体组织"同盟会"，宋教仁便是其中一个积极的参与者。

1912年，袁世凯窃取了辛亥革命的胜利果实以后，宋教仁和当时许多同盟会会员一样，并不认为把革命的政权交给袁世凯是一个严重的错误。他反而认为民国已经建立，革命已告成功了，于是就沉浸在建设这个空有其名的资产阶级共和国的梦幻之中。

　　袁世凯所要的不是什么资产阶级民主共和国，而是代表旧势力的独裁统治。他上台以后，就开始集中权力，排挤革命势力，逐渐暴露出真面目。当时迫切的问题是通过革命手段与其进行斗争，把革命果实夺回来。但是，作为同盟会实际负责人之一的宋教仁，放弃了这一主张，仍然力谋和袁世凯妥协。他提出了"新旧合作""朝野合作"的口号，幻想通过所谓资产阶级的"政党政治"来限制和约束袁世凯。他特别热衷于选举活动，亲自游说各地，宣传说："世界上的民主国家，政治的权威是集中于国会的，在国会里头，占得大多数议席的党，才是有政治权威的党，所以我们要致力于选举运动……"当时的宋教仁，十分迷恋资本主义国家的议会政治，认为只要通过政党的"合法"活动，就可以掌握到实际权力。

　　为了争取在国会中占到绝对的优势，实现所谓"政党政治"，宋教仁把同盟会改组为国民党，不加区别地滥肆吸收党员，把许许多多投机政客、封建旧官僚，以及向来与革命为敌的立宪派分子都拉进国民党。这样一来，本来就十分松懈的同盟会，完全变成了一个七拼八凑的摊子，很难发挥什么战斗力了。在国会选举中，国民党人多势大，果然表面上获得了压倒多数的胜利。于是，国民党人大为欢欣，并且宣称要以多数党的资格，成立一党内阁，而宋教仁出任内阁总理的呼声，也在这一片选举的胜利声中越来越高。这时的宋教仁，满以为经过议会斗争完全可以取得胜利，对资产阶级议会的幻想达到了顶点。

宋教仁的这些活动，对袁世凯实行专制独裁的野心是很大的妨碍，早就引起袁世凯的注意。袁世凯在他以金钱诱惑宋教仁，遭到了拒绝以后，就决心用毒辣的手段拔掉这颗眼中钉。当宋教仁游说各地的时候，袁世凯派遣暗探，随时密报宋教仁的行动。当他看到宋教仁的活动已经日益严重地威胁着自己的统治地位，就通过他的爪牙——内阁总理赵秉钧和国务秘书洪述祖，秘密安排了刺杀宋教仁的阴谋。这时，宋教仁正风云一时，沿着京汉路南下，到湖南、湖北、安徽、南京、上海等地，到处发表演说，批评时政，抒发抱负，满以为胜利在望。1913年3月20日，他正准备结束南下的宣传活动返回北京，就在上海车站被袁世凯派出的特务暗杀了。他临死以前，还留下一个遗电给袁世凯，对袁抱着殷切的希望说："望总统开诚心，布公道，竭力保障民权，俾国会确立不拔之宪法，则仁虽死犹生。"他哪里知道，杀死他的正是他所殷切期望的"袁大总统"呢！在暗杀宋教仁以后，袁世凯发动内战，打败了南方革命势力的反抗，最后干脆把国会也解散了。至此，宋教仁一心为之劳碌奔波、极力宣传的议会内阁制也就结束了。

（汝丰）

二次革命

"二次革命"发生在宋教仁被袁世凯暗杀以后，是孙中山企图挽回辛亥革命的失败而发动的一次革命斗争，目的是要推翻袁世凯，重新恢复资产阶级革命派的领导权。

宋教仁被暗杀以后，袁世凯为掩全国耳目，还装腔作态，命令江苏地方当局，要"穷究主名，务得确情，按法严办"。但"穷究"结果，捕获的凶手和搜到的密电、密信等一切罪证证实，谋杀的主使人就是大总统袁世凯自己。真相大白，全国舆论哗然。这时，孙中山从日本回到上海，他看清了袁世凯的面目，认识到"非去袁不可"，极力主张出兵讨袁，发动二次革命。

本来，暗杀宋教仁只不过是袁世凯彻底镇压革命力量的信号。袁世凯左手拿着枪，右手也拿着枪，只有照他那样也拿起枪来反抗，才是办法。但是，在国民党领导人之间，孙中山的主张，除了担任江西都督的李烈钧和其他的一些人积极支持外，很多人都不同意。黄兴、陈其美等，认为武装反抗的条件还不成熟，主张等待法律解决；在北京的国民党议员，大唱"法律倒袁"的高调，仍旧在做着合法斗争的迷梦；国民党在南方握有一些实力的其他几个都督则各有打算，也不积极。这样，由于组织涣散，意见分歧，二次革命迟迟不能发动。

政权掌握在袁世凯手里，所谓"法律解决"自然只是一种空想。实际上，当谋杀宋教仁的真相败露以后，袁世凯已经决心进一步用武力来彻底消灭国民党的反抗。他一面向帝国主义借钱求援，一面秘密地调兵遣将，积极准备发动内战。

帝国主义知道袁世凯要镇压革命，就积极出来支持。1913年4月，英、法、德、日、俄五国，联合借给了袁世凯二千五百万英镑（这就是所谓的"善后大借款"），同时，各帝国主义都纷纷表示，将正式承认袁世凯政权，从政治上给袁世凯撑腰。他们说："承认袁世凯政权，不仅意味着袁世凯权力实际增加，而且将相当加强其反对中国南部分裂运动的地位。"

有了帝国主义的支持，袁世凯胆子更大了。5月24日，他杀气腾腾地说："现在看透孙（中山）、黄（兴），除捣乱外无本领……彼等若敢另行组织政府，我即举兵讨伐之。"接着就在6月里先后撤销江西李烈钧、广东胡汉民、安徽柏文蔚的都督职位，同时命令事先已经集结在九江、南京附近的军队发动进攻。于是，李烈钧于7月12日在江西湖口宣布独立，发表讨袁通电，起兵讨袁。黄兴也在15日赶到南京响应。其余安徽、广东、福建、湖南、四川及上海等地也先后宣布独立。至此，讨袁战争爆发，孙中山号召的"二次革命"，在十分仓促的被动局面下开始了。

这时，列强又直接或间接地在军事上给了袁世凯很多援助，德国还派了军官，出动了军舰，帮助北洋军队作战。1913年7月30日，德国外交大臣曾说："德国因为它的重大经济利益，不得不要求立即扑灭革命。"

　　"二次革命"的领导者没有发动广大的人民群众参加讨袁斗争，宣布独立的各省之间又缺乏统一指挥，因此，袁世凯在帝国主义支持下，以优势的武力，很快就把讨袁军打败。8月18日，南昌落入敌手，9月1日，南京又被攻占，原来宣布独立的各省，在战争失利的情况下，先后撤销独立。二次革命就这样在不到两个月的短时间内失败了。领导这次革命的孙中山，又一次被迫逃亡日本，重新组织力量，准备发动新的革命斗争。

（汝丰）

袁世凯的皇帝梦　护国运动

　　袁世凯盗窃了辛亥革命的胜利果实以后，立即着手巩固和加强他的大地主大买办阶级的反动专政。他表面上口口声声民主共和，实际上实行独裁专制。

　　帝国主义和封建势力是不容许中国实现资产阶级的民主政治的。袁世凯不但是民主政治的死对头，而且是一个永不满足的野心家。他暗杀了宋教仁、镇压了二次革命之后，又玩弄权术，当上了正式大总统。到1914年1月，他就下令解散了国会；5月，又宣布废除了《临时约法》，把辛亥革命奠立的最后一点民主原则全部破坏。这时，他把自己的权力扩大到了最大限度，但还不满足，决心要去掉"民国"这块空招牌，恢复封建帝制，来一个黄袍加身，由他来当袁氏朝廷的始皇帝。

他在废除了《临时约法》后所颁布的新《约法》中，把责任内阁制改为总统制，规定的总统权力和世袭皇帝相差无几；把国务院改为政事堂；内阁总理改为职位和名义都与封建朝廷的宰相相仿的国务卿；各省都督也改称将军，民政长则改称为巡按使……一切都按封建帝王的老办法来做，恢复帝制的阴谋活动，在"民国总统"的外衣的掩盖之下，越来越积极，越来越露骨了！

辛亥革命虽然把封建帝制摧毁了，但是对封建帝制的根子——封建土地制度，连一根毫毛也没有动。帝国主义和中国封建势力在这个基础上照旧进行统治，袁世凯也在这个基础上大做皇帝梦。

帝国主义为了扩大它在中国的侵略权利，积极支持袁世凯恢复帝制的阴谋活动，以便趁机多捞一把。袁世凯的顾问、美国人古德诺写了《共和与君主论》一文，为袁世凯恢复帝制鼓吹，文中胡说八道，诬蔑中国民智低下，不适于共和制度，只适于君主制度。甚至威胁中国人民说："如果不采君主制，将会引起外国的武装干涉。"德皇威廉二世接见袁世凯的大儿子袁克定时就露骨地表示："……革命分子势力甚脆弱"，要袁世凯"挟大总统之威权，一变中华民国为帝国皇帝"。还说："我德誓以全力赞助……"英国也不落后，驻中国公使朱尔典就曾经多次向袁世凯表示极力赞成帝制。但是，当时第一次世界大战已经爆发，袁世凯看到这些国家无力东顾，最有力量的还是日本，因此极力讨好日本，乞求支持。日本当时想乘机独霸中国，于是提出了极为苛刻的"二十一条"，作为支持帝制的交换条件，表示只要袁世凯承认了，就可以请"贵大总统再高升一步"。"二十一条"的内容实际等于灭亡中国，但袁世凯为了实现他的皇帝梦，竟不顾中国

袁世凯

人民的反对，丧心病狂地签字接受了。

有了帝国主义的支持，帝制活动逐渐走向高潮。各种反动势力，牛鬼蛇神都忙碌起来了。以杨度为首的拥戴和鼓吹帝制的"筹安会"出现了，接着各式各样的支持帝制的"请愿团"也出现了。这些请愿团，名目繁多，不但有所谓"乞丐请愿团"，还有所谓"妓女请愿团"，真是五花八门，无奇不有。分散在中央和地方的袁世凯的喽啰们，这时又是通电，又是公函，纷纷"劝进"，说什么"恭戴今大总统袁世凯为中华帝国皇帝，并以国家最上完全主权奉之于皇帝，承天建极，传之万世"。

到了1915年12月，袁世凯迫不及待地要参政会出面，召集了所谓国民代表大会，进行所谓国体投票。在开会期间，袁世凯又是武力威胁，又是金钱收买，各省投票结果，全部同意改行君主政体，推戴袁世凯为皇帝。12月11日，参政院以代表民意的资格，上书劝进，袁世凯还假惺惺地表示谦逊，退还了推戴书。参政院于是再次开会，在十五分钟之内完成了第二次推戴书，当晚再度送去。第二天，袁世凯装成不得已的样子，正式接受了帝位。第三天，袁世凯就在居仁堂受百官朝贺，并封黎元洪为武义亲王，宣布将民国五年改为"洪宪"元年，积极准备登基做洪宪皇帝了。

　　但是，就在袁世凯扬扬得意，准备登上皇帝宝座的时候，反袁的烽火已经燃烧起来了。以孙中山为代表的革命派是反袁最坚决的力量，他们在各地组织暴动，策划起义。可是由于他们没有发动广大群众，停留在单纯的军事冒险上，因此不断失败。然而，反袁的火种既已点燃，就难以扑灭，人民群众是绝不容许封建帝制再现于中国的。

　　1915年12月25日，云南宣布独立，爆发了护国起义，组织护国军分兵北上。护国军的力量并不大，但由于反袁是人心所向，所以很快就得到了广大人民的拥护和支持。随着护国军的胜利，1916年1月，贵州宣布了独立，接着广西也宣布独立，四川、湖南、广东等省，形势亦十分紧张。帝国主义这时害怕反袁的怒火烧到自己身上，也来了一个向后转，拒绝继续支持袁世凯称帝。袁世凯开始感到大事不好，在3月22日被迫宣布撤销帝制，还想继续当大总统。但护国军不答应，他们声明袁世凯是叛国的罪人，不能再当总统，要他辞职。形势急转直下，对袁世凯越来越不利，4、5月间，广东、浙江、陕西等省又先后宣布独立，最后连北洋派系控制的四川、湖南两省在广大人民的压力下，也宣布了独立。众叛亲离，袁世凯走到了绝境。6月6日，这个窃国大盗在全国人民的唾骂声中死去了！

（鲁素）

张 勋 复 辟

"张勋复辟"发生在1917年7月。提起这件事来，还得从张勋头上的"辫子"以及他率领的"辫子军"说起，因为张勋和他率领的军队，在民国建立以后，是以留辫子出名的。

把头上四周的头发剃掉，在中间留起一条辫子垂在背后，这是从前满族人的习俗。满洲贵族建立了清朝政权以后，强迫其他各族人民也遵照这种习俗。无论是谁，都必须剃去头发，留起辫子，不这样，就是谋反，就要砍头。这就是所谓的"留头不留发，留发不留头"。成千上万的汉族和其他各族人民，因为反抗清朝统治者这一野蛮残酷的压迫措施，遭到了残酷的屠杀。在遭受剥削和压迫的广大人民心目中，辫子便成了清朝反动统治的标记。那些依附清朝统治者的忠实奴才，则把留起辫子当作投靠满洲贵族，感恩献媚的手段。

张勋就是这样的奴才，他做过清朝署理两江总督、江苏巡抚、江南提督等要职，一贯善于压榨和迫害广大人民，对清朝皇帝则十分忠心。在清朝统治之下，他对那根奴才的辫子视同珍宝是十分自然的。到了辛亥革命之后，清朝皇帝已经被推翻了，全国人民都兴高采烈地剪掉了辫子。但是，已经换上了民国衣冠的张勋，不但自己舍不得剪掉那根辫子，他的军队，也都仍然留着辫子。因此，他的军队被称作"辫子军"，他自己也得到了"辫帅"的称号。

张勋为什么要留着辫子呢？用意非常清楚。他虽然被迫归顺了民国，但无时无刻不在梦想着复辟。复辟，在当时就是要恢复封建皇帝的专制统治。因此，张勋为了表示自己曾是大清的忠臣和对皇帝的怀恋，就把辫子保留着。这个顽固透顶的军阀，对清朝封建帝制的覆灭是不甘心的，对革命抱有刻骨的仇恨。武昌起义时，他率领军队盘踞南京，与革命军顽抗；袁世凯窃国后，他拖着辫子做了民国的大官，但仍然企图恢复清朝帝制。袁世凯镇压"二次革命"，他最为卖力。"辫子军"攻下南京，他下令放假三日，任凭他们杀人放火，奸淫抢掠，使南京人民遭受了劫难。

辛亥革命是一次不彻底的资产阶级民主革命，清朝统治下的孤臣遗老、皇亲贵族无一不想卷土重来。尽管他们头上的辫子被迫剪掉了，但心里的辫子仍牢固地存在着。一旦机会到来，他们就要复辟。袁世凯就是辛亥革命后第一个企图复辟的人物，不过他是把原先的清朝皇帝撂在一边，而梦想自己登上皇帝的宝座罢了。袁世凯做了八十三天皇帝梦就倒台了，接着而来的就是张勋。他自知力量远远不如袁世凯，还不敢梦想自己做皇帝，但是他梦寐以求的是拥护清朝废帝重掌江山，做一个复国元勋。到了1917年，民国的总统黎元洪和国务总理段祺瑞争权夺利，发生了尖锐的矛盾，张勋看到有机可乘，就拥兵北上，演出了复辟的丑剧。

段祺瑞是北洋军阀中皖系的首领，很有实力。黎元洪虽然是总统，但政府的实权操纵在段祺瑞手中，他等于是一个傀儡。第一次世界大战爆发以后，段祺瑞在日本的支持下，以参战为借口，企图驱逐黎元洪。但黎元洪得到美国的支持，反对参战，极力向段反击。后来段祺瑞跑到天津以辞职相威胁，黎元洪就以罢免段祺瑞的国务总理职务相报复。双方的矛盾达到了不可调和的程度。这时，段祺瑞决心以武力来对付黎元洪，在他的唆使下，北洋军阀皖系、直系督军纷纷宣布独立，准备进兵北京。久谋复辟的张勋就利用这个机会，一面通电要求黎元洪退职，以此讨好段祺瑞；另一面又表示愿意入京调停黎段之争，为拥兵复辟设下圈套。段祺瑞为了利用张勋推翻黎元洪，极力怂恿他来北京，甚至暗中表示支持复辟。黎元洪正在四面楚歌之中，见有非皖系的张勋出来调停，想借张以对抗段祺瑞，因而也表示接受张勋的调停。1917年6月，张勋就打着调停的旗号率军北上。到天津后，这个以调停为名、复辟为实的"辫帅"就改了腔调，发出通电，威逼黎元洪解散国会，否则就不负调停之责。黎元洪知道上了大当，但已经无力挽救，被迫于6月13日宣布解散国会，张勋随即进入北京，着手复辟。

张勋入京后，头一件大事就是到紫禁城向清朝废帝溥仪（宣统皇帝）叩头请安。清朝皇室和那些贵族王公早就盼望有死灰复燃的一天，这时，他们从张勋身上又找到了希望。一时之间，什么"恢复祖业"啦！"光复旧物"啦！"还政于清"啦！这些奇声怪调立即嚣张起来。保皇党的首领康有为也赶来北京，为张勋出谋献计。复辟的活动进入了高潮。

1917年7月1日，经过一番仓促的准备，张勋正式宣布清帝溥仪复辟，恢复清朝旧制。同时还颁布了许多上谕：改民国六年为宣统九年，封黎元洪为一等公爵，冯国璋（原副总统）为两江总督兼南洋大臣，张勋为直隶总督兼北洋大臣，各省督军改称巡抚，等等。这时，北京街头龙旗飘扬，多年不见的清朝袍服也重新出现，那些曾经被迫剪掉辫子的封建余孽，用假辫子拖在脑后，摇头摆尾地庆贺大清一统重建，十分得意。

张勋宣布复辟，黎元洪逃到东交民巷日本使馆，一面通电由冯国璋代行总统职务，一面被迫重新任命段祺瑞为国务总理。段祺瑞见解散国会和驱逐黎元洪的目的都已达到，又看到复辟非常不得人心，就乘机而起，宣布反对复辟，自任"讨逆军"总司令，在天津马厂誓师，北上讨伐张勋。

"讨逆军"于7月12日攻进北京，张勋慌忙逃到外国使馆避难。这时，先前那一切乌七八糟的景象，又烟消云散了。大街小巷，到处都是辫子军逃命时剪下来的辫子,复辟的丑剧,前后只演了十一天!

此后,段祺瑞重新掌握了军政大权,民国有名无实依然如故,但是中国人民反抗军阀的斗争却进一步发展了!

(鲁素)

北洋军阀

"北洋军阀"是近代中国社会的一支军阀势力,它们在帝国主义的支持下,拥有以新式武器装备的军队,控制着北京政权,代表帝国主义和中国大地主大买办阶级的利益,对广大人民实行黑暗而残酷的统治。在辛亥革命后的十多年中,中国社会一直处在北洋军阀的统治之下。

中日甲午战争后,清政府在1895年开始编练新军。袁世凯被派在小站(天津附近)编练"新建陆军",他把原来淮系官僚胡燏棻(yù fēn)所练"定武军"四千七百五十人接收过来,并扩充到七千人,这就是后来"北洋军阀"武装的基础。以后北洋军各派系的首领如段祺瑞、冯国璋、曹锟、王士珍等,当时都在袁世凯手下当军官。

1898年后,袁世凯的"新建陆军"和董福祥的"甘军",聂士成的"武毅军"同属清政府首脑之一的北洋大臣荣禄统率，并称"北洋三军"。"北洋"的名称自此开始。在"戊戌变法"运动中，袁世凯用出卖维新派的卑劣手段，得到了慈禧太后的信任。到1899年，"新建陆军"改编为"武卫右军"（"武卫军"分左、右、中、前、后五军），编制达万人左右，归武卫军统领、大学士荣禄节制。

在义和团运动期间，袁世凯积极镇压人民的反帝斗争，得到了帝国主义的赏识。1901年李鸿章死后，在中外反动派的共同支持下，袁世凯继任为直隶总督兼北洋大臣。这时的北洋"武卫军"中的其他四军都在八国联军的进攻下溃散了，只有袁世凯的右军因随他到山东屠杀义和团群众而保存下来。这支军队此后不断扩充，并改名"北洋常备军"，几乎完全由袁世凯一人控制。到辛亥革命前，北洋军的势力由直隶扩展到了山东、河南、江苏以及东三省等地。依靠这支武装和帝国主义的支持，袁世凯成了清廷中"举足轻重"的人物。辛亥革命爆发后，他利用这种地位和实力，对抗以孙中山为首的革命势力，窃夺了革命果实，自己当大总统，开始了以他为首的"北洋军阀"的反动统治。

袁世凯大量地出卖民族利益，换取各帝国主义对他的支持，成为各帝国主义共同统治中国的总工具。因此，在他死前，"北洋军阀"集团尚能维持表面的"统一"。他死了以后，"北洋军阀"在帝国主义强盗分别收买和互相争夺之下，开始分裂，在分裂的各派军阀中，比较大的是直系、皖系和奉系。

直系军阀的首领是冯国璋、曹锟和吴佩孚等，他们主要投靠英、美帝国主义，是英、美侵略中国的工具。

皖系首领是段祺瑞、徐树铮等，他们和直系的首领原来都是袁世凯手下的重要角色。袁死后，两系间争权夺利的斗争特别厉害。

奉系首领是张作霖，盘踞在东北地区。

皖系和奉系都是投靠日本帝国主义的，成为日本侵略中国的工具。

此外还有很多大小不同的军阀派系，各自占据一块地盘，掌握一部分武装。这些军阀为了争权夺利，经常互相发生冲突，形成了连年不断的军阀混战局面。

袁世凯死后，黎元洪继任大总统，直系冯国璋任副总统，皖系段祺瑞任国务总理，掌握实权。为了对付非北洋系的黎元洪，直、皖系曾暂时合作，但由于投靠的帝国主义不同，互相间的利害冲突和矛盾还是很大的。1917年，冯、段终于借"张勋复辟"事件，挤走了黎元洪。接着，冯国璋当了大总统，段祺瑞仍做国务总理，他们变本加厉地出卖民族利益，继续北洋军阀的专制统治。不久，冯、段之间为了扩充势力、抢占地盘，矛盾逐渐尖锐起来。1920年7月，直系联合奉系打皖系，皖系战败，中央政权开始由直、奉两系联合控制。

直、奉军阀也只是暂时的联合，因为它们投靠的帝国主义不同，帝国主义之间的矛盾必然影响它们之间的利害关系。1922年4月终于又爆发了直奉战争，结果奉系战败，退出关外，中央政权由直系全部控制。奉系军阀不甘失败，1924年9月又挑起了第二次直奉战争，这次奉系取得了胜利，皖系段祺瑞也乘机攫取了北京"临时执政"的地位，在奉系卵翼下重新把持中央政权。

五四运动以后，中国人民革命进入了一个全新的历史时期，就是新民主主义革命时期。在这一阶段，革命的面目焕然一新，反军阀的斗争迅速向前发展。1926—1927年，广东的革命政府举行了"北伐战争"。在全国人民的积极支持下，终于摧毁了"北洋军阀"的统治。

（刘守诒）

护法运动

1916年袁世凯死后，北洋政府的政权落在亲日派段祺瑞的手里。段祺瑞想独揽大权，但1912年公布的《临时约法》，对他实行独裁统治是不利的，因此他解散了旧国会并废除了《临时约法》。

当时的很多资产阶级革命家是把1912年的《临时约法》和国会作为共和国的象征的，坚持民主主义革命的孙中山便起来号召保护约法，召集旧国会。1916年7月，孙中山到达广州，大部分国会议员也跟着南下。海军受了革命影响，也宣布"拥护约法，恢复国会"，并且将舰队开到广州。当时，盘踞在两广的桂系军阀陆荣廷和称霸云南的滇系军阀唐继尧在争权夺利上和段祺瑞的矛盾很大，又感到自己的力量不足，想利用孙中山的名义来对抗段祺瑞，于是假意地也表示拥护约法。9月孙中山在广州召集了非常国会，组成了护法军政府，孙中山为大元帅，陆荣廷、唐继尧为元帅，和段祺瑞的北京政府相对立。

北洋军阀中，以段祺瑞为首的皖系和以冯国璋为首的直系之间，也存在很深的矛盾。当时段祺瑞决心"武力统一"中国，派直系军队进入湖南攻打护法军。冯国璋却企图勾结西南军阀，排挤段祺瑞，因此，指示他的军队采取消极态度，并提出了"和平统一"的口号，对护法军政府表示让步。

以政治投机为目的的陆荣廷、唐继尧这时也大肆活动，拉拢国会议员，共同排斥孙中山，破坏护法运动。1918年2月拥护孙中山的军政府海军总长程璧光被人暗杀，甚至孙中山招募的卫队也被捕杀。南部军阀在解除了孙中山控制下的军事力量以后，接着又进一步改组军政府，取消大元帅制，改为七总裁制，由老官僚岑春煊当主席总裁，把孙中山变为一个毫无实际权力的七总裁之一。孙中山见护法运动毫无进展，在广州也无法立足，就在1918年5月离开广州去上海。离开广州时发表宣言说："南北军阀都是一丘之貉。"他开始了解到依靠这些人是不能护法的。孙中山离开广州以后，军政府便完全操纵在桂系军阀的手中。后来南方和北方进行和平谈判，护法运动就这样不了了之地失败了。

（鲁素）

京　剧

　　提起京剧的历史，有近两百年了。如果从它的前身徽戏说起，那还要再往前早个四五十年。

　　安徽戏班从乾隆五十五年（1790）开始，先后有三庆、四喜、春台、和春等班来到北京，被称作四大徽班。他们丰富多彩的演出和一些思想内容较好的剧目，受到北京观众的欢迎，逐渐地取代了本来在北京流行的昆曲、京腔、秦腔等剧种的地位，成为北京剧坛的主力。

　　徽戏的唱腔以二黄调为主。到了道光年间（1821—1850），湖北的湖广调（楚调，也就是汉剧）也进入北京，带来了西皮调的唱腔。这两个本来有着血统关系的姊妹剧种，很快地结合起来，使西皮调和二黄调在北京同台演唱。以这两种唱腔为主，然后又吸收融化了昆曲、京腔、秦腔等剧种的精华部分，构成了本身唱（歌唱）、念（说白）、做（身段动作）、打（武打）一套完整的体系，逐渐形成了一种新的戏曲，人们把它叫作京调或皮黄，也就是今天的京剧。

　　到了同治、光绪年间（1862—1908），京剧进一步发展，不仅出现了许多优秀演员，同时逐步地向外发展，较大的都市如天津、上海、汉口、长沙，都先后有京剧班子演出。

　　京剧的表演（包括唱、念、做、打），无论生、旦、净、丑，都有一定的程序，但在京剧的发展过程中，不少杰出的表演艺术家在传统程序的基础上，经过自己的艺术实践，不断地丰富和创造，形成了各种不同流派的艺术风格。

没有一种艺术能够超越于时代之外。京剧和许多别的艺术一样，有着自己的战斗历程。辛亥革命前后，有许多京剧艺人基于祖国的危亡，曾经演出了不少适应当时政治形势要求的剧目，有些爱国艺人还直接参加了当时的革命斗争。他们当中，如汪笑侬，不但是一位杰出的表演艺术家，而且是一位爱国志士。袁世凯窃国后，他编演了《党人碑》，讽刺这个专制独裁者。刘艺舟编演的《皇帝梦》，把袁世凯的奸相和丑态演得淋漓尽致，尽管当时袁世凯已经死了，但对于北洋军阀的丑恶本质，仍然是有力的揭露和抨击。在抗日战争时期，梅兰芳、程砚秋、欧阳予倩等，都编演了一些具有爱国主义思想的剧目。如梅兰芳的《抗金兵》《生死恨》，程砚秋的《亡蜀鉴》《荒山泪》，欧阳予倩的《梁红玉》《木兰从军》等。由此可见，京剧在它的历史发展中，有着战斗的优秀传统，这是非常可贵的。

（龚书铎）

现代话剧

中国传统戏曲着重唱、念、做、打。除了唱和做属于歌唱和舞蹈外，念和打可以说是语言和动作，这已经包含现代话剧的因素。所以，中国现代话剧在古典戏曲中就可以找到它的基础。但是，完全以语言和动作为主要表演手段，采用分幕分场的近代编剧方法和写实的化妆、服装、装置、照明，以及表现当代的生活斗争和历史故事的现代话剧，只有百余年的历史。它是20世纪初期中国社会激烈动荡的产物。

20世纪初期的中国，已经处于辛亥革命的前夜，民族矛盾和阶级矛盾十分尖锐。当时，许多爱国青年看到国家民族的危亡，纷纷到外国留学，渴望从国外找到救国救民的好办法，找到使国家独立富强的出路。

日本是中国留学生最多最集中的地方，留学生中的革命活动和革命宣传也最活跃。他们有的直接参加了孙中山领导的革命组织同盟会；有的翻译介绍欧美资产阶级革命时期的进步著作；有的则通过文学艺术的武器，创作通俗的诗歌、鼓词等，宣传救亡图存的道理，倡导革命。中国现代话剧就是在这样蓬勃发展的革命潮流中产生发展起来的。

1907年2月，留日学生曾孝谷、李息霜等受日本新派剧的影响，组织了一个演剧团体，叫"春柳社"。后来曾孝谷还把林纾、魏易翻译的小说《黑奴吁天录》改编为五幕话剧，并于这一年6月初，在日本东京正式公演。著名的戏剧家欧阳予倩就是在这时加入春柳社的，并且参加了这一次演出。

《黑奴吁天录》的演出获得了很大的成功。演员们的出色表演和话剧这一新颖的艺术形式大大地吸引了观众,当时看过这次演出的日本著名戏剧家也给了很高的评价。尤其是剧中所揭示的反对列强压迫黑人的主题思想,对于长期遭受帝国主义侵略的中国人,可谓引起了强烈的同情和共鸣,这就更使这次演出受到了热烈的欢迎。

小说《黑奴吁天录》原名《汤姆叔叔的小屋》,原作者是19世纪50年代美国进步作家斯托夫人,这是一部揭露和反对美国上层社会虐待黑人的作品。作者以深刻有力的笔触,描绘了美国黑人所遭受的骇人听闻的奴役和虐待,揭露了美国奴隶主迫害黑人的滔天罪行,在当时是有进步意义的。翻译者的意图也就是要借此警醒中国人民。林纾在为译本所写的序言、跋文和译例中曾经一再强调翻译这本书的目的是由于帝国主义的侵略日益加深,"不能不为大众一号",激发国人"振作志气"。他不但反复表示了对列强残酷压迫的愤慨,警告中国人民必须独立自强,而且指出美国统治阶层虐待华工也一样残酷,华工比起美国黑人的遭遇只有过之而无不及,批评了那种认为帝国主义也能宽待殖民地人民的谬论。从这里可以看出,春柳社当时选择了这一小说编为剧本,是适应客观形势的要求,用来表达他们的爱国主义的思想感情和激发群众的民族意识。

话剧《黑奴吁天录》虽然是由翻译小说改编的,但在此以前,中国还没有过自己编写的如此完整的多幕话剧,因此可以说,《黑奴吁天录》不但是中国现代话剧最早的一次演出,而且是中国最早创作的一个话剧剧本。

春柳社为中国现代话剧的开创做了许多工作，可说是中国最早的话剧团。它在中国现代话剧事业上迈出了第一步后，影响很快就扩大到国内。1907年，王钟声在上海创立了"春阳社"，第一次演出也是《黑奴吁天录》。1910年，春柳社员任天知又组织了"进化团"。在此期内，宣传革命、鼓吹进步的剧团风起云涌。辛亥革命后，春柳社员陆镜若在1912年又成立了"新剧同志会"（春柳剧场），接着欧阳予倩等许多春柳旧人回国，也都加入演出，形成了中国现代话剧创始期的热潮。所以，1907年"春柳"的《黑奴吁天录》，可说是我国现代话剧的起点。

很有意义的是，《黑奴吁天录》在1957年由当时参加演出的欧阳予倩重新改编，以《黑奴恨》的剧名再次上演。这时，中国现代话剧已经走过了五十年的战斗途程。

（汝丰）

中国工人阶级的成长和壮大

辛亥革命以后，中国民族工业曾有些发展。在第一次世界大战期间，由于欧洲列强忙于厮杀，暂时放松了对中国的压迫，民族工业获得了进一步的发展。从1911到1919年的八年间，近代工业中的民族资本，增加了一亿三四千万元，超过了以往的五十年。但是因为半殖民地半封建的社会情况没有什么改变，民族工业的发展主要只表现在某些轻工业上，特别是纺织业和面粉业发展得比较迅速。1911年投资纱厂的资本，不过一千七百万元；到1919年，投资总数达到六千万元，增加了两倍半还多。1911年全国面粉厂和机器磨坊只有四十家，资本不过六百多万元；1919年增加到一百二十多家，资本达四千五百万元；每昼夜生产面粉的能力，也从四万三千袋增加到十八万八千袋。生产出来的面粉还大量运销国外，变过去的入超为出超，1919年的出超额在一千万海关两[1]以上。

随着民族工业的发展，中国工人阶级的队伍也很快壮大起来。辛亥革命以前，中国近代产业工人约有五六十万人；到1919年，已增加到二百万人左右。他们大都集中在上海、天津等少数几个大城市里，集中在矿山、铁路、纱厂、面粉厂等少数近代工厂大企业里。这种高度集中的情况，在世界上是少有的，这使他们便于联合和团结，容易组织起来进行斗争。

在北洋军阀统治期间，中国工人阶级没有从辛亥革命得到任何实际利益，他们仍然受着帝国主义、封建主义和资本主义的三重残酷的剥削和压迫，过着极其苦痛的生活。一般工人的工资，

1　亦称"关平两"，别称"关银"。中国旧时海关征税时使用的记账银两。纳税时按当地通用银两折合计算。大约相当于纯银583.3格令为1海关两。——见《辞海》，编注

每天只有两三毛钱，连最低的生活都很难维持。女工和童工的收入，比这还要少。工人的劳动时间，一般在十二小时左右，有些厂矿甚至长达十六至十八个小时。由于设备简陋，劳动条件十分恶劣，工伤事故层出不穷。抚顺煤矿从1913至1917四年之内，发生工伤事故一万六千多起，死伤工人七千二百八十人。许多厂矿中还普遍地存在着把头制、包身工和养成工等野蛮的超经济的剥削，把工人的血汗榨得干干净净。在这段时间，工人阶级所遭受的政治压迫也越来越重。工人本来就没有丝毫政治权利，军阀政府又颁布了一些像《暂行新刑律》《治安警察法》等法令，严格限制工人的活动。同时，这些军阀还一贯用野蛮的血腥镇压的手段来对付工人的反抗。

黑暗的军阀统治带给底层工人如此残酷和沉重的剥削和压迫，自然就激起了他们反抗斗争的高涨。因此，随着阶级队伍的壮大，中国工人的罢工斗争也迅速发展起来。

在这段时间，工人为提高工资，缩短工作时间，改善工作条件，反对非人的待遇和野蛮的压迫，掀起了多次的反抗斗争。据统计，从1912年1月至1919年5月的短短七年半，发生了一百三十多次罢工，这比以往七十年里罢工的总次数还要多。这期间的罢工次数也有逐年增加的趋势，例如1916年为十七次，1918年增加到三十次。同时，罢工斗争的规模和激烈程度也远远超过了以往。

1915年4月，湖南乾城大王岩煤矿工人因要求增加工资和反对延长劳动时间而举行罢工，曾对军警和地主武装的联合镇压进行了坚决抵抗。同年7月，苏州全城三千丝织业工人要求增加工资，举行了同盟罢工，并组织了纠察队。1916年3月，北京政府财政部印刷局工人举行罢工，军阀政府派员警镇压。被激怒的工人群众捣毁印刷局，夺取警察枪械，进行抵抗。1917年7月，上海英美烟厂工人三千人，为反对减低工资而举行罢工，坚持了三个星期。

　　特别值得提出的是，工人在进行这些罢工斗争的同时，积极参加和开展了反对帝国主义和封建势力的政治斗争。1915年，反对日本"二十一条"、抵制日货运动和1916年反对法国强占老西开做租界的斗争，是这一时期两次大规模的群众性的反帝运动。工人阶级在这两次运动中都起了主力军的作用，把运动推向高潮。在抵制日货运动中，全国各地工人先后举行了罢工和示威游行。上海所有在日本企业里做工的工人，几乎都参加了斗争。上海日商大阪公司和三井煤栈的码头工人举行了罢工，并散发了"不准给日商做工"的传单。工人抵制日货，也最为坚决而彻底。在反对法国侵占老西开的罢工斗争中，天津工人显示了工人阶级坚定和团结的力量。他们在罢工期间，组织了"工团"，成立了"工团事务所"，指挥罢工，领导示威游行。他们以一致行动粉碎了法国势力的分化和破坏。法商电灯公司中国工人的罢工，使法租界"化为一片黑暗"，靠这个公司供电的工厂，也只得停工。在全国人民声援之下，这次罢工坚持了五六个月，沉重地打击了法国的侵略野心，迫使它最后不得不同意将老西开划为中法共管。

中国工人阶级，从一次又一次的反抗斗争中，受到了锻炼，提高了阶级觉悟，他们的力量很快地壮大起来。随着斗争的发展，工人迫切要求有自己的组织。1912—1913年间，在上海、武汉、广州、香港等地已经出现了最初的工会。1917年，商务印书馆工人在罢工中，还提出要把"不得干涉工会活动"作为复工条件之一。在这个时期，工人阶级虽然还没有作为一个独立的阶级力量登上政治舞台，但是，他们是中国新的生产力的代表，终究要成为中国革命的主要动力。他们的成长壮大，预示着中国的革命形势即将发生重大变化，中国人民的革命斗争即将进入一个新的历史时期，这就是新民主主义革命时期。

（钟青）

参与本书撰稿与审定的著名专家简介

汪篯（1916—1966），江苏人，北京大学教授。曾受业于陈寅恪，著有《汪篯隋唐史论稿》等著作。

白寿彝（1909—2000），河南开封人，北京师范大学教授，中国著名史学家、回族史和伊斯兰教史专家。学术成果宏富，主要编著有《中国通史》《中国通史纲要》《中国史学史》等。

邓广铭（1907—1998），山东临邑人，著名宋史专家，北京大学教授，宋史研究会会长，著有《岳飞传》《辛稼轩年谱》《稼轩词编年笺注》等。

郑天挺（1899—1981），福建长乐人，著名史学家，先后任教于西南联大、北京大学、南开大学，著有《清史探微》《清史简述》等。

翁独健（1906—1986），福建福清人，著名史学家。1938年获哈佛大学博士学位，先后担任云南大学、北平中国大学、燕京大学等校教授，在蒙元史上有很高造诣。

胡厚宣（1911—1995），河北人，著名甲骨学家，先后任职于齐鲁大学、复旦大学、中国科学历史研究所（后属中国社会科学院），主要著作有《战后宁沪新获甲骨集》《战后南北所见甲骨录》

《战后京津新获甲骨集》《甲骨续存》《五十年甲骨发现的总结》等。

陈乐素（1902—1990），广东人，先后任职于浙江大学、浙江师范学院（杭州大学前身）、人民教育出版社、暨南大学，著有《求是集》。

阴法鲁（1915—2002），著名的中国古代音乐文化研究专家，北京大学中文系教授，编著有《中国古代文化史》等。

丁名楠（1917—1999），浙江绍兴人，中国社会科学院近代史研究所研究员、博士生导师，著有《中国近代史稿》部分章节、《台湾历史概述》（合著），主编《帝国主义侵华史》一、二卷等。

何兹全（1911—2011），山东人，著名史学家，北京师范大学教授，主要著作有《魏晋南北朝史略》《中国古代社会》等。

戴逸（1926—2024），江苏常熟人，著名清史专家，人民大学教授，主要著作有《简明清史》等。

谢承仁（1924—2013），湖北人，首都师范大学教授，主要著作有《戚继光》《李自成新传》《杨守敬集》等。